아녜스 바르다의 말

아녜스 바르다의 말

삶이 작품이 된 예술가,
집요한 낙관주의자의 인터뷰

아녜스 바르다 · 제퍼슨 클라인

오세인 옮김

마음산책

옮긴이 오세인

한국외국어대학교 철학과를 졸업하고, 뉴욕 SVA(School of Visual Arts)에서 영화를 전공했다. 옮긴 책으로 『짐 자무시』『코언 형제』『열두 가지 이야기』 등이 있다. 2019년, '밤밤'이란 필명으로 소설 『미래소녀』를 독립출판물로 펴냈다.

아네스 바르다의 말
삶이 작품이 된 예술가,
집요한 낙관주의자의 인터뷰

1판 1쇄 발행 2020년 5월 5일
1판 4쇄 발행 2022년 11월 5일

지은이 | 아네스 바르다
엮은이 | 제퍼슨 클라인
옮긴이 | 오세인
펴낸이 | 정은숙
펴낸곳 | 마음산책

편집 | 성혜현 · 박선우 · 김수경 · 나한비 · 이동근
디자인 | 최정윤 · 오세라 · 차민지
마케팅 | 권혁준 · 권지원 · 김은비
경영지원 | 박지혜

등록 | 2000년 7월 28일(제2000-000237호)
주소 | (우 04043) 서울시 마포구 잔다리로3안길 20
전화 | 대표 362-1452 편집 362-1451   팩스 | 362-1455
홈페이지 | www.maumsan.com
블로그 | blog.naver.com/maumsanchaek
트위터 | twitter.com/maumsanchaek
페이스북 | facebook.com/maumsan
인스타그램 | instagram.com/maumsanchaek
전자우편 | maum@maumsan.com

ISBN 978-89-6090-616-7 03680

* 책값은 뒤표지에 있습니다.
* 사전에 저작권자와 연락이 닿지 않은 인터뷰 및 사진은
  연락이 닿는 대로 사용 허가 절차를 밟겠습니다.

바위들 사이에 작은 샘이 있고,

그 샘은 마르지 않죠.

이 철없지만 집요한 낙관주의는

제 행복의 원천이기도 해요.

■ 일러두기

1. 이 책은 『Agnès Varda: Interviews』(University Press of Mississippi, 2014)와 2017년
   도 10월에 게재된 〈Vulture〉의 인터뷰를 우리말로 옮긴 것이다.
2. 외국 인명, 지명, 독음 등은 외래어 표기법을 따르되 관용적인 표기와 동떨어진 경우
   절충하여 실용적 표기를 따랐다.
3. 국내에 소개된 작품명은 번역된 제목을 따랐고, 국내에 소개되지 않은 작품명은 원어
   병기 후 제목을 독음대로 적거나 우리말로 옮겼다.
4. 영화 제목이 열 자를 넘어갈 경우, 한 대화 안에서 처음 언급될 때만 전체 표기하고 이
   후는 축약 표기했다.
5. 인터뷰어가 두 명 이상인 경우, 편의상 처음 나오는 인터뷰어의 이름만 표기했다.
6. 본문에 나오는 참고문헌은 권말에 달았고, 옮긴이 주는 글줄 상단에 표기했다.
7. 영화명, TV 프로그램명, 전시·공연명, 잡지와 신문 등의 매체명은 〈 〉로, 책 제목은 『 』
   로 묶었다.

아네스 바르다의 얼굴

제퍼슨 클라인

"저는 여성이에요." 아네스 바르다가 안드레아 마이어에게 말한다. "한 여성으로서 직관에 따라 작업하고 보다 명민해지려 노력해요. 느낌과 직관의 흐름 속에서 무언가를 찾아내 기뻐하고, 의외의 장소에서 아름다움을 발견하고 바라보죠." 바르다는 "의외의 장소에서 아름다움을" 찾는 삶을 예술 속에서 꾸준히 이어왔다. 처음에는 사진이라는 매개체를 통해 탐색을 시작했고, 1954년부터는 그 매개체를 영화로 옮겨왔다. 바르다의 전방위적인 작품 세계를 꿰뚫고 있다면 그의 탐색 여정이 가히 성공적이라는 데 이견이 없을 것이다.

아네스 바르다는 '누벨바그의 어머니', 세월이 흐르면서 '누벨바그의 대모'라 불려왔는데, 거기엔 그럴 만한 충분한 이유가 있다. 트뤼포가 〈400번의 구타〉로 혜성처럼 등장하고, 고다르가 〈네 멋대로 해라À bout de souffle〉로 영화 문법의 모든 규칙을 산산조각 내기 몇 년 전 바르다는 이미 자신의 첫 '누벨바그' 장편영화를 만들었다.

프랑스 지중해 해안 도시 세트sète의 '라 푸앵트 쿠르트'라는 동네에서 한동안 머물던 바르다는 1954년 이 지역 어부들과 가족들의 이야기를 담은 동명의 영화를 만들기로 결심했다. 극도로 제한적인 예산과 전무한 영화적 경험(영화 팬도 아니고, 영화학도도 아니었다)에도 불구하고, 바르다는 끈기와 명민함 덕분에 주목할 만한 영화 한 편을 만들어낸다. 영화는 위기에 빠진 한 커플(실비아 몽포르, 필리프 누아레)과 경제적 난국에서 벗어나려는 한 어민 공동체의 이야기를 번갈아 가며 들려준다. 비록 흥행에 성공하진 못했지만, 이 영화는 누벨바그의 등장을 위한 무대를 마련해주었다. 저예산, 최소한의 스토리 라인(부분적으로 윌리엄 포크너의 『야생 종려나무The wild palms』의 서사 기법을 차용했다), 신사실주의, 표현적 촬영기법과 같은 요소들은 누벨바그의 전형이 된다.

　　1928년 벨기에 브뤼셀에서 프랑스인 어머니와 그리스인 아버지 사이에서 태어난 바르다는 유년 시절 대부분을 세트에서 보냈다. 독일의 프랑스 점령 시기에 가족 모두가 파리로 이사했고, 바르다는 그곳에서 사진을 공부했다. 학교를 졸업하고 일을 시작할 무렵 잠시 라파예트갤러리에서 근무하기도 했는데, 산타 무릎 위에 앉아 포즈를 취하는 아이들의 사진을 하루에 400장씩 찍기도 하고, 프랑스국유철도에서 기록 보관용 사진을 찍기도 했다. 1951년 바르다는 장 뷔야르가 있는 국립민중극장의 제의로 그곳의 공식 사진가로서 일을 시작한다. 이후 10년간 프랑스 유명 배우들의 인물 사진 작업을 하게 된다. 다양한 역할을 맡은 모습의 뷔야르뿐만 아니라 프랑스의 연인이었던 제라르 필리프, 그 외 여러 배우들과 작업했다.

　　〈라 푸앵트 쿠르트로의 여행La Pointe Courte〉의 편집을 알랭 레네가 맡게 된 건 바르다에겐 커다란 행운이었다. 레네는 훗날 누벨바그의 파도를 타게 될 미래 '서퍼들'을 바르다에게 소개해준다. 장 뤽 고다르, 클로드 샤브롤, 프랑수아 트뤼포, 자크 도니올 발크로즈, 에리크 로메르. 이들은 모두 앙드레 바쟁의 〈카이에 뒤 시네마Cahiers du Cinéma〉에서 영화 일을 시작했다. 카이에 무리들은 점차 '우안' 그룹으로 알려졌고, 보다 정치적인 성향의 '좌안' 그룹과 구별되었다. 이 좌안 그룹엔 레네와 크리스 마커가 있었고, 결국 바르다도 합류하게 된다. 바르다에게 프랑스 시네마테크를 소개해준 것도 레네였다. 이곳에서 바르다는 세계 영화 역사를 공부하기 시작한다.

바르다는 1957년 프랑스 관광청의 제안을 받아 루아르 계곡을 배경으로 〈오 계절들이여, 오 성城들이여Ô saisons, ô châteaux〉라는 제목의 단편영화를 한 편 만들었고, 1958년 칸영화제와 투르Tours단편영화제에 초대되었다. 바르다가 평생의 연인 자크 드미를 만난 건 바로 이 투르단편영화제에서였다. 이후 40년간 두 사람은 나란히 영화 인생을 걷는다. 드미는 바르다에게 조르주 드 보르가르를 소개해주었고, 누벨바그의 성공(특히 고다르)에 고취된 그는 바르다의 차기작 〈5시부터 7시까지의 클레오Cléo de 5 à 7〉를 제작하기로 마음먹는다. 바르다는 그사이 역시 관광청의 제안으로 〈코트다쥐르를 따라서Du côté de la côte〉란 제목의 또 다른 단편 작품을 하나 더 만들었고, 다큐멘터리 영화 〈오페라 무프 거리L'opéra-mouffe〉도 완성했다. 첫 아이를 임신한 상태였던 바르다는 아미엘과의 인터뷰에서 두 번째 다큐멘터리를 이렇게 묘사한다. "이 영화는 임신을 하게 돼서 기쁘기 이를 데 없는 누군가가 삶이란 고통과 노화의 연속이라는 인식 또한 동시에 품게 되는 상황을 그리고 있어요. 무프타르 거리야말로 그런 인식을 품기에 적격인 동네고요. 모순은 피할 수 없는 명백한 것이기 때문에 제가 늘 흥미를 느끼는 것 같아요."

1961년 5월에 촬영한 〈5시부터 7시까지의 클레오〉는 자신이 암에 걸려 죽어가고 있음을 확신하는 한 대중 가수(코린 마르샹)의 하루 중 두 시간 동안의 이야기를 그린다. 주인공은 공원에서 알제리 전쟁 참전을 앞둔 한 군인을 우연히 만나고, 이 사내와 함께 시간을 보내며 마음의 안정을 찾으면서 스스로에 대한 인식 또한 새롭게 한다. 영화는 좋은 평을 이끌어냈고, 칸영화제 프랑스 영화 부문 공식 출품작으로 선정됐다. 누벨바그가 한창 영화계의 화두로 떠오르던 당시, 아직 이렇다 할 역할을 하지 못하던 바르다는 드디어 배를 띄웠고, 이내 초대장이 밀려들기 시작했다. 〈클레오〉의 성공 후, 바르다는 1962년 드미와 결혼한다. 또한 같은 해 쿠바 여행에서 돌아와 〈안녕, 쿠바인들Salut les Cubains〉을 만들었다. 그곳에서 찍은 4000장의 사진들을 이용해 몽타주 기법으로 만든 이 영화에는 피델 카스트로를 개인적으로 만난 이야기도 담겨 있다. 영화는 라이프치히영화제에서 은비둘기상을 받았고, 베네치아다큐멘터리영화제에서 동메달을 수상했다.

이제 바르다는 자신의 예술에 보다 이론적 접근을 시도한다. 그는 워릭과의 인터뷰에서 말한다. 제 작품은 "'영화란 무엇인가'란 질문을 다루고 있어요. 그 이야기를 제가 발견한 구체적인 영화 어법으로 들려주죠. 사실 영화 속에 담긴 것과 똑같은 내용을 여섯 시간 동안 말로 해줄 수도 있어요. 그 대신 저는 형태들을 발견해낸 거예요." 바르다는 영화언어를 향한 자신의 아주 구체적이고 개인적인 탐색에 이름을 부여하기 위해 '시네크리튀르cinécriture, 영어로는 cinewriting, 우리말로는 영화쓰기'라는 용어를 만들어낸다. 그는 장 드코크에게 이렇게 설명한다. "가령 당신이 작곡을 한다면 누군가 그걸 연주해줄 수 있겠죠. 악보는 하나의 기호니까요. 건축가가 세밀하게 설계를 하면 그 도면으로 집을 지을 수 있듯이요. 하지만 저는 다른 사람이 찍어줄 걸 기대하면서 시나리오를 쓸 수 없어요. 왜냐하면 시나리오는 영화를 쓰는 방법을 보여주지 않기 때문이에요." 몇 년 뒤 바르다는 자신의 저서 『아네스가 말하는 바르다Varda par Agnès』에서 이를 보다 명확히 한다. "영화의 움직임, 관점, 리듬 그리고 편집 작업은 작가가 문장의 의미에 대해 고민하고, 단어를 선택하고, 부사의 개수를 신경 쓰고, 챕터의 사용을 고려하는 등의 방식과 거의 같은 개념이라고 보시면 돼요. 글쓰기에선 이러한 것들을 스타일이라 부르죠. 영화에선 스타일이 시네크리튀르예요."

우리는 바르다의 여러 인터뷰를 통해 이 개념을 자주 접할 수 있는데, 그 가운데서도 1964년 작 〈행복Le Bonheur〉에 대해 이야기할 때 잘 드러난다. 이 영화에서 주인공 프랑수아는 아이를 키우며 행복한 결혼 생활을 하고 있다. 하지만 그는 새로운 연인을 만나며 좀 더 많은 행복을 누리고자 한다. 결국 그의 행동은 심란한 아내의 (추정이지만 명백해 보이는) 자살로 이어지고 만다. 비록 영화는 '행복'의 어두운 면에 천착하지만, 바르다는 시각적으로 '행복의 색조'를 단호히 유지한다. 그는 〈르 몽드〉와의 인터뷰에서 말한다. "인상주의 화가들 작품을 떠올렸어요. 그들의 그림을 보면 빛이나 색조가 제겐 행복의 정서, 어떤 행복감 같은 걸 구현하는 듯했어요."

영화를 처음 선보였을 때, 언론은 영화를 '극단적으로 충격적'이라고 표현했다. 영화에 불편해하는 관객이 그렇지 않은 관객에 비해 훨씬 많았다. 관객들은 프랑수아의 부도덕함 못지않게 그의 행동에 단죄를 가하지 않은 감독의 결정에 더욱 큰 충격을 받았다. 바르다의 관심사는 보다 미묘하고 철학적이었다. 그는 자크 피에시와 클로드 올리에에게 이렇게 말한다. "제가 이 영화에서 이해해보고자 한 건 이런 거예요. (…) 행복의 의미는 무엇일까? 무엇이 이토록 행복을 갈구하게 만드는 걸까? 무엇이 행복에 이처럼 자연스레 끌리게 만드는 걸까? 도대체 이 형용하기 어렵고, 조금은 괴물 같은 녀석의 정체는 무엇일까? (…) 이 녀석은 도대체 어디서 온 걸까? 어떤 형태를 띠고 있을까? 왜 존재할까? 왜 사라지는 걸까? 왜 사람들이 쫓아가서 잡을 수 없는 걸까? 그리고 무슨 이유로 어떤 사람들은 잡을 수 있는 걸까? (…) 왜 가치나 훌륭함과는 아무 상관이 없는 걸까? 그런데 이 행복감이란 건 육체적인 것, 정신적인 것, 윤리적인 것 또는 그 외 어떤 것들과도 크게 관련이 없는 것 같아요. 그저 누군가, 몇몇 사람들, 행복을 느끼는 그런 사람들이 있을 뿐이죠." 달리 말하자면 바르다의 영화는 모두가 만족할 만한 '도덕적' 이야기보다는 도발적으로도 보일 수 있는 일련의 도덕적·심리학적 질문들을 던지고자 한다. 어쩌면 이러한 경향성이 바르다 영화의 특징을 가장 잘 보여준다고 할 수 있고, 그가 보다 넓은 층의 '대중적' 관객들에게 결코 다가서지 못한 이유 역시 바로 이러한 경향성 때문이라고 할 수 있다.

〈행복〉을 만들고 나서 2년 뒤, 바르다는 자크 드미를 따라 LA로 향했다. 그곳에서 드미가 〈모델 숍Model Shop〉을 촬영하는 동안, 바르다는 일련의 다큐멘터리 작업에 뛰어든다. 1967년에 자신의 그리스인 삼촌을 탐구한 단편 〈얀코 삼촌Oncle Yanco〉을 만들었고, 이듬해에는 엘드리지 클리버와 감금 상태에 있던 휴이 뉴턴과의 호의적인 인터뷰가 포함된 〈블랙 팬서 Black Panthers〉를 만들었다. 이 작품은 프랑스방송협회에서 의뢰한 것이었음에도 지나치게 급진적이라는 이유로 방영되지 못했다. 1980년 바르다는 다시 LA로 돌아가 멕시코 출신 이민자들이 모여 사는 동네의 벽화들을 테마로 한 또 다른 정치적 성향의 다큐멘터리 〈벽, 벽들Mur Murs〉을 만들었다.

1979년 뉴욕에 머물 당시에는 앤디 워홀을 만났는데, 그때 워홀은 바르다에게 배우 비바를 소개해주었다. 그 인연으로 바르다는 비바를 LA로 부른다. 〈헤어Hair〉의 두 남자 배우, 제임스 라도와 제롬 래그니, 영화감독 셜리 클라크도 가세한다. 이들은 LA의 한 임대 저택에서 맘껏 에너지를 발산한다. 누드와 자유로운 사랑이 넘쳐흐른다. 여기에 더해 마이클 매클루어의 연극 〈수염The Beard〉도 잠시 감상할 수 있고, 로버트 케네디의 암살 소식을 전하는 TV 영상도 만날 수 있다. 결과물은 바로 〈라이온의 사랑Lions Love〉이다. 느슨한 구조와 다채로움으로 가득한 이 영화는 정치적 사건들과 사적인 삶 사이에 존재하는 모순들을 다룬다. 차차 알게 되겠지만, 이 '모순'은 바르다 작품들의 주요 테마 가운데 하나가 된다. 소급 적용한다면 그의 모든 작품에서 포착할 수 있는 테마이다.

1972년, 아들 마티외가 태어나면서 바르다의 영화 이력은 잠시 걸음을 멈춘다. 물론 늘 집 안에만 있었던 건 아니다. 바르다는 양육으로부터 잠시 벗어나 보비니 시위 현장에 참여하기도 했다. 보비니 재판이라 일컬어지는 이 소송건은 한 소녀가 성폭행당한 뒤 낙태를 감행했다는 이유로 유죄 판결을 받은 사례로 광범위한 저항을 불러왔다. 이 사건은 바르다가 공개적으로 페미니즘이라는 정치적 입장을 견지하는 데 촉매 역할을 하게 됐다. 그럼에도 이후 몇 년간 그는 집에서 육아에 전념한다. 그러던 어느 날 바르다는 자신의 제한적 삶을 구제할 해결책을 발견하는데, 모성본능에 따르는 제약들로부터 어느 정도 벗어날 수 있는 절충안을 찾은 것이다. 그는 집 창고에 있던 90미터 길이의 전선을 꺼내 집안 콘센트에 꽂고 줄을 손에 쥔 채 밖으로 나섰다. 이 '탯줄'과 함께 바르다는 자신이 거주하는 다게르 거리의 여러 가게 주인들과 주변 이웃들을 인터뷰할 수 있었다. 그 결과물로 〈다게레오타입Daguerréotypes〉이 나왔다. 영화는 아카데미상 장편 다큐멘터리 부문 후보에 올랐다.

1976년 무렵부터 바르다는 페미니즘에 보다 심도 있게 접근하기 시작한다. 물론 4년 전 보비니 사건에 참여하면서부터 관심의 싹을 틔워 온 터였다.

의심의 여지 없이 페미니즘은 바르다의 최대 관심사 가운데 하나다. 자신의 정체성과 관련해서도 중심에 자리 잡고 있는 것은 분명하다. "여성으로서의 정체성을 찾는 건 어려운 일이에요." 바르다는 미레유 아미엘에게 말한다. "사회적 관계에서도 그렇고, 사적인 삶에서도 마찬가지죠. 이러한 정체성 찾기는 영화감독으로서도 의미가 있어요. 저는 한 여성으로서 영화를 만드니까요. (…) 페미니즘을 통해서 (저 역시 늘 페미니스트이긴 했고 제 삶의 선택들, 제 생각들 그리고 제가 거부한 것들을 고려해본다면 충분히 그렇게 말할 수 있지만) 제 자신에 대해 많은 걸 깨달았고, 페미니즘 자체에 대해서도 많은 걸 알게 됐어요. 이 운동에 참여한 여성들, 미국의 급진주의 페미니스트들, 이론가들, 68혁명 이후의 프랑스 여성들, 모든 사람 덕분이죠."

60년 가까운 세월에 걸쳐 진행된 바르다 인터뷰 모음집의 소중한 가치는 이 주제에 대한 그의 생각, 견해 또는 신념의 진화 과정을 생생하게 접하고 이해해볼 수 있는 기회를 제공한다는 데 있지 않나 생각한다. 〈5시부터 7시까지의 클레오〉는 여성 정체성의 위기를 그린 바르다의 첫 번째 시도였다. 그는 이렇게 이야기한다. "영화 전체의 에너지는 이 여성이 클리셰가 되기를 거절하는 순간, 더 이상 시선의 대상이기를 원치 않고 대신 다른 이들을 바라보고자 하는 그 순간에 집중되죠." 미레유 아미엘과의 인터뷰는 이어진다. "이 영화는 한 젊은 여성의 정체성 찾기를 그렸고, 이건 페미니스트가 되기 위한 첫걸음에 해당하니까요."

1962년, 정체성의 위기를 묘사한 첫 영화 〈5시부터 7시까지의 클레오〉를 선보인 이후, 바르다는 서서히 보다 급진적인 좌표를 향해 나아간다. 1974년, 그는 다음과 같이 인정한다. "〈행복〉을 만들 당시만 해도 그렇게 명확하지 않았어요. 물론 시몬 드 보부아르도 읽었고, 이러한 문제들에 대해 토론도 했고, 피임, 성적 자유, 새로운 아이 양육법, 대안적인 결혼 형태 등을 위해 싸우기도 했었죠."

1975년 바르다는 안텐2 방송국의 제안을 받고 '여자가 된다는 건 어떤 의미인가'라는 주제로 8분짜리 영화 한 편을 만들었다. 사회-역사적 용어들을 사용해 답하는 대신 바르다는 몸에 초점을 맞춘다. 영화에는 아주 다양한 연령대, 다양한 체형의 여성들이 옷을 입거나 벌거벗은 채로 등장해 카메라를 직접 마주하고, 자신들의 몸과 관련한 경험과 더불어 끊임없이 대상화되고 신화화되는 여성의 몸에 대해 이야기한다. 바르다는 이어서 말한다. "그래서 몸에 대해 이야기할 수 있고, 저의 방식대로 몸을 보여줄 수 있는지 방송국에 타진했어요. 몸을 보여준다는 건 전시로서가 아니라 지지의 의미였고요. (…) 제게 여성이 된다는 건 무엇보다도 여성의 몸을 갖는다는 걸 의미해요. 그 몸은 흥분을 일으키는 부분들로 나누어지지 않는, 소위 말하는 (남자들에 의해 분류된) 성적 자극을 유발하는 부분들로 제한되지 않는 그런 몸을 의미하죠." 확실히 바르다는 여성들이 보여지는 방식을 바꾸고 싶어 한 것처럼 보인다. 그럼에도 영화를 보면 어떤 최종 합의에 이른 것 같지는 않은 듯하고, 만족스러운 해결책의 윤곽도 드러나지 않는다. 그래서 페미니즘 문제는 이 영화를 만든 작가에게 여전히 해결해야 할 과제로 남게 된다.

첫 '페미니스트' 장편영화 〈노래하는 여자, 노래하지 않는 여자L'une chante, l'autre pas〉의 촬영을 앞두고 바르다는 불편한 마음을 드러냈다. "저는 스스로를 페미니스트라고 말할 수 있어요. 다른 페미니스트들이 보기엔 충분치 않겠지만요. 비록 페미니스트 영화를 만들진 않았지만, 제가 해온 작업들의 결과로 저는 페미니스트가 되었죠." 조금은 낙담한 듯한 어조로 덧붙인다. "여성들은 각자 자신이 누구인지, 세상에서 자신의 위치가 어디쯤인지를 이해해야 해요. (…) 확실히 변화가 필요하긴 해요. 영화에서 여성의 이미지는 남성들에 의해 강력하게 구축됐죠. 남성들은 그걸 받아들여요. 여성들 또한 그걸 받아들이고요. (…) 저는 이런 문제들에 늘 분노했지만, 그 이미지를 바꾸기에는 저 역시 역부족이었죠."

바르다가 〈노래하는 여자, 노래하지 않는 여자〉에서 스스로 제기했던 문제들을 해결했는지는 일견 분명해 보이지 않지만, 페미니즘을 제대로 이해하고자 하는 바르다의 시도는 주목할 만하다. 그는 기존의 영화들에서 실종된 것이 무엇인지 분석하면서 이렇게 주장한다. "여성이 자신의 직업을 갖고 등장하는 영화는 아마 본 적이 없을 거예요. (…) 여성이 무언가를 지시하고, 무언가를 해내고, 동료들과 함께 어울리는 그런 장면들이 나오는 영화도 본 적이 없을 거예요. (…) 그건 반드시 바뀌어야 해요. 우린 여성으로서 그리고 관객으로서 준비를 해야 해요." 이어서 모성의 문제에 대해서도 덧붙인다. "아이를 갖고 싶어 하는 여성이, 갖고 싶은 시기에, 원하는 상대와 아이를 가질 수 있도록 어떻게 여건을 마련해줄 것인가. 그리고 사회는 그들이 아이를 잘 키울 수 있도록 어떻게 도울 것인가. 이건 중요한 문제예요."

1976년 바르다는 이란으로 여행을 떠나 다음 영화에 필요한 몇몇 장면들을 촬영한다. 그리고 돌아와 〈노래하는 여자, 노래하지 않는 여자〉의 시나리오를 쓰기 시작한다. 영화는 각자의 방식으로 행복을 추구하는 폴린과 수잔, 두 친구의 이야기를 그린다. 남편이 스스로 목숨을 끊은 후 수잔은 가족이 있는 고향으로 내려가지만, 가족들은 그러한 상황에 이르게 된 그를 꾸짖는 듯하다. 그럼에도 차츰 이전의 자립심을 되찾은 수잔은 아이들과 함께 프랑스 남부로 내려가고, 그곳에서 한 연상의 남자를 만나 결혼하게 된다. 또한 그곳 가족계획센터에서 상담사로 일하며 정체성을 찾는다. 한편, 폴린은 보다 전투적인 페미니즘을 대변한다. 그는 앞으로 나서서 저항하고, 밴드를 조직해 페미니스트 노래를 부른다. 폴린은 이란 남성 다리우스와 결혼해 이란으로 거처를 옮긴다. 하지만 여성을 억압하는 그곳 문화를 거부하고 다시 프랑스로 돌아온다. 임신을 한 몸이지만, 그는 자유롭다. 수잔에 비해 폴린은 여성으로서 직면하는 모순들에 보다 민감하다. 영화 속 보이스 오버 내레이션을 통해 그는 여성적 조건의 대변자가 된다. 바르다는 폴린을 통해 사회에서 여성의 역할이 어떠해야 하는가에 대한 질문들을 관객에게 던진다.

비록 〈노래하는 여자, 노래하지 않는 여자〉가 페미니즘 문제를 직설적으로 다룬 최초의 프랑스 주류 영화이긴 하지만, 영화의 지향점이 때로는 자기모순적인 것처럼 보이기도 한다. 악조건에 놓인 여성들의 모습을 보여주던 영화는 마지막엔 수잔 가족의 다소 이질적인 목가적 장면으로 마무리된다.

'모순'은 늘 바르다 영화의 중심 개념이었다. 바르다는 자신의 영화를 회고하며 이렇게 말한다. "제가 관심을 가진 부분은 공적 영역과 사적 영역 사이, 주관과 객관 사이 그리고 클리셰와 클리셰 안에 있는 것들 사이의 변증법이에요." 나아가 "정신 영역의 클리셰들과 실제 생활의 이미지들 사이의 변증법, 모호성 그리고 모순이 제 모든 영화의 주제인 것 같아요. (…) 제 모든 영화는 그러한 모순-병렬 구조로 구성되어 있어요"라고 덧붙인다.

그리고 바르다 영화의 기저에 흐르는 중심 모순은 픽션과 다큐멘터리 사이의 모순이라 할 수 있다. 자신의 다큐 작품들에 대해 바르다는 이렇게 말한다. "딱히 다큐멘터리는 아니에요. 하지만 픽션 역시 아니죠. 저는 장벽을 부수려 노력해요. 경계를 허물면서 영화에 자유를 주고자 해요. 이러한 형식 속에서 사람들에 대해 이야기하고, 저 자신에 대해 이야기하죠. 쿠바혁명에 대해 논의할 수도 있고, 연극적 요소를 접목시킬 수도 있고요. 영화의 영역을 확장시키고 싶어요. 가능성을 한정 짓고 싶지 않아요." 마찬가지로 장편 작품들에 대해서도 언급한다. "다큐멘터리 작업을 결코 멈춘 적이 없어요. 픽션 영화감독이면서 다큐멘터리 역시 손에서 절대 놓지 않는 감독들이 있죠. 저도 그중 한 사람이고요. 저는 픽션과 다큐멘터리를 번갈아 작업하려 해요. 배움을 멈출 수는 없으니까요. 사실, 저는 다큐멘터리를 만들면서 정말 많은 걸 배워요." 이어서 이렇게 말한다. "다큐멘터리적 요소가 없는 픽션은 있을 수 없고, 미학적 의도가 없는 영화란 있을 수 없다고 생각해요."

바르다의 작품 가운데 〈방랑자Sans toit ni loi〉만큼 이를 확실히 증명하는 영화도 없다. 1954년 자신이 세운 타마리스필름스를 1975년 시네타마리스로 변경한 이후, 바르다는 8년 만에 또 다른 장편영화를 만들 기회를 잡았다. 물론 그사이 '감을 잃지 않기 위해' 일련의 단편 다큐멘터리를 만들었다. 1980년 LA에서 찍은 〈벽, 벽들〉, 오래된 사진 속 두 인물의 삶을 조명한 1982년의 〈율리시스Ulysse〉, 파리 시내의 조각 작품들을 몽타주 기법으로 담아낸 〈여인상 기둥 이야기Les dites cariatides bis〉 그리고 루이 베크의 초현실주의 연극을 영화적으로 재해석한 1984년 작 〈일곱 개의 방, 부엌, 욕실7p., cuis., s. de b., ... à saisir〉까지.

1985년 바르다는 〈방랑자〉의 준비를 마치고, 상드린 보네르를 캐스팅해 떠돌이 여성 '모나' 역할을 맡긴다. 목적 없이 떠돌지만, 독립심 만큼은 무서울 정도로 강한 모나는 추운 겨울 프로방스 지역을 정처 없이 방랑한다. 이곳저곳 옮겨 다니며, 트럭 운전사부터 시작해 정비사, 슬럼가의 포주, 관리인의 아내, 농부, 튀니지인, 헌혈자, 선생에서 양치기로 전업한 인물, 플라타너스를 살리기 위해 노력하는 연구원 등 다양한 지역민들을 만난다. 그리고 이 모든 이야기는 '회고적' 방식으로 전달된다. 왜냐하면 영화가 시작되고 우리가 처음 만나는 건 다름 아닌 도랑에 내동댕이쳐진 모나의 얼어붙은 시신이기 때문이다. 이어서 경찰의 현장 조사가 이어진다. 모나의 시신 이미지로 영화를 시작하면서 바르다는 '범인은 과연 누굴까' 유의 추리물 형식을 피하고, 대신 다큐-픽션을 만들어낸다. 각각의 장면들은 다큐멘터리 스타일의 인터뷰를 포함한다. 그런데 관객들에게 아무리 실감 나 보인다 해도 이 인터뷰들은 바르다가 설명하듯이, 많은 공을 들여 꼼꼼하게 감독 자신이 사전에 작성한 것이다. 그리고 모나의 방랑하는 장면들은 산발적인 것처럼 보이지만, 사실 아주 주의 깊게 세공된 일련의 시각적 '연결 고리'로 이어져 있다. 바르다는 장 드코크에게 이렇게 설명한다. "트래킹 숏tracking shot. 이동하며 피사체를 촬영하는 기법들은 모나의 걷기와 연결돼 있어요. 그는 풍경의 일부, 한 조각일 뿐이죠. 모나가 지나가도 풍경은 여전히 그곳에 남아 있어요. 트래킹 숏이 시작될 때 모나는 그곳에 있지 않죠. 끝날 때도 그곳에 없고요. (…) 각각의 트래킹 숏들은 우리가 다음 트래킹 숏에서 보게 될 무언가로 끝을 맺죠."

이와 같은 꼼꼼하고 세심한 촬영과 편집은 이 '다큐멘터리'를 예술적 걸작으로 만들었고, "다큐멘터리적 요소가 없는 픽션은 있을 수 없고, 미학적 의도가 없는 영화란 있을 수 없다"라는 바르다의 신념에 내재하는 모순, 그 모순을 향한 바르다의 변치 않는 탐구 정신 또한 다시 한번 확인해주었다. 영화는 베니스영화제에서 황금사자상을 받았고, 국제평론가상과 조르주 멜리에스상을 수상했다.

이후 바르다는 이 두 지점을 끊임없이 오가며 작품 활동을 이어가다 1989년에 두 편의 장편영화를 만든다. 우선 〈아네스 V에 의한 제인 B.Jane B. par Agnès V.〉. 제인 버킨을 다양한 각도에서 조명한 코믹 초상화라 할 수 있는 작품으로, 잔 다르크, 칼라미티 제인, 타잔의 제인까지 아우른다. 그리고 〈아무도 모르게Kung-fu Master!〉. 이 러브 스토리 영화에서 40세 제인 버킨은 15세 소년(마티외 드미)과 사랑에 빠진다.

1990년 바르다는 남편 자크 드미가 에이즈로 죽어가고 있다는 사실을 알게 된다. 12월 세상을 떠나기 전까지 남편을 간호했던 바르다는 그사이 남편을 향한 마지막 오마주를 준비했다. 일종의 '전기 영화'인 〈낭트의 자코Jacquot De Nantes〉는 실제 가족사진들을 활용하고, 그의 삶을 허구적으로 재현하면서 드미의 어린 시절을 탐구한다. 그리고 3년 뒤, 바르다는 다시 한번 드미에 관한 장편 다큐멘터리 〈자크 드미의 세계L'univers de Jacques Demy〉를 쓰고 연출하며 추모를 이어갔다.

상대적으로 활동이 적었던 10년의 기간을 거친 뒤, 72세의 나이에 바르다는 걸작이라 부를 만한 영화를 한 편 세상에 내놓는다. 1년간 프랑스 전역을 다니며 재료들을 주웠고, 그 결과물로 〈이삭 줍는 사람들과 나Les glaneurs et la glaneuse〉를 발표했다. 영화는 사회의 과도한 낭비의 부산물로 생계를 유지하는 사람들과 바르다 자신처럼 이러한 이야기를 '수확'해 영화로 만드는 사람들을 조명한다.

그리고 82세의 바르다는 〈아네스 바르다의 해변Les plages d'Agnès〉을 우리에게 선물한다. 사진, 영화 그리고 우정으로 수놓아진 일생을 유쾌하게 축하하고 기념한다.

바르다의 비범한 작품들이 '이론화'되어 담긴 스무 편의 인터뷰들, 50여 년에 걸쳐 진행된 인터뷰 텍스트를 찬찬히 살펴보면서 우리는 그가 얼마나 직관적인지 알 수 있고, 그의 진가 또한 확인할 수 있다. 바르다는 겸손하게 자신은 "철학적이지도, 형이상학적이지도 않다"라고 줄리 리그에게 말한다. 그리고 이렇게 설명한다. "제 마음은 계속 활동하고, 제 작업은 마음속으로 흘러들죠. 이게 제가 생각하는 방식이에요. (…) 아주 간단하죠."

1985년의 한 인터뷰에선 이렇게 말한다. "제 작품은 통제 불가 지역에 위치해요. 그곳에서 (배우의 이런저런 몸짓, 카메라 움직임, 단어들의 선택에 의해 표현되는) 예술가의 의도와 관객의 반응이 만나죠. 이들은 어느 지점에서 만날까요? 관객들은 무엇을 느낄까요? 제가 느꼈던 것과 같은 감정들일까요? 혹은 의도치 않은 어떤 다른 느낌들을 불러일으키기도 할까요?"

우리는 이 인터뷰 모음집을 통해 독자들이 바르다의 이와 같은 질문들에 답할 수 있는 다양한 방법들을 찾을 수 있으리라 확신한다. 바르다의 핵심 신념은 늘 유효하다. "우리는 결코 배움을 멈추지 않는다."

책에 수록된 인터뷰들은 실질적으로 편집이 가해지지 않았다. 그 결과 바르다의 언급들 가운데 일부는 반복되어 등장하기도 하는데, 학구적 독자들에게 보다 온전한 모습의 텍스트를 제공한다는 측면에서 의의를 찾을 수 있지 않을까 생각한다. 보다 중요한 것은 이러한 반복들이 감독이 끊임없이 추구하는 무언가, 그의 지속적 관심사를 드러내는 역할을 수행하기도 한다는 점일 것이다.

차례

촬영 현장에서

5시부터 7시까지의 아네스 바르다

위떼흐벵   1954년에 연출하신 〈라 푸앵트 쿠르트로의 여행〉 얘기를 좀
         해보죠. 영화 속 두 테마는 아주 다른 스타일로 다뤄졌는데
         요. 현 시점에서도 여전히 그 둘은 섞일 수 없다, 그렇게 해서
         는 안 된다는 생각이신가요?

바르다   〈라 푸앵트〉를 만들 때 저에게는 아주 명확한 아이디어가 있
         었어요. 두 개의 테마를 제시하자. 꼭 모순적이지만은 않은 그
         둘을 나란히 배치하자. 두 테마가 품고 있는 문제들은 상호 배
         타적이죠. 하나는 두 사람의 관계가 위기에 처했음을 깨달아
         가는 어느 커플의 이야기고, 다른 하나는 공동체적 대응을 통
         해 직면한 문제들을 해결하려는 어느 마을의 이야기예요.
         영화는 챕터들로 나눠져 있어서 두 테마는 절대 섞이지 않아
         요. 하지만 저는 관객들에게 가능성을 열어놓았어요. 그 둘

이 인터뷰는 1962년 3월 발행된 〈포지티프Positif〉 44호에 수록되었다. 인터뷰어 피에르 위
떼흐벵Pierre Uytterhoeven은 시나리오 작가로 클로드 를루슈 감독의 〈남과 여〉 각본을 맡아
1966년 아카데미 각본상을 수상했다.

을 맞서게 할 수도 있고, 서로 중첩시킬 수도 있죠. 저는 사적인 문제들을 공적인 쟁점들과 결합시키는 게 아주 어려운 일이라는 생각을 늘 하고 있었어요. 〈히로시마 내 사랑〉에서 레네는 아름답게 성과를 이뤄냈죠. 두 개의 층위를 잘 혼합하면서 관객들에게 깊은 인상을 남겼어요. 영화 속 프랑스 여인은 히로시마에서 일본 남자를 만나 열정적 경험을 하죠. 그들 만남의 폭력성(격렬함)은 여인의 첫 번째 열정의 대상이었던 한 독일 남자와 관련한 기억들을 소생시켜요. 이런 방식으로, 보다 큰 사회적 쟁점들이 커플의 사적인 문제들과 결합되고 있어요.

위떼흐벵   그럼 〈라 푸앵트〉에선 왜 이 두 문제를 분리하게 되신 건가요?

바르다   영화의 구성은 포크너의 『야생 종려나무』에서 영감을 받았어요. 소설에서 커플인 샬럿, 해리 두 사람과 미시시피 출신의 나이 든 전과자 사이에는 연결 고리가 없어요. 비유적인 것도 아니고 상징적인 것도 아니에요. 그저 독자가 읽어나가면서 느끼는 거예요. 책은 두 이야기를 번갈아 가며 들려주죠. 이러한 느낌들을 재구성할 수 있느냐는 독자의 몫이에요. 레네가 〈지난해 마리앙바드에서L'année dernière à Marienbad〉라는 영화에서 관객에게 요구했던 것과 정확히 일치하죠.
사적인 문제들과 보다 큰 사회적 쟁점들의 결합은 영화 〈랭클로L'enclos〉의 테마이기도 해요. 여기서 두 주인공의 경험은 큰 그림 속 세부 묘사라 할 수 있어요. 가티의 이 영화에서 제가 좋아하는 지점은, 두 캐릭터가 나치 수용소 내에서 고충을 겪는 것과 동시에 수용소 구성원들 역시 그들을 염두에 두고 있다는 거예요. 가티가 두 사람과 그룹을 이 영화에서의 방식대로 다룰 수 있는 건, 대결 상황에 놓인 두 사내가 직면한 문제들을 수용소 내의 모든 포로들도 똑같이 마주하고 있기 때문이에요. 그런데 그게 남자와 여자 사이의 사랑 문제가 되면 훨씬 더 까다로워지죠.

위떼흐벵   그렇다면 〈라 푸앵트〉 속 커플은 일단 자신들의 사적인 문제들을 해결해야만 하는 거군요. 보다 큰 사회적 그룹에 제대로 합류하려면 말이죠.

바르다   그렇죠. 소통이 되는 커플이라면 사적인 문제들을 해결해나가면서 보다 큰 공동체와도 결합할 수 있겠죠. (예를 들어, 사이좋은 커플이면서 조합 회원이기도 한.)
제가 〈라 푸앵트〉에서 보여주고 싶었던 건 무력함이었어요. 자신들의 지적·감정적 문제들을 떨쳐내지 못하는, 그래서 어떤 그룹에도 친밀감을 느끼지 못하는 그런 커플의 무력한 모습을 보여주고 싶었어요. 관객들이 사회적 쟁점들과 사적인 문제들 사이에 연결 고리가 없다는 걸 이해해주길 바랐어요. 물론 일정 수준의 이해에 이른다면 그 지점에선 이런 대립적인 면들이 사라질 수 있겠죠. 하지만 〈라 푸앵트〉에서는 위기에 처한 어느 커플을 제시하고 싶었어요. 단지 두 사람 사이에서만이 아니라 다른 이들과의 접점을 찾는 데에도 어려움을 겪는 커플을요.

위뗴흐벵   감독님 영화들의 구조에 대해서 이야기를 좀 해주시죠. 예를 들어 〈오페라 무프 거리〉는 스크린에 각 챕터의 제목들이 뜨고, 일련의 장면들로 구성됩니다.

바르다   그 작품은 본능에 관한 영화예요. 본능이나 직감은 고유의 논리에 따라 형성된다고 생각해요. 어떤 일정한 방향을 설정하고 영화를 만들진 않았어요. 한 여성, 심각한 모순에 직면한 어느 임신한 여성의 극심한 두려움을 표현하고자 했어요. 임신이란 건 자연스레 희망의 감정을 암시하죠. 미래의 행복에 대한 희망, 종족 보존의 희망 등등. 하지만 살아가다 보면 꽤나 절망적인 상황들을 자주 맞닥뜨려요. 일상에서 그러한 일들을 어쩔 수 없이 경험하게 돼요. '절망적'이라는 단어가 적절하지 않을 수도 있어요. 희망의 부재가 더 나을 것 같아요. 딱히 비극적인 상황은 아닌 그런…….

위뗴흐벵   무無희망 정도가 어떨까요?

바르다   네, 딱 좋네요. 그런 단어가 실제로 존재하진 않지만 무프타르 거리, 그 동네를 떠올리면…….

위뗴흐벵   저도 그 동네에 살고 있습니다.

바르다   그럼 그 지역이 꽤나 절망적인 동네라는 걸 공감하실 거예요. 인간적으로 희망을 찾아보기 어렵죠. 알코올중독자나 노인 비율이 다른 동네에 비해 꽤 높아요. 이런 모습들을 보면, 더구나 임신을 한 상태에서 바라보면 내 아이가 나중에 부랑자나 알코올중독자가 될 수도 있겠구나, 쓸쓸하게 늙어갈 수도 있겠구나, 하는 생각이 드는 거죠. 영화는 이런 모순을 기초로 해서 만들어졌어요. 그러고 보면 우리 주변에서 볼 수 있는 사람들의 모습이 세상에 대한 어떤 이미지를 만들어내는 것 같아요. 이 부분이 〈오페라 무프 거리〉의 다큐멘터리적 측면이라 할 수 있죠. 한 여성이 자신을 둘러싼 세상을 통해 어떤 하나의 이미지를 생성해낸다는 점에서요.

위떼흐벵   완전히 주관적인 이미지군요. 예를 들어 〈바우어리에서On the Bowery〉와 비교하면요.

바르다   〈바우어리에서〉는 보지 못했어요. 하지만 세상에 객관적인 다큐멘터리란 건 없다고 생각해요. 어느 한 장소에 열다섯 대의 카메라를 놓아두고 5년 동안 계속 촬영할 수는 있어요. 하지만 편집 작업은 주관적일 수밖에 없어요. 객관성이란 건 통제가 가해지지 않은 일반적인 일련의 숏들, 그리고 거기에 어떤 편집도 가하지 않았을 때 가능할 수 있겠죠. 손을 대지 않은 채 카메라를 그대로 놓아두고 찍는 장면들의 경우도 그렇고요. 다시 말해, 거리에서 벌어지는 일들을 있는 그대로 촬영한다면 객관성을 어느 정도 확보할 수 있어요. 하지만 모든 걸 다 촬영할 순 없는 거죠.

위떼흐벵   무엇을 본다는 행동 자체가 하나의 선택을 의미하죠.

바르다   맞아요. 제한된 범위 내의 선택이죠. 무언가를 포착하고 싶을
         때 우린 선택을 해요. 하지만 우산 아래 서서 거리를 둘러봐
         도 당신은 모든 걸 보고 있다는 느낌을 받아요. 〈오페라 무프
         거리〉의 경우, 이러한 객관성을 밀고 나가면서도 거기에 어
         떤 구체적 주관성을 더했어요. 바로 임신 상태죠. 이건 아주
         강력한 주관성이에요. 하나의 특별한 방식으로 세상을 바라
         보는 선택을 하는 거죠. 곧 아이를 가지게 될 여성으로서 주
         변 사람들을 바라보며 이런 생각을 하는 거예요. "아, 저 사람
         도 그 옛날 엄마 배 속에 있던 아기였겠지." 누구나 그런 건
         아니겠지만, 부랑자들을 보면 이런 생각을 하게 되기도 해요.
         "이 사람의 엄마도 배 속의 아이를 생각하며 이런 상상을 했
         겠지. '내 아이는 나중에 커서 행복하게 살 거야'라고." 저는
         이러한 모습에서 분명한 단절감 같은 걸 느꼈고, 영화로 만들
         어야겠단 생각이 들었어요. 그럼에도 이 작품은 본능적 직관
         에 의해 만들어진 영화라서 구조에 대해 이야기하는 게 불가
         능하게 느껴지죠.

위떼흐벵   아이를 갖는 문제, 이 주제를 장편영화에서도 다뤄보실 생각
         이 있으신가요? 〈어둠의 희생자La proie pour l'ombre〉란 영화를
         좋아하시는 걸로 알고 있는데, 이 주제를 딱히 다룬다고 할

순 없다고 하셨죠.

바르다 〈어둠의 희생자〉에 비판적인 건 아니었어요. 전 그 영화를 좋
아해요. 그저 〈어둠의 희생자〉〈밤La Notte〉 그리고 〈라 푸앵트〉,
세 영화 모두 아이를 갖는 것에 대한 문제는 제기하지 않았다
는 걸 얘기한 것뿐이에요. 심지어 〈이탈리아 여행Viaggio in Italia〉
도 마찬가지고요. (이 영화에선 그 문제가 아이를 갖고자 하는 여성
의 욕망에 의해 암시되긴 하죠.) 물론 사랑이 아이를 통해서만 표
현되는 건 아니에요. 하지만 일단 커플의 문제를 다루려 한다
면 아이를 갖는 문제도 직시해야만 하죠. 아이가 있든 없든 아
이를 원하든 그렇지 않든 또는 아이들이 너무 많든 적든, 아이
들에 대한 문제는 존재해요. 적어도 은연중에라도 모든 커플
에게 해당하죠. 제가 의아하게 생각하는 건 이러한 커플들의
문제를 왜 꼭 특정 사회 계급, 그러니까 이런 문제들에 대해
시간을 갖고 찬찬히 생각해볼 수 있는 그런 여유 있는 계층을
통해서만 표출하느냐는 거예요. 다른 계급에서도 그 문제는
똑같이 존재하고, 그들 역시 해결해야만 하는 문제거든요. 〈외
침Il Grido〉의 여러 미덕 가운데 하나가 바로 이 부분이에요. 영
화에서 한 노동자가 누군가와 교제 중에 중대한 문제에 직면
하죠. 사랑의 기쁨을 더 이상 느낄 수 없는 남자는 직장을 그
만둬요. 이 행동은 연인과의 관계에도 영향을 미치죠. 이 영화
에서 저는 세 가지가 마음에 들어요. 첫째, 해피엔딩으로 끝나
지 않는 사랑 이야기. 둘째, 지속적인 아이의 존재감. 마지막으
로 알도의 직장과의 관계예요. 그에게 직장은 적어도 연인과

의 관계만큼 중요하죠. 알도가 일터로 돌아와서 자살을 하는 게 바로 그 증거예요. 마치 암살자가 범죄 현장에 다시 나타나는 것처럼 이 노동자는 자신이 일하던 곳으로 돌아오는 거죠. 그는 일터에 강한 애착을 갖고 있어요. 만일 영화가 사랑의 상실만을 그렸다면 (물론 이것만으로도 무척 비극적 주제지만) 오로지 추상적인 모습이었을 거예요. 〈라 푸앵트〉가 추상적인 영화인 것도 같은 이유죠. 캐릭터들의 이름도 없고 직업도 없어요.

위떼흐뱅 그럼에도 남자에게는 자신만의 세계가 있고, 그 세계에 굳건히 정박하고 있죠.

바르다 네, 영화는 캐릭터들의 뿌리를 보여줘요. 저는 커플의 문제들이 그들의 직장이라든가 공동체 또는 아이들과의 관계 바깥에서 다뤄지는 걸 좋아하지 않아요. 커플은 추상적인 존재들이 아니잖아요. 삶 속에서 주변의 영향을 받으며 존재하는 거예요.

제 영화는 직감에 기초하고 있어요.
감정들은 통제되지 않고 논리적이도 않죠.

위떼흐뱅 앙리 미쇼는 이렇게 말했어요. "우리는 얼굴들로 이루어진 삶을 영위한다. 타인은 본질적으로 얼굴들이다." 감독님의 경우 〈오페라 무프 거리〉를 보면 꽤 많은 얼굴들이 나옵니다. 왜죠?

바르다 영화 속에서 여성 주인공은 거리의 사람들과 그들의 유년 시절 사이의 불가사의한 간극을 이해하는 데 고충을 겪어요. 사람들을 마주할 때 가장 먼저 대하는 건 역시 얼굴이에요. 그런데 무프타르 거리에서 제가 아주 명확히 느낄 수 있었던 건 여러 사람들로 이루어진 군중들의 압박감이었어요. 아이를 만드는 것도 일종의 압박이라 할 수 있죠. 신체적으로 봐도 생명은 자궁 속에서 압박 상태에 있는 거예요. 아이가 밖으로 빠져나올 때까지요. 이런 설명은 그다지 과학적이지 않죠. 제 영화는 직감에 기초하고 있어요. 감정들은 통제되지 않고 논리적이지도 않죠. 예를 들어, 영화를 보면 곱창에 관한 시퀀스가 길게 나와요. 사람은 음식을 많이 먹으면 배가 불러오죠. 아이를 가져도 배가 불러오고요. 영화 속에선 음식과 임신이 아주 혼란스럽게 뒤섞이죠. 영화의 무대를 시장으로 한 것도 바로 이 때문이었어요. 여주인공은 끊임없이 음식에 빠져들어요. 채소, 고기 그리고 곱창. 이렇게 말로 하면 느낌이 좀 그래요. 영화에서 다룬 방식을 거의 망쳐놓는 기분이에요. 임신한 여성은 늘 곱창 먹는 생각뿐이다, 라고 말하면 좀 그렇죠. 문장도 불쾌하고 기분도 불쾌해요. 하지만 본능적 수준에서 보면 분명 곱창을 향한 감정이 있어요. 요즘은 자연 분만natural childbirth. 재래식 자연 분만normal delivery과 대립하는 개념으로, 분만 과정에서 지나친 마취나 수술 도구를 사용하지 않는 21세기 자연 분만의 시대죠. 진보한 거예요. 그래도 어떤 진전이든 그 초입에선 본능, 그 두려움의 원천과 씨름할 수밖에 없어요. 저는 물론 진보를 지지해요. 하지만 진보가 우리의 본능을 죽여서는 안 되고 본능적 두려움을 무시해서도 안 된다고 생각해요. 통제할 수 있어야 하고, 그 힘에 굴복하지 말고 느낌을 자연스럽게 받아들일 수 있어야 해요. 자연 분만은 좋은 거예요. 우리가 원초적이고 오래된 그 본능들을 보호할 수 있다면 말이죠. 제가 과학의 영역에서 역행하는 사람이라고 생각하지는 말아주세요. 저도 자연 분만을 했어요. 그럼에도 저는 원형적인 본능들과의 끈을 놓아서는 안 된다고 생각해요. 여성들은 끈을 꼭 쥐고 감수성을 잃지 말아야 해요.

위떼흐벵　릴케는 모성에 대해 (또는 창조에 대해) 이야기하면서 남자와 여자를 구분했어요. 그리고 여자에게는 출산의 임무를, 남자에게는 기예적 세계universe of art의 임무를 부여했죠. 어떠세요. 일과 삶, 둘 사이의 균형을 잘 유지하고 계신가요? 한편으론 영화감독으로서, 또 한편으론 다른 종류의 창조를 하고 있는 여성으로서 말이죠.

바르다　이건 비율의 문제예요. 모성의 발휘와 예술가로서의 작품 활동은 병행할 수 있어요. 하나를 얻는다고 꼭 다른 하나를 잃는 건 아니에요. 여성도 직업적인 예술가가 될 수 있어요. 저는 비정상적인 여자가 아니에요. 다른 여성들처럼 살고 있어요. 사람들이 저에게 "영화를 만드는 여성이 왜 이렇게 많지 않을까요?"라고 물으면 저는 깜짝 놀라요. 여자로서 영화를 만드는 일을 하면서 딱히 제 삶에서 많은 걸 희생하거나 하지 않거든요.

위떼흐벵　그렇다면 일반적인 경우, 직업을 갖는다는 게 남편이나 연인을 저버리는 걸 의미하는 건 아니라고 봐도 좋을까요?

바르다 여성 해방의 역사가 아직 충분히 길지 않아서 여성들이 여전히 참정권 시대 사고방식에 머물러 있어요. 물론 여성들은 결국 자유를 획득하고 있죠, 다행스럽게도요. 하지만 일부 여성들은 남편에 의지하던 상황에서 벗어나 직장을 구해 독립성을 획득해도 결과적으로 만족스럽지 못한 상황에 처할 때가 있어요. 저는 여성이 꼭 직장에서 행복을 찾을 필요는 없다고 생각해요. 우리가 살고 있는 지금과 같은 전환기에는 양극단의 사례들이 보통의 사례들보다 훨씬 더 많죠. 모든 여성이 해방을 필요로 하진 않을 거예요. 필요로 한다고 모두 균형을 찾을 수 있는 건 아니고요. 이건 재능, 지적 능력 그리고 사적인 삶의 문제예요. 한 여자가 따분한 남편으로부터 자유를 얻는다는 건 자신의 여성적 조건과 남편, 이 두 가지 모두로부터 해방되는 거예요. 하지만 보다 흥미로운 경우는 여자가 따분하지 않고, 흥미로운 남자를 사랑하는 상황이에요. 만일 이 여성이 해방을 요구한다면 이건 진정한 요구예요. 그리고 이게 성공하려면 여성으로서의 균형을 반드시 찾아야 하죠. 만일 이 여성이 자신이 사랑하지 않는 남편을 떠나려 한다면 그건 전적으로 커플의 문제예요. 여성들의 문제와 관련해 아주 많은 혼란이 있어요. 상황이 복잡해지면서 더욱더 혼란스러워지고, 여성으로서 뭔가를 명확하게 파악하기가 무척 어려워요. 게다가 남자들이 이 혼란에 가세하면서 더욱 그렇게 됐죠. 어떤 남자들은 여자가 일하기를 원하고, 어떤 이들은 여자가 집에 있기를 원해요. 이런저런 용어들을 사용하기도 하는데, 진짜 쟁점들을 더욱 혼란스럽게 만들 뿐이에요. 이러한 침소봉대는 여자 남자 가릴 것 없이 모두 기여하고 있어요. 여성이 절실한 요구 때문에 일하고자 한다는 사실을 이해하는 남자는 그리 많지 않아요. 그저 바람을 피우기 위해서라든가 독립적으로 나만의 삶을 산다, 이런 이유 때문만은 아닌데 말이죠.

각각의 나라는 특유의 태도를 지니고 있어요. 이탈리아에서 일하는 여성들은 경멸의 대상이에요. 비정상이라고 생각하죠. 그런가 하면 프랑스에는 어떤 사회적 분위기 같은 게 있어요. 일하지 않는 여자는 뭔가 가치가 덜하다, 이런 정서가 있죠. 하지만 이 모든 사안은 꽤나 까다로워요. 그래서 여성들과 여학생들을 교육하는 데에 더 많은 힘을 쏟아야 해요. 우린 이 문제들을 차근차근 풀어나가야 해요. 일반화의 오류는 경계하면서요.

영화는 일종의 '다가감'이라고 할 수 있어요.
영화는 항상 '근사치'이고,
이미지는 항상 느낌이나 감정보다 우선하죠.

위떼흐벵   감독님의 작품에 공통적으로 나타나는 테마가 하나 있다면 바로 '누드'입니다.

바르다   네, 맞습니다.

위떼흐벵   이 테마는 어떤 의미가 있을까요? 구체적인 의미가 있는지
         궁금합니다.

바르다   제게 누드 테마는 형식적 아름다움과 도덕적 아름다움의 영역
         이 만나는 지점이에요. 이 지점은 특권적 영역이죠. 벌거벗은
         몸은 아름다움의 척도예요. 더욱이 정신적으로 벌거벗은 사람
         은, 다시 말해 가면을 쓰지 않은 사람은 감동적이고 아름답죠.
         사실이에요. 제가 언제나 대화하기 좋아하는 테마죠. 〈오페라
         무프 거리〉에서 보여준 커플은 일종의 사랑에 대한 오마주예
         요, 아주 순수한. 물론 청교도적인 의미로 말씀드리는 건 아니
         고요. 공유된 사랑의 아름다움은 경이로워요. 영화 속의 한 시
         퀀스는 다음과 같은 방식으로 촬영됐어요. 우선 침대 위에 커
         플이 있어요. 그 당시 저는 사랑이 일종의 '배가doubling'라는
         느낌을 가졌어요. 사랑은 '운송transport'이에요. 하나의 매개체
         같은 거죠. 어떤 의미인지 아시겠어요? 예를 들면, 아편도 운
         송이죠. 사랑은 현실을 획득하는 여러 방법들 가운데 하나예
         요. 사랑이 아니라면 접근할 수 없는 그런 현실이 있죠. 정신적
         영역에서 이런 배가된 감정을 느끼는 사람들이 있어요. 〈오페
         라 무프 거리〉를 보면 시적인 대사가 나와요. "나는 바라봤어,
         누군가를 바라보고 있는 나를." 여자는 남자의 품 안에 있어요.
         두 사람은 행복하죠. 두 사람은 아름다워요. 두 사람은 자신들
         의 아름다움을 바라봐요. 여자는 자기 자신의 아름다움을 바
         라봐요. 이건 자아도취가 아니에요. 여자를 바라보는 남자의
         시선을 통해 여자는 아름다워져요. 이 장면에서 여자는 실외

에 놓인 침대에 누워 있어요. 남자는 마치 고양이의 기분을 알 것 같죠. 부드럽게 어루만지면서요. 고양이의 시각을 빌리지 않더라도 그는 이 느낌을 견지할 수 있죠. 그래서 영화는 일종의 '다가감'이라고 할 수 있어요. 영화는 항상 '근사치'이고, 이미지는 항상 느낌이나 감정보다 우선하죠. 다시 영화 시퀀스로 돌아와서, 이제 침대 위에 있던 두 사람은 갑자기 안마당에 모습을 보이고 서로를 향해 걸어가요.

위떼흐벵   이 장면은 영화에서 가장 아름다운 숏 가운데 하나죠. 바로크적 양식을 배경으로 걸고 있는.

바르다   사실 바로크는 아니에요. 있는 모습 그대로 찍었죠. 정식으로 양식화하진 않았어요. 생각하시는 것보다 단순해요.

위떼흐벵   그럼에도 〈라 푸앵트〉는 영화적으로 상당히 양식화돼 있어요. 굉장히 직선적linear이고…….

바르다   그렇죠. 직선적이에요. 마치 펜으로 그린 그림처럼요. 하지만 그건 느낌일 뿐이에요. 예를 들어, 좀 더운 지방에서 두통을 느낄 때면 머리는 그 고통을 더 강렬하게 만드는 듯하잖아요. 탈수시키고, 정제하죠. 그리고 그 고통을 기하학적으로 만들어요. 마치 그림을 그리듯이. 말하자면 〈라 푸앵트〉는 한낮의 태양 아래에서 차가운 직선적 이미지로 만들어진 영화예요. 형식을 갖춘 에세이라기보다는 느낌대로 쓴 에세이라고 보는 게 맞을 거예요. 물론 형식을 갖춘 관심은 더 깊은 단계까지 접근하죠. 그리고 순수의 상태에서는 형식주의의 자리가 없어요. 그렇기에 만일 영화에 형식적 성질이 있다 하더라도 그 모든 형식은 느낌으로 발산되죠. 〈오페라 무프 거리〉에 나오는 연인들의 경우, 관객들은 그들을 명확히 파악하지 못해요. 그들은 외부와 내부에 혼재하죠. 그들은 누군가를 바라보고 있는 자신들을 바라봐요. 그럼에도 영화 속 형식적인 배치로 인해 관객들은 제가 표현하고자 하는 느낌들을 포착하죠.

위떼흐벵   사르트르를 참고해 요약해보자면, 모든 기법은 형이상학적 입장을 암시한다. 글쓰기는 우리를 하나의 우주로 안내하는데, 이 우주는 글쓰기라는 매개체가 없다면 드러나지 않을 우주다.

바르다   그렇죠. 글쓰기는 목격자가 되는 거예요. 제가 흥미를 느끼는 부분은 사람들에게서 발견할 수 있는 무언의, 비밀스러운, 표현하기 어려운 그 어떤 것들이에요. 직감의 영역은 느낌의 영역 못지않게 많은 것들을 품고 있어요.

위떼흐벵   지금부턴 〈5시부터 7시까지의 클레오〉에 대해 잠시 이야기를 나눠보죠. 다시 한번 누드 테마를 만나게 됩니다.

바르다   제게 클레오는 전형적인 캐릭터예요. 벌거벗지 않은 캐릭터. 클레오는 아름답죠. 하지만 모든 상황에서 스스로 주위에 차

단막을 쳐요. 미신, 교태, 과장된 여성성 같은 것들로요.

위떼흐벵   그 모든 건 우리가 영화 초입부에 보았던 두려움 때문이겠죠.

바르다   그렇죠. 또한 넘어갈지도 모른다는, 빠져들지도 모른다는 두려움도 있고요. '넘어갈지도'라는 표현은 바로 벌거벗음, 무방비를 의미해요. 감수성에 대한 위협이에요. 그래서 모든 사람은 일종의 갑옷을 입고 있죠. 물론 〈클레오〉는 사례 연구예요. 그리 뛰어나지 않은 여성 캐릭터죠.

위떼흐벵   이 캐릭터를 향한 감독님의 감정은 애정이 지배적이라고 할 수 있을까요?

바르다   아뇨. 동정 쪽이에요. 저는 죽음에 대해 숙고할 준비가 전혀 안 돼 있는 상황이 아주 끔찍하다고 생각해요. 클레오가 그런 경우죠. 죽음에 대한 생각을 감당하지 못해 완전히 중심을 잃어버려요. 자신의 존재 전체에 의문을 제기하죠. 동료 음악가들, 매니저, 연인 그리고 가수로서의 자기 직업에 대해서도요. 클레오는 점점 더 자포자기 상태에 빠져들다가 한 군인을 만나게 되는데, 아주 전형적으로 착한 사람이에요. 그리 특별한 존재들의 만남은 아니에요. 운명적 만남도, 필연적 만남도 아니죠. 그 시점에서 어떤 남자를 만났어도 클레오가 상황을 보다 잘 이해하고 받아들이는 데 도움을 줬을 거예요. 두 사람은 사랑에 대해 이야기를 나누고, 남자는 세상사에 대한 자신의 의견을 피력하죠. 클레오는 문득 자신이 단 한 번도 무언가에 또는 누군가에 제대로 빠져들어본 적도, 완전히 벌거벗어본 적도 없다는 사실을 깨달아요. 벌거벗음이라는 이 테마는 모델일을 하는 친구의 포즈를 통해 시각적으로, 군인에 의해서는 지적으로, 클레오가 겪는 경험들을 통해서는 물리적으로 묘사돼요. 비록 걱정일 뿐이지만 질병이 그를 벌거벗게 해요. 클레오에게 큰 영향을 미치죠.

영화 후반부, 병원에서 클레오는 어떤 지점에 도달하는데 그곳에서 투명함, 순수함과 마주하게 돼요. 이 순간이 영화가 말하고자 하는 모든 것이에요. 두 사람은 무장해제되고, 취약해지죠. 사람들은 이 단계에서 비로소 소통을 시작할 수 있어요. 클레오는 또 다른 존재에 이르는 길을 발견해요. 그곳엔 또 다른 가치들이 자리하고 있죠. 때때로 삶은 앎(인식)의 또 다른 단계로 향하는 길을 열어줘요. 그는 자신이 몰랐던 또 다른 소중한 것들이 세상에 존재한다는 사실을 깨닫죠.

위떼흐빙   이 영화를 보면서 자크 드미의 〈롤라〉를 떠올렸습니다. 특유의 서정성이 그렇고, 음악적 요소들도 관련성이 있고요.

바르다   그런가요. 같은 뮤지션이긴 하죠. 하지만 음악적 요소는 같지 않아요. 유일한 공통점은 찰스턴 음악1920년대 미국에서 시작해 전유럽에 유행했던 재즈 기반의 댄스 음악이죠. 극장에서 중간 휴식 시간에 들을 수 있는 그 음악이요. 드미는 선험적으로 이렇게 생각하는 것 같아요. 사람들은 서로에게 자연스레 다가갈 수 있다. 그들은 자연스러운 세상에 살고 있고, 그곳에서 사랑은 자연스러운 것이다. 반면에 저는 장애물과 모순으로 가득한 영화를 만들죠. 드미의 영화는 어떤 한 유형의 현실을 그려내요. 그 현실은 풀어내야 할 문제로 가득한 현실이 아니에요. 그저 자연스레 동화할 수 있는 그런 현실이죠.

위떼흐벵 〈클레오〉에 나온 익살스러운 단편영화가 참 마음에 듭니다. 그런데 생각해보면 그저 웃고 즐기는 영화가 아니에요. 가속화한 시간 개념과 그로 인한 죽음으로의 접근이 영화의 토대를 이루고 있거든요.

바르다 클레오의 '가치관의 진화' 관점에서 보면 이 단편은 유머의 측면을 담고 있다고 말할 수 있을 것 같아요. 물론 영화에는 영구차와 구급차가 나오는데, 이 차들은 죽음을 연상케 하죠. 하지만 익살극 형식으로 다뤘기 때문에 보고 있으면 웃음이 나와요. 자기 자신의 죽음에 대해 웃을 수 있다면 그건 이미 명료한 상태에 도달한 거예요. 이렇게 말할 수 있을 것 같아요. "클레오는 한 '학교'에 다니는데, 이 단편은 유머에 관한 과목이다." 영화를 보면 웃음이 나오죠. 하지만 동시에 영화는 영구차와 구급차가 등장하면서 무거운 측면도 지니고 있어요. 더욱이 말씀하신 대로 가속화한 시간 개념은 사물들을 빠르게 몰아붙이죠. 그리고 남자 주인공이 영화 내내 등장하는데, 그가 선글라스를 쓰면 모든 게 검게 보여요. 검은 옷을 입은 여자가 영구차에 치이죠. 네, 이건 어두운 측면이에요.

하지만 그가 선글라스를 벗으면 하얀 옷을 입고 있는 여자를 이전에 헤어진 바로 그 지점에서 다시 보죠. 다음과 같은 정신적 현상이 그리 낯설지 않으실 거예요. 무언가를 바라보면 그걸 본 순간과 뇌에 이미지가 도착하는 순간 사이에 갭이 있어서 이미 그걸 본 것 같은 인상이 들죠. 영화는 이 현상과 좀 비슷한 면이 있어요. 남자가 선글라스를 쓰면 여자는 검은 옷을 입고 어떤 행동을 하고, 안경을 벗으면 같은 장소에서 똑같은 행동을 다시 하죠. 이번엔 흰옷을 입고요. 그래서 이 짧은 영화에 대해 파고들어가기 시작하면 골치가 아파와요. 두 개의 현실이 있거든요.

하나는 부정적이고 하나는 긍정적인 그 둘은 시간을 두고 배치돼 있죠. 중요한 건 클레오가 무언가를 보고 웃는데, 그 대상이 그를 몸서리쳐지게 만드는 무언가라는 거죠.

위떼흐벵   영화의 시작이 컬러인 이유는 무엇인가요?

바르다   타로 카드에서의 삶은 상상 속 삶이라는 발상이었어요. 그건 표상적 삶이죠. 영화에서 실제 삶은 흑백으로 나와요. 저는 이 표상적 삶과 실제 삶을 분리하고 싶었어요. 물론 완전히 임의적이죠. 우리의 실제 삶은 컬러니까요. 하지만 영화의 시각에서 삶은 흑백이에요. 영화가 시작되고 크레디트가 올라가면서 우리는 클레오의 이야기를 듣기 시작해요. 점술가는 그의 삶을 예측하는데, 마치 영화를 보면서 말하고 있는 듯하죠. 결국 카드는 클레오가 죽을 거라고 선언하지만, 카드는 그저 카드일 뿐이에요.

문화적 감수성의 발달은 실제 세상에 대한
감수성의 성장과 나란히 진행되는 게 일반적이죠.

위떼흐벵 〈라 멜랑지트La Mélangite〉 얘기를 좀 해보죠. 이 프로젝트에 대한 감독님의 설명을 읽었을 때, 제 머릿속에 떠오른 건 미셸 뷔토르의 『변경』이었습니다.

바르다 그 소설은 흥미롭긴 했지만, 그다지 빠져들진 않았어요. 차갑고 아주 지적인 소설이죠. 반면 〈라 멜랑지트〉는 모험 이야기가 될 거예요. 유머로 가득할 거고요. 처음 작품을 구상하면서 저는 이런 생각을 했어요. 캐릭터의 머릿속에서 어떤 일이 벌어질 때, 그가 생각하는 걸 글자 그대로 묘사해보면 어떨까? 그러고는 바로 웃음을 터뜨렸죠. 그 생각을 하기 직전에 알랭 로브그리예의 아주 진지한 문장을 읽었거든요. "'나는 해변으로 갈 수 있다'라는 단어들을 발음하는 즉시 나는 곧바로 바위들과 해변을 본다." 로브그리예는 이 말에 대해 극도로 진지하게 설명해요. 하지만 저는 〈라 멜랑지트〉의 시나리오를 쓰기 시작하면서 이렇게 다짐했어요. "이 작품은 서부영화만큼 재미있어야 해." 제가 보기에 우리의 생각은 도약하고, 튀어 오르고, 질주하고, 추격하는 것 같아요. 그런 식으로 움직이는 듯해요. 쉼 없이 오가는 우리 생각의 내부는 긴장감으로 가득할 것 같아요. 범상치 않죠.

위떼흐벵   그렇다면 이 작품은 현실보다는 우리 생각들에 기초한 영화
          라고 보면 될까요?

바르다   글쎄요, 둘 다라고 말하고 싶네요. 행동은 종종 마음속에서
          일어나죠. 가령, 한 캐릭터가 미래에 대해 생각하고 자신이
          뭔가 행하는 것을 상상해요. 그 장면은 스크린에 재현될 수
          있고요. 그런데 이건 진짜가 아니죠. 이런 생각을 50번도 더
          할 수 있어요. 예를 들어 〈앙리에트의 축제La fête à Henriette〉, 이
          영화가 이런 식으로 만들어졌어요. 엉망인 영화이긴 한데, 창
          의적 상상에 관한 영화죠.

위떼흐벵   이 영화를 보면 연기가 일종의 메타포로 기능하는데요. 캐릭
          터가 이중, 삼중, 사중이 되면 우린 갑자기 스크린에서 네 사
          람 모두를 보게 됩니다.

바르다   주의를 기울여서 봐야 해요. 네 명의 캐릭터는 첫 번째 캐릭터
          의 다양한 화신들일 뿐이에요. 각각 시간을 달리해 등장하고요.
          사실 저 같은 경우도 어렸을 때 정말 순진무구했죠. 성장한 후
          에는 열정 넘치는 사람이었고요. 이 둘은 같지 않아요. 사람들
          이 종종 말하듯이 우린 변해요. 변해왔죠. 하지만 이전의 우리
          들이 사라지지는 않기 때문에 이 캐릭터들은 서로 대화를 나눠
          요. 사람은 꽤나 많은 구획으로 나눠져 있어요. 이런 식으로 말
          을 하기도 하잖아요. "들여다보면 나도 괜찮은 부분이 있어." 각
          각의 구획은 하나의 캐릭터를 대변해요. 이 얘기를 하다 보면

아주 복잡해져요. 하지만 눈으로 보면 명확하죠. 하나의 캐릭터가 아주 손쉽고 자연스레 다기능화될 수 있어요. 하지만 언어는 이걸 제대로 수행해내지 못하죠.

〈라 멜랑지트〉는 문화에 대한 영화이기도 해요. 만일 사람들 사이에 무언가 공통분모가 존재한다면, 그건 바로 문화예요. 영화의 주인공은 베네치아 음악 마니아예요. 그는 어떤 한 유형의 문화에 푹 빠져 있죠. 사실상 사로잡혀 있어요. 이 영화는 흘러가는 대로 놓아두고 봐야 해요. 영화는 시각적 아이디어와 시각적 언어유희를 통해 연상되는 것들을 주된 토대로 해서 구성됐기 때문이에요. 예를 들어, 리옹Lyons 기차역을 생각하는데, 갑자기 뱅센 동물원에 있는 진짜 사자lion가 등장하는 거죠. 이미지상에서 끊임없이 놀이가 이어져요. 언어들을 가지고 놀이를 하는 것처럼요.

이미지상에서의 놀이를 조금 더 얘기하자면 진짜 사자에서 이제 사자 석상으로 넘어가죠. 뱅센 동물원에서 베네치아의 산마르코 광장으로 옮겨가는 거예요.

위떼흐벵   얘기를 들으니 장 비고가 생각나고, 〈니스에 관하여〉에서 보여준 그의 이미지-연상 기법도 떠오르는군요.

바르다   비고는 좋아하지만, 〈니스에 관하여〉는 꼭 그렇진 않아요. 제생각에 〈니스에 관하여〉는 비고의 작품 가운데 가장 덜 성공적인 영화가 아닌가 싶어요. 〈품행제로〉와 〈라탈랑트〉는 훌륭해요. 하지만 〈니스에 관하여〉는 장난스럽고 치기 어리고 농담도 그리 재밌지 않고, 긍정적 공격성도 빈약하죠. 유쾌하긴 하지만 좀 서툴고, 억눌린 느낌도 들고요. 전 이 영화를 열다섯 번 정도 봤어요. 왜냐하면 〈라 푸앵트〉가 처음 개봉했을 때 늘 함께 상영됐었거든요. 그런데 이 영화에 대해 긍정적인 반응이 나오는 걸 보고 좀 놀랐어요. 일종의 반란을 표상하고 있는 영화였지만, 너무 소년스럽고 그다지 잘 구성된 영화가 아니었거든요. 그에 반해 〈라탈랑트〉는 소년기 유머로부터 벗어난 그야말로 반란이었죠. 또 다른 예를 들자면, 부뉴엘의 〈황금시대L'âge d'or〉 역시 직감을 토대로, 생생한 감정을 토대로 만들어진 영화라 말할 수 있을 테고요. 〈황금시대〉를 잠시 분석해볼까요. 한 커플이 진창 위에서 사랑을 나눠요. 얼마 떨어지지 않은 곳에서 뭔가를 기리는 기념식이 열리고 있죠. 그 근처엔 기념비가 서 있고요. 이 장면이 뭘 의미할까요? 만일 이 시퀀스가 지적인 발상에서 나온 거라면 그저 공격적이고 어리석을 따름이죠. 하지만 이 시퀀스는 느낌, 감정에 기반한 거예요. 전 그렇게 믿어요. 너무 근사해서 이미지 아래에 깔려 있는 맥락은 아무 상관이 없어요. 관객의 머릿속에서 이미지에 앞서 떠오르는 건 바로 직관이죠. 〈황금시대〉는 이 관점에서 정말 대단해요.

위떼흐빙 〈라 멜랑지트〉는 컬러로 촬영하시나요?

바르다 네. 도입부라 할 수 있는 파트는 이미 촬영을 마쳤어요. 그 부분은 일종의 다큐멘터리인데, 주인공의 어린 시절을 그리죠.

전체 작품의 서두를 장식할 거예요. 뉴스영화newsreel와 광고가 나오기 전에 상영되죠. 이 파트는 영화의 전체적 풍경을 담아낸다고 볼 수 있어요. 저는 사람은 풍경들로 이루어져 있다고 생각해요. 그래서 이 도입부는 세트 지역의 소금 습지에 관한 다큐멘터리이면서 아버지와 함께 살던 청년의 유년 시절에 관한 이야기이기도 해요. 나머지 영화와는 완전히 분리되죠.

위떼흐벵 조금 전에 문화에 대해 말씀하셨는데요. 이 영화는 이러한 문화를 공격하는 쪽인가요, 아니면 옹호하는 쪽인가요?

바르다 잘 모르겠어요. 이 문제에 대해서 제 입장을 정립하지 못했어요. 제가 보기에 어떤 사람들에게 문화는 제2의 천성이 되는 것 같아요. 영화는 이 두 번째 천성이 본래의 천성을 죽이는지 아니면 보다 풍성하게 만드는지 그리고 어느 정도 영향을 미치는지에 대한 질문들을 던져요. 예를 들어, 누군가 미술사에 정통한 사람이 있다고 치죠. 눈앞에 펼쳐진 어떤 풍경이 그에게 푸생을 떠오르게 해요. 그는 푸생 덕분에 그 풍광을 두 배 더 즐길 수 있죠. 결국 그림이 그의 경험을 풍성하게 해주는 거예요. 그런가 하면 이런 경우도 있을 수 있어요. 문화가 정서의 자리를 대신 차지해버린 사람들. "여기 좀 봐. 꼭 푸생 같다." 이렇게 말하지만 풍광 자체에서는 아무것도 느끼지 못하는 거죠. 혹은 느낌이나 감정이 형식화된다고 할 수 있죠. 이 영화는 세상에 대해 뭔가를 배우는, 그리고 세상 앞에 장막을 치는 두 가지 양상을 함께 다루고 있어요. 제 생각에 〈라 멜랑지트〉에 나오는 사내의 경우는 장막 쪽인 것 같아요. 그는 베네치아 문화에 너무 집중해서 다른 건 아무것도 볼 수 없죠. 물론 이건 평범치 않은 경우예요. 문화적 감수성의 발달은 실제 세상에 대한 감수성의 성장과 나란히 진행되는 게 일반적이죠.

위떼흐벵   하지만 문화가 사람들이 세상을 이해하는 데 도움을 준다면 그런 부정적인 측면은 어느 정도 감내해야 하는 것 아닐까 싶은데요.

바르다   글쎄요, 이건 그저 사례 연구일 뿐이란 걸 기억하셔야 해요. 처음엔 이 캐릭터도 문화 덕분에 풍성해진 감수성을 지니게 됐어요. 일단 베네치아를 알게 됐고, 문화의 세례를 받아가면서 점점 더 베네치아 문화에 다가섰고, 이해의 폭을 점차 넓혔어요. 그러다 그의 감수성이 고갈되는 순간이 찾아오죠. 심장이 더 이상 뛰지 않는 거예요. 그 지점에서 문화는 악덕의 형태로 변화해요. 그리고 이 악덕은 감정의 영역으로까지 침투하게 되죠. 예를 들어, 한 남자가 한 여자를 사랑하는데 마침 보티첼리 그림에 나오는 여자를 닮았어요. 여기까진 좋아요. 그 여성을 향한 욕망을 보다 풍성하게 만들어주는 역할만 담당하니까요. 그런데 이후로 남자가 보티첼리 그림 속 여자와 닮은 이성만을 찾기 시작한다고 상상해보죠. 별종이군, 하며 넘어갈 수 있어요. 하지만 그 남자는 이제 보티첼리 그림

속 여자와 닮지 않은 사람과 사랑하는 건 불가능해져요. 글쎄요, 이런 상황이라면 그건 악덕이라고 말할 수밖에 없죠. 〈라 멜랑지트〉의 캐릭터가 그 어떤 것도 사랑하기를 멈추었다면 그게 베네치아의 음악과 문화를 더욱더 잘 음미하기 위함이라고 할 수는 없어요. 그저 그의 삶이 멈춰버린 거예요. 그의 심장은 더 이상 뛰지 않죠. 빠르게 꽃피우고, 곧이어 빠르게 시들어버리는 그런 이야기를 담은 영화예요. 저는 이 캐릭터를 나름 좋아해요. 그러면서도 그를 제대로 판단할 수 없다는 느낌도 들어요. 그는 가늠하기 어려운 사람이에요. 각각의 여자를 만날 때마다 그의 새로운 측면들이 드러나요. 그는 단계들을 밟아나가죠. 미친 듯이 사랑에 빠지고, 이어서 완전히 메말라버리고요. 궁극적으로 이 작품은 아주 사실적인 영화라 할 수 있어요.

위떼흐벵 〈클레오〉의 경우도 1961년 파리의 모습이 그대로, 아주 사실적으로 담겨 있는 부분이 마음에 듭니다. 알제리 전쟁도 환기시키고요.

바르다 네, 하지만 〈라 멜랑지트〉는 시간이 경과한다는 느낌이 없다는 점에서 좀 다를 거예요. 영화는 전적으로 마음속 우주를 다루고 있어요. 감성 교육이라 할 수 있죠.

위떼흐벵 두 편의 장편영화를 연출하시면서 배우들과의 작업은 어떠셨나요? 어떤 애로 사항들이 있었을까요? 두 영화를 보면 확실히 변화가 느껴집니다.

바르다 〈라 푸앵트〉는 배우들을 카메라 앞 어느 지점에 세우느냐 하는 게 중점 과제였어요. 캐릭터들은 프레임 안 자신의 위치를 통해 스스로를 표현했어요. 아주 형식적 접근법이었죠. 그래서 꼭두각시 캐릭터들처럼 보일 수밖에 없었고요. 사운드 역시 전혀 심도를 살리지 않았어요. 배우들이 카메라에서 멀리 떨어져 있어도 목소리는 가까이서 말하는 것처럼 들리죠. 그래서 반사실주의적 효과를 만들어내고요. 이 작품의 경우 이미지들과 시선들 사이의 관계가 영화의 구조를 형성해주길 바랐고, 그 구조를 통해서 표현하고 싶었어요. 반면 〈클레오〉에서는 캐릭터들이 살아 숨 쉬고, 이런저런 것들을 직접 느끼고 경험하죠. 비록 영화 전체가 늘 사실적이진 않다 하더라도, 그들의 행동은 늘 육체적 현존physical presence에 의해 행해져요. 〈라 푸앵트〉와는 아주 다른 방식이죠. 저는 완전한 사실주의를 견지했어요. 시간을 축약하지도 않았고 생략도 하지 않았고 실제 시간, 실제 동작들을 살렸죠. 클레오가 목걸이를 하는 장면을 보면 그는 목걸이를 손에 쥐고 목 주위에 두르고 고리를 걸죠. 마찬가지로 옷을 입고 여러 모자들을 써보는 데에 필요한 시간을 다 써요. 편집으로 눈속임 같은 걸 하지 않죠.

위떼흐빙 차바티니의 네오리얼리즘 영화들이 생각나는군요.

바르다 네, 어떤 것도 감추고 싶지 않았어요. 만일 영화 속에 식사하는 장면이 있었다면 클레오는 아마 수프를 열다섯 번쯤 떠먹

〈라 푸앵트 쿠르트로의 여행〉의 두 주인공, 실비아 몽포르와 필리프 누아레(1954)

었을 거예요. 클레오가 열다섯 번 숟가락을 입으로 가져가는 장면을 보여줬겠죠. 마찬가지로 걷는 장면들도 다 실제 시간에 부합해요.

위떼흐벵   그래서 그 장면들이 길게 느껴지는 거군요.

바르다   확실히 그렇죠. 택시를 타고 가는 장면도 길게 이어져요. 처음에는 흥미롭지만, 점차 피로해지죠.

위떼흐벵   주관적 시간이죠.

바르다   객관적 시간보다 훨씬 더 강하게 느껴져요. 이 영화는 시네마 베리테cinema verite. 1960년대 프랑스에서 시작된 다큐멘터리 제작 이론. 사실성을 추구하고 적극적으로 진실을 포착하고자 한다 형식을 띠고 있어요. 저는 사람은 자신을 둘러싸고 있는 것들에 의해 정의된다고 생각해요. 이런 의미에서 보면 〈클레오〉는 한 여자에 대한 다큐멘터리예요. 저는 투명한 영화를 만들고 싶었어요. 영화의 형식이 분명히 드러나길 바랐죠. 객관적 시간은 관객들로 하여금 사건들에 대해 어느 정도 거리감을 갖게 해요. 10분마다 시간을 표시하면 관객은 영화의 시간 위에 실제 시간이 겹쳐 놓여 있구나 하는 걸 깨닫죠. 그리고 이렇게 하면 캐릭터들로부터 어느 정도 떨어지게끔 하는 효과가 있어요. 몇몇 관객은 왜 챕터 타이틀을 넣었는지, 왜 시간의 경과를 보여줬는지 물어보기도 해요. 이런 분들은 영화 속으로 빠져드는 걸 좋아하는 부류의 관객들이죠. 저는 〈라 푸앵트〉를 찍기 시작했을 때 이미 그 위험성을 느꼈어요. 캐릭터들과 항상 함께 있으려 하고, 그와 동시에 그들을 재단하려 하죠.

위떼흐뱅 혹시 뮤지컬 영화 쪽도 관심 있으세요? 뮤지컬 코미디나 오페라. 뭔가 아주 서정적인 것들이요.

바르다 아뇨. 저는 리얼리티를 너무 좋아해요. 예를 들어, 〈라 멜랑지트〉는 아주 사실적이죠. 사고의 영역은 항상 시각적인 것과 연결돼요. 〈라 멜랑지트〉의 주인공이 하는 생각들은 하나의 이미지 박물관을 만들어내죠. 시각적 우주는 아주 중요해요. 우리의 생각을 조건 지을 뿐만 아니라 자극하기도 하죠. 제 생각에는 레네가 오페라나 음악에 훨씬 더 가까운 것 같아요. 그의 사고 형식은 리얼리티 쪽과 그리 긴밀히 연결되어 있지는 않거든요. 레네라면 기꺼이 이 제안을 받아들일 것 같아요. 확실히 말할 수 있어요. 〈지난해 마리앙바드에서〉는 사실 음악을 많이 닮았죠. 다른 어떤 것보다도요.

모든 창작자는 매개자다

6년 전, '누벨바그'가 등장하기 한참 전, 국립민중극장의 공식 사진가로 활동하던 한 젊은 여성이 이례적이고 특이하고 매혹적인 작품을 극장에서 선보였다. 〈라 푸앵트 쿠르트로의 여행〉을 향한 평론가들의 반응은 열광적이었다. '개인적인 영화' 그리고 '작가 영화'에 대한 다양한 논의들을 이어갔다. 앞서 알렉상드르 아스트뤼크가 주창했던 '카메라 만년필 이론caméra-stylo. 작가가 그러하듯 영화감독은 카메라를 펜처럼 사용해야 한다는 이론'의 연장선상이었다. 하지만 대중은 판단을 유보했다. 아녜스 바르다의 첫 영화의 독창성과 영화 스타일은 훗날 누벨바그의 전조로서 재평가됐지만, 당시에는 고립된 하나의 사건처럼 여겨졌다. 대중성보다는 사적이고 주변적인 것처럼 보였다.

바르다는 이후 알랭 레네를 본보기로 삼아 일련의 단편영화에서 자신의 엄청난 재능을 재확인시켰다. 새로운 영화는 전작보다 뛰어났고, 다양한 영화제에서 수상했다. 〈오 계절들이여, 오 성들이여〉〈코트다쥐르를 따라

이 인터뷰는 1962년 4월 발행된 〈레 레터 프랑세즈Les Lettres françaises〉 922호에 수록되었다. 인터뷰어 미셸 카프드나크Michel Capdenac. 1929~2014는 시인이자 기자, 영화평론가다. 2005년에 본명인 샤를 도브진스키Charles Dobzynski로 공쿠르상 시 부문을 수상했다.

서〉〈오페라 무프 거리〉 같은 영화들에서 다큐멘터리는 마치 리얼리즘의 굴레를 단번에 벗어던지고 환상적인, 예기치 않은, 시적인 영역에 도달한 것처럼 보인다. 알랭 레네와 크리스 마커가 탐구적이고 창의적으로 카메라를 사용하며 펼쳐놓은 이 광활한 영토에서 바르다는 자신만의 영역을 구축했고, 아주 독창적인 자신만의 길을 냈다. 아름다움의 가장 미묘한 형태들에 주의를 기울이며, 신뢰할 만한 혜안과 직감을 통해 그는 사회적·심리적 진실들을 드러냈다. 성마르고 요란스러운 젊은 영화감독들이 손쉽게 장편영화 제작비를 마련하는 사이, 바르다는 보다 정제되고 세밀한 접근법, 값지고 열정적인 예술성을 추구했다. 이러한 미덕들은 영화 애호가들로부터 존경과 찬사를 이끌어냈지만, 세속적 성공과는 거리가 있었고 대중적 호응은 남자 감독 친구들 몫으로 돌아갔다.

이제 아녜스 바르다는 관객에게 다가갈 또 한 번의 기회를 갖게 됐다. 그는 관객의 관심을 받을 자격이 충분하다. 이번 영화는 두 번째 장편 〈5시부터 7시까지의 클레오〉다. 영화는 놀랍고 섬세하다. 죽음과 숙명에 맞선 심오하고 예리한 주술이다. 영화사적으로도 의미가 있는 이 영화는 지난 몇 개월간 화제의 중심이었고, 이제 봄을 맞아 만개하려 한다. 마치 이국적 나무에서 피어오르는 한 송이 꽃처럼.

바르다는 활력의 화신이다. 활력은 여자를 완성한다. 활력은 끊임없는 움직임을 동반한다. 그런가 하면 고양이의 눈을 닮은 그의 두 눈에 집중돼 있는 이 활력은 신중함과 단정함을 차분하게 동반한다. 그는 좀처럼 흔들리지 않는다. 바르다는 평온하지만 명료하게 지난날을 회상한다. 물론 씁쓸함을 감출 순 없다. 〈라 푸앵트 쿠르트로의 여행〉은 금전적으로 재앙이 된 영화였다. 그는 그 반향을 오랫동안 느꼈다.

바르다 그 이후로 〈라 멜랑지트〉라는 제목의 또 다른 장편영화를 만들려고 했어요. 제 프로듀서인 조르주 드 보르가르가 아이디어를 줬죠. 〈라 멜랑지트〉에서는 뭐랄까, 20세기의 병폐를 다루고자 했어요. 여러 혼란스러운 양상들을요. 세트 지방과 베네치아를 오가는 어느 습관적인 거짓말쟁이의 감성적 여행을 소재로 한 영화를 기획했어요.

카프드나크 〈5시부터 7시까지의 클레오〉에선 20세기의 또 다른 병폐를 그려보려 한 것 아닌가 싶은데요. 바로 불안감이죠. 형이상학적 차원이 아니라 현대사회의 아주 실제적이고 치명적인 질병인 암이 야기하는, 선고를 받으면 공포감이 우리를 단번에 삼켜버리는 불안감이요.

바르다 우선 저는 파리를 배경으로 영화를 찍어야겠다는 생각이 들었어요. 우리네 삶을 감염시키는 어떤 혼란스러운 감정, 혼돈, 두려움의 분위기 같은 것들을 전달하기 위해서였죠. 현대의 고통은 사람들로 가득한 파리 같은 대도시에서 좀 더 지속적으로 그리고 묵직하게 느껴지는 것 같아요.

카프드나크 뜻밖인 점은 이러한 테마를 표현하기 위해 감독님이 택하신 캐릭터는 고통과는 완전히 반대쪽에 있는 것처럼 보이는 여성이라는 겁니다. 아름답고 좀 가벼워 보이는 대중 가수죠. 클레오의 모든 움직임은 우아하고 즐거움에 가득 찬 것처럼 보여요. 그럼에도 영화는 아주 급작스럽게 극도로 연약한 모습을 드러내 보이죠.

바르다   좀 가벼운 성향의 캐릭터가 필요했던 건 어리광에서 불안으로 이행되는 갑작스러운 전환을 극대화하기 위해서였어요. 무엇보다도 이 영화는 내적 진화를 차츰차츰 인식하는 과정을 그린 이야기예요. 시간 순서는 그래서 꽤 중요해요. 캐릭터가 경험하는 객관적 시간과 주관적 시간의 차이와 대조를 반드시 보여줘야 했어요. 일반적으로 영화에서 우리는 객관적 시간을 믿지 않아요. 영화에서의 시간은 허구죠. 실제 시간에서 벗어나 있어요. 어떠한 경우든 '실제' 시간은 존재하지 않아요. 그래서 〈클레오〉는 챕터들로 나뉘어 있고, 그렇게 분절된 시간들은 시간의 축소와 확대를 나타내죠. 어떤 상황에 처하느냐에 따라서 5분이 한 시간처럼 느껴질 수도 있어요. 자신이 한두 달밖에 살 수 없다는 걸 알게 된다면, 삶의 리듬은 완전히 달라지죠. 이 영화엔 '진실의 순간'이라 부를 수 있는 시퀀스가 있어요. 클레오가 노래를 부르는 장면인데, 그가 품고 있던 두려움이 갑자기 선명해지면서 그동안 억눌러왔던 모든 불안정하고 유약한 감정들이 갑자기 폭발적으로 분출되죠. 클레오가 가발을 벗어버리는 모습이 마치 가면을 벗는 것처럼 느껴져요. 이 순간부터 클레오의 고통은 그를 타인들에게로 이끌고, 그가 만나는 사람들은 그 자신의 고통을 거울로 비추듯 반사해 보여주죠.

카프드니크   죽음에 대한 두려움이 이 영화에선 진실을 드러내는 역할을 하죠. 그럼에도 이렇게 아름다운 여성이 자신이 머지않아 죽게 된다는 걸 알았을 때 처음엔 받아들이기 쉽지 않을 텐데요.

바르다 하지만 우리 모두는 죽음에 둘러싸여 있어요. 죽음이라는 개념을 늘 품고 사는 사람들도 있고, 나름의 방식으로 준비가 돼 있는 사람들도 있고요. 클레오는 이전까지 죽음에 대해 한번도 생각해본 적이 없어요. 죽음을 낯설고 폭력적인 적으로 간주하죠. 더욱이 클레오는 너무도 아름답고, 활기차고, 건강해 보이기 때문에 그와 죽음의 대비는 훨씬 더 무자비해 보여요. 클레오는 르누아르 그림의 모델로도 손색없어 보이죠. 그런데 갑자기 클레오의 아름다움과 나무랄 데 없는 건강함이 죽음, 즉 그의 몸을 공격하고 존재 전체를 향해 침투해 들어오는 죽음이라는 개념과 맞닥뜨려요. 클레오는 자신이 세상의 중심이라고 여겨왔는데, 갑자기 자기 입지를 잃게 돼요. 이건 사실 익히 다뤄져온 이야기예요. 고독한 상황에 놓인 자신을 발견하고, 타인의 도움이 필요하다는 사실을 깨닫게 되는 이야기. 이 숨어 있던 병폐로 인해 클레오는 자신이 마음을 열고 있음을 느끼고, 이제까지 익숙하게 해오던 사고방식과 행동으로부터 벗어나게 돼요. 이후로 그는 하나둘씩 옷을 벗기 시작해요. 결국 아무것도 걸치지 않게 되죠. 클레오는 스스로를 놓아주고, 그동안 쓰고 있던 가면들을 하나하나 벗어던져요. 일종의 '떼어놓기'라 할 수 있죠. 자신을 발견해가는 과정을 묘사하는 게 제겐 아주 흥미로웠어요. 세상을 바라보는 새로운 방식이라는 측면도 마음에 들었고요.

카프드나크   동감합니다. 이 영화의 특별한 점은 관객과의 교감에 성공했
다는 건데요. 클레오를 사로잡은 그 무력감이 너무도 강렬해
서 우리는 결국 그의 눈을 통해 영화를 보게 되죠. 또한 클레
오가 느끼는 두려움, 난파선에 타고 있는 듯한 그 느낌도 공
유하고요. 거리, 사람들, 사물들, 모든 것이 다른 의미를 지니
고 다른 빛깔로 보이는 그런 세상에 내버려진 클레오의 기분
을 관객들도 똑같이 느끼는 거죠.

바르다   클레오는 자기 주변에서 일어나는 일들에 그다지 관심을 두
지 않는 유형의 사람이에요. 그런데 갑자기 '바라보기' 시작
하죠. 거리에서 자신을 스치고 지나가는 사람들, 주변을 구성
하는 것들의 상태, 개구리를 먹는 남자, 화실의 미술학도들.
하지만 이렇게 주변 사람들의 삶 속으로 들어갈수록 점점 더
갈피를 못잡아요. 클레오는 답을 찾고 싶어 해요. 그리고 그
답은 우연히 만나는 한 젊은 군인으로부터 나오죠.

다큐멘터리적 요소가 없는 픽션은 있을 수 없고,
미학적 의도가 없는 영화는 있을 수 없다고 생각해요.

카프드나크   그 역시 미래 희생자죠. 암이 아니라 전쟁으로 인한. 관객 입
장에서 적어도 그 정도 예측이 가능해요. 강렬한 상징입니다.
이 부분을 어떻게 해석해야 할까요?

바르다   이런 흐름의 이야기들은 어쩔 수 없이 보다 보편적인 담론으로

이어지곤 해요. 죽음에 대한 불안은 보다 보편적인 불안을 야기하죠. 하지만 저에겐 소위 말하는 역작을 만들고자 하는 야심이 없었어요. 이건 그저 심각한 위기의 순간에 처한 두 사람이 만나는 장면일 뿐이에요. 남자는 그저 평범한 사내예요. 또 다른 '죽을 운명의 사람'이자 휴가 중인 군인이죠. 헛된 죽음은 멍청한 짓이라고 말하는 그는 세상에 대해 낭만적 시각을 지니고 있기도 해요. 클레오에 호감을 보이면서 스스로 자신 있어 하는 분야의 이야기를 들려주죠. 학구적 관심사라든가 원예 같은 것들을요. 그 역시 표류 중이에요. 클레오와 마찬가지로 주위의 모든 것에 열려 있어요. 이유는 다르지만요. 그래서 클레오는 그와 제대로 된 대화를 나누기 시작해요. 이런 일은 처음이죠. 그는 진정성을 갖고 클레오를 대하고 결국 클레오는 이제껏 자신이 지녀온 가치관을 다시금 돌아보게 되죠. 그는 이기적이지 않은, 본질적으로 좋은 사람이에요. 클레오의 죽음에 대해서도 아주 자연스러운 방식으로 접근하죠. 두 사람이 죽음에 대해 의견을 교환하고 난 뒤 클레오는 마음이 무척 편안해져요. 자신의 고통을 함께해줄 누군가가 필요했거든요. 이런 의미에서 보면 이 영화의 인간적 면모는 미학적 의도를 훌쩍 뛰어넘죠.

카프드나크 그럼에도 이 영화의 이미지들이 보여주는 화려함과 조형적 창의성의 잣대로 볼 때 미학적 의도 또한 결코 무시할 수 없습니다.

바르다 다큐멘터리적 요소가 없는 픽션은 있을 수 없고, 미학적 의도가 없는 영화는 있을 수 없다고 생각해요. 하지만 저는 이 영화의 미학적 측면이 오로지 자연스러운 감정선을 위한 도구로 사용되길 원했어요. 영화를 보다 보면 정제된 이미지들이 눈에 들어올지도 몰라요. 그래도 영화를 통해 전하려는 건 아주 단순하고 분명하죠. 모호하지 않아요. 그저 보이는 대로 받아들이면 돼요.

카프드니크 영화를 보면 빛과 조명의 사용을 통해 객관적 상태뿐만 아니라 감정들, 주관적 상태까지도 전달하려 한 것 같습니다. 예를 들어, 클레오의 넓은 집 안으로 햇빛이 한가득 들어오죠.

바르다 빛으로 어떻게 소통할 수 있을까 하는 게 제 관심사 가운데 하나예요. 클레오에게 이 압도적인 밝기는 무無로의, 창백한 죽음으로의, 하얀 죽음으로의 소멸을 암시하는 표식이죠. 하얀 죽음은 병원을 연상시켜요. 그와 함께하는 음악가들이 간호사처럼 옷을 입은 것도 이 때문이에요. 여기서 죽음은 검은색 대신 빛과 짝을 이루죠. 이렇듯 촬영은 영화언어들 가운데 하나예요. 구도 잡기나 편집과 마찬가지로요. 관객을 영화에 집중하게 만들어야 하지만, 동시에 거리를 두고 판단할 수 있게끔 해야 하기도 하죠. 관객들의 감정선을 제 의도대로 움직이려 하지 않았어요. 궁극적으로 모든 창작자는 매개자예요. 삶과 우리가 감정이라 부르는 직감으로 이루어진 자연스러운 생산물을 관객에게 전달하는 임무를 수행하는 중개자죠.

카프드니크   여기서 감정은 한 비극적 현상과 연결돼 있습니다. 바로 암이죠. 뭐랄까요, 공포의 한 거대한 전형처럼 여겨지는 질병이죠. 이야기를 전달하기 위해 구체적으로 이 질병을 선택한 이유가 있을까요? 개인적인 기억이라도 있으신지 궁금합니다.

바르다   암은 누군가를 완전히 지배할 수 있는 아주 심각한 질병이에요. 저는 여러 병원에서 많은 시간을 보내면서 이 현상을 기록했어요. 환자들을 100명 넘게 만나봤죠. 처음 검진을 받으러 온 사람들도 있고, 치료를 받으러 온 사람들 그리고 극도로 지치고 절망적인 모습을 보이는 분들도 있었어요. 참 비통한 상황이죠. 그러던 중에 깨달은 게, 이처럼 많은 환자를 만나 이야기 나누다 보니 제 영화가 일종의 의료 르포르타주가 되어버릴 위험성이 있어 보이는 거예요. 그래서 차분하게 생각을 가다듬고, 애초에 관심을 크게 가졌던 것에 집중하기로 마음먹었어요. 바로 두려움과 불안이라는 감정이죠. 마치 중세 시대 사람들이 흑사병에 대해 지녔을 법한 공포와 다를 바 없어요. 그리고 또 하나 발견하게 된 건 이러한 감정들에 압도된 나머지, 환자들의 감수성이 예민해져서 과거에는 깨닫지 못했던 것들을 이젠 보고 이해하기 시작했다는 거예요.

카프드니크   클레오 역할로 코린 마르샹을 택하셨고, 아주 훌륭한 연기를 선보였습니다. 작곡가 미셸 르그랑도 깜짝 출연해 멋진 모습을 보여줬고요. 두 사람의 만남은 영화 내에서 가장 빛나는 순간 가운데 하나입니다. 이 부분에 대해서 얘기를 좀 해주시죠.

바르다 〈태평양Pacífico〉이란 오페레타에서 부르빌과 호흡을 맞췄을 때 코린 마르샹을 봤어요. 〈롤라〉에도 출연했었죠. 마르샹을 염두에 두고 클레오 캐릭터를 만들었어요. 저는 특정한 배우를 점찍어 두고 역할을 만드는 방식이 효과적이라고 생각해요. 영화의 주요한 대사들을 변경하진 않는다 하더라도, 감독은 캐릭터의 디테일이나 말하는 방식 같은 것들이 배우의 개성과 조화를 이루도록 해야 한다고 생각해요. 배우가 실제 생활에서 즐겨 쓰는 단어들이나 몸짓, 이런 것들을 참고할 필요가 있죠. 르그랑의 경우는 솔직히 그 배역을 쓰면서 염두에 두진 않았어요. 하지만 마르샹이 노래 부르는 장면 리허설을 함께할 때, 그가 재능 넘치고 아주 매력적인 개성을 지니고 있다는 걸 알게 됐어요. 그 역할에 적격이었죠.

카프드나크 자, 이제 다음 작품이 궁금합니다. 준비하는 게 있으신가요?

바르다 몇 가지 프로젝트가 있어요. 그중 하나가 〈라 멜랑지트〉고요. 그리고 〈조르주 상드의 삶The Life of George Sand〉이란 영화도 논의 중이에요. 역사극도 흥미로운 것 같아요. 역사적 자료에 토대를 둔 영화를 만들 생각이에요. 존재하는 문헌들을 넘어서는 것들은 조금도 첨가하고 싶지 않아요. 그의 삶에서 일어난 실제 역사적 사건들을 새롭게 발굴하고 거기에 집중하고 싶어요. 조르주 상드와 알프레드 드뮈세의 인간적인 모습들도 살펴보고요. 당대에 그들의 삶이 어떤 의미가 있었고 어떤 가치가 있었는지 그려보고 싶어요.

세속적 우아함

피에시   자, 우선 사진 이야기부터 시작해보죠.

바르다   네, 저는 사진가였어요. 지금도 그렇다 말할 수 있고요. 사진
을 찍는다는 건 세상을 보는 하나의 방식이에요. 몇 년간 사
진가로 일했죠. 지금은 아니고요. 감은 잃겠지만 보는 눈은
결코 잃지 않았어요. 요즘은 주로 영화 촬영 장소를 물색할
때 사진을 찍어요. 책상 위에 근사한 18×24인치 크기의 사진
을 올려놓고 보는 것만큼 사물들, 풍경들을 제대로 바라보는
방법도 드물어요. 이렇게 하면 시나리오를 쓰는 데도 도움이
돼요. 일련의 사진들을 보고 있으면 일종의 연결 고리 같은
게 자연스레 생겨나요. 거기서 뭔가를 '읽어'내기도 하죠. 아
주 고무적이에요.

이 인터뷰는 1965년 4월호 〈카이에 뒤 시네마〉 165호에 수록되었다. 인터뷰어는 영화감독이
자 작가인 장 앙드레 피에시Jean-André Fieschi. 1942~2009와 소설가 클로드 올리에Claude
Ollier. 1922~2014다.

피에시 　장편영화를 찍으면서 영화계에 첫발을 내딛으셨는데요. 일반
　　　　 적이지 않은 과정이었던 걸로 알고 있습니다.

바르다 　〈라 푸앵트 쿠르트로의 여행〉은 미스터리예요. 저도 설명할
　　　　 수가 없어요. 어떤 동기로 영화란 걸 만들게 됐는지 저 스스
　　　　 로도 모르겠어요. 저는 영화에 대해 아무것도 몰랐어요. 일
　　　　 단 극장을 거의 가지 않았어요. 스무 살이 될 때까지 본 영화
　　　　 가 최대치로 잡아도 스무 편 정도였죠. 그렇다고 영화 쪽 사
　　　　 람들이 주변에 있었던 것도 아니에요. 제 생각엔 작가 지망생
　　　　 이 첫 소설을 쓰듯이 〈라 푸앵트〉를 시도한 거 같아요. 처음
　　　　 소설을 쓸 때 출판 여부는 신경 쓰지 않잖아요. 그런 식이었
　　　　 던 거죠. 독서광이긴 했어요. 영화를 보면 저의 문학적 흔적
　　　　 을 발견할 수도 있을 거예요. 영화는 포크너의 『야생 종려나
　　　　 무』에서 직접적으로 영향을 받았어요. 스토리 자체보다는 소
　　　　 설의 구성이 인상적이었죠. 한 커플과 미시시피 지역의 홍수,
　　　　 두 이야기를 번갈아 가며 다루는 방식이 좋았어요. 그 긴장감
　　　　 이 너무 마음에 들었어요. 읽다 보면 좀 거슬리는 면도 있지
　　　　 만, 책을 덮고 나면 정말 비범하다는 느낌이 들죠. 그 당시 프
　　　　 랑스는 브레히트의 '거리 두기 이론'이 크게 화제가 되기 시
　　　　 작할 무렵이었어요. 관련한 이론서들을 탐독하거나 하진 않
　　　　 은 시점이었지만, 그 이론을 영화에서 시도한다는 게 상당히
　　　　 매력적으로 여겨졌어요. 관객이 영화 속 캐릭터들과 동화하
　　　　 는 과정에 개입하는 거죠.

피에시   이건 감독님 영화들에선 하나의 상수죠.

바르다   꼭 그렇진 않아요. 〈5시부터 7시까지의 클레오〉에선 영화로
         부터 한 걸음 물러서달라는 요구를 직접적으로 하지 않아요.
         원한다면 관객은 클레오와 동화할 수 있어요. 죽음을 앞둔 한
         아름다운 여성의 이야기를 담은 영화 한 편을 감명 깊게 볼
         수 있어요. 그 대신 저는 시간 표기와 함께 영화를 각각의 챕
         터로 나누면서 거리감을 만들어냈어요. 시계로 측정되는 이
         '객관적' 시간을 통해 관객들에게 알려주고 싶었죠. 이제 40
         분 남았군요. 이제 20분 남았군요······.

피에시   〈라 푸앵트〉로 다시 돌아가보죠. 이 영화에 즉흥성은 어느 정
         도 포함돼 있을까요?

바르다   〈라 푸앵트〉는 주의 깊게 고안된 영화예요. 촬영을 들어가기
         전에 숏 하나하나가 이미 다 준비돼 있었어요. 이런 식의 접
         근이 가능했던 건 촬영 장소를 제가 잘 알고 있었기 때문이에
         요. 그곳에 오래 머물며 사람들과 대화하고 동네도 이곳저곳
         많이 다니면서 사람들을 관찰했어요. 다큐멘터리는 아니지만
         사실성은 담보할 수 있어요. 실제로 딸의 결혼을 반대하는 집
         이 있다는 이야기도 들었어요. 마을 부녀자들이 당근 껍질을
         벗기거나 빨래를 하면서 그런 얘기들을 들려줬죠. 그리고 영
         화에서처럼 어부들은 불공정한 제약에 맞서기 위해 서로 뭉
         쳐 조합을 만들려 했어요. 이 이야기는 작업장에서 그물을 수

선하던 어부들이 직접 들려줬어요. 그 부분은 다큐멘터리처럼 만들려고 했죠. 남녀 커플의 대사에 관해서 얘기를 하자면, 저는 이 영화의 스타일을 좀 복잡하게 만들 의도로 대사를 썼어요. 동시에 캐릭터들을 단순화시키기 위함도 있었고요. 제 생각은 이 커플을 추상적으로 만들자는 거였어요. 우리는 이들이 누군지 잘 알지 못하죠. 그들이 무엇을 하고 있는지 또는 이후에 어디로 향할지도요. 그건 제 관심사가 아니었어요.

피에시 영화가 어떻게 만들어질 수 있었는지 말씀해주시겠어요?

바르다 어느 날 안 사로트가 제게 카를로스 뷔야르드보와 그의 아내 제인을 소개시켜줬어요. 두 사람 다 인상이 아주 좋았는데, 영화 쪽 일을 하고 있었고 단편영화도 한 편 만들었다고 했죠. 저는 두 사람에게 영화를 한 편 만들고 싶다는 얘기를 하면서 어떤 내용인지 설명해줬어요. 영화 카메라도 한 번 본 적 없는 상황이었죠. 카를로스가 기술적 측면에서 도움을 줄 수 있는 누군가를 찾아야 한다고 하더군요. 자신도 무보수로 나서주겠다 했고, 아내한테는 스크립터 일을 맡겼어요. 카를로스는 마침 시간이 되거나 도전적인 프로젝트에 매력을 느끼는 스태프들을 규합해 팀을 만들었어요. 이런 식으로 작은 협력체가 만들어진 거죠. 우린 제작비로 7만 프랑(약 1만 4천 달러)을 썼어요. 영화 제작비로 그리 큰돈은 아니지만, 그로부터 10년이 지난 지금도 이 돈은 아직 변제하지 못했죠.

피에시 　 몽파르나스 극장에서 대중들의 반응은 상당히 우호적이었습니다.

바르다 　 아주 이례적이었죠. 하지만 영화는 1956년이 돼서야 개봉할 수 있었어요. 촬영을 1954년에 마쳤음에도요. 영화의 편집을 담당했고, 우리 협력체의 일원이기도 했던 레네는 당시 제게 이렇게 말했어요. "이 영화를 반드시 보여줘야 할 두 사람이 파리에 있어. 바로 앙드레 바쟁과 피에르 브롱베르제. 누구보다도 영화의 '느낌'을 잘 포착해내는 사람들이지." 그래서 우린 두 사람에게 영화를 보여줄 자리를 마련했어요. 브롱베르제는 관람 후 영화에 관심을 보였어요. 그에게는 새로운 무언가를 감지하는 촉이 있었죠. 마음에 들어 했어요. 바쟁은 칸 영화제에 꼭 출품하라고 얘기해줬고, 전 그의 조언을 따랐죠. 칸으로 향해 공항에 영화 필름을 잠시 맡겨두고 곧바로 바쟁이 머물던 숙소로 찾아갔어요. 그는 제게 시사회에 초대할 사람들 명단을 적어줬어요. 눈앞이 캄캄해졌죠. 아무리 봐도 아는 이름이 없었거든요. 낯선 세계에 온 듯한 기분이었죠. 그럼에도 여러 호텔을 찾아다니며 초대장을 돌렸고, 앙티브 거리에서 적당한 상영 장소를 빌렸어요. 시사회 날 많은 사람들이 몰려들었죠. 이후 영화에 대한 평가들이 나왔는데, 무엇보다 바쟁과 도니올의 리뷰가 인상적이었어요. 아주 흥미로운 언급들을 해주었고, 새로운 영화의 도래에 대해서 이야기했죠. 그리고 파리의 한 극장에서 5주간 상영할 기회를 얻게 됐어요. 영화 홍보용 책자도 아주 근사하게 만들었죠. 총 관객

수가 만 이천 명이었어요. 〈라 푸앵트〉에 혹평을 가하는 사람도 많았지만, 평론가들 3분의 2가량은 영화의 명백한 정치적 입장에 꽤 감흥을 받았죠. 분명한 건 영화에 대한 호불호를 떠나서 이 영화가 진부한 방식으로 만들어진 진부한 영화가 아니란 사실이었죠. 〈라 푸앵트〉는 '읽는' 영화예요. 영화를 보는 그 순간보다 극장을 나선 후에 더 인상에 남는 영화죠.

영화를 만들 땐 네가 원하는 방식대로 만들어라.
다른 사람의 말은 듣지 마라.

피에시   포크너 외에 〈라 푸앵트〉에 영향을 준 다른 누군가, 또는 무언가가 있을까요?

바르다   미술 작품에서 영향을 받았다고 할 수 있어요. 특히 피에로 델라프란체스카를 들 수 있는데, 실비아 몽포르를 여주인공으로 선택하는 데도 영향을 미쳤죠. 둥근 얼굴, 긴 목, 목선이 깊게 파인 상의도 그렇고요. 또한 그 당시 소르본대학에서 바슐라르가 강의를 하고 있었어요. '물질의 상상력'에 대한 강의들이었는데 거기에 흠뻑 빠져 있었죠. 지금 이 영화를 다시 보면 영화의 대담성에 저조차 놀라곤 해요.

피에시   꾸중이든 칭찬이든 이 작품의 문학적 특성에 대한 이야기가 많았던 게 사실입니다.

바르다 작품의 그런 측면을 놓고 논쟁이 벌어지는 건 환영이에요. 흥미롭기도 하고요. 하지만 커플이 주고받는 대사를 쓰면서 특별히 문학적인 느낌이 나게 노력하진 않았어요. 오히려 체계적이길 바랐죠. (커플은 두 사람 사이의 사랑, 육체적 사랑 그리고 서로에 대해 알고 있는 것들에 대해 하나씩 짚어가죠.) 한편 제가 후회하는 건 영화 더빙을 할 때, 이미 무척이나 연극적인 대사를 또 한 번 연극적 말투로 연기한 부분이에요. 이건 배우와 관련된 사안인데, 두 배우 모두 자연스레 연극적 발성을 했고, 저로선 어떻게 제어해야 할지 난감했죠. 경험이 전혀 없는 상태에서 배우들에게 연기 지도를 한다는 건 정말이지 어려운 일이에요. 지금 생각해보면 대사를 좀 더 자연스럽게 하도록 했으면 좋았겠다 싶어요. 그럼 영화의 메시지도 보다 수월하게 전달됐을 테고, 영화 자체도 좀 더 즐겁게 볼 수 있는 작품이 되지 않았을까 생각하죠.

피에시 그렇군요. 그럼에도 이 연극적 요소는 영화의 메시지와 잘 들어맞긴 합니다.

바르다 네. 하지만 저는 그 부분을 젊은 시절의 실수 정도로 생각해요. 거리 두기가 꼭 공세적攻勢的인 걸 의미하지는 않아요. 브레히트의 제대로 '거리를 둔' 작품들은 뻣뻣하지도 않고, 그리 공세적이지도 않죠. 다른 식으로 말하자면 누군가의 머리를 쥐어박으며 "정신 차려!"라고 소리치는 건 거리 두기에 해당하지 않아요.

피에시	영화를 보면 카메라 움직임이 하나 눈에 띄는데요. 처음엔 바위투성이 해변을 근접해서 보여주다가 고리버들 낚시 바구니로 옮겨가고, 이어서 다른 쪽으로 빠져나갑니다. 시나리오에 있던 장면인가요, 아닌가요?
바르다	재밌네요. 사람들이 늘 질문을 해오는 숏이 바로 그거예요. 그 숏은 유일하게 제가 선택하지 않은 숏이에요. 유일한 숏이죠. 이건 제게 소중한 교훈을 주었어요. 영화를 만들 땐 네가 원하는 방식대로 만들어라. 다른 사람의 말은 듣지 마라. 물론 그 숏을 더 이상 머리에 담아둘 필요는 없죠. 나머지 부분들은 얘기했다시피 사전에 꼼꼼히 계획해 촬영했고요.
피에시	〈라 푸앵트〉와 〈이탈리아 여행〉은 여러 지점에서 유사점이 발견됩니다.
바르다	그 당시는 〈이탈리아 여행〉을 보기 전이었어요. 사실 제 영화는 로셀리니 영화와는 완전히 다른 관점에서 만들어졌고, 그의 기독교적 요소도 제 영화에선 찾아볼 수 없죠. 그런데 어떻게 보면 꼭 그렇지만도 않아요. 〈라 푸앵트〉를 작업하면서 일종의 공식 하나를 만들어 상기하곤 했어요. '결혼은 세속적 성례'라는 건데요. 재미있는 게 〈행복〉을 만들면서도 '행복은 세속적 우아함'이라는 비슷한 공식을 만들었거든요. 사실 어떤 주제든 기독교적 요소, 비기독교적 요소를 모두 찾아낼 수 있죠. 영화들 간의 상호 유사성은 〈라 푸앵트〉를 편집하면서

도 단골 주제였어요. 레네는 편집을 하면서 계속 이런 식으로 얘길 했어요. "이 장면은 〈흔들리는 대지La terra trema〉를 떠올리게 하네." 아니면 "이 숏은 〈어느 사랑의 연대기Cronaca di un amore〉를 연상시켜." 그런데 이런 얘기를 수도 없이 듣다 보니 슬슬 신경이 쓰이기 시작하는 거예요. 그렇다고 레네가 〈라 푸앵트〉를 모방적인 영화라고 여긴 건 아니에요. 편집을 하다 보면 시간을 들여 장면들을 유심히 보게 되고, 자연스레 다양한 연상 작용이 일어나니까요. 아무튼 레네가 한 얘기들을 제 눈으로 직접 확인해봐야겠다는 생각에 이르렀어요. 시네마테크에 가서 영화를 보기 시작했죠. 개봉작도 챙겨보고 영화 잡지도 탐독했어요. 결국 나이 스물여섯이 지나서 영화라는 걸 제대로 발견하게 되었어요. 제 영화를 편집하는 도중에요! 정말 터무니없을 정도로 늦은 시작이었고, 아직까지도 다 따라잡지 못한 기분이에요. 그때 저는 깨달았죠. 제가 영화감독이 되고 싶어 한다는 걸.

피에시　　말하자면 시스템 안으로 들어가신 건가요?

바르다　　네, 정확히 그렇죠. 더 이상 영화를 만들지 못하면 아쉬울 것 같았어요. 처한 상황이 계속 이어질 것 같았고, 조바심이 났죠. 그 무렵 브롱베르제에게서 전화가 왔어요. 그는 이렇게 말했죠. "영화 한 편 만들게 해주지." "좋네요." "관광청에서 루아르 계곡의 샤토châteaux, 대저택 혹은 성를 소재로 한 영화를 한 편 제작해달라는 부탁을 받았네." 주먹을 한 방 날리고 싶

촬영 현장에서

었어요. 전 이렇게 생각했죠. "이 사람 분명히 나를 얕잡아 보는 거야. 〈라 푸앵트〉를 만든 나한테 '루아르 계곡의 샤토' 홍보 영화를 만들어달라고 하잖아. 그것도 내가 싫어하는 그 저속한 건축물을 가지고 말이야. 로마네스크 이후로는 뭐 별다른 게 없잖아……" 그러고 나서 친구들에게 의견을 물었어요. 아무래도 시스템 안으로 들어가려면 이런 일반적인 경로를 통하는 게 나은 선택이라는 조언들을 해주었고, 저는 결국 받아들였어요. 〈라 푸앵트〉는 아름다운 영화긴 했지만, 다음 영화를 만들라며 자금을 제공하는 제작자는 나타나지 않았죠. 반면에 단편 작업을 하면 감도 유지할 수 있고, 그 '환경'으로 들어가 사람들도 만나게 되죠.

그래서 결국 무거운 마음으로 샤토들이 있는 지역을 방문했어요. 끔찍한 폐허였죠. 역겨운 유적지였어요. 날씨도 끔찍했고요. 제 자신에게 이렇게 말했어요. "형편없는 나날이 되겠군!" 하지만 천상의 나날을 보내게 됐죠. 황금빛 햇살 아래서요. 저는 루아르강둑의 아름다움에 완전히 매료됐어요. 이 영화가 오래전에 쇠퇴한 시대의 비애감으로 가득하다 해도, 샤토에 대한 특별한 혐오감 같은 게 담겨 있진 않아요. 건축적 측면에서 보면 영화는 상당히 교훈적이에요. 22분 길이인데 사람들이 다들 매력적이라고 감탄하는 샤토에 관해서는 오직 7분만 할애했고, 나머지 15분은 조롱박이라든가 모자들, 그 외에 다른 재미있는 요소들로 채웠어요. 하지만 7분간 이어지는 샤토에 대한 논의를 주의 깊게 들으면 로슈의 성들로부터 샹보르성까지의 건축학적 진화에 대한 탁월한 해설을 접할 수 있어요. 객관적이고 성실하게 주제를 다뤘어요. 에콜 뒤 루브르École du Louvre를 나온 사람이 만든 영화답죠.

피에시　　그래서 관광청의 반응은 어땠나요?

바르다　　아주 좋았어요. 대만족이었죠. "하나 더 합시다!" 그리고 이렇게 말했죠. "이번엔 코트다쥐르로 갑시다!" 맙소사. 전 생각했어요. '이러다간 다음번엔 리무쟁이나 페리고르에도 가자고 할지 모르겠어.' 그 대신 저는 한발 앞으로 나아갔어요. 〈오 계절들이여, 오 성들이여〉를 완성하고 나서 〈오페라 무프 거리〉를 만들었죠. 관광청 영화를 만들면서 스트레스를 많이 받았기 때문에 16밀리 영화를 만들면서 제 자신을 위로해주고 싶었어요. 처음 며칠간은 사샤 비에르니가 도움을 줬지만, 그 이후로는 스스로 해나갔어요. 매일 무프타르 거리의 시장에 나갔어요. 쇠로 된 접이식 의자를 들고 가서 그 위에 올라가 사람들을 관찰했죠. 무프타르 거리 한가운데에 의자를 배치했어요. 아시다시피 꽤 경사진 곳이에요. 그렇게 높은 위치에서 카메라를 아래로 향하게 하고 사람들을 촬영했어요. 항상 같은 곳에 있었기 때문에 아무도 저를 의식하지 않았어요. 며칠이 지나자 저는 그냥 동네 빵집이나 레몬 파는 가판대처럼 거리 풍경의 일부가 되었죠. 한 달간 마음이 이끄는 대로 촬영했어요. 챕터들을 만들었고, 임신, 욕망, 알코올 중독 등등의 타이틀을 붙였죠. 촬영을 하는 동안, 어느 대상이 어느 카테고리에 들어맞을지 감이 왔어요. 어느 아침엔

술 취한 이들에게 초점을 맞추고, 어떤 날엔 보다 말랑한 대상에 집중하는 식이었죠. 그날그날 저의 기분에 따라 촬영 대상을 결정했어요. 아무래도 그런 식으로 작업을 하다 보니 나중엔 결국 분류하고 정리해야 할 일이 산더미처럼 쌓였죠.

제 영화 중에서 〈오페라 무프 거리〉를 가장 좋아해요. 아주 자유로운 영화죠. 저는 단정함과 당돌함 사이의 경계선에 관심이 있어요. 아마도 임신한 여성의 그 은혜로운 상태를 즐길 준비가 되었던 것 같아요. 무프타르 시장 한가운데서 임신으로 무거워진 배와 음식으로 무거워진 배 사이의 혼돈을 포착하면서 즐거운 시간을 보냈어요. 그 외에도 그곳엔 모순들이 가득했죠! 한 임신부가 비탈길 아래로 사람들의 물결을 바라봐요. 특히 노인들의 모습을요. 그리고 이렇게 생각하죠. '저들도 한때는 갓 태어난 아기였겠지. 땀띠 나지 말라고 누군가 파우더를 발라줬을 테고, 자그마한 엉덩이에 뽀뽀를 해줬겠지.' 이런 유의 생각은 냉혹함과 부드러움 사이를 구분하는 가느다란 경계선으로 우리를 이끌죠. 저는 미세한 감정들에 근거한 서정성을 이해할 수 있을 것 같았어요. 조르주 들르뤼가 고통과 기쁨이 동시에 담겨 있는 이런 느낌들을 그의 음악에 잘 포착해냈죠.

〈코트다쥐르를 따라서〉는 보수를 받고 만든 두 번째 영화예요. 이 영화를 통해 관광에 대한 에세이를 한 편 쓰고 싶었어요. 사람들은 왜 코트다쥐르를 가는 걸까? 다른 곳에 갈 수도 있는데. 명백한 이유가 있는 건 아니죠.

사람들은 일종의 에덴동산을 찾고 있어요.
그럴 권리가 있다고 생각해요. 너무 지쳐 있거든요.

피에시   시작할 때부터 색감에 대한 명확한 구상이 있었나요?

바르다   의뢰를 받은 영화 두 편 모두 색감이 강렬하긴 했지만, 미리
어떤 구상을 하진 않았어요. 〈오 계절들이여〉에선 석조의 생
기 없음과 황금의 활력이 혼합되어 있고, 〈코트다쥐르를 따
라서〉에선 바로크적으로 색감을 사용했어요. 그럼에도 이 영
화들이 특별히 색감에 중점을 둔 영화라고는 말하기 힘들 것
같아요.

피에시   의뢰받은 영화를 만들면 아무래도 풍자적 요소를 가미하게
되나요?

바르다   저는 풍자적인 영화를 만들지 않아요. 웃는 건 좋아하죠. (이
영화의 제목을 '에덴동산'이라고 지을까도 생각했어요.) 하지만 풍
자는 누군가를 조롱하는 걸 암시하잖아요. 의뢰를 수락하면
일단 지루한 영화를 만들지는 말자는 생각은 들어요. 그건 분
명해요. 그럼에도 풍자보다는 부드러운 유머를 구사해야 하
죠. 관객들은 〈코트다쥐르를 따라서〉를 나름 재밌게 봤을 거
예요. 하지만 웃음이 나올 정도로 재미있는 영화는 아니죠.
일종의 관찰 장르에 속하는 영화예요. 화면 위로 흐르는 해
설이 시사하듯 아주 관대한 자세로 만들어졌죠. 사람들은 일

종의 에덴동산을 찾고 있어요. 그럴 권리가 있다고 생각해요. 너무 지쳐 있거든요. 그래서 에덴, 즉 코트다쥐르가 제공하는 것들이 너무 조악하더라도 그건 그들의 잘못이 아니에요. 그럼에도 이유야 어쨌든 이 조악한 에덴은 또 다른, 좀 더 광범한 의미의 에덴을 생각하게 해요. 지친 자들을 위한 쉼터로서의 에덴. 아주 아름다운 발상이고, 기본적인 발상이죠. 관대한 마음으로 영화 속 사람들을 바라봐야 해요. 처음에는 웃지만, 이내 뭔가를 깨닫게 되죠.

피에시   감독님께서 애착을 갖고 있는 프로젝트인 〈라 멜랑지트〉에 대한 얘기를 좀 해주시죠.

바르다   글쎄요. 아주 간단하게 말하자면 한 젊은 청년의 감성 교육이라 할 수 있어요. 영화는 10년 동안의 기간을 다루고, 그 사이 캐릭터는 변화하죠. 예를 들어, 사내가 사랑에 빠지면 그는 육체적 변화를 겪어요. 그가 변할 때마다 다른 배우가 그 역할을 맡죠. 다섯 명의 배우가 연기하는 한 캐릭터의 이야기라고 보시면 돼요. 처음에 그는 혼자예요. 하지만 이내 둘이 되고, 마지막엔 여러 명이 되죠. 이건 일반적으로 영화 속 모놀로그의 문제를 해결하는 한 방법이에요. 영화를 보면 다섯 명의 '비텔로니vitelloni. 펠리니 영화에서 가져온 단어로, 미숙한 청년을 뜻한다. 글자 그대로 하면 '큰 송아지'가 나오죠. 그들은 세트 지역의 부둣가를 거닐기도 하고, 노천카페에 앉아 자기 의견이 유일한 진리인 양 떠벌리기도 하죠. 주인공은 독백을 하는데, 자기 내부의 여러 인격체의 서로 다른 목소리로 모놀로그를 해요. 여성들과 관계를 맺게 되면서 상황은 아주 복잡해져요. 충분히 상상 가능하죠.

피에시   그러니까 배우가 추가되는 거지, 대신하는 건 아니란 얘기군요.

바르다   네. 그 공존이 재미있는 부분이에요. 그들에게는 각자 이름이 있어요. 첫째는 '발렌틴 1호'. 둘째는 '사랑에 미친 발렌틴'. 우리는 삶의 모든 순간을 격정적으로 살지는 않잖아요. 틈틈이 사랑에 미치고 하는 거죠. 셋째는 이름이 '배우'고, 마지막은 '마지막 발렌틴'이에요. 이 마지막 발렌틴은 일종의 잔여물이자, 다른 이들을 모두 합쳐놓은 총체이기도 하죠. 원칙적으로 다른 이들은 그의 내부에 공존하는 거고요.

피에시   사람들 대부분이 이런 식이라고 보면 될까요?

바르다   아뇨. 〈행복〉의 캐릭터인 프랑수아는 전형적인 통일된 캐릭터예요. 제가 보기엔 사람에 따라 하나가 될 수도 있고, 여럿이 될 수도 있어요. 그들이 지닌 수용력 그리고 복잡성에 따라 여러 명의 자신을 가질 수도 있고, 그렇지 않을 수도 있죠. 프랑수아는 '다중' 캐릭터가 아니에요. 물론 다중적 캐릭터를 비난하는 건 아니에요. 적어도 제 입장에서는요. 프랑수아의 또 다른 자아가 두 번째 여자에게 빠져드는 게 아니거든요. 전혀 아니에요. 〈라 멜랑지트〉에 나오는 캐릭터는 여러 명의 자아를 지닐 능력이 있고, 그래서 여성들과의 관계가 복잡해질 수밖에 없어요. 하나의 자아가 어느 여성을 만나요. 두 번째 자아는 이 여성을 받아들일 수 없죠. 세 번째 자아는 아주 적극적으로 그 여성을 거부해요. 〈라 멜랑지트〉에 등장하는 다섯 명의 발렌틴은 모든 것에 의문을 제기하고, 위기의 순간에 이르고, 해결책을 찾아내죠.

피에시   이 작품은 과도기적 영화라고 봐야 할까요?

바르다   〈행복〉과 같은 경우죠. 이런 식으로, 만들고자 하는 영화가 궤도에 오르길 기다리는 동안 작업한 영화들이 몇몇 있어요. 때로는 이런 느낌도 들어요. 내 영화 작업은 『고도를 기다리며』 같다고요. 그렇다고 이 영화들이 딱히 좌절감을 발판 삼아 만들어진 영화라고 할 순 없어요. 그럼에도 담장 위에 걸터앉아 있는 동안 만든 영화인 건 맞죠. 〈클레오〉를 찍은 것도 5000만 프랑이 안 되는 예산으로 영화를 만들 수 있다는 걸 보르가르에게 입증하기 위해서였어요. 물론 아주 즐겁게 작업하긴 했죠. 아침에 일어나 열 시쯤 몽수리 공원으로 가요. 다음번엔 아침 여덟 시에도 가보고, 새벽 다섯 시에도 가보죠. 제가 원하는 하얀 빛깔의 녹아드는 듯한 빛이 잔디 위에 떨어지는 모습을 포착하기 위해서요. 어떤 특정한 장소에서의 빛과 감정의 관계 같은 것들에 많은 공을 들였죠.

확실히 말할 수 있는 건,
저는 사람들이 어떻게 반응할지 고려하면서
영화를 만들지 않았다는 거예요.

피에시 〈안녕, 쿠바인들〉은 의뢰받은 작품도 아니고, 과도기적 작품
도 아닙니다. 하고 싶은 작품을 스스로 하신 거죠?

바르다 네, 맞아요. 이 영화는 쿠바를 향한 저의 오마주예요. 쿠바영
화협회의 초청으로 그곳에 가게 됐는데, 가방 속에 라이카 카
메라와 필름, 삼각대를 넣어 갔어요. 마음 한편에 이 프로젝
트를 염두에 두고 있었거든요. 쿠바 사람들은 특별했어요. 자
신들의 비범한 사회주의 체제 안에서 행복하게 살고 있었죠.
라틴아메리카에서는 유일한 사회주의 국가예요. 모스크바에
갔을 때는 제가 마치 소련 사람들과는 다른 종족인 것처럼 느
껴졌었죠. 그들을 이해하려고 노력해야 했어요. 그런데 쿠바
에서는 모든 게 순탄했죠. 마치 제가 쿠바 사람인 것 같았고,
이해하기도 수월했어요. 웃기도 참 많이 웃었고요. 그들의 혁
명 전통, 삶의 리듬, 열기 같은 것들이 인상적이었어요. 결국
4000장이 넘는 사진을 가지고 돌아왔고, 6개월 동안의 편집
작업을 거쳐 1500장 정도를 추렸어요. 충분히 가치 있는 작
업이었죠. 쿠바 사람들은 이 영화에 쿠바 영화의 풍미가 담겨
있다고 말해요. 그 풍미를 느낄 수 있다면 쿠바 사람이 되는
거라고도 하고요. 그들이 제 영화들을 모아 상영회도 열었는
데 〈안녕, 아녜스〉라고 이름 붙였죠.

피에시   〈행복〉을 보고난 관객들은 긍정적이든 부정적이든 상당히 강렬한 반응을 보입니다.

바르다   네. 아주 격정적이면서도 대조적인 반응을 보이는 듯해요. 몇몇 남성들은 더할 나위 없이 즐거운 마음으로 극장을 나서죠. 편안하고 아주 평화로운 느낌을 받으면서요. 그런가 하면 다른 이들은 걷기도 힘들 만큼 녹초가 된 기분을 느껴요. 여성들 일부는 울면서 극장을 나오거나 감당할 수 없을 정도로 불쾌해하기도 하죠.
　　　　 사실 저 같은 경우, 영화를 완성하고 나서야 제대로 제 영화를 감상할 수 있어요. 그래서 〈행복〉에 대해서 이제야 슬슬 저 자신에게 질문을 던지기 시작한 셈이죠. 확실히 말할 수 있는 건, 저는 사람들이 어떻게 반응할지 고려하면서 영화를 만들지 않았다는 거예요. 그래서 그들의 반응이 제겐 무척이나 난감해요. 영화의 시작은 아주 미미한 자극, 아주 소소한 느낌에서 비롯됐어요. 바로 몇 장의 가족사진이죠. 어렵지 않게 상상할 수 있는 모습이에요. 일군의 사람들이 식탁 주위에 둘러앉아 있죠. 그 위로 나무 한 그루가 보이고, 일행은 잔을 높이 들며 카메라를 향해 미소 짓죠. 사진을 보면 이런 말이 절로 나와요. "이게 행복이지." 최초로 느껴지는 인상이죠. 하지만 좀 더 세심하게 사진을 들여다보면 좀 편치 않은 기분이 들기 시작해요. 이 사람들이 정말 모두 행복할까? 그게 가능할 리 없지. 사진 속에는 열다섯 명의 사람이 있어요. 노인도 있고, 여자들도 있고, 아이들도 있고요. 모든 사람이 바로 이 순간 다 행복하다는 건 불가능한 일이죠. 이런 의문이 들기도 해요. 다들 행복해 보이긴 하는데, 과연 행복이란 게 뭘까? 행복의 외양은 행복의 한 형식이기도 하고요. 이러한 인상들이 제 영화의 원천이었어요. 즐겁게 홈 비디오를 찍는 모습들도 머리에 떠올랐고요. 흔들리는 카메라 프레임 안으로 한 꼬마 아이가 걸어 들어오고, 초점이 잘 안 맞는 아이의 얼굴이 화면 가득 들어차죠.

행복은 또한 일종의 거울 놀이예요. 난 행복해. 나는 말하죠. 난 행복해. 음, 다른 사람들도 행복하면 좋겠어. 왜냐하면 난 지금 행복하니까. 혼자서도 충분히 행복할 수 있지만, 행복은 나누면 배가되잖아요. 피크닉에서처럼 모든 가족들이 잘 어울려 지내면 공동체적 즐거움이 생성돼요. 잔디밭에선 아이들이 장난치며 뛰어놀고, 몇몇 사람들은 나무 아래 누워 낮잠을 청하려 하죠. 이 모든 것은 자연을 향한 느낌과 긴밀히 연결돼 있어요. 이 영화는 무엇보다 여러 감정들의 복합체라 할 수 있어요. 플롯은 부차적이죠.

피에시 　이 영화에서 가장 인상적인 부분은 심리 묘사나 도덕적 판단을 거부한 점입니다.

바르다 　캐릭터의 심리는 제겐 그리 흥미롭지 않아요. 그걸 활용해 캐릭터의 행동을 설명할 수는 있겠지만, 이 영화의 주제는 아니에요. 도덕률의 부재에 대해 얘기하자면 영화 내에서 어떤 죄책감 같은 걸 찾아볼 수 없다는 사실에 일부 사람들이 불편해

한다는 점도 이해할 수 있어요. 그럼에도 아내가 자살을 했다고 꼭 단정 지을 수는 없어요. 비록 관객들 중 누구도 그걸 의심하는 사람은 없지만요.

피에시   확신하죠.

바르다   왜 의심을 안 하는 걸까요? 저 역시 포함해서요. 우리는 고전적이고 기독교적인 죄의식 전통을 통해 스스로를 규정지어요. 저도 아내가 자살했다고 생각하지만, 전적으로 확신하진 않아요.

피에시   영화 속 남성 캐릭터는 앞서 말씀하셨던 그 '세속적 우아함'을 지니고 있는 것처럼 보입니다.

바르다   제가 이 영화에서 이해해보고자 한 건 이런 거예요. 행복이란 게 정말 무엇일까? 혹시 행복에 알레르기 반응을 보이는 사람이 어딘가엔 있을까? 불행한 일들이 일어나도 어느 정도면 그럭저럭 감당해내면서 행복한 삶을 유지할 수 있는 걸까? 저는 "내가 그의 아내를 죽게 만들어도 그는 여전히 행복할까?"라고 제 자신에게 묻지 않았어요. 대신 진심으로 이렇게 물었어요. "행복의 의미는 무엇일까? 무엇이 이토록 행복을 갈구하게 만드는 걸까? 무엇이 행복에 이처럼 자연스레 끌리게 만드는 걸까? 도대체 이 형용하기 어렵고, 조금은 괴물 같은 녀석의 정체는 무엇일까?" 마치 과학소설 속 한 장면

같죠. 그곳엔 무언가가 존재해요. 주인공은 그 녀석으로부터 벗어나야만 해요. 그런데 그 '무언가'는 행복과 손을 잡죠. 이 녀석은 도대체 어디서 온 걸까? 어떤 형태를 띠고 있을까? 왜 존재할까? 왜 사라지는 걸까? 왜 사람들이 쫓아가서 잡을 수 없는 걸까? 그리고 무슨 이유로 어떤 사람들은 잡을 수 있는 걸까? 왜 모든 것을 가진 사람조차 이것만은 손에 넣을 수 없는 걸까? 왜 그것에 전혀 관심이 없는 사람에게 주어지기도 하는 걸까? 왜 가치나 훌륭함과는 아무 상관이 없는 걸까? 그런데 이 행복감이란 건 육체적인 것, 정신적인 것, 윤리적인 것 또는 그 외 어떤 것들과도 관련이 크게 없는 것 같아요. 그저 누군가, 몇몇 사람들, 행복을 느끼는 그런 사람들이 있을 뿐이죠.

피에시 극장을 나온 우리의 첫 반응은 '이 영화는 다른 행성에서 일어난 일이다'였습니다.

바르다 캐릭터들이 지나치게 단순해서 좀 경직돼 보이죠. 그들은 살아 움직이는 로봇 같아요. 우리는 그들을 어떤 범주나 계열로도, 다른 어떤 사회적 분류법으로도 규정지을 수 없어요. 유일한 예외라면 프랑수아를 들 수 있겠죠. 가족에 대한 그의 의식은 너무도 강해서 집 바깥에서의 행복은 상상할 수도 없어요. 부성애에 대한 의식 또한 상당히 강하죠. 하지만 그의 사회적 본능은 이게 전부예요. 나머지는 모두 그의 오감에 속하죠.

피에시 프랑수아가 노조라든가 다른 사회적·정치적 그룹들과 조금도 연관되어 있지 않다는 점은 조금 생경합니다.

바르다 그는 예술가예요. 만일 그가 르노 공장에서 일하는 노동자였다면 활동에 적극적이든 아니든 노조와 관계를 맺었을 테고, 저는 그의 문제에 다르게 접근했을 거예요. 일부러 고용주도 아니고 노동자도 아닌 사회 계층의 인물을 캐릭터로 택했죠.

피에시 그럼에도 자신의 물질적 부를 증가시키는 데 관심이 있을 수 있지 않을까요?

바르다 지금도 행복한데 굳이 왜 그래야 하죠? 그는 TV도 갖고 싶어 하지 않고, 차도 필요 없어 해요. 차는 필요할 때 빌려 쓰면 그만이죠. 프랑수아는 심플해 보여요. 현실적으로 현명한 사람이죠. 세상엔 그런 사람들이 있어요. 개인적으로도 소유욕이 없는 사람들을 알고 있고요. 그런 사람들은 생활 수준을 높이는 게 삶의 전부라고 여기지 않아요.

피에시 말하자면 재산의 최대 증식 대신 행복의 최대 증식을 추구하는 거군요.

바르다 그렇죠. 돈을 벌기 위해 돈을 투자하는 대신, 행복을 늘리기 위해 행복을 투자하는 거죠. 그럼에도 주인공은 행복의 양을 늘리기 위해 노력하지는 않아요. 주어지는 행복을 하나의 선물로 받아들이죠. 그러다가 점차 한계를 인지하지 못하는 지점에 도달하게 돼요. 과연 한계는 어디까지일까요? 여기까지가 한계라고 누가 그에게 말해줄 수 있을까요? 제가 그동안 여러 차례 비판받았던 그 이미지로 돌아가 보죠. 사과밭으로요. 프랑수아는 말해요. "이건 완벽한 정사각형의 밭이야." 적어도 그에게는 형태적 감각이 있고, 그 공간을 추상적으로 머릿속에 그릴 수 있는 능력이 있어요. 하지만 사과나무 자체에 대한 개념, 사과나무 안의 수액이라든가 나무껍질 위의 무사마귀 같은 것들, 그러니까 뭔가 초과해서 생성되고 생장하는 그런 것들에 대한 인식까지 나아가지는 않아요.

영화에서 그는 바람기 있는 남자로 그려지지 않아요. 외도를 할 필요가 없는 남자로 그려지죠. 아내와의 관계만으로도 충분하다는 게 명백해 보여요. '아내'와 '정부情婦'라는 범주가 이 영화의 주제가 아니라는 걸 보여주는 게 중요했어요. 그들은 사실 같은 범주에 속하죠.

피에시   사고 이후, 영화는 시간을 빠르게 진행시키고 관객들은 두려운 감정을 품기 시작합니다. 두 번째 여자가 첫 번째 여자를 대체하기 때문이죠. 둘은 상당히 닮았습니다.

바르다   두 사람은 점점 더 닮아가죠. 저도 같은 생각을 했어요. 행복이 참 까다로운 주제인 게…… 글쎄요, 길을 지나는 사람들 가운데 누군가에게 "요즘 행복하신가요?" 하고 물었을 때 행복하다고 답하는 경우, 보통은 다른 누군가나 어떤 사람 때문에 행복하다고 말해요. 자신에게 유일무이한 그 사람 때문에 행복하다고 말하죠. 우리는 모든 사람이 유일무이하고, 그들이 유일무이하기 때문에 우리가 그들을 사랑한다고 여기죠. 사랑이 아름다운 건 결국 이 유일무이한 사람이 그 누구도 될 수 있기 때문이에요. 누군가의 눈에 어떤 사람이 유일무이하게 보이는 경우가 잦아질수록 세상 모든 남자들, 여자들이 점점 더 유일무이해지는 거죠. 사실상 누구나 특별한 존재가 될 수 있는 거예요.

피에시   그러면서 대체 가능성과도 연결이 되겠군요.

바르다   아, 아니에요! 그건 현실적 제안이 될 수 없어요. 그 일은 〈행복〉 내에서 일어난 아주 비극적인 요소예요. 비정하지만, 합리적 관점에서 보면 납득이 가는 그런 일이죠. 비정한 계절의 변화 같은 거예요. 계절의 순환은 수긍할 수 있지만 동시에 철저히 비정한 모습을 띠죠.

피에시   한 여성 캐릭터가 또 다른 여성 캐릭터를 대체하는 모습은 남성 캐릭터의 이중성을 무의식적으로 연상시킵니다. 영화 내내 유일무이하게 보였던 사람이 몇 분을 남기지 않은 시점에서 갑자기 이중적으로, 마치 다른 배우인 것처럼 느껴져요. 마지막에 등을 보이며 걷고 있는 그는 또 다른 자아에 다름 아니죠.

바르다 아뇨, 그렇지 않아요. 그건 영화를 그 관점에서 보셨기 때문에 그런 거예요. 이 얘기를 들으니 문득 〈라 멜랑지트〉와 관련한 일화가 하나 떠오르는데요. 이 영화에는 그 '다섯 캐릭터' 외에 두 명의 중요한 여성 역할이 더 있었어요. 저는 모니카 비티에게 한 배역을 맡아줄 수 있는지 부탁했어요. 베네치아에서 발렌틴을 만나는 이탈리아 여성 역할이었죠. 비티가 이렇게 답했어요. "음, 역할이 좀 작네요. 내가 두 역할을 다 하는 건 어때요? 남자 캐릭터는 다섯 명의 배우가 연기한다면서요."

피에시 좀 단순화시켜서 말해본다면 우린 이 영화를 '삶의 측면'과 '죽음의 측면'으로 구분할 수 있을 것 같습니다. 이 둘은 영화의 시작부터 끝까지 끊임없이 상호작용하죠.

바르다 자크 리베트도 제게 거의 같은 얘기를 한 적이 있어요. 그는 마리 프랑스 부아예의 차갑도록 파랗게 빛나는 두 눈과 창백한 얼굴을 통해서 '죽음'의 요소를 감지할 수 있었다고 했어요. 그가 등장하면 죽음 역시 자신의 길을 가기 시작하죠. 내내 주변에 영향을 미치면서요. 이러한 해석은 놀랍기도 하고, 즐거운 일이기도 해요. 마치 누군가 제게 만화경을 건네주는 것 같죠. 그런 생각을 하면서 시나리오를 쓰진 않았어요. 그럼에도 영화를 보면 확실히 그런 부분이 보이죠. 마음에 들어요. 그런가 하면 레네는 영화에 사용한 모차르트의 음악에서 죽음의 현존을 느꼈다고 해요.

피에시   영화를 촬영하기 전에는 명확하지 않았다 해도, 그 하얀 홑이불 장면을 찍을 때는 아무래도…….

바르다   하얀색은 참 매혹적인 색이에요. 제 영화언어의 상당 부분을 차지하고요. 마치 작가들이 몇몇 단어들을 유별나게 총애하는 것처럼 저에게도 특정한 단어-이미지들이 있어요. 제 영화에 빠지지 않고 등장하죠. 사랑과 연결된 모든 것은 하얀색으로 표현돼요. 하얀 모래, 홑이불, 벽들 아니면 하얀 종이. 하얀 눈도 그렇고, 〈클레오〉에서 잔디 위로 쏟아지는 아침 햇살도 같은 맥락이죠. 이처럼 하얀색으로의 용해dissolve는 제겐 사랑과 죽음이에요. 상징적인 것도 아니고 체계적인 것도 아니죠. 그저 제 안에서 특별히 반응하는 이미지들이에요. 제게 강력한 영향을 미치죠. 〈클레오〉에서 하얀색은 비극적이에요. 삶으로 침투해 들어오는 모호함이 아니라 일종의 '밝음'이에요. 존재를 용해시키는.

피에시   〈행복〉은 흡수의 과정을 묘사합니다.

바르다   죽음의 과정과 사랑도요. 〈클레오〉에서도 엿볼 수 있어요. 우리가 죽음의 기운을 무겁게 느낄 때마다 클레오가 '죽음에 의해 흔들릴 때'마다 그는 방향감각을 상실하는 듯한white-out 경험을 하죠. 군인과 공원을 걷는 장면에서 (아침 여섯 시에 촬영을 했어요.) 갑자기 잔디밭은 하얀빛으로 폭발해요.

피에시   〈행복〉에선 아주 체계적으로 정리된 일련의 기호들, 감독님
        만의 그 기호 목록을 접할 수 있습니다.

바르다   그것들이 상징적이진 않아요. 일전에 제게 색 이야기를 하시
        면서 자주색에 대해 언급하신 적이 있죠. 사실 간단해요. 자주
        색은 오렌지색의 그림자예요. 어쩔 수 없이 잠시 회화의 영역
        으로 갈 수밖에 없는데요. 인상파 화가들은 색이 상호보완적
        이라는 걸 발견했어요. 레몬은 파란색 그림자를 갖고, 오렌지
        는 연보라색 그림자를 갖죠. 물론 현실에선 그렇지 않아요. 그
        럼에도 왠지 합당한 아이디어 같은 느낌이 들어요. 〈행복〉에
        서 골드(상징으로서가 아니라 색)는 자주색을 연상케 해요. 왜냐
        하면 그림자를 갖지 않는 색은 없으니까요. 저는 자주색을 아
        주 좋아해요. 자주색 옷도 즐겨 입죠. 제겐 특별한 색깔이에
        요……. 제게 색에 대해서 묻는 건 마치 화가에게 그림에 사용
        한 색들을 선택한 이유를 구체적으로 묻는 것과 같아요. 화가
        는 어떤 색깔이 상보적이고, 어떻게 결합하는지에 대해서 하
        나하나 따져가면서 색을 선택하지 않아요. 저 역시 심사숙고
        해서 선택하기보다는 느낌에 기반해서 색들을 택하죠. 색감에
        상당히 민감한 편이고요.

피에시   관객 입장에서 영화의 모든 요소가 기호 체계 속으로 잘 조직
        되는 느낌입니다. 영화의 초입부터 자주색은 에밀리 캐릭터와
        바로 연결되죠. 아내의 죽음 이후, 이 색깔은 만개합니다. 부아
        예는 자주색 속옷을 입고 있고, 꽃들은 연보라색이죠. 책의 표

지 색깔까지도 신경을 쓰셨고요.

바르다   지금 말씀하신 장면은 편집 과정에서 예기치 않은 문제를 일으켰어요. 이 장면의 첫 번째 버전은 에밀리가 연보라색 목욕 가운을 입고, 분홍색 스웨터를 짜는 숏이었어요. 테이블 위에는 책이 여러 권 놓여 있었고요. 아무래도 분홍색이 도드라지는 장면이었죠. 사운드트랙 작업을 하느라 함께 그 장면을 영사하는데, 작업 기사들이 이구동성으로 외치는 거예요. "아, 임신했구나!" 그제야 저는 깨달았죠. 목욕 가운을 입고 분홍색 실로 뜨개질하고 있으면 그건 태어날 아기를 위한 것이라는 암시가 될 수 있다는 걸요. 다른 사람들에게도 이 장면을 보여줬는데 반응은 똑같았어요. 만약 에밀리가 임신을 했다면 이야기의 의미 구조상 너무 큰 변화가 일어나게 돼요. 결국 재촬영을 할 수밖에 없었어요. 영화의 최종 버전엔 에밀리가 잡지를 읽고 있는 장면이 있는데, 한 페이지 전체가 황금색이에요. 아까 얘기한 자주색과 황금색의 상보성을 드러내는 장면이죠. 감독은 자신만의 어휘를 사용하고 싶어 해요. 자신의 느낌을 신뢰하고요. 그러다 보면 다른 사람들의 마음속에 이미 형성돼 있는 이런저런 관념들과 부딪히게 돼요. 아무튼 이 경험이 꽤나 신경 쓰여서 영화 속 즉흥적인 부분들을 일부 걷어내기도 했어요.
비슷한 경우가 또 있었는데, 침대에 누워 책을 읽던 부아예가 책을 덮는 장면이었어요. 이 역시 다시 찍어야 했어요. 그저 책장에서 아무 책이나 꺼내 든 거였는데, 마침 모라비아의

『사랑하는 사람들L'amore coniugale』이었던 거죠. 처음에는 그저 재밌네, 생각하고 넘겼는데 편집을 하면서 깨달았어요. 이건 의도한 것처럼 보일 수도 있겠구나. 그래서 좀 덜 흥미로운 제목을 가진 책으로 다시 촬영했어요. 이미지가 얼마나 많은 의미를 담아내는지 진땀이 날 정도죠. 또 다른 전형적인 예를 하나 더 들어볼게요. 〈클레오〉가 거의 끝나갈 무렵, 버스 안에서의 장면이에요. 버스가 속도를 줄이고 한 배달 승합차 옆을 천천히 지나가요. 승합차 너머로는 꽃집이 보이고, 승합차 지붕 위론 꽃들이 한 무더기 쌓여 있죠. 앙투안은 데이지 한 송이를 집어 클레오에게 건네요. 그런데 마침 꽃집 바로 옆에 장례식장이 있어요. 그리고 우연히도 그 순간 한 임신부가 지나가죠. 아주 마음에 들었어요! 그래서 베르나르 투블랑에게 소리쳤어요. "저 여자한테 빨리 가서 다시 한번만 지나가 달라고 부탁 좀 해줘." 투블랑은 부리나케 꽃집으로 가서 꽃다발을 사서는 그 임신부에게 꽃을 선물하면서 가게 앞을 한 번만 더 지나가 달라고 부탁했어요. 이런 게 즉흥적 장면의 전형적인 예죠. 그런데 관객 중 누구도 "장례식장 앞에서 버스가 서행하게끔 연출을 한 거군요"라고 말하면서도 "임신한 여성이 꽃다발을 들고 꽃집 앞을 지나가네요?"라고 언급하지 않았어요. 이런 식인 거죠. 세밀하게 계획된 이미지들을 준비해야 할 때도 있고, 때로는 이렇게 예기치 않은 상황이 발생하기도 하고요. 숙련된 눈을 가지고 있다면 절대 그걸 놓치지 않죠.

피에시   하지만 임신한 여성이 장례식장 앞을 걷는 이미지가 영화를
        닫힌 구조로 만들 위험성이 있진 않을까요?

바르다   아뇨, 전혀 그렇지 않아요! 그저 한 임신부가 장례식장 앞을
        걷는 것뿐이에요. 그저 딱 그 순간 그 상황이 발생한 거예요.
        그리 대단한 일은 아닌 거죠.

피에시   〈행복〉의 시나리오는 빠르게 쓰셨나요?

바르다   네. 이렇게 빠르게 작업한 적은 처음이었어요. 정확히 3일 만
        에 썼죠. 어느 날 갑자기 "그냥 바로 뛰어들어 시나리오를 쓰
        고, 이어서 촬영을 하면 어떤 결과물이 나올까?" 하는 생각
        이 들었어요. 시도를 해보고 싶었어요. 결국 제게 아주 편안
        한 작업 방식이라는 걸 깨닫게 됐죠. 영감이 충만한 상태에
        서 시나리오 작업을 하는 게 아주 고무적이었어요. 걱정 같
        은 건 접어두고 촬영에 몰입했어요. 아주 즐겁게 작업했죠.
        일사천리로 진행하면서도 저만의 호흡법을 발견했어요. 그
        리고 촬영을 하면서 영화에 두 개의 롱테이크가 필요하다는
        걸 느꼈죠. 하나는 아내가 나오고, 하나는 정부가 나오는 두
        개의 긴 심호흡이 필요했어요. 영화를 처음 시작했을 때, 그
        러니까 〈라 푸앵트〉를 만들 때는 너무 겁이 나서 제 영감을
        신뢰해서는 안 된다고 생각했어요. 하지만 크노가 옳았죠.
        작가는 글을 쓰면서 작가가 되는 거예요. 감독 역시 영화를
        만들면서 영화감독이 되는 거고요.

땅속을 흐르는 직관의 강

아녜스 바르다는 특유의 통찰과 도발과 유희를 통해 영화 예술을 풍성하게 만들고 있다. 고든 고와의 이번 인터뷰에서 바르다는 자신의 연출 방식, 삶 그리고 행복에 대해 이야기한다.

캘리포니아 햇빛이 침대 위로 난 커다란 유리창을 강하게 때린다. 이른 아침치곤 방이 지나치게 밝다. 매일 밤 침대에 눕기 전 창문을 가려야 한다. 창문에는 덧문도 없고, 블라인드도 없다. 대신 주의 깊게 선택한 듯한 밝은 색의 커튼이 준비되어 있다. 그 커튼을 통해 한 차례 걸러진 새벽빛이 실내로 부드럽게 들어오며, 황금빛 도는 친근한 빛깔들을 만들어 낸다. 아침 햇살을 받으며 잠에서 깨어나면, 깨어 있는 시간 동안 일어날 일들이 뭐가 됐든 잘 대처할 수 있을 듯하다. 적어도 어렴풋한 아름다움과 함께 하루를 시작한다. 반대로, 지난밤 깜빡 잊고 창을 가리지 않았다면 뜨거운 태양이 눈꺼풀 위로 비정하게 내리쬘 테고, 하루는 불쾌하게 시작될 것이다.

이 인터뷰는 1970년 3월 발행된 〈필름 앤드 필르밍Films and Filming〉 16호에 수록되었다. 인터뷰어 고든 고Gordon Gow. 1919~2000는 영국에서 활동한 호주 출신의 영화 평론가로 〈필름 앤드 필르밍〉에서 25년 이상 기고하며 명성을 쌓았다.

이와 같은 기본적인, 그러나 묘하게도 강력한 특성들을 〈라이온의 사랑〉에서 엿볼 수 있다. 아네스 바르다가 미국에서 만든 영화다. 바르다가 인물과 환경에 대해 이야기하고, 무생물체의 촉각적 가치를 강조하는 유일한 영화감독은 아니다. 성향이 비교적 더 강할 따름이다. 바르다는 자신의 영화들에 대해 이렇게 말한다. "〈라 푸앵트 쿠르트로의 여행〉의 여자 주인공을 떠올리면 제 마음속에는 강철이 연상돼요. 그는 도시 출신이에요. 무슨 말인지 아시죠? 열차가 떠오르고 철로도 생각나죠. 남자 주인공은 나무를 연상시켜요. 그의 아버지가 배를 만드는 목수였기 때문이죠. 〈행복〉은 나무에 관한 영화예요. 물론 다른 이야기들도 하죠. 남녀 관계라든가 피크닉 등등. 그럼에도 나무에 관한 영화라고 말하고 싶어요. 왜냐하면 사람은 나무와 많이 닮았거든요. 시간을 두고 나무를 찬찬히 살펴보면 이들이 변한다는 걸 감지할 수 있어요. 사람들처럼요. 사람은 또 다른 사람으로 대체할 수 있다고들 말하지만, 그건 그 사람의 기능적 측면에서 볼 때만 사실이죠. 각각의 사람들은 유일무이하니까요. 각각의 나무 또한 마찬가지예요. 유일무이하지만, 변하는 건 어쩔 수 없죠. 그게 자연의 작동방식이니까요.

제가 이런 식으로 생각하는 이유는 소르본에서 공부할 때 철학 교수님 한 분이 제게 엄청난 영향을 미쳤기 때문이에요. 원래 저는 박물관 큐레이터가 되고자 했어요. 그런데 지금은 돌아가신 가스통 바슐라르라는 교수님이 제 마음을 흔들어놨어요. 턱수염을 기르던 나이 지긋한 분이셨는데, '물질'에 대해 탐구하셨죠. 사람, 나무, 강, 바다, 불, 바람, 공기, 이 모든 것과 관련한 물질세계의 정신분석학이었어요. 자연뿐만 아니라 이를테면 밀가루 반죽도 해당돼요. 예를 들어, 한 여자가 페이스트리를 만드는데, 빵 만드는 일이 아주 즐거워요. 그러면 여자와 반죽 사이에는 관계가 형성되고, 심리적 교감도 일어난다는 거죠. 교수님은 작가의 작품을 읽을 때 이야기에만 집중하지 말고, 작가가 언급하는 물질적 대상들도 연구하라고 하셨어요."

이러한 영향 이전에 바르다에겐 선천적으로 선호하던 무언가가 있었는데, 그건 바로 '바다'다. "아버지가 그리스인이셨어요. 그래서인지 제겐 바다가 정말 필요해요. 그 바다 내음이 필요하죠."

바르다는 1928년 벨기에 태생이지만, 어린 시절 프랑스 세트 지역으로 이사를 갔고, 이어서 리옹만에 있는 마르세유 서쪽 지역으로 옮겨갔다. 그곳 바닷가의 신선한 공기가 바르다를 매혹시킨 게 분명하다. 소르본에서 공부를 마친 뒤, 바르다는 에콜 뒤 루브르에서 4년 동안 상당한 수준의 미술 지식을 습득한다. 루브르에서의 기간이 사진가로서 성공을 거두는데 밑거름이 되었음은 자명하다. 스무 살 즈음에는 국립민중극장의 공식 사진가로 임명되었고, 처음에는 아비뇽, 이어 파리에서 일했다. 국립민중극장의 디렉터인 장 뷔야르 역시 세트 출신이다. "그는 브레히트의 이론을 처음 프랑스에 소개한 사람이에요. 이전까지 프랑스 연극은 타락한 중산층 이야기뿐이었죠. 극단도 아주 탄탄했어요. 제라르 필리프도 거기 있었고, 잔 모로, 필리프 누아레, 찰스 데너도 함께 했죠. 그곳에서의 경험은 연극을 향한 저의 관심을 한층 끌어올렸어요. 이미 소르본에서부터 시작된 관심이긴 했지만요. 그럼에도 당시엔 영화를 향한 열정은 전혀 없었어요.

1954년 첫 영화 〈라 푸앵트〉를 만들었을 때는 영화 문법을 전혀 알지 못했어요. 저는 트뤼포나 고다르 같지 않았죠. 영화를 그다지 많이 보지 않았어요. 당시만 해도 일생동안 본 영화가 다 합쳐도 고작 다섯 편이었어요. 하나는 월트 디즈니의 〈백설공주와 일곱 난쟁이〉였고, 또 하나는 동물 영화 〈밀림의 사나이Bring 'em back alive〉 그리고 〈안개 낀 부두Le quai des brumes〉하고 〈천국의 아이들Les enfants du paradis〉이었죠. 마르셀 카르네가 누군지도 몰랐어요. 이름을 들어본 적이 없었죠. 다섯 번째 영화는 기억이 나지 않고요."

　"그럼에도 사람들은 아직 저를 누벨바그의 대모라고 부르죠." 바르다는 이 친숙한 표현을 상기하면서 살짝 부끄러워한다. 이 표현의 연원은 알랭 레네가 〈라 푸앵트〉를 편집했다는 사실(당시 레네는 이미 단편영화를 몇 편 만든 상황이었다), 바르다의 첫 영화가 5년 후 등장한 레네의 첫 장편영화 〈히로시마 내 사랑〉의 전조였다는 사실에 기인한다. 〈라 푸앵트〉를 만들기 위해 바르다는 세트 지역을 다시 찾았고, 익숙한 환경을 배경으로 어느 결혼한 커플의 사적인 문제들과 경제적·사회적으로 곤경에 처한 지역 어부들의 이야기를 병치시켰다. "처음부터 이 이야기로 영화를 만들고자 한 건 아니었어요. 소설을 생각하고 있었죠. 하지만 작품의 윤곽을 잡아보려고 그림 몇 장을 그렸고 한 영화 조감독에게 보여줬는데, 그 친구가 영화를 제안하는 거예요. 보다 적절한 매개체일 거라고 하면서요. 그래서 일을 진척시켰고, 투자를 좀 받았죠."

　　그 이후 바르다는 중국으로 건너가 잡지와 관련된 프로젝트를 하나 진행했고, 다시 돌아와 일련의 단편영화들을 만들었다. 1957년 작 〈오 계절들이여, 오 성들이여〉에선 루아르 지방의 시대를 뛰어넘는 아름다움을 지닌 성들의 모습을 담아냈고, 1958년엔 〈코트다쥐르를 따라서〉와 〈오페라 무프 거리〉를 만들었다. 한 임신부가 파리 시내 무프 거리를 거닐며 품는 다양한 상념들을 담아낸 이 영화는 그 뒤를 이은 〈5시부터 7시까지의 클레오〉에 아이디어를 제공한다.

세 편의 단편영화 가운데 두 번째 작품 〈코트다쥐르를 따라서〉를 주목할 필요가 있다. 일단 이 작품은 바슐라르의 계율을 향한 바르다의 관심을 가장 명확히 드러낸다. 물론 바슐라르의 영향은 그의 영화 전편에서 엿볼 수 있는데, 뷔야르를 통해 접한 브레히트의 영향은 〈라이온의 사랑〉 이전까지는 딱히 찾아보기 쉽지 않다. 〈코트다쥐르를 따라서〉를 보다 보면, 아름다운 여성들과 고색창연한 성들을 통한 인간과 무생물의 병치가 일견 단순해 보일 수도 있지만, 리비에라의 역사적 건축물에 대한 풍자적 관찰은 바르다의 손길을 섬세하게 드러낸다. 이사도라 덩컨의 불의의 죽음을 이야기하는 내레이션이 흐른다. 누군가 스카프, 말이 끄는 마차의 바퀴와 순식간에 뒤엉켜버리는 그 얇은 스카프를 떠올린다. 밋밋한 지중해 밤 시간을 배경으로 한 바르다의 이미지는 덩컨의 사고를 보다 철저하게 재구성한 켄 러셀의 TV용 영화나 라이츠가 만든 극장용 영화에 비해 비록 덜 정확할지라도 보다 더 강렬하게 사건을 환기시킨다. 또한 자연과 촉각적 사물들 그리고 인간적 요소가 한데 어우러지는 장면도 등장한다. 카메라는 따뜻한 모래 위를 배회하며 버려진 샌들을 관찰하고, 이어 햇살 아래 누워 있는 남자와 여자의 맨살 위로 내려앉는다.

아녜스 바르다가 1958년 〈코트다쥐르를 따라서〉를 들고 투르단편영화제를 찾았을 때, 그의 미래 남편인 자크 드미는 장 콕토의 〈냉담한 미남 Le bel indifférent〉을 각색한 단편영화를 영화제에 출품했고, 두 사람은 그곳에서 만났다. "우리 둘 다 상은 못 받았죠." 그럼에도 둘 사이에 교감이 있었음은 어렵지 않게 짐작할 수 있다. 〈클레오〉에서 우리는 간간이 드미의 영향을 엿볼 수 있다. 무엇보다 영화 후반부의 낙관적 분위기가 그렇고, 주인공 역할로 코린 마르샹을 택한 것 또한 드미의 〈롤라〉에서 비중이 적은 캐릭터를 인상적으로 소화해낸 마르샹을 바르다가 눈여겨본 탓이다. 〈롤라〉뿐만 아니라 드미의 차기작들에서 음악을 담당한 미셸 르그랑이 영화에 깜짝 출연한 것도 같은 맥락이다.

〈클레오〉는 늦은 오후 파리를 배경으로 이야기가 진행된다. 그리 유명하지 않은 가수인 주인공은 병원에서 검진을 받고 결과를 기다리는 중이다. 과연 불치의 병에 걸렸는지 아닌지 결과가 곧 나온다. 불안의 시간은 그의 감각을 예민하게 만든다. 클레오를 둘러싼 일상의 세계가 문득 새롭게 다가온다. 몽파르나스 거리를 걸으며 그는 각각의 장소와 사건들을 촘촘히 관찰한다. 바르다는 속이 편치 않은 시퀀스도 하나 선사하는데, 거리 공연을 하는 한 사내가 개구리 한 마리를 삼킨 뒤 곧이어 액체를 한 줄기 힘차게 뿜어낸다. 영화의 분위기는 다큐적 어법과 시적 긴장감 사이에 솜씨 좋게 걸쳐 있다. 이제 클레오가 몽수리 공원에서 한 젊은 남자를 만나면서 영화에서 가장 감성적이라 할 수 있는 지점에 이르게 되는데, 그는 사랑이 두려움보다 더 강할 수 있다는 조언을 클레오에게 건넨다. 아마도 가장 눈에 띄는 순간은 클레오가 가발을 벗는 장면이 아닐까 싶다. 가발 아래 또 다른 빛깔의 머리가 드러난다. 이 장면은 하나의 놀라움으로 다가오는데, 영화가 시작되고 어느 정도 시간이 흐른 시점에서 이 행동은 캐릭터의 감추어진 취약성을 인상적으로 드러내며, 동시에 허상이 현실의 민낯 앞에서 내던져지는 느낌을 강렬히 전달한다. 비슷한 장면을 조지프 로지의 〈비밀Secret Ceremony〉의 도입부에서도 볼 수 있다. 여기서 충격은 좀 더 날카롭다.

또 다른 단편영화 〈안녕, 쿠바인들〉에 이어서 바르다는 1964년 〈행복〉을 만들었다. 아직 평가하기에 이른 〈라이온의 사랑〉을 제외한다면 〈행복〉은 그의 대표작이라 할 만하다. 바르다 특유의 비주얼 감각과 장 라비에르의 애조 띤 촬영 기법이 적절히 조화를 이룬다. 라비에르는 〈클레오〉의 흑백 촬영을 담당한 바 있다. 〈행복〉은 자연과 물질세계에 대한 바르다의 친밀감을 아주 세밀하게 조율한 한 편의 음유시다. 바르다는 자신의 작품과 그 동력을 '땅속을 흐르는 직관의 강'이라 묘사한다. 굉장히 적절한 표현이다. 〈행복〉에 등장하는 젊은 목수(장 클로드 드루오)는 나무와 밀접하게 연결돼 있다. 그는 천성이 선하고 차분한 성격이다. 나무를 다듬는 자기 직업에 무척 만족해한다. 나무들 사이로 페달을 밟으며 아이처럼 즐겁게 자전거를 타고 집으로 돌아온다. 그리고 아내 아닌 또 다른 여성과의 사랑도 순순히 받아들인다. 그에게는 사과나무가 한 그루 한 그루 옆으로 줄지어 생겨나는 것과 크게 다를 바 없다.

누군가를 사랑한다면 사실상 그 사람이 되어야 해요.
그럴 경우, 말이란 건 사실 필요치 않죠.

이 부분은 바르다가 남자와 나무 사이에 느끼는 유사성과 맥락을 같이 한다. "저는 나무 아래에 있는 걸 참 좋아해요. 나무 그늘에 앉아 있는 걸 즐기죠. 피크닉도 좋아하고요. 하지만 드미는 그렇지 않아요. 적어도 그렇게 좋아하는 것 같지 않아요. 그래서 피크닉에 동참하게 만들기가 쉽지 않죠. 〈행복〉에 소풍 장면을 넣은 건 그런 이유에서일 거예요. 제 좌절감을 달래주기 위해서."

영화적 태도의 기본적인 차이에도 불구하고, 바르다는 때때로 드미의 영향을 받는 것처럼 보인다. 〈클레오〉에서의 공원 장면과 〈행복〉에서 색채를 사용하는 방식에서 엿볼 수 있다. 사람들이 입고 있는 옷과 그들을 둘러싼 배경이 조화를 이루며, 주택 외관의 색상 역시 일정한 톤을 유지한다. 페이드를 통한 장면들 간의 연결은 일반적인 검은색이 아니라 흰색, 파랑, 빨강 등을 사용한다. 성적인 대목들은 솔직하고 따뜻하다. 그리고 남편이 죽은 아내의 시신을 들어 올릴 때 같은 동작을 여

1960년대의 아녜스 바르다와 자크 드미

러 번 반복하게끔 편집하는데, 이 장면을 관객의 마음속에 각인시키는 효과를 거둔다. 이러한 반복 기법은 〈지난해 마리앙바드에서〉에서 레네가 사용한 바 있지만, 바르다는 낭만적-극적 맥락 속에서 이 기법을 적용하면서 반복 이미지의 효과를 최대치로 끌어올렸고, 영화언어의 일부로 자리매김하게 했다. 이 기법은 리처드 레스터가 〈여자를 유혹하는 요령…… 그리고 그것을 얻는 방법The Knack... and how to get It〉에서 예스럽게 패러디하기도 했는데, 마이클 크로퍼드가 마지막으로 단호하게 문을 닫는 장면을 반복-이미지로 보여준다.

가변성은 〈행복〉의 주요 테마다. 영화 말미 가을 시퀀스에서 세심하게 강조되었는데, 나무 이파리들의 빛깔이 바뀌었고 그 모습은 여전히 보기 좋지만 쇠락을 목전에 두고 있음을 감지케 한다. 마찬가지로 목수는 겉으로는 행복이 지속되고 있음을 보여주지만, 그가 입을 열고 말을 할 때 조심스러운 느낌의 하얀 입김이 만들어진다. 반면 그를 둘러싼 숲은 믿기 힘들 정도로 따스한 색조를 띤다.

죽음은 바르다의 또 다른 테마다. 이미 언급한 덩컨의 스카프 외에도 클레오의 불안, 〈행복〉에서의 물에 빠진 아내, 목수의 잔잔한 입김이 만들어내는 겨울의 전조, 조금 거슬리지만 의미적으론 언급할 만한 거리 공연자의 개구리 섭취까지. 이 어두운 테마는 〈라이온의 사랑〉에서 보다 명백히 드러난다. 한편, 바르다는 1966년에 〈창조물들Les créatures〉을 만들었는데, 영화에서 카트린 드뇌브는 젊은 유부녀 밀레네 역할을 맡았다. 밀레네는 교통사고 이후 후유증으로 실어증을 앓는다. 이 소재는 바르다가 직접 꾼 꿈에서 비롯됐다. "같은 꿈을 세 번이나 반복해서 꿨어요. 꿈속에서 저는 말을 잃었고, 더 이상 소리 내 말할 수 없었어요. 이상한 느낌이었죠. 저는 말하는 걸 좋아하는 편이거든요. 하지만 악몽은 아니었어요. 꿈속에선 말하고 싶은 마음이 없었어요. 분명하게 기억해요. 세 번이나 꾼 데다 아주 긴 꿈이었거든요. 드미도 나왔고 제 딸 로잘리도 나왔고 한 나이 든 여성도 등장했는데, 그는 딸아이의 실제 소아과 의사였죠. 꿈속에서 그는 제게 이렇게 조언했어요. 말을 하려면 마음을 다잡고 집중해야 한다고요. 하지만 전 그러고 싶지 않았죠."

바르다는 깨어 있는 동안에도 말을 하지 않은 채 몇 날 며칠을 보내기도 한다. 남편과 함께 누아르무티에섬에서 지내는 경우 그렇다. 그곳엔 두 사람이 소유한 풍차가 있다. "그곳에서 우린 침묵 속에서 생활하고 일해요. 그는 무언가를 쓰고, 저도 뭔가를 쓰죠. 우린 서로가 하는 작업에 대해 이야기하지 않아요. 만족스럽죠. 남자와 여자는 말없이도 서로 소통할 수 있다고 우린 믿어요. 그래서 우리에겐 자연스러운 일이죠. 누군가를 사랑한다면 사실상 그 사람이 되어야 해요. 그럴 경우, 말이란 건 사실 필요치 않죠. 그런 환경에서 대화를 한다는 건 그저 가족 놀이를 하는 거예요."

〈창조물들〉은 누아르무티에섬에서 촬영됐다. 브르타뉴 해안에서 가까운 그 섬은 비스케이만을 마주 보고 있다. "겨울에 아주 아름다운 섬이에요. 드미를 통해 알게 됐죠. 그가 유년기를 보낸 낭트에서 그리 멀지 않은 곳이에요. 저에게는 브르타뉴에서 세트 지역을 연상시키는 유일한 곳이기도 하죠." 섬은 썰물일 때 하루에 몇 시간 정도 본토와 연결된다. 〈창조물들〉에서 매력적인 드뇌브는 말없이 사랑과 불안을 표현한다. 그의 남편(미셸 피콜리)은 소설에 사용할 재료를 찾기 위해 섬을 배회한다. 임신한 아내의 배가 불러오고, 한정된 동네에서 마주치는 다양한 사람들은 남편의 창조된 세계 속으로 편입된다. 이제 현실과 환상이 섞이기 시작한다.

현장의 느낌을 최대한 살려 멋지게 만들어낸 흑백 화면은 윌리 듀랜트 촬영 감독이 맡았다. 그는 이후 오슨 웰스의 〈불멸의 이야기The immortal stoty〉와 휴버트 콘필드의 〈다음 날 밤The night of the following day〉에서도 시각적 역량을 발휘한다. 그의 성향은 바르다의 구상과 아주 멋지게 융합되는 것처럼 보인다. 영화엔 붉은빛 색조가 틈틈이 등장하는데, 주어진 순간에 따라 그 강도를 달리하며 때로 꽤나 자유분방해지는 환상 장면을 강조한다. 한 지역 주민이 좀 과하다 싶을 정도의 비중을 갖는데, 그는 소설가의 마음속에서 미친 과학자 수준의 위상을 갖는다. 소설 속 그는 임신한 아내를 포함해 모든 섬마을 사람들에게 기괴한 힘을 발휘하는 인물이다. 이 부분은 아무래도 통제 불능의 느낌이 있지만, 영리하고 교묘한 촬영 기법이 과학자와 소설가 사이의 체스 게임을 매력적인 대결로 변모시킨다. 두 사람 주변의 다양한 섬 주민 캐릭터들은 체스 말 역할을 하며 쉽사리 조종당한다. 그 외에도 인간과 무생물 간의 긴밀한 연결 고리, 끊임없이 상기시키는 바다 내음 등 영화의 디테일들을 살펴보노라면 바르다가 무엇에 심취해 있는지 명백해 보인다. "유일하게 후회하는 점은 좀 더 추상적으로 밀어붙였어야 하는데 그럴 용기가 없었다는 거예요."

〈창조물들〉 이후 몇 년 뒤 바르다는 미국으로 건너가 〈라이온의 사랑〉을 만든다. 그보다 앞서 탐험 정신으로 충만한 드미가 먼저 미국에 가 있던 차였다. 당시 드미는 샌프란시스코에 도착한 지 일주일밖에 지나지 않은 시점에 파리에서 바쁜 나날을 보내고 있던 바르다에게 편지를 쓴다. 계속 미국에 머물고 싶다는 내용과 함께 바르다도 미국으로 와 함께 지내자는 제안을 담고 있었다. 바르다는 한 달이 채 지나기 전에 비행기를 탔고, 두 사람은 미국에서 1969년까지 함께 머물며 작업했다.

바르다의 첫 번째 결과물은 블랙 팬서에 관한 단편영화였다. 그가 종종 선보였던 직설적인 정치적 영화들과 맥을 같이 하는 작품이었다. (〈안녕, 쿠바인들〉 외에도 레네, 고다르를 비롯한 다른 프랑스 감독들과 함께 〈머나먼 베트남Loin du Vietnam에 참여한 바 있다.)

캘리포니아에 대한 감을 잡은 뒤, 바르다는 〈라이온의 사랑〉에 착수한다. 영화는 관객 개개인의 성향에 따라 매력적일 수도 있고, 짜증을 일으킬 수도 있다. 바르다는 일련의 인상들, 느낌들을 콜라주 형태로 묘사한다. 우리는 영화에서 몽환적인 비바를 만난다. (비바는 이미 워홀의 작품들을 통해 유명세를 얻었다.) 그는 할리우드 주택 한 채를 월세로 얻어 제임스 라도, 제롬 래그니와 함께 거주한다. (두 사람은 〈헤어〉의 시나리오 작가이자 노랫말도 공동 작업했다.) 세 사람은 넓은 침대도 공유한다. 침대 위로는 창문을 덮는 황금색 휘장이 늘어져 있다. 앞마당에는 수영장이 있고, 그들은 벌거벗은 채 물놀이를 즐긴다. 두 남자가 푸른빛을 띠는 물속에 들어가 있는 동안 비바는 수면 위를 떠다니는 커다란 튜브 위에 뽀송뽀송하고 설화석고처럼 매끄러운 몸을 맡긴다. 그들이 서로를 비바, 제리, 짐이라고 실제 애칭으로 부르는 걸로 봐서, 후에 등장하는 셜리 클라크 역시 셜리로 불리는 걸로 봐서—그는 변화하는 할리우드가 자신이 구상하고 있는 언더그라운드 영화를 재정적으로 지원해줄 수도 있지 않을까 하는 기대를 품고 있다—이 네 명의 주인공들은 실제 모습에 어느 정도의 상상적 허구를 가미한 모습을 영화에서 보여준다고 간주하면 될 듯하다. 이들은 동시에 자신들의 개성을 자유롭게 활용하도록 바르다에게 전권을 일임한다.

바르다에게 환경은 중요하다. 이번 역시 그가 좋아하는 바다가 가까이에 있다. 그럼에도 관객은 태평양을 그저 살짝 엿볼 수 있을 뿐이다. 그것도 영화에 삽입된 뉴스 화면을 통해서. 뉴스 속 경찰은 해변에 모여 있는 히피들을 해산시킨다. 그들의 '사랑의 집회'가 폭력으로 물들었다는 이유에서다. 하지만 화면 위로 흐르는 목소리는 폭력의 시작이 경찰 자신이었음을 알려준다. 이 뉴스는 영화 속에 그저 슬쩍 던져지는 느낌이다. 한바탕 소동이 지나가고, 적막하고 슬픈 백사장과 바다가 스크린을 가득 채운다. 전형적인 콜라주 기법이다. 임차한 집은 바르다의 직관적 눈을 통한 촉각적 탐구 대상이 된다. "제가 직접 집을 구했어요. 할리우드에는 이런 임대 주택들이 꽤 있는데, 그중 하나였죠. 엘비스 프레슬리가 한때 그 집에서 살았단 얘기도 들었는데, 사실인지는 모르겠어요." 클라크가 뉴욕에서 왔을 때 두 남자는 그에게 잠시 머물 집 구경을 시켜준다. "이건 진짜 플라스틱 수양버들이에요." 한 사내가 말한다. "그리고 진짜 수양버들은 밖에 있는데 캐서린 헵번 소유죠." 여느 때와 다름없이 나무에 대한 애정을 표명한 뒤, 바르다는 다른 사물들과 육체들의 텍스처를 꼼꼼히 읽어나간다. 〈임차한 집의 물품 목록Inventory of a rented house〉이란 제목의 노래가 흐르는 가운데, 카메라가 집 안을 이리저리 탐색하기도 한다.

영화는 느닷없이 연극 공연장에서 시작한다. 립 톤이 연출을 맡은 마이클 매클루어의 〈수염〉이 공연 중이다. 일군의 관객들은 '진 할로'와 '빌리 더 키드'가 자그마한 무대에서 나누는 욕설 섞인 대화에 집중하다 비바와 그의 일행이 뒤늦게 도착하자 박수를 보낸다. 얼마 후, 비바와 〈헤어〉 사내 가운데 한 명은 파티를 하고 있는 아이들을 즐겁게 해주기 위해 물을 빼낸 수영장 안에 들어가 〈수염〉의 한 장면을 직접 연기한다. 이 장면 때문에 바르다는 비난을 받기도 했는데, 아이들이 즉흥 공연을 즐겁게 관람하는 것에 그치지 않고 돌려가며 담배를 피웠기 때문이다. "제 딸도 그 아이들 사이에 있었어요. 출연한 아이들은 모두 제 친구와 이웃의 자녀들이 었고요. 그리고 몇몇 사람들의 추측과 달리, 대마초는 피우지 않았어요. 담배는 피웠죠. 저도 어렸을 때 그랬거든요. 유칼립투스 나뭇잎을 사용하곤 했죠. 〈라이온의 사랑〉을 완성하고 나서 영화를 어린 관객들에게 보여줬어요. 열두 살 즈음의 아이들이었죠. 아주 좋아했어요."

영화는 전반적으로 사랑과 행복 추구에 대한 이야기다. 하지만 바르다는 다양한 사안들을 하나하나 짚어가며 자신의 생각들을 플롯에 접목시킨다. 미국에서 영화 제작비를 마련하는 일과 감독이 편집실에서 결정권을 쥐는 것과 관련한 복잡다단한 도덕적·금전적 문제들을 화제로 삼은 두 개의 진정성 있는 대화 시퀀스를 영리하게 활용하기도 한다. 창조적 예술가인 자신에게 어울리지 않는 제약들로 인해 우울증에 빠진 클라크는 자살을 시도하려 한다. 브레히트식으로, 바르다는 클라크가 촬영 도중에 자신과 맞지 않는 부분 때문에 자살 장면을 연기하지 못하겠다고 선언하는 모습을 그대로 영화 속에서 보여준다. 클라크는 자신과 맞지 않는 부분이 무엇인지 설명하는데, 만일 자신이 실제로 자살을 하게 된다면 수면제 같은 걸 과다 복용하는 방법은 사용하지 않을 것이라 말한다. 이 시점에서 바르다가 프레임 안으로 들어온다. 그리고 가짜 수면제 몇 알을 삼킨 뒤, 침대 위에 눕고는 말한다. 자신이 요구하는 연기는 이게 전부라고. 그러자 똑같은 동작을 클라크가 따라서 한다. 소격 효과가 두드러진다. 작정하고 만든 직소 퍼즐식 영화의 맥락 안에서 보더라도 유별나다. 여기서 그치지 않는다. 다음 시퀀스 또한 인상적이다. 클라크가 병원에서 천천히 회복하고 있는 사이, 바르다는 앤디 워홀이 뉴욕에서 총격을 받았다는 뉴스를 접한다. (비록 총을 맞긴 했지만, 다들 알다시피 치명상을 입지는 않았다.) 그리고 시간의 경과를 시적으로 압

축한 뒤, TV 수상기는 바비 케네디의 암살과 관련한 보도 프로그램을 내보낸다.

비바는 말한다. "견디기가 힘들어. 클라크, 케네디, 워홀…… 다들 죽어가고 있어. 다음 차례는 우리인 거야?" 그는 울지 않는다. 텅 빈 얼굴이다. 무감각해 보인다. 바르다가 요구한 바로 그 모습이다. "그는 마치 지진을 경험한 것 같죠. 안전한 곳이 없다는 느낌을 받아요."

소시민 가정의 반응은 다양했다. "교황도 죽었잖아." "그런 걸로 장난치지 마." "누가 장난을 친다 그래? 죽음의 TV. 이건 국민 예능이야." 케네디의 죽음과 관련한 내용들이 TV 수상기에서 마치 경쟁이라도 하듯 끊임없이 쏟아져 나오는 느낌이다. "방송사로부터 관련 방송 자료를 구매했고, 거리의 시민들을 인터뷰한 내용도 입수했어요. 그리고 영상 위에 인터뷰 내용의 일부를 얹었죠. 그러니까 원래 방송됐던 내용을 그대로 옮겨온 건 아니었어요."

이 시퀀스는 사실 꽤나 신랄하다. 〈행복〉에서 장 르누아르의 〈풀밭 위의 오찬Le déjeuner sur l'herbe〉이 TV에서 나오는 장면이 연상되기도 한다. 물론 여기선 등장인물 누구도 TV에 관심을 두지 않지만, 〈라이온의 사랑〉에선 사람들이 TV에 주의를 기울인다. 죽음이 공기 중에 무겁게 자리하고 있다. 그러나 또 다른 시퀀스에서 콜라주 속으로 자연스레 합류하며, TV 수상기는 한 줄기 희망의 빛을 분출한다. 프랭크 캐프라의 〈잃어버린 지평선Lost Horizon〉이다. 영화에 살짝 흥미를 보이는 비바와 일행은 눈으론 영화를 보면서 잡담을 나눈다. 그러던 중 다음 대사가 흘러나온다. "내가 무언가를 믿는 건 그걸 믿고 싶기 때문이야." 이에 비바가 반응한다. "저게 메시지네."

아이들 파티와 관련해서도 역시 긍정적이고 희망적이다. 비바가 속수무책으로 공중에 붕 뜬 느낌은 있었지만, 그는 줄곧 아이들을 즐겁게 해주려 애썼다. "과일 샐러드를 만들어 주기도 했는데, 아이들은 손도 안 대더라고요. 아이들이 원하는 건 오직 감자튀김과 케첩이었죠." 그리고 여기에 더해 〈수염〉도 원하지 않았을까? 바르다는 아이들을 향한 자신의 관대한, 자유방임적 태도에 꽤나 확고하다. "그들은 미래에서 온 우주의 아이들이에요. 영화에서도 그렇게 말하죠. 정말 그래요."

〈라이온의 사랑〉은 바르다 최고의 영화라 할 만하다. 자유롭고, 아마도 마음 내키는 대로 만든 영화인 듯하다. 그럼에도 여러 고민들이 담겨 있고, 소격 효과에도 불구하고 즉흥적 감정들로 가득하다. 이 영화에서 그의 '땅속을 흐르는 직관의 강'은 빠르고 깊다. 그리고 미국 풍경에 대한 비판적이면서도 애정 어린 반응들은 과연 바르다답다. 이 비범한 여성은 비록 관습적인 훈련은 받지 않은 채 영화계에 뛰어들었지만, 깊이와 재능으로 지적 자극과 큰 즐거움을 선사한다.

여성은 사랑만 하는
존재가 아니에요

레비틴   프랑스에서 여성 영화감독으로 활동하면서 지내온 시간들을 돌아보시면 어떠세요? 혹시 여성운동에도 참여하셨나요?

바르다   제가 처음 영화를 시작했을 때, 그러니까 19년 전이죠. 그때는 프랑스에 여성운동이라는 게 없었어요. 그저 곳곳에서 글을 쓰거나 그림을 그리거나 또는 음악을 통해서 발언하는 여성들이 있었죠. 영화를 만드는 여성은 아주 적었어요. 하지만 여성으로서 영화를 만드는 일이 좀 힘들지는 않을까 하고 제 스스로에게 물어본 적은 없어요. 다시 말해, 열등의식 같은 걸 가진 채로 영화를 시작하지는 않았다는 건 분명히 말할 수 있어요. 그저 영화를 만들고 싶다는 생각이 들었고, 그래서 시도했을 뿐이에요. 많은 젊은 여성들이 제게 와서 자신들도 영화를 만들고 싶다는 얘기를 하곤 해요. 그럼 저는 이

이 인터뷰는 1974년 발행된 〈위민 앤드 필름Women and Film〉 1호에 수록되었다. 인터뷰어 재클린 레비틴Jacqueline Levitin은 영화감독이자 영화평론가로 밴쿠버의 시몬프레이저대학교에서 제3세계와 여성 영화를 중점으로 연구하며 강의하고 있다.

남성 중심 사회에서 여성이 영화를 만드는 일은 무척 힘들다, 이렇게 답해야 할까요? 사실인 측면도 있죠. 하지만 저는 늘 이렇게 답해요. 사회가 그런 건 사실일지 모르지만 그런 식으로 생각하기보단 "나는 한 인간이고, 영화를 만들고 싶을 뿐이다. 힘들 수도 있고 그렇지 않을 수도 있다." 이렇게 접근하라고 해요. "만일 사회가 여성에 적대적이라면 하나하나 조금씩 맞서 나가자. 하지만 무언가를 시작하는 시점에 이런저런 걱정을 너무 할 필요는 없다." 저는 제가 여성이라는 이유로 어떤 제약을 받는다는 생각을 한 번도 해본 적이 없어요. 제 자신이 '반쪽짜리 남자'란 생각도 해본 적 없고요. 남자가 되고 싶어 해본 적이 없죠.

저는 사진가였어요. 처음 시작할 땐 무슨 일이든 찾아내고 맡아서 했죠. 주변의 아이들, 가족, 결혼, 연회 등등 돈 벌 수 있는 일은 뭐든 했어요. 그러다가 국립민중극장 사진가가 됐죠. 아무도 제게 다가와 이렇게 말하는 사람은 없었어요. "당신이 사진가로군요. 여자인데도 그런 직업을 얻다니 대단하네요." 어린 시절 너무 작았을 때 의자에 올라가 서 있어야 할 때가 있었어요. 다른 아이들보다 30센티미터나 작았으니까요. 제게 문제가 될 만한 게 있었다면 그 정도예요. 당시의 사람들이 가부장적이었다고 다들 얘기하죠. 여성운동이 일어나고 있는 와중임에도 성공한 여자들조차 '꼬마' 취급을 받았다고 증언하면서요. 하지만 저는 그렇게 생각하지 않아요. 저는 그저 제가 해야 할 일을 했을 뿐이에요. 여자와 남자들 틈바구니에서요. 즐겁게 일했어요.

첫 영화 〈라 푸앵트 쿠르트로의 여행〉을 만들 때도 그다지 문제될 게 없었어요. 예를 들어, 카메라맨이 제게 "이봐, 나 그쪽이 하라는 대로 못 하겠어. 겨우 여자 주제에 말이야"이런 식으로 말하지 않았어요. 오히려 제가 이런 식으로 얘기했죠. "그렇게 찍으면 괜찮겠네요…… 그 정도 거리를 두세요…… 좀 더 날카롭게요…… 명암 대비를 좀 더 주세요." 혹은 피사계 심도와 관련해서 주장하기도 하고요. 하지만 이런 것들은 기술적인 의견 교환일 뿐이죠. 영화가 나왔을 때 반응이 좋았어요. 비록 제작비를 회수하진 못했지만요. 하지만 누구도 제가 여성이어서 이 영화는 사소하다, 라고 말하진 않았어요. 대신 이렇게 말했죠. "당신은 지금 프랑스 영화를 변화시키고 있는 건지도 몰라요. 바람직한 일이에요." 저는 영화 일을 하면서 여자라는 이유로 소외를 당한 적이 한 번도 없어요.

저는 늘 여성으로서 제 영화를 준비했어요.
유사 남성인 체 하면서 영화를 만들고 싶진 않았어요.

레비틴   영화는 어떤 계기로 만들게 되었나요?

바르다   〈라 푸앵트〉의 시나리오를 완성하고 나서, 비록 시나리오를 한 편 쓰긴 했지만 영화로 만들 수는 없을 거라 생각했어요. 서랍 속에 묵혀두었다가 3년 뒤에 꺼내 보고 이렇게 말하겠지 싶었어요. "그래, 그땐 영화를 만들어볼까 생각했었지"라고요. 그런데 어느 날, 한 친구가 제게 "왜, 한번 시도해보지그래?"라고 말하는 거예요. 그래서 제가 "어떻게? 무슨 수로?"라고 하자 "어렵지 않아. 같이 한번 해보자"라고 답했죠. 문제는 돈을 마련하고, 팀을 꾸리고, 도와줄 사람들을 찾는 일이었어요. 우린 아주 젊었고, 경험은 아주 적었죠. 임대한 주택에 친구 여럿이 모여 살았어요. 각자 집을 얻어 생활할 여력이 없었기 때문에 한데 모여 살았죠. 우린 서로 힘을 모아 나름의 조직체를 구성했고, 촬영에 돌입했어요.

제작 차원에서 보면 1954년 당시로는 상당히 혁명적인 작업이었어요. 저는 제작자가 될 자격조차 없었죠. 프랑스에는 직능상의 계급이 존재해요. 하나하나 단계를 밟아가야 하는데, 영화를 한 편 만들려면 그 전에 다섯 단계의 도제 시스템을 거쳐야 해요. 전문 스태프들도 마찬가지고요. 저는 자격증 발급을 요구하지 않았어요. (재미있게도 첫 영화를 만들고 13년이 지나서야 감독이라는 타이틀이 붙은 카드를 받을 수 있었죠.) 법적인 부분이나 조합 또는 공식 허가 같은 것들은 신경 쓰지 않았어요. 영화계의 '터부', 폐쇄성, 계급성 따위를 제거해버렸죠. 그런 방식으로 진짜 영화를 만들게 됐어요. 저는 딱 한 번이라는 생각이었어요. 제 자신을 영화인이라고 생각하지 않았죠. 영화 작업을 끝낸 후 다시 사진으로 돌아갔어요. 돈을 벌어야 했으니까요. 영화는 전혀 수익을 내지 못했죠. 그런데 몇 년 뒤, 누군가 제게 제안을 해왔어요. 관광청에서 영화를 하나 기획 중인데 맡아서 할 생각이 있느냐고요. 그래서 저는 생각했죠. "그래. 이건 돈을 버는 또 다른 방법이고, 아마도 후에 다른 영화들도 만들 수 있을지 몰라." 그래서 만들게 된 단편들이 〈오 계절들이여, 오 성들이여〉〈코트다쥐르를 따라서〉 그리고 〈오페라 무프 거리〉예요. 이어서 욕망이 이끄는 대로 또 다른 영화들을 만들게 되었고, 비로소 '영화인'이 되었죠.

하지만 또 다른 장편 〈5시부터 7시까지의 클레오〉를 만들기까지는 7년이 걸렸어요. 자금을 마련하기도 어려웠고, 시나리오를 쓸 시간도 없었죠. 사진에 전념하고 있었거든요. 제가 여자라서 애로사항이 있었던 건 아니에요. 제가 만들고자 하는 영화 자체가 금전적 지원을 받기 어려운 종류였죠. 〈클레오〉는 한 여성에 관한 영화였어요. 거대한 두려움에 직면한 여성, 그 두려움이 자신을 돌아보게 만드는 그런 이야기를 하고 싶었어요. 클레오는 자신이 작은 인형에 불과하다는 걸 깨닫죠. 남자들에 의해 조종되는 인형, 아무 결정도 스스로 내리지 못하는 작은 소녀, 오직 다른 사람들의 눈을 통해서 자신을 바라볼 뿐이죠. 남은 한 시간 반 동안 그는 세상과 다른 방식으로 접촉하기 시작해요.

저는 늘 여성으로서 제 영화를 준비했어요. 유사 남성인 체 하면서 영화를 만들고 싶진 않았어요. 제가 아는 걸 영화로 만들고자 했어요. 아이를 가졌을 때, 임신에 관한 영화 〈오페라 무프 거리〉를 만들었죠. 다른 사람들과 경험을 공유하고 싶었어요. 〈행복〉에서는 순수함에 대해 이해해보고자 했고요.

서서히 여성운동은 앞으로 나아갔고, 많은 여성이 사회 내에서의 자기 위치에 대해 생각해보기 시작했어요. 그리고 지난 5년간 이 운동은 아주 강력하고 유용한 무언가를 넘어서 아주 패셔너블한 무언가가 돼버렸어요. 이 점은 안 좋은 부분이에요. 여성들에 대해 이야기하는 게 습관처럼 돼버렸죠. 10년 전만 해도 그렇지 않았어요. 아마도 10년 후, 이 운동이 더 성장한다 하더라도 사회는 열광의 대상으로 또 다른 화두를 갖게 될 거예요. 여성분들이 제게 다가와 이렇게 말해요. "〈행복〉은 쓰레기예요. 이건 여성을 위한 영화도 아니고, 여성이 만든 영화도 아니에요. 사회가 당신을 이만큼 만들어줬는데, 당신은 우리를 배신하는군요." 하지만 사회 내 클리셰를 보여주려 마음먹었다면—〈행복〉이 바로 이 경우죠—클리셰를 보여주어야만 해요. 반드시 이렇게 말할 필요는 없어요. "난 여성이니까 당연히 페미니스트 영화를 만들어야 해. 페미니스트 관점을 세상에 널리 알려야 하니까." 물론 새로운 시각으로 제 영화를 스스로 다시 바라보는 게 가능한 것도 사실이에요. 그동안 여러 일들을 겪었고, 독서를 통해 습득한 것도 있고, 나름대로 페미니즘 공부도 했으니까요. 이젠 다들 많이 깨달았고, 그럴 기회도 충분히 주어지고 있어요. 상황이 보다 명확하고 분명해졌죠. 10년 전 제가 〈행복〉을 만들 당시만 해도 그렇게 명확하지 않았어요. 물론 시몬 드 보부아르도 읽었고, 이러한 문제들에 대해 토론도 했고, 피임, 성적 자유, 새로운 아이 양육법, 대안적인 결혼 형태 등을 위해 싸우기도 했죠. 하지만 당시는 분명한 무언가가 보이지 않던 시절이었어요. 저는 새로운 세대의 여성들을 지지해요. 무언가를 시작하기도 전에 고정관념을 갖는다거나, 그들 자신과 사회 내 여성들의 이미지를 변화시키고픈 욕망을 표출하는 데에만 초점을 맞추는 건 잘못된 일이라 생각하지만요. 기본적으로 그들이 옳고, 저 역시 동참하고 싶어요. 물론 여성들이 이제까지 해온 것들을 잊어야 한다는 얘기는 아니에요. 지금 세대의 여성들이 페미니스트 관점에서 발언하고, 논점을 명확히 할 수 있도록 토대를 쌓아왔고, 길을 열어줬다고 생각하거든요. 저는 스스로를 페미니스트라고 말할 수 있어요. 다른 페미니스트들이 보기엔 충분치 않겠지만요. 비록 페미니스트 영화를 만들진 않았지만, 제가 해온 작업들의 결과로 저는 페미니스트가 되었죠.

레비틴 이젠 페미니스트 영화를 만들고 싶다는 생각이 드시나요?

바르다 네, 그러고 싶어요. 하지만 그것만을 유일한 목표로 삼을 순 없을 것 같아요. 저는 여성이 어떤 고통을 받고, 사회에서 어떤 변혁이 일어나야 하는가에만 몰두할 수 있는 사람은 아니에요. 저는 인간이고, 세상에는 여자가 아니라 인간으로서 이해해야 하는 것들이 존재해요. 내가 여성이라는 걸 늘 강조할 필요는 없어요. 예를 들어, 여성 영화제도 필요하다고 생각해요. 여성들이 어떤 영화들을 만들었는지 보여줄 공간이 있어야 하니까요. 하지만 다른 의미에서 보면 이건 사실상 격리고 성차별이에요. 여성도 남성 못지않게 여성에 대해 잘못 이해할 수 있어요. 일부 남성이 더 나을 수도 있죠. 잉마르 베리만 Ingmar Bergman은 대다수 여성들보다 훨씬 더 여성에 대해 많이 알아요. 여성 문제에 대한 공감은 여성들이 주가 될 수밖에 없지만, 이건 블랙 팬서의 문제와 유사해요. 흑인들이 자각하기 시작할 무렵, 백인들이 그들을 위해 나섰고 동조했어요. 그리고 조금씩 자신들의 목소리를 내기 시작했죠. 지금 여성들도 같은 상황이에요. 물론 그들은 옳아요. 하지만 모든 남성이 여성을 이해하지 못하는 건 아니에요. 영화감독의 성별에 그렇게 집착할 필요는 없다고 생각해요. 그보다는 여성에 대해 무엇을 이야기하고, 어떻게 이야기할 것인가에 초점을 맞출 필요가 있죠.

대부분의 영화에서 주요 관심사는
여성의 사랑 이야기예요. 그건 반드시 바뀌어야 해요.
우린 여성으로서, 관객으로서 준비를 해야 해요.

레비틴　일부 페미니스트 영화감독들은 여성의 심리를 드러내는 것만으로는 부족하고, 여성이 영웅으로 등장하는 영화를 만들어야 한다고 생각하죠. 남성이 지배하는 사회에서 여성으로서의 삶의 조건을 개선하고, 새롭게 깨어나게 하는 그런 영화. 이런 유의 영화가 필히 만들어져야 할까요? 어떻게 생각하세요?

바르다　여성들은 각자 자신이 누구인지, 세상에서 자신의 위치가 어디쯤인지를 이해해야 해요. 하지만 오직 그 목표만 고려한다면 지금 중국에서 만들어지는 그런 유의 영화를 만들게 될 거예요. 그 영화들은 자각을 고취시키지만 그렇게 지루할 수가 없어요! 마치 서부극처럼 멍청한 이야기를 반복하게 될 거예요. 좋은 놈이 등장하고 나쁜 놈이 등장하고, 좋은 놈은 늘 이기고 나쁜 놈은—이제 이 나쁜 놈이 얼마나 나쁜지를 열심히 설명하죠. 이게 무슨 의미가 있죠? 이건 일종의 세뇌예요. 확실히 변화가 필요하긴 해요. 영화에서 여성의 이미지는 남성들에 의해 강력하게 구축됐죠. 남성들은 그걸 받아들여요. 여성들 또한 그걸 받아들이고요. 여성 스스로가 여자는 예뻐야 한다고 생각하죠. 옷도 예쁘게 잘 입어야 하고, 사랑스러워야 하고, 항상 사랑을 꿈꿔야 하고 등등. 저는 이런 문제들에 늘 분노했지만, 그 이미지를 바꾸기에는 저 역시 역부족이었죠. 영화를 보면 여성은 언제나 사랑과 연관이 있어요. 사랑에 빠져 있거나 그렇지 않죠. 사랑에 빠진 적이 있거나 앞으로 그럴 예정이죠. 혼자일 경우에도 과거에 사랑에 빠졌었거나, 마땅히 사랑에 빠져야 하기에 당장이라도 사랑에 빠지고 싶어 하죠. 반면 남성은 영화에서 다른 지위를 가져요. 직업과 관련한 영화도 있고, 우정을 다룬 영화, 고군분투하며 뭔가에 대항해 싸우는 영화도 있죠. 하지만 여성이 자신의 직업을 갖고 등장하는 영화는 아마 본 적이 없을 거예요. 여성이 의사로 등장하고, 수술을 진행하고, 환자들을 상대하는 영화는 관객이 받아들이기 어려울 거예요. 여성이 무언가를 지시하고, 무언가를 해내고, 동료들과 함께 어울리는 그런 장면들이 나오는 영화도 본 적이 없을 거예요. 여성이 직업을 갖는다면 대개 데코레이터나 비서 또는 우체국 직원이죠. 직업을 가질 순 있지만, 결코 영화의 주된 요소가 아니에요. 대부분의 영화에서 주요 관심사는 여성의 사랑 이야기예요. 그건 반드시 바뀌어야 해요. 우린 여성으로서 그리고 관객으로서 준비를 해야 해요.

레비틴   이건 자기비판인가요?

바르다   네, 물론이죠. 하지만 어쩔 도리가 없었어요. 영화를 만들 수
         없는 상황이었거든요. 몇 년 전에 시나리오를 한 편 썼어요.
         신수학New Math을 가르치는 한 여성의 이야기인데, 프랑스에
         서 신수학은 이제 막 시작된 상황이라 고충이 많았죠. 그는
         모든 방면에서 싸워나가야만 했어요. 예를 들어, 부모들은 신
         수학 프로그램을 받아들이지 않았어요. 신수학을 이해하지
         못했을 뿐만 아니라, 집에서 아이들 숙제를 도와주면서 자신
         들이 누리던 권력을 잃고 싶지 않은 이유도 있었죠. 시나리오
         는 부모들과 맞서고, 아이들 앞에서 수업하고, 옛날 방식으로
         수학을 가르치는 것에 대항하는 한 여성에 대한 이야기예요.
         그의 사적인 삶은 영화에서 아주 조금만 등장하죠. 영화 제작
         비를 도저히 마련할 수 없었어요.

레비틴   제작자들은 러브 스토리를 주문했나요? 감독님이 여성이라서?

바르다   아뇨. 제가 여성이라서가 아니라 그들은 영화에서 여자를 오
         직 사랑과 연관된 모습으로만 보고 싶은 거죠. 아무도 신수학
         선생님한테 관심을 갖지 않을 거라고 말하면서요. 하지만 이
         제 상황이 좀 변했어요. 미국 영화 〈내려가는 계단을 올라가며
         Up the down staircase〉를 보면 여성의 직업이 영화의 주요 관심사

죠. 고무적인 일이에요. 이런 경우가 흔치는 않아요. 자금을 모으기 어렵죠. 제가 여성성과 죽음의 두려움을 다룬 〈클레오〉를 만들 수 있었던 건 주인공이 아름다웠기 때문이에요. 만일 혼자 사는 55세 여성을 주인공으로 이야기를 만들었다면, 그가 암으로 죽어가는 이야기에 누가 관심을 갖겠어요? 누가 영화를 보고 싶어 하겠어요? 여기서 우리는 또 다른 지점에 도달해요. 관객들은 무엇을 보고 싶어 하는가. 그들이 진실을 보고 싶어 한다고 생각하세요? 아뇨, 그렇지 않아요. 주변에서 늘 보는 것들을 왜 또 보고 싶어 하겠어요? 노조의 문제들과 아침 일찍 일어나 일터로 향하는 노동자의 이야기를 담은 영화를 만들면 사람들이 그걸 토요일 저녁에 보고 싶어 할까요? 아뇨, 그들은 오락물을 원해요. 멋진 사람들을 보고 싶어 하고, 꿈을 꾸고 싶어 하죠. 뭔가를 자각하고 눈을 뜨는 건 받아들이지만, 오락물의 맥락 안에서 이루어지길 바라죠. 우리는 영화가 대중 예술이라는 걸 잊어서는 안 돼요. 사람들은 좋은 시간을 보내기 위해 극장에 가요. 늘 뭔가를 배우고 싶어 하진 않아요. 그렇기 때문에 여성의 이미지를 바꾸려 노력하면서도 동시에 지루한 영화가 되지 않도록 주의를 기울여야 해요. 아무도 관심을 갖지 않으면 소용이 없으니까요.

우린 모두 환상을 가지고 살아가죠. 아름다움에 대한, 사랑에 대한, 경력, 권력에 대한 환상. 영화를 만드는 목표가 사람들의 환상을 걷어내고, 실체를 있는 그대로 보게 하고, 그래서 그들이 현실을 감당할 수 있게끔 하는 데 있는 건지 잘 모르겠어요. 때로는 〈행복〉에서처럼 환상을 가지고 살아가는 사람들이 실체를 알고 그걸 대면하기 힘들어하는 사람들보다 더 행복한 것 아닌가 싶은 거예요. 제 말은 영화란 그 환상을 지속시키기 위해 때로는 '아직 덜 충분해' 하는 자세로 만들어져야 하는가, 아니면 사람들에게 주변의 것들을 잘 보여주고 그것들이 의미하는 바가 무엇인지를 드러내는 영화를 만들어야하는가, 이 문제예요. 저는 대답할 수 없어요. 왜냐하면 영화는 대중 예술이란 점을 외면할 수가 없기 때문이죠. 워낙 투자도 큰 규모로 이루어지고, 수익도 거둬야 하니까요. 사회적인 문제를 진지하게 다룰 수 있는 다큐멘터리나 슈퍼 8 영화와 비디오 작업을 제외한 장편영화들은 대중성을 의식하지 않을 수 없어요. 관객을 기만하지 않으면서도 여전히 그들을 즐겁게 해줄 수 있는 영화를 만들 수 있을까요? 예를 들어, 〈행복〉에서 저는 영화의 전체적인 느낌을 아주 사랑스럽고 친근하게 만들었어요. 영화가 의미하는 바가 마음에 들지 않더라도 스크린을 외면할 필요는 없게끔요. 영화는 일종의 아름다운 목가풍의 소풍 그림 정도로 바라볼 수 있고, '그는 그저 조금 이기적인 사내일 뿐이야. 삶은 지속될 수밖에 없고' 정도의 느낌으로 즐길 수도 있죠. 이어서 자연의 잔혹함에 대해서 생각해볼 수도 있겠죠. 여성의 기능이나 역할에 대해서도요. 어떻게 아내가 그리도 쉽게 대체될 수 있을까, 의문을 가지면서요. 그러면서 여성의 삶이란 무엇일까 묻게 되죠. 다림질을 하고, 요리를 하고, 아이들을 재우는 것만으로 충분한 걸까? 영화 속저 남자에겐 어느 금발 여성이라도 할 수 있는 일인 걸까? 하지만 관객들에게 이 정도 깊이로 영화를 읽어야 할 의무가 부과된 건 아니에요. 그래서 영화를 너무 복잡하지 않게, 최대한 명확하게 만들려 노력했죠. 딱히 성공을 거두었다고 말하기는 어렵지만, 제 목표는 충분히 즐길 수 있는 영화를 만드는 거였어요. 일종의 러브 스토리를 담은 영화로 살짝 바람도 피우고, 드라마도 좀 있고, 너무 과하지는 않게 삶은 충분히 아름다울 수 있다는 느낌이 드는…… 그런가 하면 또 다른 수준에선 만일 영화를 꼼꼼히 읽을 마음의 준비가 돼 있다면, 남자가 된다는 것의 의미는 무엇이고 여자가 된다는 것의 의미는 무엇인가. 행복의 대가는 어디까지 수용 가능하고, 누군가에게 그 대가를 치르게 하는 것이 과연 온당한가. 새엄마를 맞이하기에 아이의 연령대는 어느 정도가 적당한가. 영화를 관람한 후 이와 같은 질문들을 제기해볼 수 있겠죠. 그럼에도 이 영화는 여전히 재미있게 볼 수 있는 영화처럼 여겨져요. 바로 제가 원했던 바죠. 그런 이유로 영화는 무척 부드러워요. 조금 과한 감이 있어 아쉽긴 하지만, 저는 관객이 먹고 싶어 할 만한 아름다운 사과 같은 영화를 만들고자 했어요. 왜냐하면 자각을 일으키는 아주 진지한 영화는 사람들이 꺼려하니까요. 대부분의 사람들은 극장에 일주일에 많이 가야 한두 번이에요. 그들은 지쳐 있고, 자신들의 실생활을 대체로 잊고 싶어 하죠. 영화에서 근사한 것들을 보고 싶어 하고, 때론 폭력적인 것들도 보고 싶어 해요. 실제 삶에선 감히 그런 폭력을 행사할 엄두를 못 내니까요. 그런 이유로 영화를 만드는 사람은 대중의 요구에 부합하면서도 동시에 무의미하지 않고 공허하지 않은 영화를 만들기 위해 아주 영리하게 조율해야만 해요.

누군가 여성과 영화에 대해 제대로 발언할 수 있으려면
영화감독의 절반은 여성이 되어야 해요.

레비틴   여성들과 작업을 많이 하시는 것 같은데, 영화제작에 여성들
을 참여시키는 걸 본인의 역할이라 여기시는 건가요?

바르다   역할이라고까지 생각하진 않지만, 그렇게 하고 싶어요. 물론
남성들과 작업하는 것도 좋아해요. "우린 우리끼리 할 테니
너흰 너희끼리 해" 뭐 이런 식인 건 아니에요. 이전에 사진 일
할 때 많은 조수들이 거쳐갔는데, 두세 달 정도 가르치면 그
들 스스로 사진가가 되곤 했죠. 지금 꽤 유명해진 친구들도
있고요. 영화 쪽으로 와서는 늘 여성 편집자와 일하고 조수도
여성들을 고용해요. 가능하면 그렇게 해요. 물론 그 일을 더
잘하는 남성이 눈에 띈다면 그 친구를 쓰겠죠. 영화를 만들려
면 양질의 인력이 필요해요. 만일 여성이 동일한 능력을 갖고
있거나 조금 더 낫다면 아무래도 여성을 택하겠죠. 도움이 될
테니까요. 하지만 그러려면 훈련을 쌓아서 일정 수준 이상의
실력을 갖추어야 해요. 영화계에도 당연히 경쟁이 존재해요.
영화 한 편 만들기가 쉽지 않죠. 좋은 사람들의 도움이 필수
적이에요. 시나리오를 쓸 때 다른 여성들과 함께 작업하지는
않아요. 생각해보니 2년 전에 여성들을 주인공으로 한 시나
리오를 한 편 쓰면서 딱 한 번 여성들과 함께 작업한 적이 있
긴 하네요. 촬영에 들어가진 못한 작품이었지만.

레비틴   혹시 낙태 관련 영화 말씀이신가요?

바르다   네, 프랑스 여성들의 낙태 문제를 다룬 영화였죠. 많은 정보
          가 필요했고, 제가 알고 있는 여성들 중에 사회학자와 의사들
          에게 많은 도움을 받았어요. 2, 3개월 함께 사전 작업을 하고
          시나리오는 혼자 썼어요. 아주 만족스러웠어요. 여성들이 모
          여 함께 일을 하다 보니 보다 명확하게 상황을 파악할 수 있
          었죠.

레비틴   감독님이 시작하셨던 당시와 비교해 프랑스 영화계에서의 여
          성들의 상황은 많이 나아진 건가요?

바르다   그렇죠. 아주 많이요. 당시엔 사실상 제가 유일한 여성 영화
          감독이었어요. 어떻게 보면 행운이었다고 말할 수도 있겠죠.
          유일한 존재가 행운인지는 잘 모르겠지만. 남자들은 저를 두
          고 '하나의 작은 현상'으로 생각하는 경향이 있었어요. 왜냐
          하면 제가 누벨바그의 창시자랄까, 그렇게 간주되었거든요.
          하지만 제 경우는 환경과 교육의 산물이죠. 다른 말로 하자면
          제가 영화계에서 어느 정도 성공을 거둔 것과 제가 여성이라
          는 사실은 딱히 관련이 없어요.
          누군가 여성과 영화에 대해 제대로 발언할 수 있으려면 영화
          감독의 절반은 여성이 되어야 해요. 인구의 절반은 여성이니
          까요. 그런데 거기엔 두 가지 문제가 있어요. 하나는 모든 직
          군에서 남자의 수만큼 여성의 수를 늘리는 문제. 다른 하나는

사회적 문제예요. 아이를 갖고 싶어 하는 여성이, 갖고 싶은 시기에, 원하는 상대와 아이를 가질 수 있도록 어떻게 여건을 마련해줄 것인가. 그리고 사회는 그들이 아이를 잘 키울 수 있도록 어떻게 도울 것인가. 이건 중요한 문제예요. 여성은 생물학적으로 자신의 몸이 아이를 품고 싶어 하면, 다시 말해 스스로 아이를 원하면 자연스레 아이를 가져야 할 권리가 있어요. 만일 세 명에서 네 명 정도 아이를 갖고 싶다는 마음이 든다 하더라도 (비록 생물학적 관점에서 가능한 상황이 아니라 하더라도) "아이를 셋이나 낳으면 내 경력에 문제가 생기지 않을까?" 하는 염려를 하게 해서는 안 되는 거예요. 사회 내 여성의 위치와 관련된 이 문제들은 아주 중요해요. 사실 유일한 해결책이 하나 있긴 해요. 그건 바로 '슈퍼 우먼'이죠. 여러 가지 일을 동시에 해내는 거예요. 저 역시 살아가면서 가장 어려웠던 게 여러 삶을 동시에 수행하는 거였어요. 아이도 포기할 수 없고, 영화도 포기할 수 없고, 남자도 포기할 수 없었죠.

레비틴 　　일전에 〈창조물들〉 얘기를 하시면서 영화 속에 나오는 격투 장면이 잘 나와서 만족스럽다고 하신 바 있죠. 이 부분도 남성 중심적 영화계 상황과 관련이 있을까요?

바르다 　　여성은 격투 장면이나 전쟁 영화 같은 것들을 만들 수 없다고 보통 얘기들 하고, 저 역시 그걸 인지하고 있었죠. 그걸 떠나서 전쟁 영화나 격투 영화 같은 걸 만들고 싶어 하지도 않았고요. 하지만 시나리오상에서 두 남자가 싸워야 하는 장면이 필요했어요. 저에게는 '내가 하긴 좀 어렵지 않을까' 하는 열등의식이 있었고, 전문가를 고용해 도움을 받았어요. 완성했을 때, 이런 생각을 했죠. "오, 해냈군. 두 남자가 싸우는 장면을 완성했어!" 하지만 얼마 뒤, 다 부질없게 느껴졌어요. 그렇게 생각할 필요가 없었던 거죠.

아무튼 제겐 열등감이 살짝 있었어요. 내 능력은 제한적이야, 라고 여기면서요. 그러나 그 후로 콤플렉스도 극복했고, 콤플렉스 자체도 부질없다는 걸 깨달았어요. 왜냐하면 여성의 역할이 남자가 할 수 있는 모든 것을 여성도 잘할 수 있다는 걸 증명하는 데 있는 게 아니기 때문이죠. 오히려 여성의 역할은 여성으로서 하고자 하는 일을 자연스레 하는 데 있어요. 여성이 하고자 하는 일이 남성들의 그것과 다르다면 더욱 좋을 테고요.

레비틴   시나리오 완성 후 준비 과정이 궁금합니다. 촬영에 들어가기 전에 미리 구체적인 이미지를 구상하시는 편인가요?

바르다   그렇죠. 물론 즉흥적으로 만드는 경우도 있고요. 일단 두 단계가 있는데, 우선 제 머릿속에서 영화가 시작돼요. 종종 장소가 영감을 주곤 해요. 〈라 푸앵트〉의 경우는 물론 라 푸앵트 쿠르트 마을이 그랬고요. 〈라이온의 사랑〉은 할리우드, 〈클레오〉는 파리의 몇몇 거리들이 그런 역할을 했죠. 모든 제작 준비가 구체적으로 완료되면 촬영하게 될 장소에 미리 가보곤 해요. 그곳의 모든 것을 충분히 이해하려고요. 구체적 환경에 캐릭터들을 적절히 배치해야 하니까요. 환경은 캐릭터를 설명하기도 하고, 정당화시키기도 하고, 공격도 하고, 때론 부정하기도 하죠. 그렇기 때문에 감독은 캐릭터와 환경, 상호 간의 변증법을 충분히 이해해야 해요. 한편으론 메모를 해나가면서 제 내레이션을 구상해요. 내레이션은 플롯을 발전시켜나가는 데도 중요하지만, 본질적으로 내레이터로서의 제 자신이 선택한 것들로 구성되어 있다는 점에서 의미가 있어요. 그러고 나서 이 모든 지표들을 느껴보려 하죠. 이들을 해석하는 데 실수하는 일이 없도록 하려고요. 예를 들어, 〈라 푸앵트〉를 준비하면서 저는 나무와 금속 사이의 변증법에 관한 아이디어를 하나 떠올렸어요. 하지만 그걸 상징을 통해서 설명하고 싶진 않았어요. 그래서 주인공을 배를 만드는 사람의 아들로, 마을에서 나고 자란 사람으로 설정해야겠다고 생각했죠. 그를 나무의 느낌과 연결시키고자 했어요. 그는 나무를 보거나 나무로 만든 배를 보면 마음이 편안해지죠. 나무를 만질 때도 그렇고요. 반면, 여자 주인공은 맹렬하고 공격적인 캐릭터예요. 결혼뿐만 아니라 남자와의 관계에서 여성으로서의 자신의 위치와 정체성에 대해서도 의구심을 품고 있어요. 저는 그를 늘 금속과 연관 지어 상상했어요. 강철, 철로, 철책, 철선 같은 것들을 떠올렸죠. 이런 생각들을 논리적으로 설명할 순 없어요. 이건 느낌의 영역이죠. 저는 이 아이디어를 신중하게 사용하고자 했어요. 그러면서도 이야기 속에서 풀어가고자 했죠. 강철과 나무의 상반된 성질을 물리적으로 느낄 수 있게끔요.

레비틴 개인적으로 〈라 푸앵트〉는 두 파트로 나누어지는 것 같습니다. 한 파트는 마을을 다루고 있죠. 그곳은 따스함으로 가득합니다. 또 다른 파트는 커플을 다루고요. 그런데 이곳에선 포토그래퍼의 존재가 느껴집니다.

바르다 네. 아무래도 사진가의 존재감을 느끼는 건 따스함의 부재 때문일 거예요. 아마도 상대적으로 다른 한쪽에서 좀 더 사진가의 시선으로 바라본 것 같은데, 분명한 건 마을과 마을 사람들에 보다 애착을 느꼈다는 사실이에요. 그들의 삶을 보여주고 싶었고 그들의 생존과 관련한 중요한 문제들이 아주 절실하게 느껴졌죠. 한편, 커플에게는 의도적으로 문학적 스타일을 적용했어요. 딱딱하고 차갑게 다가갔죠. 항상 극적인 무언가를 담아내려 하는 기존 영화들의 경향에 맞서고 싶었어요. 영화에서 남자가 여자를 떠나는 경우는 대개 다른 여자 때문이죠. 여자가 떠날 경우도 다른 연인 때문이고요. 이 작품에서처럼 커플 자체의 문제에 집중하는 영화는 적어도 1954년 무렵에는 매우 드물었어요. 그것도 어떤 구체적 사건에 관한 것이 아니라 철학적 또는 도덕적 문제 제기였죠. 남자가 뭘 이렇게 해서 문제, 저렇게 해서 문제가 아니라 커플 자체에 대한 고찰이었죠. 두 사람의 대화도 거의 추상적이었고요. 배우들에게도 그렇게 주문했어요. 딱히 리얼하지 않게, 다정하지도 않게, 감상적이지도 않게, 육감적이거나 관능적이지도 않게 연기해달라고요. 그러다 보니 자동적으로 관객들은 '따듯한' 방식으로 그들과 자신을 동일시하기가 쉽지 않았죠. 차가움은 그들과 관객 사이에 거리를 만들었고, 그건 제가 원하던 바였어요. 그래서 커플들이 나오는 이 파트가 사진처럼 느껴지는 거고요. 거리감이 느껴지면 자연스레 대상을 바라보는 입장이 되고, 그 이미지 자체를 보게 되죠.

레비틴   영화 편집을 레네가 맡았습니다. 함께 작업하면서 어떠셨는지 궁금합니다.

바르다   레네를 통해서 많은 걸 배웠어요. 영화라는 예술의 존재를 새삼 깨닫게 됐죠. 영화만의 고유의 긴 역사가 있다는 것도, 아름다운 영화들이 많다는 것도 알게 됐고요. 순진하게도 제가 처음 시도했다고 생각했던 것들이 여러 영화에 이미 존재한다는 사실도 깨달았죠. 〈라 푸앵트〉가 순진한 영화라는 걸 인정할 수밖에 없어요. 첫 소설을 쓰면서 자기 작품이 문학판을 단숨에 바꿔놓을 거라고 생각하는 것과 같은 거죠. 작가는 결국 이런 얘기들을 듣게 되고요. "그건 베케트가 이미 한 거야. 이오네스코하고 똑같네. 조이스가……." 그래서 전 우쭐대지 않았죠. 그런데 레네가 편집을 하면서 몇몇 부분이 비스콘티를 떠올리게 한다고 얘기하는 거예요. 하지만 그 감독으로부터 영감을 받았다고 할 수 없는 게, 전 당시에 비스콘티의 영화를 한 편도 본 적이 없었거든요. 그래서 그때 굳게 마음을 먹었어요. 이제부턴 좀 더 개인적인, 나만의 영화를 만들어야겠다고요.

레비틴   배우들을 디렉팅하는 감독님만의 방식이 있으신가요?

바르다 아뇨. 전 사실 배우들에게 그다지 좋은 감독인 것 같지 않아요. 아마도 제가 환경이라든가 장소 같은 연기 외적인 요소들이, 연기를 통해서 드러나지 않는 많은 것들을 표현할 수 있다고 여기기 때문일 거예요. 연극과는 반대죠. 저는 늘 그렇게 생각했어요. 연극은 배우들의 작업이 큰 부분을 차지하지만, 영화는 배우들뿐만 아니라 그 외의 것들에 신경을 많이 써야 한다고요. 경험이 좀 쌓인 후에는 배우들 디렉팅에 좀 더 집중했어요. 심리학적 용어를 사용하진 않았어요. 배우들에겐 구체적인 용어로 의사를 전달해야 해요. "당신이 연기하는 캐릭터는 좀 어색한 스타일이에요. 신발을 신을 때 아마 이런 식으로 신을 거예요." 이렇게 얘기하는 거죠. 밥을 느리게 먹는 것과 빠르게 먹는 것의 차이라든가, 손에 포크를 쥐는 방식 같은 것들을 설명해주면 배우들이 캐릭터를 연기하는 데 상당히 도움이 돼요.

레비틴 감독님이 영화를 통해 말하고자 하는 바가 관객들에게 잘 전달되기를 바란다는 말씀을 종종 하셨습니다. 관객을 '위해' 영화를 만드는 게 감독님께 중요한 부분인지 궁금합니다.

바르다 저 스스로에게도 종종 묻는 질문이에요. 과연 나는 〈라 푸앵트〉에 나오는 어부들, 그들을 위한 영화를 만들 의지가 있는가? 이렇게 예를 든 건 그 마을 사람들을 제가 진정 사랑하기 때문이에요. (정치적 이데올로기와는 아무 관련 없어요.) 제 대답은 "노"예요. 왜냐하면 그들에겐 그들만의 클리셰가 있는데, 또 다른 편에 있는 중산층적 소외와의 간극이 너무 크죠. 중산층적 소외는 어부들에겐 전혀 느낌이 오지 않는 개념이고요. 노동자들 중에는 중산층의 관점을 지닌 이들이 종종 있어요. 그들은 가끔 중산층이 가진 걸 자신들도 갖는 꿈을 꿔요. 중산계급과 자신들을 동일시하고 싶은 마음에 도덕적으로 편협한 시각을 갖기도 하죠. 반면에 중산계급은 도덕적으로 자유로워지려 하고요. 이건 널리 알려진 사실이죠. 장 뤽 고다르의 정치관에 맞서서 제가 논쟁을 벌이는 지점이 바로 여기이기도 해요. 저는 충분할 만큼 전투적으로 정치적이지 못해요. 그래서 이제부터 난 라 푸앵트 쿠르트의 어부들을 위한, 또는 르노자동차 공장 노동자들을 위한, 그들이 즐길 수 있고 힘을 얻을 수 있는 영화를 만들 거야, 라고 선언하지 못하죠. 저는 충분할 만큼 겸손하지 않고, 충분할 만큼 전투적이지도 않아요. 반면 엄청 자기중심적이죠. 여전히 저는 중산층 문화에 참여하고 있어요. 그곳에선 예술가가 영화를 만들죠.

나, 영화 만드는 사람

〈라이온의 사랑〉 이후로 아녜스 바르다는 잠잠했다. 현재는 〈노래하는 여자, 노래하지 않는 여자〉를 작업 중이다. 그래서 지금 바르다를 섭외해 영화 이야기를 듣지 않으면 또 언제 그를 만날지 장담할 수 없을 것 같았다. 나는 인터뷰를 진행했고, 작가가 들려준 긴 모놀로그를 듣고 돌아왔다.

바르다 　〈다게레오타입〉은 일종의 이중 프로젝트예요. 다큐멘터리스트의 작품이기도 하고, 페미니스트의 작품이기도 하죠. 이 작품은 제가 사는 동네에 관한 영화예요. 다게르 거리는 좀 묘하죠. 돈이 그리 많지 않은 평범한 사람들이 사는 동네인데, 소위 가난한 동네로 불리는 이곳에 매력을 느끼는 예술가들도 많이 살고 있어요. 동네는 여전히 소탈하고 서민적인데, 요사이 젠트리피케이션이 시작된 듯해요.
영화 속 가게들은 제가 늘 드나드는 가게들이고, 항상 관심을

이 인터뷰는 1975년 12월 발행된 〈시네마Cinéma〉 204호에 수록되었다. 인터뷰어는 배우이자 작가인 미레유 아미엘Mireille Amiel이다.

가졌던 곳들이죠. 그 가운데서도 '푸른 엉겅퀴'라는 이름의 가게가 있는데, 옷도 만들어 팔고 향수도 팔고 그 외에도 여러 가지 물건들을 팔아요. 제가 아는 한, 쌀가루 20그램을 사거나 직접 병을 가져가 오드콜로뉴 300밀리리터를 사 올 수 있는 곳은 그 가게가 유일해요. 향수는 가게 주인이 직접 만들어요. 비범한 남자죠. 그의 아내는 훨씬 더 비범해요. 아내는 기억상실증에 걸렸어요. 그 거리와 가게라는 하나의 닫힌 세계의 포로라 할 수 있죠. 아내는 소규모 자영업 세계의 유령이에요. 언제나 저를 매혹시키죠.

지난해에 독일 방송국 한 곳에서 제게 영화 한 편을 만들 기회를 제공해주었어요. 말하자면 백지 위임장 같은 거죠. 내용이나 형식 모두 제가 하고 싶은 대로 할 수 있었어요. 이 지점에서 저의 두 번째 프로젝트인 페미니즘이 시작되죠. 아시다시피 정확히 일 년 전, 저는 둘째 마티외를 가졌어요. 아이가 너무 어리면 아무리 주위의 도움이 있다 해도 일을 병행하기가 쉽지 않아요. 기저귀를 간다거나 잠을 못 자서 피로한 것 외에도 아이는 엄마가 곁에서 자신을 돌봐주기를 바라죠. 거기에 엄마 입장에서도 아이를 사랑해주고, 아이와 기꺼이 놀아줄 시간 역시 필요하고요. 하지만 영화 준비 차 짧은 여행을 떠나 있거나 촬영 기간 중이라면 항상 아이 곁에 있기란 불가능해요. 저는 17년 전, 첫 아이 로잘리 때 이미 경험한 바 있어요. 당시 몇 주에 걸쳐 〈코트다쥐르를 따라서〉를 촬영했는데, 단편 작업이었음에도 쉽지 않았어요.

그렇기 때문에 이번엔 어딘가로 떠난다는 건 고려 대상도 아니었어요. 프로젝트는 1년 내에 완성하기로 돼 있었는데, 저는 집에 갇혀 있다시피 했죠. 그래서 저는 제 자신을 집에 갇혀 있다시피 하고 집과 육아에 숨막혀 하는 여성, 그럼에도 창의성을 지니고 있는 여성의 좋은 본보기라고 생각했어요. 곰곰이 생각해봤어요. 이런 제약들 속에서 무엇을 이뤄낼 수 있을까? 제한적 상황 내에서도 창의성을 다시금 발휘할 수 있을까? 결국 저는 이와 같은 고민들이 다른 종류의 제약들과 씨름하던 이전의 상황과 크게 다르지 않다는 걸 깨닫게 됐어요. 예를 들면, 의뢰받은 영화를 만들 때에도 제겐 여러 제약들이 주어졌으니까요. (프랑스 관광청의 제안으로 〈오 계절들이여, 오 성들이여〉와 〈코트다쥐르를 따라서〉를 만든 바 있죠.) 그래서 그 제약들에 당당히 맞서보기로 했어요. 다른 많은 여성들 역시 저와 상황이 다르지 않을 거라 생각하고요.

하루하루 접근법, 처음부터 끝까지

대부분의 여성은 집안일에 매여 있다는 사실, 여기서부터 시작했어요. 제 자신을 집에 딱 붙여놓고 시작했죠. 그리고 새로운 차원의 탯줄을 상상했어요. 마침 집에 90미터 길이의 비상용 전선이 있었는데, 딱 그 정도의 공간 내에서만 〈다게레오타입〉을 촬영하기로 결정했어요. 전선보다 더 멀리 나아가지 않는 거죠. 그 공간 내에서 제게 필요한 걸 모두 찾아내고, 그 이상은 절대 탐험에 나서지 않는 거예요. 이 아이디어가 저의 다큐멘터리 영화에 특별한 의미를 부여해줬죠.

가장 먼저 생각해본 건 필름에 담을 만한 그림이 나올 것인가 여부였어요. 생각할 필요도 없었죠. 모든 곳이 그림이 될 만했으니까요. 다음은 보다 중요한 단계인 구성원들에 대한 파악이었어요. 우린 보통 이들을 '침묵하는 다수'라 부르죠. 사실이에요. 이 용어가 이곳 사람들을 가장 잘 표현한다고 생각해요. 단호한 성격의 그들은 정치에는 관심을 두지 않죠. 그럴 시간도 없어요. 뭔가를 바꾸고 싶어 하는 것도 없어요. 왜냐하면 그저 존재하고, 생존해나가는 데만도 여러 많은 문제가 따르거든요. 여기에 집중할 수밖에 없죠.

몽파르나스 타워나 대형 마켓 같은 정치적 사안들에 대해 이야기할 때조차 그들은 자신들이 정치적인 모습을 띤다는 사실을 인지하지 못해요. 혁명, 아니 그저 사회적 진화조차도 자신들의 가게를 향한 개인적 위협으로 간주하죠. 그들이 '침묵하는 다수'라고 불리는 이유도 이 때문이에요. 그들은 정치적 기사 같은 건 읽지 않아요. 이런 일들은 자신들의 문제가 아니라고 생각하는 거죠.

이 영화를 통해서 이러한 사람들 또는 그들의 행동을 판단하고 재단하는 게 제게 주어진 역할은 아니라고 생각해요. 저뿐만 아니라 다른 누구의 역할도 아니죠. 그들이 적어도 부분적으로 우리 사회에 책임이 있다는 건 인정하지만, 우리와 크게 다른 존재들이 아니에요. 우리랑 다를 바 없죠.

그래서 정치적 영화를 만들 의도는 없었어요. 사람들에게 이런 질문들을 던지지 않았어요. "경제가 어떤 것 같아요? 세금은요? 미래가 보이세요? 바꾸고 싶은 게 있으세요? 투표는 어떻게 하실 생각이세요?" 동네의 일상생활에 전적으로 어울리게 접근하려 노력했어요. 그들의 삶의 방식과 몸짓을 포착하려 노력했죠. 소규모 자영업자들 사이엔 하나의 완전한 몸짓 언어가 존재해요. 제겐 아주 매혹적인 부분이었어요.

침묵과 힘 사이의 관계

우선 자영업 세계의 몇몇 클리셰부터 살펴보도록 하죠. 여기서 클리셰는 "어서 오세요. 오늘 날씨 좋죠?" 같은 언어만을 의미하는 건 아니에요. 보다 미묘한 행동이나 태도까지 포함하죠. 예를 들어, 기다림의 기술 또는 예술이 있어요. 다들 알다시피, 상인은 자신의 가게에서 기다려야 해요. 때로 그 기다림은 꽤 오래 지속될 수도 있어요. 상인은 고객의 변덕에 순종해야 하죠. 하지만 고객이 안으로 들어서자마자, 가게에 진입하는 순간, 기다리는 역할은 고객에게로 넘어가죠. 아주 간단한 일 때문에 들렀다 하더라도 잠시 기다려야만 해요. 하나의 의례라 할 수 있어요. 복수라고까지 과장해서 말하고 싶진 않고, '주고받기' 정도가 적절할 것 같아요. 이제 곧바로 상황을 파악하는 행위가 일어나죠. 가게 내에서는 (보통 말하는 '손님이 왕이다'와는 반대로) 상인이 왕이죠. 이러한 침묵 속의 신경전과 신중한 상황 파악은 단순한 다큐멘터리 형식을 통해 잘 드러나요.

제가 '단순한'이라고 말할 때, 저는 페미니즘의 또 다른 양상을 말하고 있는 거예요. 일상의 단순함을 단순하게 필름에 담는 게 제 접근법이었죠. 사실 가장 단순하게 하려면 제 자신의 일상을 담을 수도 있었겠죠. 요리를 한다거나 아이를 돌본다거나 뭔가를 쓰려 하는 모습을요. 하지만 저는 하나의 세계, 여성들에게 열려 있는 그 세계를 들여다보고 이야기를 전해주고 싶었어요.

그래서 첫 번째 사안은 상인들의 삶에 대한 전반적인 이해였어요. 그다음 사안은 상인들은 어떤 종류의 일을 하는가였죠. 일단 그들은 부부가 함께 일해요. 대개의 경우, 부인이 상품을 팔아요. 남편이 만들거나 준비해놓은 상품을요. '남편의 조력자로서의 여성'이라는 페미니스트적 주제를 제 영화에선 담아내지 못했어요. 아주 흥미로운 테마이기는 했지만요. 푸줏간 일을 돕기도 하고, 양복점 일을 돕기도 하면서 이 여성들은 남편과 아주 긴밀히 결속돼 있죠.

세 번째 사안은 페미니스트적 관점에서 다큐멘터리에 어떻게 접근할 것인가의 문제였어요. 강간의 형식이 아닌 영화를 어떻게 만들 것인가. 알아요. '강간'이란 용어가 좀 강하게 들릴 수도 있어요. 하지만 세상엔 자발적으로 공격적인 다큐멘터리들이 정말 많아요. 다음과 같은 접근법은 피하고 싶었어요. "좋아, 대상을 포착했어. 그것도 딱 원하는 장소에서 제대로 포획했어." 이들은 마치 '기록'을 사냥하듯이 하죠. 전 사냥을 좋아하지 않아요.

그런 영화들에서 줌 촬영은 마치 파킨슨병을 앓고 있는 것처럼 보이죠. 고뇌를 표출하는 듯 맞잡은 두 손, 마치 이라도 있는 듯이 머리를 심하게 긁어대는 누군가의 모습을 카메라에 담기 위해 노력하고요. 이러한 부류의 다큐멘터리들이 전혀 흥미롭지 않은 건 아니에요. 다만 저는 그러한 방식을 원치 않을 뿐이죠.

제 영화에서 당신을 왜곡하는 일은
절대 없을 거예요. 그저 제가 할 수 있는 한,
최대한 꾸밈없이 영화에 담아낼게요.

몸짓 이해하기

일단 한 가지는 짚고 넘어가도록 하죠. 누구나 자신의 영화에서 최대한 많은 것을 보여주고 싶어 해요. 저 역시 마찬가지고요. 물론 사람들이 인지하지 못한 상황에서는 절대 촬영하지 않는다, 이렇게 단언하지는 못해요. 그럼에도 사전에 그들과 합의를 본 테두리 안에서, 그 범위 내에서만 촬영하는 거죠.

그래서 상인들에게 이렇게 설명하고 동의를 구했어요. 제가 고객의 한 사람에서 어느 순간 영화감독으로 변신할 수도 있다고요. 그들의 몸짓, 일하는 방식, 기다림에 대처하는 법 등을 이해하고자 한다는 것도요. 영화에 대해서 설명해주었죠. 솔직히 고백을 하나 하자면, 그들의 부동성immobility에 대한 제 가설은 언급하지 않았어요. 그리고 저의 목표가 '침묵하는 다수'라는 개념을 이해하기 위함이란 것도 얘기하지 않았고요. 또는 못했고요.

어떻게 이렇게 말할 수 있었겠어요? "당신은 침묵하는 다수입니다. 당신을 도저히 이해하지 못하겠어요. 그래서 더욱 흥미롭죠." 이보다는 다른 측면의 사실을 얘기하는 게 보다 수월했죠. "우린 서로 알고 지내는 사이잖아요. 우리가 서로를 좀 더 잘 이해할 수 있기를 원해요. 제 영화에서 당신을 왜곡하는 일은 절대 없을 거예요. 그저 제가 할 수 있는 한, 최대한 꾸밈없이 영화에 담아낼게요."

이런 취지로 출발했기 때문에 영화적 기법이 가장 중요한 요소가 됐어요. 영화의 목표에 부합해야 했고, 영화의 정신에 충실해야 했죠.

이런 면에서 봤을 때, 누리스 아비브라는 탁월한 촬영감독과 함께 작업할 수 있었던 건 행운이었어요. 그는 혼자서 영화 전체를 다 촬영했어요. 어깨에 카메라를 올려놓고 아주 조용히 작업했죠. 오직 손으로만 카메라를 다뤘는데, 아주 차분하게 작업을 완수했어요. 기본적인 구상은 계속해서 카메라를 돌아가게 하는 거였어요. 유연하게, 신중하게, 조용히, 정적으로. 때로 누리스는 10분 동안 거의 움직이지 않고 대기하기도 했어요. 필름은 돌아가지 않고, 그저 기다리는 거죠.

줌에 대해서 얘기하자면, 이 영화에선 거의 사용하지 않았어요. 줌은 폭거예요! 확실히 줌은 실용적이긴 하죠. 몸짓이나 움직임 도중에 렌즈를 자동으로 바꿔주니까요. 그럼에도 최소한으로 사용해야 해요.

다시 말해, 누군가에게 다가가려 한다면 아주 부드럽게 움직여야 해요. 물리적으로 천천히, 도의적으로도 천천히 다가가야 해요. 어떤 인물을 향해 줌인을 한다면, 최대한 부드럽게 해야 해요. 그들의 실제 움직임을 유기적으로, 생물학적으로도 정확한 방식으로 따라가야 하죠. 카메라가 움직일 땐 영화의 리듬을 따라야만 해요. 이번 작업의 경우는 아주 느린 리듬이죠. 조울증에 걸린 것처럼 급격하게 이동하면 곤란해요.

누리스 아비브의 카메라 작업을 높이 평가해요. 아비브의 이미지들은 피사체를 향한 그의 깊은 존중을 명확히 보여주죠.

조금은 초현실적인 행운

영화의 첫 번째 버전을 내리 10일에 걸쳐 찍었어요. 한 카페에서의 특별공연으로 시작했죠. 이 장면을 모두 사용하지는 않고 효과적으로 적당히 활용했죠. 며칠에 걸쳐 벌어진 축제 같은 이 공연의 내용이 뭔지, 마술사는 언제 등장하는지 우린 정확히 알지 못했어요. 그래서 축제 기간 동안 딱 두 번만 방문하기로 했어요. 그리고 거리의 상인들에게 가능하면 참석해주십사 부탁했어요. 마술 공연이 있던 날, 우리는 상인들과 관련 있는 공연들만 부분적으로 촬영하기로 결정했어요. 동전이나 지폐, 쌀, 음료 같은 것들을 소도구로 사용하는 마술이었죠. 관객들을 필름에 담을 때, 상인들 중에서도 부부들에게 초점을 맞췄고요.

때로는 운이 거의 초현실적인 방식으로 개입했어요. 아주 흥미로웠죠. 예를 들면, 한 이발사가 최면술에 동의하고 앞으로 나섰는데, 정확히 손님들이 이발소에 가서 목을 뒤로 누이고 면도를 할 때 취하는 자세로 의자에 앉는 거예요. 이발사의 목소리가 들리는 듯하죠. "움직이지 마세요! 목을 베고 싶지 않으니까!"

축제가 끝나고 나서 우린 각각의 가게들을 한곳 한곳 촬영했어요. 사람들과 그들의 몸짓을 주시했고 때로 다음과 같은 질문들을 던졌죠. "이곳에 오래 사셨나요?" "고향은 어디세요?" 또는 "두 분은 언제 만나셨어요?" 그렇게 해서 우린 촬영을 마쳤고, 편집을 시작했어요. 모든 촬영 분량을 짜임새 있게 구성하기가 정말 어려웠어요. 1차 편집이 두 달 넘게 걸렸어요. 축제 부분과 가게 장면들 사이의 이상적 균형을 찾으려 노력했어요. 예를 들어, 느리고 진득하게 보여주는 가게 장면들은 영화 도입부로 와야 하는 게 분명해 보였죠. 축제의 공연을 빠른 리듬으로 먼저 선보이고 나면 관객들이 상대적으로 느리게 진행되는 가게 장면들을 참아내지 못할 것 같았어요. 그래서 잔잔한 자영업의 세계로 영화를 시작하기로 결정했죠. 이어서 카페에서 벌어지는 경축 행사를 선보이고, 교차 편집을 통해 관객들이 차분히 여러 생각을 해볼 수 있는 기회를 제공하고자 했죠.

꿈 없는 잠으로부터 죽음으로

그 후로 우린 며칠간의 촬영과 편집, 다시 촬영과 편집 과정을 여러 차례 반복했어요. 영화에 어떤 부분들이 추가적으로 필요한지 살펴보면서요. 예를 들어, 일을 하느라 분주한 두 손을 근접해서 찍는다거나 하는 거죠. 그러다 얼마 후에 저는 꿈에 대한 질문들을 던졌어요. 이건 상당히 중요한 의미를 지니고 있는 것으로 드러났어요. 영화의 기저를 이루는 연속성을 증명해주었거든요. 〈다게레오타입〉에서 잠으로, 꿈 없는 잠에서 죽음으로 이어지는 거죠. 모든 것이 영화의 중심 주제로 돌아왔어요. 바로 부동성이죠. 잠의 부동성과 생각의 부동성은 꿈들을 거부하죠. 무질서와 골칫거리를 대리한다고 여겨지는 이 꿈들은 움직임이 거부당하는 것과 같은 방식으로 거부당하죠. 이 간단한 질문을 통해 담론은 보다 정치적이 되었고요.

이 세계로 보다 가까이 다가갈수록 (사실 저의 세계는 아니죠.) 제가 맹렬히 거부하는 정치적 입장을 품고 있는 이 세계는 보다 까다로워지고, 보다 접근하기 어려워졌어요. 이 세계의 완고함이 저의 질문들에 대답하길 거부하기 시작했고요. 촬영 기간 내내 예의 바른 모습, 개방적인 모습, 소박하기 이를 데 없는 모습을 보여줬음에도 저는 그들의 대답이 제가 던진 질문을 향해 정확히 되돌아오지 않고 비껴간다는 걸 점점 분명히 깨닫게 되었어요.

제 이웃들과 저의 관계는 필연적으로 애매모호한 측면이 있어요. 전 그곳에 오래 살았어요. 그들 모두를 알고, 그들 역시 저를 다 알죠. 이 부분은 의심의 여지 없이 도움이 됐어요. 하지만 동시에 저는 주변인이고 '예술가'죠. 제 삶은 그들의 삶과 닮은 점이 거의 없어요. 제 사적인 삶―또는 그들의 눈에 보이는 제 삶의 모습―뿐만 아니라 저의 직업인으로서의 삶, 공적인 삶―또는 그들이 잡지나 TV, 낙태 관련 시위 참여 등을 통해 알고 있는 저의 삶―역시 그렇죠.

처음으로 우린 일적인 관계를 맺었어요. 그들은 제 영화의 대상이 되었을 뿐만 아니라, 편집이라는 작업이 몇 달이 걸릴 수도 있는 과정이라는 사실을 처음 알게 되기도 했죠. 또한 자신들은 새벽에 일어나는데 저는 여덟 시나 아홉 시에 일어난다는 사실, 자신들이 가게에 갇혀 있다는 사실…… 이런 것들이 갑자기 다른 의미로 다가오는 거예요. 제가 하는 일이 얼마나 인내력이 필요한 일인지 깨닫게 되면서요.

이제 제가 필름 보관통을 들고 다니는 걸 보면(물론 이전에도 보았을 수 있지만), 그들은 자신들의 모습이 담긴 필름이 통 안에 있겠구나 하는 생각뿐만 아니라, 얼마나 많은 시간과 노동이 투입되어야 영화가 만들어지는가 하는 생각도 할 수 있게 되었죠.

영화는 일종의 꿈이다

7월에 동네 사람들에게 영화를 보여줬어요. '여름 맞이 야외 영화 상영회' 같은 거였죠. 우선 영화를 관람하고(모두 자기 의자를 가져왔죠), 로제 와인을 마시면서 함께 영화에 대해 이야기를 나눴어요. 솔직히 겉도는 이야기들뿐이었죠. 더 이상 나아가지 못했어요. 영화가 시작하자마자 분명했던 건 사람들이 자기 모습을 스크린에서 보는 걸 즐거워한다는 점이었죠. 하지만 영화 속 저의 설명이나 생각들 그리고 그들의 몸짓이나 진술들을 가지고 제가 만든 몽타주는 이렇다 할 반향을 이끌어내지 못했어요. 그래서 영화에서 사운드는 이미지에 비해 사람들에게 영향력이 덜하다는 결론을 내리고픈 마음이었죠.

동네 사람들과의 토론은 그들이 영화의 주인공들임에도 불구하고, 그리 마음을 열고 나누는 대화가 아니었어요. 촬영 당시 목격했던 것과 같은 조용한 거부를 느낄 수 있었어요. 클리셰를 넘어서는 영역에 대해서는 거부를 하는 거죠. 무의식적으로 '우리는 자영업자의 클리셰들이고, 저 여자는 영화감독의 클리셰다' 이런 식으로 여기는 듯했어요. 그들 누구도 자신들의 삶에 대해 의문을 가져본 적이 없는 것 같았죠. 스스로에 대해서 뭐가 됐든 뭔가를 깨닫고 싶어 하는 사람도 없는 것 같았고요. 그들은 자신들 꿈의 현실을 거부하는 것과 같은 방식으로 영화를 거부했어요. 영화는 일종의 꿈이죠. 그래서 똑같은 저항이 일어난 거예요.

　　프랑스 영화는 중산층적이고, 오직 중산층의 이야기만을 다룬다는 얘기가 있죠. 많은 사람이 영화에서 다른 이들의 이야기도 할 필요가 있다는 걸 느껴요. 하지만 정말 어려운 일이고 〈다게레오타입〉이 그걸 증명하고 있어요. 이 영화는 아마도 동네 사람들의 삶을 탐구한 작품으로 간주될 수 있을 거예요. 그렇지만 자신의 삶에 의문을 갖고 스스로 질문을 던져보는 그런 영화라고 하기는 어렵죠. 물론 몇몇 감독은 다른 경험들을 하기도 했어요. 예를 들면, 〈타격을 위한 타격Coup pour coup〉을 만든 카미츠 감독이 그렇죠.

　　위기 상황에 처한 여성들을 필름에 담으면서 자신들의 고충을 이야기하게끔 했죠. 이러한 기회를 활용해 그들은 자신의 모습을 보다 객관적으로 바라볼 수 있었어요. 관객 역시 스스로를 돌아볼 수 있었고요.

영화로 증언하기

　　〈다게레오타입〉을 발표했을 때 저는 종종 꾸지람을 들었어요. 영화 속 사람들을 능동적으로 움직이게 하기엔 역부족이었다고 고백했듯이 영화 작업이 유용하지 않았다는 이유에서죠. 타당한 주장이에요. 거기에 대해 저는 제 영화가 일종의 목격자 역할을 수행했다고 대답할 수 있을 것 같아요. 그곳에 무엇이 있었는지 알려주는 기록물이자 특정한 역사적 시기에 있었던 한 현상을 이해하는 데 도움을 주는 영상물, 시네마테크나 도서관에 보관하는 하나의 자료로서 어느 한 시기, 어느 한 지역 사람들의 삶의 형태를 보여주는 영화, 그 정도의 의미가 있지 않을까 싶어요.

　　1954년 저는 〈라 푸앵트 쿠르트로의 여행〉을 만들면서 좀 색다른 실험을 시도했어요. 영화에서 한 커플은 어촌 마을이라는 구체적인 공간을 배경으로 서로에 대해 이해해보고자 노력해요. 한편, 어부들에겐 생계를 위협하는 일이 일어나요. 산업공해로 인해 어업이 불가능한 상황에 처하죠. 이 특정한 상황 속에서 제가 관심을 가진 부분은 공적 영역과 사적 영역 사이, 주관과 객관 사이 그리고 클리셰와 클리셰 안에 있는 것들 사이의 변증법이에요. 사실 늘 관심을 갖는 부분이죠.

　이 화두는 제 모든 영화에 해당돼요. 〈오페라 무프 거리〉도 예외가 아니죠. 이 영화는 임신을 하게 돼서 기쁘기 이를 데 없는 누군가가 삶이란 고통과 노화의 연속이라는 인식 또한 동시에 품게 되는 상황을 그리고 있어요. 무프타르 거리야말로 그런 인식을 품기에 적격인 동네고요. 모순은 피할 수 없는 명백한 것이기 때문에 제가 늘 흥미를 느끼는 것 같아요.

　다시 〈라 푸앵트〉로 돌아가 보면 우리는 두 상황 사이의 모순을 발견할 수 있어요. 하나는 자신들 내부에서 무슨 일이 일어나고 있는지 이해해보려 노력하는 한 커플. 다른 하나는 외부, 지리적으로 정치적으로 구체적인 환경 속에서 벌어지는 일들이죠. 영화는 어부들을 위해, 그리고 어부들과 함께 만들어졌어요. 그들로부터 들은 이야기들을 영화에 반영했고, 그들의 생각과 언어를 녹여내려 했죠. 영화에 넣기 위해 제가 특별히 신경 쓴 회합 장면에서 주민들은 마을에 정수 처리장이 필요하며 조합이 힘을 모으면 요구 사항을 관철시킬 수 있다는 의견을 모으죠. 실제로 몇 년이 지난 뒤, 여기서 말한 모든 것이 현실이 됐어요. 이러한 전개 과정이 오직 영화 덕분이라고 주장할 수는 없지만, 촉진시킨 것만은 분명하죠.

　몇 달 전, 그 '푸앵트 쿠르트' 지역 사람들로부터 연락이 왔어요. 영화를 상영하고 싶다고 하면서요. 그 상영회에 참석한 한 친구는 스물다섯 살이었는데, 영화에서 아기로 등장하죠. 영화를 보는 마을 사람들의 반응이라든가 분위기가 마치 오래된 가족 앨범을 함께 보는 그런 느낌이었어요.

아마도 제가 하는 작업은 목격자로서의
작가 영화라고 부를 수 있을 듯해요.
저는 '작가주의' 영화를 만든다고 생각해요.

마술적 힘, 정치적 힘이 아닌

그들은 사는 이야기, 나이 들어감 그리고 촬영 당시 시절에 관한 이야기들을 했죠. 하지만 누구도 정수 처리장이나 조합에 대한 이야기는 하지 않았어요. 그들이 본 이미지들은 마술적 힘을 지니고 있었어요. 정치적 힘은 아니었죠. 대화의 주요 테마는 시간의 경과와 이미지가 어떻게 과거를 다시 불러오는가에 관한 것들이었어요.

제 생각에는 〈다게레오타입〉에서도 같은 현상을 볼 수 있을 것 같아요. 아마도 제가 하는 작업은 목격자로서의 작가 영화라고 부를 수 있을 듯해요. 저는 '작가주의' 영화를 만든다고 생각해요. 하지만 '작가주의'란 말을 좋아하진 않아요. 너무 제한적 의미를 갖고 언급하는 경우에 있어서는요. 어떤 경우든 저는 늘 영화 속에 제 자신을 드러내죠. 자아도취로 인한 건 아니고, 영화에 진솔하게 접근하고 싶기 때문이에요.

1967년 미국으로 떠나기 전, 저는 그해 여름 있었던 그리스 대령들의 쿠데타 시도에 대한 제 느낌을 (저는, 절반은 그리스인이에요.) 기초로 해서 시나리오를 한 편 쓴 바 있어요. 그리고 프렌치TV 방송국에 보냈는데, 2년이나 걸려서 제안에 대한 답이 돌아왔죠. 제안을 수락한다는 편지를 받은 건 미국에서 다시 프랑스로 돌아오고 2주가 지난 뒤였어요. 우린 영화를 찍었어요. 여주인공은 미리암 보이어와 프랑스 두냐크였고요. 하지만 1970년에 프랑스는 미라지 전투기 여러 대를 그리스에 팔았고, 그래서 결국……

사람들은 여성 영화감독을 두려워한다

영화는 프렌치TV에서 방영되지 못했어요. 몇몇 영화제로부터 초청을 받긴 했지만, 한 차례도 보내지 않았어요. 누구도 영화를 어떻게 할 건지 제게 이야기해준 적이 없죠. 사람들이 물으면 TV 쪽 사람들은 이렇게 대답했어요. "아직 완성하지 못했습니다. 아직 발표 전입니다. 추후를 기약하죠." 제게 연출료는 지불했어요. 하지만 영화 판권은 제게 있지 않아요. (영화가 방송을 타지 않았다는 이유로 시나리오에 대한 보수도 지불하지 않은 상태에서요.) 이제 영화는 완전히 유효 기간이 지났죠. 자연스러운 거예요. 워낙 시사적인 사안이었으니까요.

정치적으로 견책당한 건 그때가 유일했어요. 지난 몇 년간은 저의 페미니스트적 견해 때문에 일적으로 좀 곤란을 겪었죠. 이전에는 아무 문제가 없었어요. 영화감독으로서 두려움의 대상이 아니었죠. 그런데 이제 페미니스트 영화감독은 사람들을 두렵게 만들어요.

저는 제가 여성이라는 사실이 악조건이라 생각하지 않아요. 여성이라는 정체성은 오랜 시간 제 생각의 틀을 형성해왔지만, 제가 원하는 정도만큼 명확하진 않았던 것 같아요. 그래서 영화에도 생각만큼 잘 녹여내진 못했던 것 같고요.

여성으로서의 정체성을 찾는 건 어려운 일이에요. 사회적 관계에서도 그렇고, 사적인 삶에서도 마찬가지죠. 이러한 정체성 찾기는 영화감독으로서도 의미가 있어요. 저는 한 여성으로서 영화를 만드니까요.

1962년의 〈5시부터 7시까지의 클레오〉부터 1975년의 〈여성의 대답: 우리의 몸, 우리의 섹스Réponse de femmes: Notre corps, notre sexe〉까지의 제 작품들을 보면, 그 사이 상당한 진화가 이루어진 게 분명해 보여요. 지난 14년 동안 많은 걸 배웠어요. 그리고 페미니즘을 통해서 (저 역시 늘 페미니스트이긴 했고 제 삶의 선택들, 제 생각들 그리고 제가 거부한 것들을 고려해본다면 충분히 그렇게 말할 수 있지만) 제 자신에 대해서 많은 걸 깨달았고, 페미니즘 자체에 대해서도 많은 걸 알게 됐어요. 이 운동에 참여한 여성들, 미국의 급진주의 페미니스트들, 이론가들, 68혁명 이후의 프랑스 여성들, 모든 사람 덕분이죠. 그럼에도 저는 〈클레오〉를 부정하진 않아요. 이 영화는 한 젊은 여성의 정체성 찾기를 그렸고, 이건 페미니스트가 되기 위한 첫걸음에 해당하니까요. 〈클레오〉는 지금 상황에서도 유효해요.

보여지는 객체에서 바라보는 주체로

클레오는 자신의 모든 감각을 다른 사람들의 시선을 통해 구축했죠. 클레오는 그들의 클리셰였어요(결과적으로 그들의 객체일 뿐이었죠). 클레오는 여성-클리셰예요. 적당한 키에 아름답고 금발이고 곡선미를 지니고 있죠. 그래서 영화 전체의 에너지는 이 여성이 클리셰가 되기를 거절하는 순간, 더 이상 시선의 대상이기를 원치 않고 대신 다른 이들을 바라보고자 하는 그 순간에 집중되죠. 클레오는 클리셰의 부수물인 가발, 화려한 드레스 따위들을 걷어내요. 그리고 이런 식으로 클레오를 규정지은 사람들이라 할 수 있는 연인, 피아노 연주자, 조력자 등을 가차없이 떠나요. 평범한 옷으로 갈아입고 거리로 나선 그는 이제 바라보기 시작하죠. 다른 사람들을 바라보기 시작하는 거예요. 보여지는 대상에서 바라보는 대상으로 변모하는 거죠. 그리고 우연히(이전 같았으면 관심을 두지도 않고, 그저 성가신 존재로 여겼을) 한 군인을 만나게 되고, 곧바로 대화를 시작하죠.

이건 대단한 일이에요. 이런 식의 남녀 관계는 처음 발견한 거예요. 클레오에게 이전까지의 남녀 관계는 에로티시즘, 주도권 쟁취를 위한 힘겨루기, 사회적 게임 등에 기반할 뿐이었으니까요.

저는 페미니스트 혁명의 궁극적 목표들 가운데 하나가 이러한 모습이라고 생각해요. 제가 〈클레오〉와 〈여성의 대답〉 사이에 큰 차이가 없다고 말하는 것도 이런 이유에서고요. 물론 그사이 거대한 진화가 있긴 했지만요.

〈여성의 대답〉은 한 방송국의 여성 관련 프로그램을 위해 준비했던 짧은 스크립트가 시작이었어요. '여성으로 산다는 건 어떤 의미인가?'라는 물음이 사회학자, 변호사, 역사학자 등에게 던져졌고, 세 명의 여성 영화감독도 그 안에 포함됐죠. 저 외에 두 사람은 콜린 세로, 니나 콩파니즈였어요. 각각 7분 동안 그 물음에 답해주길 요구했죠. 저는 "우린 언제나 여성의 조건, 여성의 역할에 대해 이야기한다. 하지만 이번에 나는 여성의 몸, 우리 몸에 대해 이야기하고 싶다"라는 의견을 전달했죠.

그래서 몸에 대해 이야기할 수 있고, 저의 방식대로 몸을 보여줄 수 있는지 방송국에 타진했어요. 몸을 보여준다는 건 전시로서가 아니라 지지의 의미였고요. 여성의 성 기관을 근접 촬영해 보여줄 수 있는지 여부를 놓고 프로그램 감독과 여러 차례 의견을 교환했어요. 감독은 가능하다고 했지만, 결국 방송 전에 잘려 나갔죠. 하지만 저는 허락을 받아 다시 편집본을 만들 수 있었고, 상업적으로 배급할 수 있었어요. 벨몽도

나 들롱의 영화, 또는 여성들이 늘 성적 대상으로만 등장하는 남자들을 위한 영화에 앞서 〈여성의 대답〉이 상영되는 게 아주 흐뭇했죠.

우린 반드시 욕망을 되찾아야 한다!

제게 여성이 된다는 건 무엇보다도 여성의 몸을 갖는다는 걸 의미해요. 그 몸은 흥분을 일으키는 부분들로 나누어지지 않는, 소위 말하는 (남자들에 의해 분류된) 성적 자극을 유발하는 부분들로 제한되지 않는 그런 몸을 의미하죠.

자신의 몸이 어루만져지길 원하는 여성을 상상해보세요. 스스로 연인에게 그렇게 요구하는 여성을 상상해보세요. 연인이 그에게 난 너의 물리치료사가 아니야, 라고 말하고 싶을 정도로 말이죠. 우리 여성의 관능, 우리의 욕망을 되찾아야 해요!

여러 많은 특권이 있지만, 임신을 선택할 수 있는 것도 하나의 특권이에요. 저는 이 특권을 보호하고 싶고, 그 진정한 가치를 가정에서든 국가적 차원에서든 의심의 여지가 없는 것으로 만들고 싶어요. 임신을 한다는 건 놀라운 일이고 동시에 두려운 일이기도 해요. 자연 분만 기술이 많이 발전하긴 했지만, 여전히 한계가 있고 위험이 도사리고 있어요. 의사들은 말하죠. 숨을 내쉬어요! 밀어내요! 힘 있게! 어렵지 않을 거예요! 이제 평온을 찾으세요. 안정제를 좀 드세요. 수면을 취하세요. 불면증 약도 좀 드시고요…… 특히 출산 예정일 바로 전 달에 처방해주는 약은 정말 심하죠! 저는 쓰레기통에 던져버렸어요. 제 삶을 살고 싶었고, 설령 잠을 잘 못 잔다 해도 견뎌내고 싶었어요. 그런데 상상해보세요. 보름 넘게 제대로 잠을 못 자는 상태에서 배 속의 아기가 발길질을 하는 그런 상황을요. 정말 엄청난 일이죠. 최대한 좋게 말해서요.

〈5시부터 7시까지의 클레오〉의 한 장면(1962)

아무튼 저는 이렇게 사회적으로 잘못 인식되고 있는 임신을 다룬 영화를 한 편 만든 바 있어요. 〈오페라 무프 거리〉는 한 임신부가 과연 임신이라는 게 어떤 건지 과감하게 보여주는 비망록이라 할 수 있어요.

1958년에 이미 저는 모순들에 초점을 맞췄어요. 모순은 제가 가장 좋아하는 주제죠. 〈오페라 무프 거리〉에서 제가 발견한 건, 임신한 여성이 느끼는 희망과 무프타르 거리에서 그의 주변에 보이는 희망 없는 모습들 사이에서 발생하는 모순들이었죠.

클리셰와 이미지 사이의 모순

정신 영역의 클리셰들과 실제 생활의 이미지들 사이의 변증법, 모호성 그리고 모순이 제 모든 영화의 주제인 것 같아요. 〈클레오〉는 주관적 시간 대 객관적 시간을 다루죠. 〈행복〉은 행복에 관한 매끈한 클리셰 대 행복의 잔혹한 현실을 다루는 영화고요. 많은 여성, 심지어 일부 페미니스트들까지 이 영화를 불편해한 이유는 행복의 부드러운 색조와 어여쁜 공식들(미디어와 광고 회사 덕분에 우리가 즐기게 된 아름다운 이미지들) 뒤에서 여성/아내가 또 다른 여성/아내로 쉽사리 대체될 수 있다는 아주 잔혹한 발상을 발견하기 때문이에요. 새로운 여성/아내가 이전의 여성/아내가 하던 기능들을 수행하면 대체가 완료되는 거죠. 예를 들어, 요리를 하고 아이들을 돌보고 화초에 물을 주고 남편에게 키스하고 잠자리에 응하는 일들. 그렇기 때문에 이 영화를 만들면서 누릴 수 있는 즐거움이었던 피크닉, 아이들, 나무들 같은 대상들을 때로 탐닉적으로 보여주면서도 저는 주제를 시야에서 놓치지 않았어요.

〈행복〉은 두 명의 금발 여인을 사랑하는 한 이기적인 남자의 심리를 그린 영화는 아니에요. 그보다는 어떤 한 유형의 행복의 이미지들과 클리셰들을 극도로 세밀하게, 거의 광적인 수준으로 묘사한 하나의 폭로라 할 수 있어요. 영화는 몸짓 그리고 그 몸짓의 기능에 초점을 맞춰요. 아주 집요하게 초점을 맞춰서 그 의미가 폭발하도록 유도하죠.

〈행복〉은 많은 여성의 심기를 불편하게 만들었던 영화고, 전 그들의 마음을 충분히 이해해요. 또한 영화에서의 성적·직업적 차별을 지적하는 그들의 의견 역시 이해할 수 있는 부분이고요.

하지만 저 같은 경우, 제가 여성이기 때문에 어떤 특별한 애로사항이 더 있거나 하지는 않았어요. 예를 들어, 다른 감독들인 로지에, 리베트, 레네 또는 로메르보다 애로사항이 더 있거나 또는 덜하지 않았어요. (그냥 R로 시작하는 이름을 가진 감독들을 대봤어요.) 남성들이 느끼는 양심의 가책을 누그러뜨리는 알리바이 역할을 했다고 저를 질책하는 사람들이 있는데 저는 받아들일 수 없어요. 어느 정도 사실이긴 하지만요. 저는 '아담한 바르다', '아담한 아네스' 또는 '누벨바그'라 불리는 세대의 홍일점이었기 때문에 누구의 앞길도 막지 않았어요. 오히려 동료들로부터 도움을 받고, 지원을 받고, 인정도 받았죠.

저도 제 스타일만 고집할 게 아니라
새로운 영화언어를 개발해야 할 필요성을 느끼죠.

관계 재정립하기

하지만 상황은 많이 바뀌었어요. 많은 여성이 영화를 만들기 시작했고, 저 역시 보다 급진적인 페미니스트 문제를 다뤘고요. 우린 더 이상 제가 첫 영화를 만들었던 1954년에 살지 않아요. 저도 제 스타일만 고집할 게 아니라 새로운 영화언어를 개발해야 할 필요성을 느끼죠. 저는 비록(저의 거절들 그리고 모든 제약에 맞서 내린 정력적인 선택들에 비추어 볼 때) '자연스레' 페미니스트가 되는 행운을 누렸음에도, 1960년대 운동들 이전에 영화감독이 되는 행운을 누렸음에도, 여전히 제 가치관과 작업이 '그 운동'에 속해 있다고 생각해요. 모든 건 1967년 제가 할리우드에 있을 때 시작됐어요. 제게 캘리포니아에서 쓰는 속어를 가르쳐주곤 하던 데니스라는 친구가 자신이 가르치던 사회학 강좌 얘기를 해줬어요. '여성 그리고 여성의 이미지'라는 제목의 강좌였죠. 저는 그때부터 이론서들을 읽기 시작했어요. 슐라미스 파이어스톤, 케이트 밀러, 저메인 그리어 등이 쓴 책들이었죠.

당시에 회자되던 보다 강력한 견해들도 기억나요. 미국에선 이런 말이 있었죠. "여자는 교제하는 남자와의 관계를 위기에 빠트리기 전까지는 페미니스트가 될 수 없다." 남자 그리고 커플로서의 삶에 의문을 제기해야 한다는 거죠. 아무리 둘 사이의 관계가 흥미롭고, 재미있고, 환상적이고, 윤택하다 하더라도요. 남자와의 관계를 위기에 빠트리지 않은 채 여성운동이 일어날 순 없어요.

1966년부터 1972년까지 요약하기

1969년 여름에 프랑스로 돌아왔을 때, 좌파 쪽 여성들이 종속적 관계에서 벗어나려 대항을 하기 시작했고, '여성운동'이 태동하고 성장해 나갔어요. 저 역시 제 나름의 방식으로 투쟁했고요. 한 사람이라도 더 필요한 상황일 땐 저도 시위에 참여했죠. 그들이 목소리를 필요로 했을 때 보비니에서 목청을 높이기도 했고요. 비록 이런저런 모임들에 참석하기도 했지만, 저는 운동에 전적으로 참여하지는 않았어요. 일터에서, 그리고 가정에서 각각 두 개의 삶을 살아가야 했기 때문에 해야 할 일이 너무 많았죠.

1966년부터 시나리오를 꽤 많이 썼어요. 그중엔 제작에 들어가지 못한 것들도 있고요. 〈크리스마스 캐럴Christmas Carole〉〈거울 앞의 헬렌 Hélène in the mirror〉〈비베카Viveca〉〈현명한 여자The wise woman〉가 시나리오에 그쳤죠. 수월하게 작업이 진행된 게 하나도 없었어요. 저는 우리 시대의 클리셰들에 맞서 발언하고 글을 썼어요. 또한『내 몸은 나의 것 My body is mine』이란 책을 쓰기 위해 동료 여성들과 함께 작업하고, 자료 조사도 하고, 관련 서적도 많이 읽었어요. 하지만 이 프로젝트는 자금을 지원받는 데 실패했죠. 그 외에 어떤 계약도 맺을 수 없었어요. 그게 1972년 무렵이에요. 그럼에도 1969년에 미국에서 장편 〈라이온의 사랑〉과 두 개의 단편 〈얀코 삼촌〉〈블랙 팬서〉를 만들 수 있었어요. 〈평화와 사랑Peace and Love〉이라는 제목의 시나리오도 한 편 썼고요.

프랑스로 돌아와서는 1970년에 프렌치TV에 방영할 계획으로 〈나우시카Nausicaa〉를 만들었는데, 결국 방송되지 못했어요. 정치적 이유로요. 결과적으로 1966년부터 1975년 사이는 성취한 게 변변치 않죠.

솔직히 말해서 낙담을 좀 했어요. 제 여성적 조건의 모순들도 느낄 수 있었고요. 그리고 제가 오랫동안 기다렸던 마티외 드미가 1972년에 태어났어요. 물론 기뻤지만, 일을 하고 일적으로 여행을 하는 데 제동이 걸린 것에 화가 나는 건 어쩔 수 없었어요. 아이를 가지는 것과는 별개로, 영화를 할 수 없다는 게 슬펐죠.

노래하는 여자, 노래하지 않는 여자

여성 영화감독에게 주어진 여성의 조건은 구체적이고 당면한 문제예요. 그 결과로 나온 게 〈다게레오타입〉이었고요. 탯줄에 연결된 채로

'전업주부' 영화를 만들었는데······ 이건 앞서 얘기한 바 있죠.

그리고 나서 〈노래하는 여자, 노래하지 않는 여자〉 작업에 들어갔어요. 결국 자금을 지원받게 된 시나리오였고, 1976년 봄 제작에 들어가 촬영을 했어요. 두 15세 소녀의 삶과 생각들을 담은 영화죠. 두 사람은 주요한 문제와 대면해야 해요. 아이를 갖느냐 마느냐 하는 문제죠. 그들은 각각 사랑에 빠지고 일, 신념 그리고 사랑과 관련한 여러 모순들과 맞닥뜨려요. 두 사람은 각기 다른 매력을 가진 인물들이죠. 영화의 제목이 '노래하는 여자, 노래하지 않는 여자'이니까, 맞아요, 물론 영화에서 노래를 들을 수 있어요. 페미니스트 뮤지컬이죠.

이야기에 등장하는 세 명의 남자 주인공도 다들 매력적이에요. 그럼에도 한 제작자는 이렇게 남자들을 바보 취급하는 영화에는 자기라면 땡전 한 푼 투자하지 않을 거라고 했죠. 무슨 의미냐고 제가 묻자, 그는 영화 속 남자들 모습은 괜찮았는데 출연 시간이 너무 짧았다는 거예요. 그건 사실이에요. 한 여성의 삶에서 한 명의 남자는 고작 5.1퍼센트 정도를 차지할 뿐이에요. 그가 호감형이어도 그렇고, 아무리 특별한 사람이라도 마찬가지죠. 여성에겐 직장이 있고, 아이들도 있고, 다른 친구들도 있어요. 사회생활도 해야 하고요. 다른 모든 남성의 영화를 보세요. 역전된 관계를 아무 거리낌 없이 적용시키죠. 서구 영화 중에서 여성이 러닝타임의 5퍼센트 이상을 차지하는 영화가 몇 편이나 될까요? 범죄 영화에서 여성이 등장하는 장면이 얼마나 되나요? 심리 드라마도 마찬가지고요. 남자들은 아직 그럴 준비가 안 된 것처럼 보여요. 네, 〈노래하는 여자〉는 여성이 영화의 주요한 테마예요. 아주 흥미로운 이야기를 만나볼 수 있어요. 남성이 아니라 여성들의 이야기죠.

삶을 통해 구축되는 영화

나르보니　이 영화의 홍보 책자를 봤습니다. 아주 잘 만든 것 같더군요. 촬영에 대한 이야기도 흥미로웠습니다. 우리는 촬영 전의 이야기를 좀 묻고자 합니다. 시나리오 작업을 포함해서요.

바르다　클레어 클루조와 함께 책자를 만들었어요. 촬영 과정에 대한 이야기와 함께 작업한 팀원들에 대한 정보를 담았죠. 이 영화의 경우, 주제 그리고 관객과 저의 관계가 영화에 대한 해설보다 더 본질적이기 때문이에요. 저한텐 지식인이라는 꼬리표가 붙어 있는데, 그건 십자가를 지고 있는 것과 마찬가지예요. 사실도 아니고요. 이 작은 책자는 이론적이지 않아요. 그 점에서 영화를 닮았죠. 같은 톤을 지니고 있어요.

나르보니　우린 〈다게레오타입〉도 봤고, 〈노래하는 여자, 노래하지 않는

이 인터뷰는 1977년 5월 발행된 〈카이에 뒤 시네마〉에 수록되었다. 인터뷰어는 영화 역사가이자 평론가인 장 나르보니Jean Narboni, 영화평론가 세르주 투비아나Serge Toubiana, 영화감독 도미니크 빌랭Dominique Villain이다.

여자〉도 봤습니다. 감독님의 쓰고 말하는 방식이 참 좋았습니다.

바르다 두 영화 모두 제 내레이션이 들어가죠. 〈다게레오타입〉은 저희 동네 이야기였어요. 그렇다고 '친한 친구들이나 정다운 이웃들'을 소개하는 그런 영화라고는 할 수 없어요. 사실, 제 이웃들은 저에 대해 알레르기가 좀 있었어요. 하지만 시간이 흐르면서 관계가 괜찮아졌고, 저는 어느새 늘 주변에 있는 존재가 되었죠. 그렇게 받아들여진 이유는 그저 제가 다른 곳으로 이사를 가지 않았기 때문이에요. 저는 거리를 유지하면서 정치적 측면과 정서적 측면에서의 그 거리를 이해해보고 싶었어요. 그리고 같은 거리에 사는 사람들 사이에 존재하는 어렴풋한 애정을 제 눈으로 확인하고 싶었죠. 그래서 다른 누구에게 내레이션을 맡길 수 없었어요. 외부 사람이, 교감 없는 사람이 내레이션을 했다면 진솔하게 느껴지지 않았을 거예요. 동네와 연결된 사람도 저고, 단골 가게들 가까이에 사는 사람도 저니까요. 그들이 일종의 부동적 존재, 중립적 존재로 여겨지더라도 말이죠. 〈노래하는 여자〉와 같은 상황이에요. 여성들의 이야기, 여성 관련 법률들, 여성들의 이미지, 이러한 것들에 관여하게 되었죠. 부분적으로라도 참여하고 싶었어요.
사랑 이야기 같은 거였다면 내레이션을 하고 싶지 않았을 거예요. 물론 저도 저만의 감성이 있는 사람이긴 하지만요.
영화감독으로서 두 소녀의 가상적 대화에 제 목소리를 더하고 싶었어요. 그들의 우정에 대해 이야기하고 싶었죠. 영화는 모든 여성과 관련된 이야기고, 함께 잘 소통하며 지낼 수 있는 능력이 있음을 전달하고자 해요. 그래서 삼중창이 적절한 해법이었던 것 같아요. 음악적으로도 그렇고요. 화면 위로 흐르는 내레이션은 이야기에 낭만적 측면을 더하는 역할을 해요. 그럼에도 이 영화는 사랑을 중심에 놓기보다는 여성으로서의 정체성 탐구에 초점을 맞추죠. 두 사람은 임신의 경험을 공유하고, 각자의 삶을 꾸려가면서 여성으로서의 연대에도 관심을 갖죠. 내레이션으로 영화를 장악하고자 하는 마음은 없었어요. 그저 영화에 참여하고 싶었죠. 그들과 함께하고 싶었어요.

나르보니   두 명의 캐릭터는 아주 강한 개성을 지닌 것처럼 보이는데요. 그럼에도 딱히 자연주의 영화인 것 같지는 않습니다.

바르다   그렇죠. 아주 강한 개성을 지닌 다층적인 캐릭터를 의도했어요. '진짜 여자들'이라고 말할 수 있을 것 같아요. 나아가 단지 사실적일 뿐만 아니라, 개연성 있는 알레고리를 만들고 싶었어요. 영화를 조금은 이론적으로 디자인했는데 과하게 드러나지 않는 것도 이 때문이죠. 수잔의 궤적(디자인)은 15년에 걸쳐 희생의 굴레로부터 벗어나고자 하는 희생자의 그것이에요. 폴린의 구성 요소(색깔)는 기질이라 할 수 있어요. 반항적인 성향을 지녔고, 새장 속에 잠자코 갇혀 있지 않죠. 온갖 소리, 분노로 가득해요. 거기서 멜로디와 형식이 도출되고요. 수잔과 폴린 두 여성은 사랑, 일, 임신, 우정, 연애 등 여성의 삶에 있어서의 고전적인 순간들을 각자의 방식으로 겪어내며 여성성을 획득해요. 이와 동시에 1962년에서 1972년까지의 프랑스 여성들의 역사는 진화해나가고요. 영화의 주제는 이중 초점을 요구해요. 다큐멘터리와 픽션을 오가야 하죠.

여성운동의 물결 속에서 각자의 삶을 꾸려온 여성들을 묘사하기 위해 저는 오랫동안 준비해왔어요. 메모도 많이 하고, 점진적인 변화들을 관찰하고, 제 경험뿐만 아니라 친구들의 경험들도 참고하고, 사람들의 말에 귀 기울이고, '여성의 조건'을 탐구할 수 있을 만한 곳에서 제가 보고 듣는 모든 것을 놓치지 않았죠.

수잔과 폴린 캐릭터에 대해선 속속들이 다 알고 있어요. 공권력을 몸소 경험한 사람들, 자신의 아내나 아이들을 책임지지 못하는 예술가들, 프랑스에 거주하는 외국인들, 모두 제 주변 인물들이죠. 〈노래하는 여자〉는 저와 제 주변 사람들의 이야기예요. 그러면서도 저는 너무 자연주의적인 접근에서 벗어나야 할 필요성 또한 느꼈어요. 그래서 내레이션을 활용했고, 영화를 전반적으로 꿈결 같은 느낌이 들게끔 했죠. 노래들을 통해 페미니스트 사상을 명확히 전달하면서도 역시 꿈을 꾸는 듯한 분위기를 유지하려 했어요. 느낌들을 이미지로 표현하고(예를 들어, 여성-비눗방울 이미지), 『리틀 조로』 같은 동화책의 이미지도 영화 속에 삽입했죠. 그러한 이미지들과 실제 툴롱 쉼터 여성들의 이미지를 한데 어우러지게 하는 거예요. 〈노래하는 여자〉는 꿈결 같은 다큐멘터리이자, 다큐 같은 꿈이에요.

영화 전면에 등장하는 두 여성의 우정을 이론적으로 설명하려 하지 않았어요. 그 우정은 살아 숨 쉬는 우정이죠. 이 영화에서 저는 두 사람의 이야기를 소설 형식으로 전달해보려 했어요. 보통 이런 식으로 전개되는 소설들이 있잖아요. '두 사람이 우연히 만난다. 얼마 뒤 무도회에서 또다시 우연히 마주친다. 그러나 여자는 남자가 여행을 떠나 있는 동안 결혼한다. 얼마간 시간이 흐른 뒤, 남자는 여자에게 연락을 취하고 여행에서 돌아오는데……' 한 가지 다른 건 이 영화는 우정에 관한 이야기라는 거예요. 두 사람은 1962년 곤란을 함께 마주하면서 짧게나마 친구 사이가 돼요. 문제는 잘 해결되고 두 사람은 서로를 이해하는 것처럼 보여요. 이어서 드라마가 전개되죠. 두 사람은 헤어져요. 헤어짐은 언제나 효과적이에요. 두 사람이 짧은 만남, 하지만 감정적으로 강렬한 만남을 갖고 난 뒤 헤어지면 그 감정은 계속 남아 있어요. 그리고 그들은 다시 만나고픈 바람을 계속 지닌 채 살아가죠. 이제 두 사람이 보비니에서 우연히 마주치는데 (역시나 감정이 고양되는 시위 현장에서죠) 오직 10분밖에 함께 시간을 보내지 못해요. 아주 실망스럽죠. 좀 더 시간을 갖고 이야기를 나누고 싶어요. 스탕달의 소설 속 상황 같죠. 그들의 우정은 구체적인 감정과 느낌 들로 결정체를 이루며 명확해지기 시작해요. 오가는 엽서들…… 그저 몇 마디를 쓸 수밖에 없어요. 두 사람은 못다한 이야기들을 상상의 대화 속에서 풀어요. 우여곡절 끝에 두 사람은 재회의 기쁨을 맛보게 되죠.

나르보니   이 영화는 사랑에 관한 이야기가 아니라고 하셨는데요. 왜죠?

바르다   우정은 하나의 강력한 연결 고리예요. 질투도 유발하고 그리
         움도 만들어내지만, 함께할 때 생성되는 그 아름답고 즐거운
         순간들은 대단하죠. 사랑의 경우는 좀 더 나아가요. 서로를
         만지고 싶은 욕망을 품게 되는 지점에 도달해요. 이 영화에서
         이런 육체적 연결 고리는 생각하기 힘들죠. 한 번도 상상해본
         적이 없어요.
         저는 여성들 간의 우정을 재평가하고 싶었어요. 폭력성, 부
         드러움, 일관성, 연대의 성질을 포함하는 하나의 느낌으로서
         의 우정을요. 우정은 또한 예측할 수 없는 변화의 가능성을
         지니고 있고, 후유증도 만만찮죠. 그럼에도 우정은 필수적이
         고, 살아 움직여요. 함께하는 즐거움이죠. 예를 들어, 보비니
         시위 현장에서 우연히 마주쳤을 때, 함께 구호를 외치고 군중
         의 일부가 되잖아요. 단지 이 사람을 만나서 기쁜 걸 넘어, 함
         께 이곳에 있다는 사실이 더욱 기쁘게 느껴져요. 같은 신념을
         위해 싸운다는 걸 의미하니까요. 깊이 감동하고, 흥분도 하고
         요. 함께 말이죠.
         영화 말미에서도 같은 상황을 볼 수 있어요. 한 사람은 결혼
         한 상태이고, 다른 한 사람은 더 이상 아니죠. 하지만 두 사람
         은 스스로에게 진솔한 삶을 살아가고 있다는 같은 감정을 느
         껴요. 영화를 보면 이런 이미지가 나오죠. 호수는 깊은 생각
         에 잠겨 있어요. 흐르는 물이 멈추면 그곳엔 일종의 마법 같
         은 빛이 생겨나 백일몽을 불러일으키죠. 그곳, 그날, 그 순간,

두 사람은 일말의 의구심도 없이 완전한·형태의 우정을 느껴요. 왜냐하면 그들은 확장된 개방적 가족 내에서 함께 살아가고 있기 때문이죠. 우정도 바로 이곳에 자리 잡고 있고요. 제도적 가족 형태 내에서는 여성들의 우정이 자리할 공간이 없어요. 설령 우정이 존재한다 하더라도요. 여성들은 사회적 친분이라는 게임 속에서 타인을 만나는 경향이 있고, 때로 친구 사이로 발전하죠. 하지만 '깊은' 우정은 주변부적 삶 속에서만 가능해요.

나르보니 시작 단계에서부터 여성들의 우정을 그린 영화를 구상하셨던 건가요?

바르다 아뇨. 꼭 그렇지만은 않았어요. 초기 단계에선 두세 명의 여성 캐릭터가 있었고, 우연히 만난 사이인데…… 그들의 우정이 그다지 명확하지도 않고 필수적이지도 않았죠. 이야기가 스스로 그렇게 전개되어 갔어요. 베라 히틸로바의 영화 〈무언가 다른 것O necem jiném〉이 떠올랐죠. 꼭 그렇게 분리된 삶이어야 할까? 그렇게 거리감이 느껴져야 할까? 여러 질문을 저 자신에게 던졌죠. 두 인물은 서로 다르지만 그들의 공통분모를 그려보고 싶었어요.

바위들 사이에 작은 샘이 있고,
그 샘은 마르지 않죠. 이 철없지만 집요한
낙관주의는 제 행복의 원천이기도 해요.

나르보니   1962년을 배경으로 한 장면이 많습니다.

바르다   시나리오 초고는 영화 전체의 배경이 1962년이었어요. 제목
은 '여성과 아이들 먼저'였죠. 거의 한 번에 쓰다시피 했어요.
완성된 영화와는 많이 달랐죠. 참 우울한 시나리오였어요. 일
종의 덫에 걸린 느낌이었죠. 초고를 쓸 때 이런 생각이었어
요. '리포트를 쓰자. 여성들의 문제가 무엇인지. 남자, 아이들,
사회 그리고 여성. 무엇이 문제고 어디서부터 잘못된 건지.'
저는 다시금 마음을 가다듬었어요. 이 특정한 덫에 걸려들지
않기로 했어요. 그럴 이유가 없었어요. 이미 이런 영화는 여
러 편 만들었죠. 마음속에 자리한 핵심 주제만을 표현할 필요
는 없다고 생각했어요. 그것만 반복할 필요는 없죠. 많은 여
성 감독이 자신의 첫 영화로 이처럼 우울한 불만을 표출할 필
요성은 있어요. 때로 아주 멋진 영화가 탄생하니까요. 우리
마음속에 담겨 있는 우울한 불만들. 첫 영화로는 아무 문제없
어요. 저 역시 누구보다도 제 마음속에 자리하고 있는 것들에
관심이 많아요. 바위들 사이에 작은 샘이 있고, 그 샘은 마르
지 않죠. 이 철없지만 집요한 낙관주의는 제 행복의 원천이기
도 해요. 또는 인내심의 원천. 그래서 또 다른 버전의 시나리
오 작업에 착수했어요. 제가 아는 여러 여성들, 운동에 참여
하고 있는 여성들, 더 나은 삶을 위해 힘쓰는 여성들을 떠올
리며 글을 쓰기 시작했어요. 제 자신에 대해서도 좀 더 생각
해보았고요. 여러 버전의 시나리오를 만들면서 많은 노력을
기울였어요. 노래 가사들, 조연급 캐릭터들도 신경 썼고, 이

해하기 어렵고 모순적인 충동들, 결혼 문제, 아이들 문제까지
도 담고자 했어요.

아무튼 이 모든 것을 재료 삼아 영화를 만들고자 했죠. 유머
와 함께요. 블랙 유머는 아니고요. 특히 우리 시대인 1962년
부터 1972년 그리고 1976년까지의 기간을 이야기할 땐 더욱
관심을 기울였어요.

나르보니   1962년과 1972년 사이라고 말씀하시면 우린 곧바로 1968년
의 사건들을 생각합니다. 그런데 영화를 보면 1968년에 대한
얘기는 전혀 없죠.

바르다   거기엔 몇 가지 이유가 있어요. 우선 1968년에 저는 여기에
있지 않았어요. 어떤 일이 있었는지 다 읽어봤고 얘기들도 다
들었고 그 결과들도 지켜보고 했지만, 집단적이면서 개인적
인 여성으로서의 삶을 다루고 있는 이 영화에서 1968년을 어
떻게 접합시켜야 할지 해법을 찾지 못했어요. 그리고 1968년
을 살아낸다는 것이 어떤 건지 감히 상상할 수 없었고요. 다
른 한편으론, 1968년은 두 캐릭터에게 많은 걸 의미했어요.
수잔은 말하죠. "저는 부인과 의사 밑에서 일을 했어요. 그는
교활한 사람이었죠. 1968년 이후 저는 용기를 내 그에게 제
생각을 전했어요. 그리고 병원을 나와 가족계획센터를 설립
했죠." 폴린은 1968년에 밴드 '난초'를 만난 얘기를 해줬어요.
그때부터 그들과 버스킹을 시작했죠. 솔로 가수로서 작지만
유명세가 있었던 폴린은 밴드의 일원으로 노래를 부르게 되

었죠. 이건 커다란 변화였어요. 그는 자신뿐만 아니라 밴드를 위해서도 노래를 만들었죠. 1968년을 지나친 또 다른 이유는 영화의 주제와 관련이 있어요. 이 영화에서 투쟁을 만날 수 있다면 그건 피임을 위한, 여성의 성과 여성의 몸을 위한 투쟁이에요. 이러한 투쟁의 역사에서 보면 보비니는 1968년보다 더 중요하죠.

물론 보비니는 1968년의 결과물임에 틀림없어요. 시위의 양식, 구호들, 분위기 모든 것이 1968년 이후로 진화해왔죠. 하지만 상기한 투쟁의 연원은 훨씬 더 거슬러 올라가요. 만일 영화의 기반을 1968년에 두고, 또는 연결시켜서 영화를 만들었다면 원래의 테마를 왜곡시키는 느낌이 들었을 것 같아요. 영화를 보다 근사하게 보이려고 1968년과 연결시키려는 건가 하는 스스로에 대한 의구심도 들었을 것 같고요. 이 작품은 1962년부터 1976년까지의 프랑스 페미니즘 역사를 서로 다른 개성, 취향 그리고 사회적 배경을 가진 두 여성에 초점을 맞춰 여성 영화감독의 시선으로 바라본 영화예요. 제한적인 주제죠. 저 스스로도 한정된 주제에 엄격히 머무르고자 했어요. 쉽지 않았죠.

나르보니   이 영화에서 가장 돋보인 점은 다양한 시기들의 차별화라고 생각합니다. 1962년은 알제리 전쟁이 끝난 해이고, 1972년 이후는 1968년 봄의 정신이 깊게 자국을 남긴 시기죠.

바르다   1962년은 이미 다른 시대처럼 느껴져요. 우리는 두 소녀의 매력뿐만 아니라 그들의 스타일, 아주 강렬하고 극적인 당대의 느낌을 포착하려 노력했어요 (당시는 다른 무엇보다도 암에 대한 일종의 집단적 히스테리가 횡행하던 시기였죠. 〈5시부터 7시까지의 클레오〉를 기억하시나요?) 그리고 우리 여성들은 여성들의 권리와 관련한 법들이 아주 형편없다는 걸 깨닫게 되었고요. 공권력의 문제들도 대두됐죠. 1955년 이래로 저는 이미 이런 법들에 맞서 시위에 참여하고 있었어요.

1972년 이후, 보비니(그리고 여타의 덜 극적인 시위들) 이후, 상황은 많이 변했어요. 영화에서 가족계획센터의 진화를 그리면서 마음이 무거웠어요. 낙태와 피임 해방 운동 역시 수많은 여성에게 큰 도움을 주었죠. '상담'이나 '자문'이 집단토론으로 이어지곤 했고요.

많은 여성에게 페미니즘은 강렬한, 그러면서도 미묘한 경험이었어요. 세상에는 정말 다양한 부류의 페미니스트들이 있죠. 남성을 사랑하는 페미니스트들은 때론 변증법적인, 때론 모순적인, 때론 끔찍한 문제들에 직면해요. 일터에선 자신들의 말에 귀 기울여주는데 사적인 삶에서는 거의, 또는 전혀 귀담아 들어주지 않는다면 그 간극은 아주 클 수밖에 없어요. 집밖에서 짧게 경험하는 유토피아적 이상과 자신들이 사랑하는, 그럼에도 대화 없는 남편과의 관계에서 발견하는 슬프고 설명하기 힘든 그 무언가 사이의 간극. 이렇듯 다양한 경우가 있어요. 또 다른 여성들에게는 그 간격이 작을 수도 있고, 전혀 없을 수도 있죠. 〈노래하는 여자〉에서 두 여성은 일관성 있는 삶을 선택해요. 그런 이유로 폴린은 자신의 아이를 유기하죠. (또는 포기하죠.) 그로선 꽤나 용기 있는 결정이에요. 이런 결정으로 감내해야 할 사회적 압박을 생각해보세요. '모성 본능'은 늘 여성들의 죄의식을 부추기는 무기로 사용되죠. 한 배급업자가 제게 이렇게 얘기했어요. "남자를 떠나거나 아이를 두고 떠나는 여자가 등장하면 그걸로 끝이에요. 그런 영화와는 어떤 관계도 맺고 싶지 않아요. 전혀 관심이 안 가요." 그리고 그는 저를 쳐다봤죠. 이 여성 감독을요. 혐오스러운 눈빛으로. 모성애의 수호자는 신성불가침이에요. 아주 모멸적이죠. 끔찍해요.

그래서 이러한 테마들을 택한 거였어요. 모성을 향한 총공세. 죄의식에서 벗어나 낙태를 할 수 있는 여건 마련. 아이를 포기하더라도 입양으로 연결되게끔 하기. 가부장적 권위의 악몽. 아이들에 대한 사랑, 다른 이들의 아이들도 포함해서. 피임. 새로운 법률. 성교육. 남성에 대한 사랑. 아이를 갖고 싶은 욕망. 부성의 다정함. 무너진 가정. 임신의 아름다움. 아이가 있든 없든 자아 정체성에 대한 권리. 이건 더 이상 영화가 아니라 백과사전이에요.

나르보니　그러고 보면 전투적인 영화입니다. 전투적인 담론은 사용하지 않지만 말이죠.

바르다　전투적이요? 그렇게 다그치지는 않아요. 모든 걸 노래에 담았을 뿐이에요. 전략적 결정이죠. 아무도 '담론'에 귀 기울이지 않아요. 아무도 백과사전을 읽지 않고요. 직접 삶을 살아가고, 노래를 부르고, 느끼는 거죠. 저는 이렇게 하는 게 보다 강한 선언이라고, 보다 효과적일 거라고 생각했어요.

그래서 편집도 과감히 했어요. 폴린과 이란 출신 남편이 아이를 두고 갈등을 벌이는 장면이 있어요. 폴린이 이렇게 말하죠. "일반적으로, 그럴 땐 엄마야." 그러자 남자가 답하죠, "왜?" 서로 논박하는 장면은 넣지 않았어요. 그들이 내린 결정이 사랑, 진실, 고통 그리고 고향에 대한 그리움 등등의 토대 위에서 이루어졌다는 걸 보여줬죠. 저는 자신의 믿음, 윤리, 여성성을 일관성 있게 밀고 나가는 여주인공을 좋아해요.

제 관심사를 모두 품은 여주인공들이 종종 등장하죠. 〈세실리아La Cecilia〉의 여성 캐릭터도 아주 마음에 들어요. 그는 이렇게 말해요. "난 아이를 가질 거야. 그런데 만약 아이 양육과 관련해 남자와 대화를 나눌 수 없다면, 난 아무래도 아이에게 적합하지 않은 아빠를 선택한 걸 거야."

나르보니   임신이라는 아이디어는 감독님의 모든 영화에 등장합니다. 시작부터 그렇죠.

바르다   누구에게나 판타지가 있고, 좋아하는 이미지가 있는 거죠. 임신은 하나의 아이디어, 정신적 이미지, 기이한 형식, 굉장한 스캔들이에요. 아주 풍부한 테마죠. 개인적으로 아이를 가질 수 있었던 것도 그렇고, 그 경험으로부터 무언가를 만들어낼 수 있다는 점도 만족스러워요. 임신이란 건 아주 특별한 일이면서도 아주 일상적인 일이죠. 이미지 차원뿐만 아니라 여성운동에서도 이 주제는 많은 부분에서 재창조가 가능해요. 하지만 제가 영화에서 임신을 다루는 이유는 이 아이디어가 불러일으키는 모순들 때문이에요. 로잘리를 임신했을 때, 저는 〈오페라 무프 거리〉를 만들었어요. 밝은 성격이든 비관론자든 존재에 대해 얼마나 많은 생각을 하든 결국 대답은 언제나…… 삶이죠. 이건 변증법적 아이디어가 아니에요. 살아 움직이는 모순이에요. 그람시는 이렇게 말했죠. "생각할 때는 비관론자, 행동할 때는 낙관론자가 돼야 한다." 글자 하나하나 그대로 가져온 건 아니지만, 그런 의미로 말했어요. 임신도 그 아이디어에 부합하죠. 필수적이고 놀라운 동력 그리고 그 안의 모순들.

제 모든 영화는 그러한 모순-병렬 구조로 구성되어 있어요. 〈클레오〉는 객관적 시간/주관적 시간. 〈행복〉은 설탕과 독. 〈라이온의 사랑〉은 역사적 진실과 거짓말(TV)/집단적 허언증과 진실(할리우드). 〈나우시카〉는 역사/신화, 쿠데타 이후의 그리스와 신들의 나라로서의 그리스. 〈노래하는 여자〉에서처럼 꿈과 다큐멘터리가 뒤섞여 있죠.

저는 뤼미에르/멜리에스식으로 구성한 영화 시나리오를 한 편 쓰고자 해요. 뤼미에르 파트에서는 실제 상황 속 실제 사람들의 얼굴이 나오죠. 갑자기 카메라를 들이대 놀라게 하거나 몰래 찍는 게 아니라, 사전에 동의를 얻어 촬영하는 거예요. 그들이 직접 만든 프로젝트는 아니지만, 스스로 참여하는 거죠. 알리오의 〈나, 피에르 리비에르〉에 나오는 농부들과 같은 경우죠. 또는 수잔이 일하던 장난감 공장의 노동자들 같은. 그리고 멜리에스식으로는 꿈결 같은 이미지들을 사용하는 거예요. 이런저런 소재들 또는 도상학적인 것들을 상황에 맞게 적절히 활용할 수 있겠죠. 우리의 정신세계도 좋은 재료고요. 색채는 대사들에 부합하도록 디자인하는데, 그 대사들은 촬영 당일 아침에 쓰는 거죠. 물론 몇 달 전에 이미 무엇을 말할지는 정해져 있지만요.

나이가 들수록 확실히 너그러워지는 것 같아요.
그만큼 마음도 편안해지고요.

나르보니   영화에서 엽서의 존재는 그저 소식 전달의 목적만이 아니라 음악적 변주곡처럼 작동합니다. 거의 푸가라 할 만하죠.

바르다   네, 영화는 소설적이면서도 음악적이죠. 우편엽서는 상상의 대화 사이사이 구두점을 찍어줘요. 아주 경쾌하고 다채롭죠. 옛 시절의 정겨운 이미지들을 신선한 감정들로 변환시켜요. 영화의 리듬과도 잘 어울리고요. 영화에서 엽서가 처음 등장하는 건 1962년 폴린이 자신이 세낭크 수도원에 간 것처럼 꾸미기 위해 부모에게 파리 시내에서 구매한 엽서를 보내면서죠.
식사 장면 얘기를 잠시 해볼게요. 먼저 폴린이 부모님과 함께 식사를 해요. 수잔 역시 후에 오베르뉴에서 가족과 함께 같은 모습을 연출하고요. 그리고 암스테르담 구내식당에 있는 일군의 여성들을 볼 수 있어요. 공장 구내식당에서의 식사 풍경도 볼 수 있고요. 한 사람은 극적인 낙태 과정을 홀로 감당해 내고, 또 한 사람은 친구들과 어울리며 보다 편안한 모습이에요. 남자들과의 관계에서도 대위법적 모습을 찾아볼 수 있어요. 제롬이 자신의 아이들을 저버리는 반면, 다리우스는 전적으로 받아들이죠. 또한 폴린이 결혼 생활에 실망해 이란에서 탈출하고자 할 바로 그 무렵, 수잔에겐 한 유부남이 접근하고요……. 이러한 장면들은 그저 나란히 놓여 있는 게 아니라 푸가와 닮아 있죠. 여성 공동체적 모습이나 마지막 해넘이 장면처럼 조화로운 음조를 유지하면서요.

음악은 분명하지 않은 무언가, 또는 캐릭터들의 결심 그 이면의 느낌들을 전달하는 유일한 방법인 것 같아요. 고양된 감정, 내적 곤경, 무력감, 낙담의 순간 그리고 예상치 못한 달콤한 시간들, 이러한 것들 역시 음악이 효과적으로 담아내죠.

나이가 들수록 확실히 너그러워지는 것 같아요. 그만큼 마음도 편안해지고요. 이전에는 "아, 그렇게 하는 것보다는……"이라고 말했다면 이젠 그런 식으로도 찍어보는 거죠. 요즘은 이미지 사이의 침묵과 사운드 사이의 백색소음에도 익숙해졌어요. 해묵은 문제들이 말끔히 해소됐죠.

나르보니   드미의 영화와 마찬가지로, 감독님의 작품들에선 우편엽서처럼 밝은 측면뿐만 아니라 그림자, 번민 같은 우울한 면모 또한 엿볼 수 있습니다. 〈클레오〉와 〈창조물들〉의 경우엔 임신과 암이 등장하죠. 누군가 이렇게 말할 수도 있을 것 같아요. 임신이란 잘 치료된 암이다.

멋진 정의네요! 하지만 저는 번민을 그림자와 연결 짓지 않아요. 그림자는 모든 종류의 색채를 그 안에 지니고 있죠. 번민은 그 가운데 하나는 아니에요. 심지어 그림자는 보라색이 될 수도 있어요. 〈행복〉에서처럼요. 노란 햇빛, 여름의 황금빛 색조와 보색을 이루죠.

저는 일전에 삼촌 얀코에 관한 단편영화 한 편을 만든 적이 있어요. 멋지고 다정다감했던 삼촌은 자기 그림들의 색채에 대해 이야기해주었는데, 중간에 이런 말을 했어요. "욕망과 그림 사이에 자그마한 씁쓸함이 있어. 지나가는 그림자 같은 거지." 제겐 아주 감동적인 언급이었어요. 그림자 없는 빛은 없죠. 그림자는 참 아름다워요. 저는 옅은 그림자들을 좋아해요. 여린 그림자. 그럼에도 〈라 푸앵트〉에서는 일종의 정제된 햇빛에 너무 집중하는 모습을 보였죠. 다시 질문으로 돌아가서 임신 이야기를 좀 하자면, 그림자 속에서 움튼 아이는 이내 빛이 되죠. 프랑스에서는 아이를 갖는 걸 '아이에게 햇빛을 주다'라고 표현해요. 영화에서 저는 이렇게 내레이션을 해요. "그는 오후 무렵 아기에게 햇빛을 주었다." 생각해보면 저에겐 출산이 아주 근사한 경험이었어요. 그때도 오후 무렵이었죠. 다른 한 번은 밤 시간이었는데, 그땐 그다지 좋지 않았어요. 저는 밤을 좋아하는 사람이 아니에요. 그럼에도 대낮의 그림자는 또 다른 이야기죠. 암에 대해서 언급을 좀 하자면 암은 결과가 안 좋은 임신이라 할 수 있어요(밴드 난초는 임신한 여성에 대해 쓴 제 가사에 곡을 붙여 노래해요. 분자들의 스튜디오, 아름다운 배란, 세포 공장, 커다란 물고기). 암은 미쳐버린 이

오네스코가 운영하는 세포 공장이에요.

나르보니　드미 감독은 어떤가요? 그 역시 마음 한편에 '아기는 어디서 오는 걸까?' 하는 궁금증을 지닌 듯합니다. 아버지가 되고 싶은 욕구에 관한 영화를 만든 유일한 감독이기도 하고요.

바르다　우리가 함께 마티외를 기다리고 있을 때였어요. 물론 제가 임신 중이었고, 그는 아니었고요. 질투를 했는지도 몰라요. 하지만 최상의 방식으로 하는 질투였죠. 이 현상을 경험하는 그만의 방식이었는지도 모르고요. 유머도 빠트리지 않았죠. 드미에게는 자신만의 세계가 있어요. 아주 독립적이죠. 아마도 '가장 중요한 사건'을 자신만의 방식으로 축하한 건지도 몰라요. 일전에 그로데크가 쓴 『이드에 관한 책The Book of the It(Id)』을 읽었는데, 꽤 마음에 들었어요. 웃음이 터져 나왔죠. '그 모습' 때문에요. 아주 시각적인 발상이죠. 저자는 임신 때문에 고통을 겪는 남자들을 연구했는데, 배가 불룩한 남자들을 관찰하면서 참고했다고 해요.
이런 유의 광경들과 마주치면 곧바로 웃음이 터져 나와요! 이란에 갔을 때, 남성 성기 모양을 본뜬 회교사원의 뾰족탑과 여성 가슴 모양의 반구형 지붕들을 보았는데, 가장 신성한 장소에 성적인 특징을 부여한 건축물이 자리하고 있는 게 정말 절묘했어요. 그 모습을 순수한 형식 속에서 사랑의 즐거움을 간접적으로 표현하는 데 사용하고 싶었어요. 폴린이 이란 남자와 사랑에 빠진 건 바로 이 때문이죠. 그들의 사랑과 폴린의 유머를 보여주기 위해서였어요. 하늘색 배경 위로 파란색 가슴들과 성기 탑들로부터 기도 시간을 알리는 선율이 흘러 나오죠. 진지하게 접근한 건 당연히 아니에요. 물론 정치적으로 상당히 올바르지 않지만요.

누리스 아비브가 도덕적 질문들을 연거푸 던져왔어요. "이런 장면들, 정말 영화에 넣을 거예요? 그냥 이란 가는 거 취소하는 게 어때요?" 하지만 저는 완강히 버텼어요. 남근숭배와 성적 패권주의와 관련한 모든 것은 결국 아무 쓸모 없는 재주넘기 정도로 귀결된다고 생각해요. 역겨운 구석이 있지만 그곳에서 감각적 즐거움으로 가득한 장면들을 필름에 담아 왔죠. 이 영화에선 다른 종류의 짧은 여행들도 다녀와야 했어요. 암스테르담으로 낙태 여행도 여럿이서 다녀왔죠. 힘들었어요. 몇몇 여성과는 이야기도 나누고, 주소도 교환했죠. 나중에 파리로 돌아와 만나기도 했고요. 또 다른 상황 속에서 누군가를 만난다는 건 참 특별한 경험이에요. 예를 들어, 한 젊은 여성은 열두 명의 형제자매 가운데 다섯째라고 자신을 소개했는데, 자신 역시 스물두 살 나이에 이미 두 아이의 엄마라고 했죠. 그와 다른 여성들은 서로 낙태의 경험에 대해 이야기나눴어요. 비밀스러운 이야기들도 털어놓았고요. 많은 걸 느낄 수 있었어요.

저는 다른 영화들도 더 많이 만들고 싶어요. 문제들 자체가 아니라 이러한 문제들을 경험하는 사람들의 삶을 통해서 구축되는, 그런 영화를 만들고 싶죠.

끝으로, 함께 일한 팀원들 얘기를 잠시 하자면 찰리 반 담의 아름다운 촬영에 대해서는 한없이 이야기할 수 있을 것 같아요. 40개가 넘는 렌즈를 쓴 이야기부터 늘 정확한 공간 안에 인물들을 배치하는 그의 감각, 클로즈업이나 싱글 숏들을 배제하려 했던 것들까지, 언급할 게 한두 가지가 아니에요.

편집을 하면서 조엘 반 에펜테르와 나눴던 이야기들도 무궁무진해요. 장면들을 어떻게 연결할 것인지, 음악은 어떻게 입힐 것인지, 적절한 리듬과 분위기를 어떻게 유지할 것인지, 그리고 편집점은 어떤 방식으로 잡아나갈 것인지에 대해 정말 많은 대화를 나눴죠.

〈카이에 뒤 시네마〉와 인터뷰를 여러 번 했는데, 한 번은 이렇게 마무리했던 것 같아요. "영화를 만들면서 우리는 영화감독이 된다." 지금도 같은 생각이에요. 하지만 언어도, 문화도 진화했으니 살짝 수정이 필요할 것 같아요. "영화 속에서 나는 영화감독directrice, director의 여성형이 되어왔다."

바다는 그 어디도 아니라서

베벌리힐스 그리고 북적거리는 할리우드로부터 멀리 벗어나, 아녜스 바르다는 베니스에 있는 한 단독주택으로 이사했다. 베니스는 LA인근에 위치한 해변 도시다. "바다는 그 어디도 아니죠." 바르다가 말한다. 이 영화감독은 멕시코계 미국인들이 모여 사는 허름한 구역, 그곳의 대중 예술에 매력을 느낀다.

카르카손   이곳에 정착하신 이유는 뭔가요?

바르다   딱히 정착했다고 말할 순 없어요. 여기서 살긴 하지만 이곳으로 이사왔다는 느낌은 들지 않아요. 어쩌다 보니 여기서 한동안 머물게 된 거죠. 프로젝트가 하나 있었어요. 프랑스의 한 에너지

이 인터뷰는 1981년 3·4월 발행된 〈시네마토그래프Cinématographe〉에 수록되었다. 인터뷰어는 영화제작자 필리프 카르카손Philippe Carcasonne, 자크 피에시Jacques Fieschi다. 카르카손은 〈코코 샤넬〉의 감독인 안느 퐁텐의 남편이기도 하며, 두 사람은 이 작품으로 2009년 영국 아카데미 외국어영화상을 수상했다. 피에시는 〈금지된 사랑〉〈이브 생 로랑〉을 비롯해 다양한 작품을 쓰고 있다.

회사에서 제안을 해왔는데, LA에서 나온 뉴스 아이템을 기초로 해서 시나리오를 한 편 써달라는 거였어요. 시나리오는 1979년에 완성했고, 올해 촬영할 계획이에요. 이전에도 자주 왔어요. 다른 프랑스 영화감독들도 마찬가지고요. 저 같은 경우는 〈5시부터 7시까지의 클레오〉와 〈행복〉을 소개하러 왔죠. 1966년엔 자크 드미가 작정하고 할리우드에서 영화를 한 편 만들려고 했죠. 당시만 해도 프랑스 상황이 만만치 않았으니까요. 그래서 저도 합류했고요. 드미는 〈모델 숍〉을 찍었어요. 저는 미국 생활에 적응하면서 조금씩 시나리오를 쓰기 시작했고요. 처음에는 여기 사는 데 별 느낌이 없었어요. 그러다 〈얀코 삼촌〉이라는 단편을 하나 만들었어요. 샌프란시스코 인근에 사는 제 그리스인 삼촌에 관한 영화였죠. 그 후에 블랙 팬서 이야기를 다룬 다큐멘터리도 한 편 만들었고요. 이 영화는 〈다섯 개의 헤드라인〉이라는 프랑스의 TV 프로그램을 통해 방영될 예정이었는데, 막판에 검열을 통과하지 못했어요. 1968년 10월이었고, '학생들의 분노를 다시 일깨우면' 안 되는 상황이었죠. 한편, 컬럼비아영화사와 계약을 맺고 〈평화와 사랑〉이라는 제목의 시나리오를 쓰기도 했지만, 영화사에서 제게 최종 편집권을 주지 않겠다는 거예요. 말도 안 되는 상황이었고, 받아들일 수 없었어요. 그러다 결국 〈라이온의 사랑〉이란 영화를 하게 되었어요. 아주 즐거운 경험이었죠. 10년이 지난 뒤 이렇게 아까 언급한 그 프로젝트를 들고 오게 된 거예요. 〈마리아와 벌거벗은 남자 Maria and the naked man〉라는 제목의 시나리오고, 얘기했듯이 뉴스 아이템을 기초로 했죠. 이 뉴스는 제게 꽤 중요하게 느껴졌어요. 어느 날 아침 한 사내가 벌거벗은 채 집 밖으로 나섰고, 경찰이 쏜 총에 맞았죠. 그는 혼자였고 목격자도 없었어요. 법적으로 변호하기 까다로운 상황이었죠. 저는 그와 함께 살던 여성을 만났고, 어쩌하다 보니 그 여성과 거의 암살에 가까운 이 사건이 가져온 결과를 다룬 시나리오를 쓰게 됐어요. 그런가 하면 1980년엔 이 지역의 벽화들에 관한 다큐멘터리를 한 편 만들었어요. 벽화는 사실상 LA의 초상화라 할 수 있죠. 특히나 멕시코인들이 겪는 문제들을 잘 드러내줘요. 미디어에서는 철저히 함구하는 것들이죠. 사실 흑인들의 문제 제기는 꽤 많이 받아들여지고 해결이 됐어요. 하지만 치카노(멕시코계 미국인)들의 상황은 그렇지 않죠. 흑인 시장인 토머스 브래들리는 동부 LA, 치카노들이 모여 사는 동네에 딱 한 번 방문했을 뿐이에요. 그들은 자신들의 대표자도 갖지 못하고 있어요. 동부 LA는 아일랜드 출신 인사가 국회의원이죠. 멕시코에서 온 사람들의 원성이 클 수밖에 없어요. 그래서 벽화에 그 모든 것을 표현하는 거예요. 폭력적인 부분도 많고, 판타지적인 것도 많이 담겨 있고요. 영화의 제목은 *⟨소곤소곤⟩원제는 ⟨Mur Murs⟩이고 국내 제목은 ⟨벽, 벽들⟩, 이후에는 ⟨벽, 벽들⟩로 표기이에요. 빅토르 위고의 글귀에서 가져왔죠. "장벽이 파리를 둘러싸고 있어 파리는 소곤소곤할 뿐이다." 여기 상황이 이런 거 맞죠?

제가 베니스를 택한 이유는 바다 때문이에요.
바다는 그 어디도 아니죠.
딱히 나를 맞추고 적응할 필요가 없어요.

카르카손   벽화는 어떻게 접하게 되셨나요?

바르다   저는 많이 걸어요. 움직이는 걸 좋아하죠. 이 지역에 사는 프랑
스 사람들을 꽤 많이 아는데, 그들은 가는 음식점만 가고 몇몇
친구들 집을 오갈 뿐이에요. 하지만 LA는 엄청나게 다채로운
도시예요. 이보다 더 다채로운 도시가 있을까 싶을 정도로요.
미국인들조차 모르는 동네도 많고요. 도심 지역을 지나서 동
쪽으로 꽤 넓은 구역이 있는데, 사람들은 그곳을 두려워해요.
"뭐라고?! 거길 혼자 간다고!" 마치 제가 줄루족이 사는 지역
에 가기라도 하는 듯이 반응하죠. 그런데 베니스, 제가 사는 이
곳은 동부 LA보다 훨씬 더 위험해요. LA는 의심의 여지 없이
첨단의 도시예요. 절망감도 첨단이고, 다양한 분야의 연구들도
첨단을 달리죠. 과학이나 영화나 약물 쪽 역시 그렇고요. 과잉
의 도시이기도 하죠. 엄청난 수의 사람들이 서쪽으로 향해요.
그리고 이곳에 도착한 그들은 더 이상 갈 수 없다는 걸 깨달아
요. 일종의 세계의 끝이라 할 수 있죠. 적어도 미국인에게는요.
제가 베니스를 택한 이유는 바다 때문이에요. 바다는 그 어디
도 아니죠. 딱히 나를 맞추고 적응할 필요가 없어요. 이곳에서
아주 안정감을 느껴요. 프랑스를 떠나와서 힘들다고 말할 수
도 없는 게 사실 미국에 있다고 할 수도 없으니까요. 그저 해
변가에 살고 있을 뿐이죠. 저는 자리 잡은 느낌이 들지 않는
게 좋아요. 지리적으로든 경제적으로든 사회적으로든요.

카르카손   할리우드 영화 쪽하고는 커넥션이 좀 있나요?

모르는 사람이 없죠. 실제로 만나거나 하지는 않아요. 몇몇 감독들, 카사베티스나 정치적으로는 좀 그렇지만 치미노 같은 감독들을 제외하고는 꺼리는 편이에요. 미국 영화는 제겐 참 유감스럽다고 할까요. 아쉬운 부분이 많아요. 제가 치미노를 언급한 건 그가 만든 영화가 미국인들의 생각을 잘 표현하기 때문이에요. 여타 급진적 좌파 영화들보다 훨씬 더 그렇죠. 그런 점에서는 〈디어 헌터〉가 〈귀향Coming Home〉보다 비교할 수 없이 더 정직하죠. 치미노의 제국주의적 정치관을 비판하는 미국인들을 보면 저로선 위선적으로 느껴져요. 이 영화는 침묵하는 다수, 멍청한 우익 집단이 베트남 전쟁으로 인해 얼마나 영향을 받았는지, 그리고 어느 정도 파괴되었는지를 보여주는데 제겐 흥미로운 부분이에요. 이 부분은 코폴라의 서정주의보다 훨씬 더 깊은 울림이 있죠. 지금 왜 이런 얘기를 이렇게 길게 하고 있는지 모르겠네요. 솔직히 말해서 저는 할리우드 영화들에 그다지 매력을 못 느끼거든요. 드미는 늘 이곳에서 영화 만드는 걸 꿈꿔왔죠. 그는 미국 영화를 정말 좋아해요. 저는 뮤지컬 코미디나 할리우드 블록버스터 영화들을 가끔 즐기는 정도예요. 그렇다고 제가 미끼를 삼킨 건 아니에요. 이곳에 있긴 하지만, 다른 어디라도 갈 수 있었죠. 그런데 동시에 이곳엔 뭔가 매력적인 면도 있긴 해요. 제가 여기저기 많이 다닌다고 말씀드렸잖아요. 때로는 후원 모금 파티에도 가는데, 칵테일을 마시면서 영화 제작비를 마련하는 곳이죠. "2000달러를 투자하겠소." "5000달러를 투자하겠소." 이들은 영화 스튜디오에서 나온 후원 업무 담당자들이에요. 바버라 코펠이 〈할란 카운티 USAHarlan County

USA〉를 만들면서 이런 식으로 일부 후원을 받았죠. 말하자면 베벌리힐스의 저택에 사는 엄청나게 부유하고 힘 있는 사람들이 좌파 영화인들에게 빵 부스러기를 좀 던져주는 거죠. "5000달러로 영화 한 편 만들어낼 수 있다면 지갑을 열겠소." 이런 식으로 그들은 좋은 일을 했다 여기며 뿌듯해하는 거죠. 아주 장관이에요. 볼 만해요. 그럼에도 할리우드 영화는 여전히 뼛속 깊이 보수적이고, 뼛속 깊이 멍청해요. 열 편 가운데 한 편 정도가 그나마 볼 만한데, 그것도 보통보다 조금 나은 수준이고요.

카르카손   그쪽 사람들은 감독님과 감독님의 영화를 어떻게 생각하나요?

바르다   저는 아주 매력적이고 정직한, 저예산의 소박한 유럽 영화를 만드는 누군가죠. 사실 그들은 를루슈의 영화와 제 영화를 구분하지 못해요. 고다르의 〈남자와 여자〉, 드미의 〈쉘부르의 우산〉, 루이 말의 〈마음의 속삭임〉 그리고 제 영화 〈행복〉은 그들에겐 다 똑같은 영화예요. 매력적인 작은 영화. 그래도 저를 꽤 좋아해요. 메이저 스튜디오 사람들 가운데 〈행복〉에 푹 빠진 사람들도 있어요. 저를 위해서 저녁 식사 자리도 마련해주고, 친구들을 소개해주기도 하죠. 하지만 본론으로 구체적으로 들어가면, 제가 프랑스 감독이라는 건 아무 의미도 없어요. 뉴웨이브가 뜨거웠던 건 다 지난 시절 얘기죠. 루이 말이 멈추지 않고 이곳에서 성과를 거뒀지만, 그가 유일하잖아요. 현재로선 '문화적인 영화' 영역에서는 독일 감독들이 대세인 것 같아요.

카르카손 보시기에 미국인들의 외국 문화에 대한 무관심이 점점 심해
지는 것 같으세요?

바르다 늘 같은 상황이죠. 미국인들은 우리를 좀 덜 개발된 나라로 여
기는 것 같아요. 흥미로운 건 여기서 뭔가를 해보려 시도했던
프랑스 아티스트들은 지난 몇 년간 특히나 인기가 시들해지더
라고요. 발을 들여놓기가 쉽지 않은 것 같아요. 〈모델 숍〉은 완
전한 실패였죠. 투자를 충분히 받았음에도 그렇게 됐어요. 그
의 진짜 미국 영화는 사실 〈로슈포르의 숙녀들〉이에요. 제 생
각엔 어떤 미국 뮤지컬보다도 매력적이죠. 미국인들은 누군가
자신들의 나라를 드미가 〈모델 숍〉에서 보여준 것처럼 그렇게
비판적 시각으로 바라보는 걸 받아들이기 힘들어하는 것 같아
요. 미국인들은 심정적으로 문제가 생겼을 때 바로 정신분석
가를 찾아가요. 효율성을 신봉하죠. 결과가 우선이에요. 만 달
러의 비용을 들여서 촬영한다면 그 장면은 반드시 만 이천 달
러 정도가 들어간 것처럼 보이게 나와야 해요. 그런 식으로 작
업하지 않는 사람은 논외로 치죠. 언더그라운드 영화는 전적
으로 언더그라운드예요. 할리우드와 실험적인 영화들 사이가
텅 비어 있어요. 중간 지대가 없죠. 음, 이렇게 할 말 다 했으니
좋은 측면도 좀 털어놔야겠죠. 할리우드는 제가 좀 쉴 수 있
는 기회를 제공해주었어요. 파리에 있을 땐 고급 취향의 진지
하고 콧대 높은 문화가 좀 부담스러울 때가 있거든요. 이곳에
서 활기를 되찾는 기분이에요. 그리고 프랑스에선 기회가 그
리 많지 않아요. 얼마 되지 않는 정부 보조금을 받기 위해 줄

을 서거나 제작자에게 손을 내밀어야 하죠. 둘 중 하나예요. 탁월하게 수준 높은 무언가를 만들어내든가, 아니면 아주 대중적으로 가든가. 반면, 이곳에서는 뭐랄까 주변부에 있어도 아주 편안한 느낌이 들어요. LA에 나가면 저를 어느 정도 인정해주는 경향도 있고, 지금까지 이곳에서 영화 두 편을 만들었는데 어떠한 제약도 없이 만들 수 있었어요. 즐겁게 작업했고요. 그 외에 동부 LA 지역을 알게 된 것도 좋았어요. 확실히 여행은 우리의 지각이나 인식을 새롭게 일깨우는 것 같아요. 파리에선 게으름을 피우고 늘 같은 동선을 옮겨 다녔어요. 복잡한 영화 제작 과정도 저를 지치게 만들었죠.

카르카손   이곳에서의 제작 방식은 어떤지 궁금하네요.

바르다   다들 솔선수범하는 분위기죠. 아주 적은 인원으로 제작, 행정, 카메라, 사운드, 편집, 프린트까지 다 해내요. 이곳엔 노조에 가입하지 않은 재능 있는 전문 인력들이 상당히 많아요. 작업 여건상, 한 번도 하지 않던 방식으로 작업하기도 하죠. 예를 들어, 조명 기구를 거의 쓰지 않으면서도 고도의 조명 기법을 활용해 양질의 결과물을 내는 식으로요. 지난 두 영화의 촬영감독은 미국인이 아니었어요. 〈벽, 벽들〉은 베르나르 오루가 맡았고, 〈도퀴망퇴르Documenteur〉는 누리스 아비브가 담당했죠. 이곳 사람들을 놀라게 한 건 한 편의 영화 안에서 아주 초보적인 수단들과 아주 복잡한 기법들이 함께 사용되었다는 점이에요. 하루는 발코니에서 촬영을 하고 있었는데,

위층에 사는 이웃을 우연히 만나게 됐어요. 공교롭게도 그는 촬영기사였죠. 그가 제게 이렇게 말했어요. "조명을 딱 두 개만 갖고 촬영을 하길래 포르노 영화를 찍는 줄 알았어요." 이곳에서 조명 두 개는 필연적으로 포르노를 의미해요. 미국 전문 스태프들에겐 늘 솔직하게 공표해요. "명심하세요. 우린 프랑스 영화를 찍고 있는 거예요. 그러니까 보수도 프랑스식일 거예요. 그러니 원하지 않으시면……." 이곳의 노조는 상당히 막강해요. 그들이 규칙을 만들죠. 〈모델 숍〉의 경우, 팀을 다 꾸리고 나니 80명이나 됐어요. 결국 드미는 자신이 정말 필요로 하는 열다섯 명 정도의 스태프들만으로 팀을 재정비해 영화를 만들었어요. 나머지 스태프들은 계약대로 급여를 받으니 아무 불평도 하지 않았어요. 현장에 있는 트레일러에서 카드놀이를 하기도 하면서 시간을 보냈어요. 물론 이런 할리우드의 문제가 제겐 해당 사항이 아니었죠.

카르카손   〈라이온의 사랑〉에서 묘사된 세계, 그 인물들. 아직도 흔적들이 남아 있을까요?

바르다   아뇨, 거의 없죠. 대부분의 사람들은 스스로 재탄생했고요. 여전히 믿음을 유지하는 나머지 사람들은 권총 세례 같은 걸 받는 거죠. 앞서 언급한 벌거벗은 남자의 경우처럼요. 이상주의는 이미 유행이 지난 구식이에요. 미국인들은 뭔가를 받아들이는 데는 소질이 있어요. 하루는 '평화와 사랑', 그다음은 공해 문제와 금연, 그다음 날은 조깅, 이런 식이죠. 조깅이

유행하면 다들 뛰기 시작하는 거예요. 대여섯 명이 심장마비로 죽기 전까지 계속 뛰죠. 끊임없이 주소를 바꾸고, 삶을 바꾸고, 습성까지도 바꿔요. 뭐, 나쁠 건 없어요. 이곳 사람들은 기존의 삶의 방식에 덜 고착되는 경향이 있어요. 뿌리를 갖고 있지 않죠. 누나는 오하이오에 살고, 남동생은 보스턴에 살아요. 직업도 자주 바꾸고 몇 년 사이에 수천 킬로미터를 옮겨 다니죠. 제가 아는 프랑스에 사는 사람 대부분은 계속 같은 지역에 살아요. 한번 정착하면 절대 움직이지 않죠. 미국인들은 천성적으로 그렇게 호기심이 많은 사람들은 아니에요. 하지만 그들의 라이프스타일이 호기심을 불러일으키죠. 그들은 일상에서 소셜 믹스를 경험해요. 이건 일종의 자연스러운 민주주의예요. 적어도 이곳 젊은 사람들에겐 확실히 해당되는 얘기예요. 하지만 나이가 들수록 점점 덜해지죠.

카르카손   여기 계속 머무를 예정이신가요, 아니면 다시 프랑스로 돌아가시나요? 또는 계속 여행?

바르다   "떠나야 할 여행은 항상 대기 중이다"라는 말이 있죠. 이곳엔 우연한 기회에 오게 됐고, 마침 작업할 기회가 주어졌어요. 벽화에 관한 영화를 만들고 싶었고, 그래서 만들었죠. 이어서 영화를 한 편 더 만들고 싶었고, 그것 역시 만들었고요.

카르카손   그 두 번째 영화인 〈도퀴망퇴르〉 이야기도 좀 들려주시죠.

바르다 〈도퀴망퇴르〉는 이전 영화의 그림자라고 할 수 있어요. 〈벽, 벽들〉의 그림자. 오랫동안 품고 있던 아이디어였어요. 한 가지 주제로 일련의 영화들을 만들기. 화가들이 스케치나 드로잉을 여러 차례 하는 식으로요. 〈도퀴망퇴르〉는 〈벽, 벽들〉의 목소리에 귀를 기울이는 한 여성의 이야기예요. 한곳에 정착하지 않은 어느 여성의 이야기죠. 이어지는 세 번째 작품도 계획 중이에요. '노멀한' 영화가 될 거예요. 시나리오도 찬찬히 준비 중이고요.

제가 그동안 만들어왔던 영화는…… 정확히 뭐라고 해야 할까요? 보통 '예술적이고 실험적인' 영화라고 얘기들을 하죠. 그런데 저는 예술을 그다지 믿지 않게 됐어요. 실험도 마찬가지고요. 그럼 이젠 어떤 영화를 만들어야 할까요? 노화가 드러나지 않는 영화? 그게 가능할까요? 그렇다고 쓸데없는 얘기를 영화에 담고 싶진 않아요. 저는 여전히 탐험할 대상들이 남아 있다고 생각해요. 저는 그걸 시네크리튀르라고 부르고 싶어요. 영화와 단어들로 이루어진 무언가라 할 수 있죠. 단어들로서의 이미지들. 각각의 이미지는 고유의 의미를 품고 있어요. 문법이나 스토리, 추론 과정과는 연결되지 않은 채로요. 시와 비슷하다고 할 수 있어요. 시를 쓸 땐 단어를 단어 자체로 사용하잖아요. 그 단어들로 구성된 문장을 사용하기보다는요. 이런 방식으로 작업을 하려면 평정심이 필요해요. 프랑스의 그 현란한 문화적 세례 속에서 벗어나 홀로 고요하게 평온함을 유지할 필요가 있어요. 프랑스에서는 그리 편하지가 않아요. 저는 지식인들에게는 충분히 지적이지 못하고,

바보들에게는 너무 똑똑하죠. 언제나 중간에 낀 어중간한 느낌이에요. 예를 들어, 〈노래하는 여자, 노래하지 않는 여자〉는 페미니스트들에게는 충분히 페미니스트적이지 못하고, 다른 이들에게는 너무 페미니스트적이죠. 그러니 이곳에서 제가 원하는 걸 못한다면 다른 어디에서 할 수 있겠어요?

시간은 혈액의 순환을 닮았어요

오드   〈라 푸앵트 쿠르트로의 여행〉을 만든 이래로 감독님은 계속
       해서 자신만의 영화를 스스로 제작하려는 의지 혹은 욕망을
       갖고 계신 것 같습니다.

바르다   그게 의지나 욕망의 문제일까요? 아뇨, 그건 필요에 의한 거
       예요. 제가 제작자가 된 건 '그들'이 제 작품을 제작하길 원치
       않기 때문이에요. 때로는 프로젝트가 아무래도 잘 진행될 것
       같지 않을 때, 스스로 나서는 거죠. 사실, 누가 〈벽, 벽들〉이나
       〈도퀴망퇴르〉 같은 영화들을 제작하고 투자하고 지원하고 싶
       겠어요? 전자는 LA의 담벼락에 관한 영화고 후자는 단어들,
       유배 그리고 고통에 관한 영화인데요. 태생적으로 까다로운
       프로젝트가 될 수밖에 없어요. 그래서 제 스스로 팔을 걷어붙
       이고 직접 제작하는 거죠. 문득 생각나는 게, 일전에 중국 식

이 인터뷰는 1982년 4월 발행된 〈포지티프〉에 수록되었다. 인터뷰어는 영화평론가 프랑수아
즈 오드Françoise Aude, 1938~2005와 장 피에르 장콜라Jean-Pierre Jeancolas, 1937~2017다.

당에 갔을 때인데 포춘쿠키를 쪼개서 열어보았더니 그 안에 이런 메시지가 들어 있었어요. '도움의 손길이 필요하다면 너의 팔 끝을 보라.' 이게 저 스스로 제작에 나서는 이유죠. 프로젝트를 포기하지 않기 위해서요.

1954년 〈라 푸앵트〉를 만들 당시, 누가 저를 신뢰할 수 있었겠어요? 〈오페라 무프 거리〉 역시 제가 제작비를 댔죠. 그 이후론 제작자와 함께 작업을 하기도 했어요. 〈5시부터 7시까지의 클레오〉는 조르주 드 보르가르, 〈행복〉과 〈창조물들〉은 맥 보다르가 프로듀서를 맡았죠. 꿈만 같았어요. 제가 해야 할 건 감독 일뿐이었죠. 〈라이온의 사랑〉은 맥스 라브와 함께했는데, 일이 잘 진행되지 않았어요. 그래서 제가 직접 자금을 마련하느라 동분서주했죠. 그게 1969년 무렵이에요. 그때 이후로 저는 단 한 번도 제작자와 함께 일해본 적이 없어요. 제가 제작자 일까지 맡아서 했죠. 하지만 더 이상은 그러고 싶지 않아요. 제 영화를 스스로 제작한다는 건 정말 힘든 일이에요. 너무 많은 에너지를 소모하게 되는데, 그걸 온전히 영화 자체에 쏟으면 훨씬 바람직하겠죠. 더욱이 제작자는 비호감 역할을 맡아야 해요. 결국 비호감 지휘자가 될 수밖에 없죠. 늘 그런 건 아니지만, 대개 그렇죠. 저는 〈다게레오타입〉〈노래하는 여자, 노래하지 않는 여자〉〈벽, 벽들〉〈도퀴망퇴르〉를 만들면서 진이 다 빠졌어요. 드미의 영화 〈레이디 오스카Lady Oscar〉도 제가 제작했는데, 더 말할 필요도 없죠. 이걸로 충분해요. 더 이상은 제작을 안 할 생각이에요. 영화 만드는 일까지 전부 다 포기할 수도 있고요.

영화제작자 맥 보다르와 함께(1972)

오드   정말요? 그만두실 수도 있어요?

바르다   모르겠어요. 하지만 전 도움이 필요해요. 보수를 받고 제가
가장 잘할 수 있는 걸 하고 싶어요. 쓰고 연출하는 거죠. 제
가 '사실상 실직 상태'라는 사실을 스스로 외면하려 해요. 촬
영장에서 고용주인 동시에 급여를 받지 못하는 고용인이거든
요. 12년 가까이 사실상 실직 상태로 지내고 나니, 이젠 정말
여기까지다 싶은 거예요. 어떻게든 영화를 만들어오긴 했지
만요. 제가 말하고 싶은 건 영화를 제작하는 데 저의 모든 에
너지를 쏟아부을 수밖에 없었다는 사실이, 아무도 제 작품에
신뢰를 보여주지 못했다는 또 다른 사실을 감추고 있다는 점
이에요. 이건 프랑스 영화계의 단면을 보여준다고 생각해요.
만일 실험적인 영화들이 그렇게 어려운 조건 속에서 만들어
져야만 한다면, 우리는 결국 이 '문화적 도구'를 잃게 되고 말
거예요. 반면 다른 나라들에서는 큰 성공을 거두고 있죠. 좀
생뚱맞지만, 클레오가 문득 생각나네요. 영화에서 아름다운
클레오는 이렇게 말하죠. "모든 사람이 나를 원해. 하지만 누
구도 나를 사랑하지 않아." 영화감독으로서 저는 이렇게 말할
수 있겠죠. "모든 사람이 나를 사랑해. 하지만 누구도 나를 원
하지 않아."
영화 제작을 위해 늘 하던 묘기를 계속해나갈 자세가 되어 있
어요. 열다섯 명의 엑스트라를 스무 명처럼 보이게 하는 방법
을 찾아낼 수 있죠. 하지만 열다섯 명의 엑스트라에게 급여를
지불하기 위해 돈을 구하러 다니는 일은 더 이상 하고 싶지 않

아요. 그리고 그 엑스트라들을 필름으로 옮겨줄 전문 스태프들을 고용하는 데 드는 돈을 구하는 일도, 그 열다섯 명의 엑스트라와 열다섯 명의 전문 스태프들에게 급여를 지불할 회계원을 고용하는 일도, 그 서른 명의 인원을 촬영장으로 이동시키기 위해 버스를 대절하는 일도, 마지막으로 그 열다섯 명의 엑스트라를 스무 명이나 스물다섯 명으로 보이게 만드는 일도 이젠 더 이상 하고 싶지 않아요. '그건' 더 이상 창의적인 묘기가 아니에요. 그건 8분의 3박자, 해트 댄스hat dance예요!

〈노래하는 여자〉를 찍을 때 촬영 중간에 공중전화로 달려갔던 게 기억나요. 국립영화센터에 전화해서 책정돼 있던 후반 제작비를 미리 좀 당겨줄 수 있는지 문의했죠. 다행히도 허락을 받아냈는데, 이게 잘 성사되지 않았다면 영화를 극장에 걸기가 쉽지 않았을 거예요.

〈벽, 벽들〉의 경우 출발은 좋았어요. 문화부에서 제작비 일부를 지원했고, 안텐2 방송사와 클라우스 헬비히에게도 도움을 받았고요. 하지만 영화는 단편에서 장편으로 규모가 커졌죠. 제작비는 그대로인 상황에서요. 그 문제를 해결하는 건 제 몫이었어요.

〈도퀴망퇴르〉는 장편영화였음에도 국립영화센터로부터 미미한 제작비를 얻어냈을 뿐이고, 영화는 거의 수익을 내지 못했어요. 결국 빚을 지는 신세가 되었죠. 전문 스태프들은 원래 약속했던 급여를 그대로 받았어요. 모두들 빠짐없이 받았죠. 저는 당시 영화계 쪽하고 다른 단체들에서 빌린 돈을 지금도 상환하고 있어요. 그럭저럭 할부로 갚아나가고 있어요.

영화 산업 쪽을 잘 아시겠지만, LA에 가면 사람들이 이런 식으로 묻죠. "인더스트리에서 일하세요?" 앞에 영화는 빼고 그냥 인더스트리라고만 하죠. 제 대답은 늘 같아요. "꼭 그렇진 않아요. 저는 아티스트 필름 메이커예요." 주류 영화는 아니지만, 제7의 예술1911년 이탈리아의 리치오토 카누도가 시, 음악, 무용, 건축, 회화, 조각에 이어 영화를 제7의 예술이라 주장했다로서의 영화를 만들고 있는 예술가와 장인들의 명예를 되찾고 싶은 거죠. "저는 영화를 만들지 사업을 하진 않아요."

비즈니스맨들이 이렇게 말하는 걸 들으면 정말 참기 힘들어요. "영화는 액션물이지, 공포물도 좋고……" 이렇게 덧붙이죠. "영화는 무슨 지적인 이론 같은 게 아니야. 그 딱한 엘리트들이 떠받드는……" 영화는 이런 거다, 저런 거다 하면서 정의를 내리는데 허세가 참 대단하죠. '시네마'란 게 온갖 종류의 다양한 영화를 포함한다는 걸 왜 이해하지 못할까요?

저는 마르셀 베르베르 같은 사람과 같이 일해보는 게 소원이에요. 그는 트뤼포를 위해 모든 걸 해준 사람이죠. 그 대가로 트뤼포는 그를 자신의 모든 영화에 출연시켰어요. 히치콕이 본인 영화들에 카메오로 출연한 것과 비슷한 거죠. 제게도 진지하고 충실한 제작자 겸 매니저가 있다면 기꺼이 제 모든 영화에 카메오로 출연시킬 의향이 있어요.

저는 항상 제 삶을
진행 중인 하나의 작품처럼 여겨왔어요.
경력을 쌓아간다는 생각은 그다지 하지 않아요.

오드   영화를 처음 시작하고 꽤 긴 시간이 흘렀습니다. 계속 나아가
       게 하는 힘은 어디서 나오는 걸까요?

바르다   영감은 아닌 것 같고, 아무래도 용기에서 나오는 것 같아요.
       최근에 비교적 좋은 작품들을 했다는 느낌을 받아요. 진일보
       한 것 같고요. 〈벽, 벽들〉은 딱히 해당되지 않는 것 같네요.
       이 작품은 다소 고전적인 방식으로 만들었거든요. 제 기준으
       론 고전의 범주에 들어가요. 기록물이고 저만의 색채가 강하
       죠. 시간을 들여 사람들의 이야기를 들었어요. 생각도 깊이
       있게 많이 했고요. 물론 즐겁게 작업했죠. 저는 지금 다른 사
       람들이 생각하는 그런 '좋은 작품'을 얘기하는 게 아니에요.
       세상엔 수많은 영화 예술가들이 각기 다른 수많은 방식으로
       괜찮은 영화들을 만들고 있어요. 제게 '좋은 작품'이란 다른
       뭔가를 의미해요. 상상력을 통해 클리셰와 고정관념을 새롭
       게 조명할 때, 마음을 풀어놓아주고 연상 작용이 자유롭게 진
       행될 때, 순수하게 영화적인 언어로 시나리오를 쓸 때, 이미
       지와 사운드 사이에 새로운 관계가 만들어져 이전까지 우리
       안에 억압되어 있거나 숨겨져 있던 이미지와 사운드가 밖으
       로 드러날 때, 그래서 그 모든 고양된 정서를 가지고 영화를
       만들 때, 저는 그 영화를 '좋은 작품'이라고 지칭해요.
       〈도퀴망퇴르〉를 만들면서 저는 제 작품이 앞으로 나아가고
       있다는 인상을 받았어요. 저는 항상 제 삶을 진행 중인 하나
       의 작품처럼 여겨왔어요. 경력을 쌓아간다는 생각은 그다지
       하지 않아요. 저는 영화들을 만들어왔고, 그 작업들은 물론

마음에 들었어요. 하지만 이 작품들은 제가 준비 중이지만 여전히 제작에 들어가지 못한 다른 영화들에 비하면 덜 진보적인 작품들이죠.

오드   만들어지지 않은 영화들 중에서 흥미롭게 느껴질 만한 작품이 있을까요?

바르다   물론이죠! 시나리오를 써둔 게 몇 편 있는데 아직 영화화하지 못하고 있어요. 어쩌면 영영 못 찍을 수도 있죠. 1960년에 쓴 〈라 멜랑지트〉, 1980년에 쓴 〈마리아와 벌거벗은 남자〉가 대표적이죠. 전자는 테리사 러셀과 함께하고 싶어요. 러셀은 니콜라스 뢰그의 〈배드 타이밍Bad Timing〉에 출연했는데, 아주 멋진 배우죠. 그리고 시몬 시뇨레도 점찍어두고 있어요. 시몬의 재능과 목소리를 정말 좋아해요. 두 번째 작품은 경찰의 총에 목숨을 잃은, 벌거벗은 남자 역할을 미국 배우 중에서 찾아야 하는데…… 영화화가 쉽지는 않을 것 같아요. 아직 프로젝트를 포기한 건 아니고요.

오드   〈크리스마스 캐럴〉도 있죠?

바르다   1966년인가 1967년에 10분 정도 촬영하고 중단됐죠. 제라르 드파르디외의 데뷔작이 될 뻔했어요. 1968년 이전의 젊은 세대들 이야기였는데, 제작비 마련에 실패했고 결국 배급사도 손을 뗐죠. 저 역시 두 손 들고 미국으로 향했고요. 언제 내려

놓아야 하는지는 알 필요가 있죠.

일전에 드미와 함께 프레베르를 만나러 간 적이 있어요. 프레베르가 우리에게 해준 얘기 중에 아주 인상적이었던 게 하나 있는데, 자신의 시나리오 가운데 채택되어 보수를 받고 영화화된 작품들은 하나같이 또 다른 버전의 시나리오가 적어도 두 편씩은 있다는 거예요. 그 두 편은 아무도 원하지 않았다고 하죠. 시나리오 한 편을 쓰는 데 얼마나 많은 시간과 노력이 필요한지를 생각하면 참 대단해요! 저 같은 경우는 〈마리아와 벌거벗은 남자〉를 쓰는 데 5개월이 걸렸어요. 미국 작가와 함께 썼는데, 제가 30페이지를 써놓은 시점에서 그 작가가 합류했죠. 전부 영어로 써야 했기 때문에 도움이 필요했어요. 우린 매일, 종일, 토요일 아침에도 작업을 했죠. 보수는 받았어요. 즐거운 작업이었죠.

다른 한편으로, 저는 아이디어가 떠올랐을 때 곧바로 촬영에 들어가는 방식도 좋아해요. 특히 다큐멘터리의 경우는요. 〈다게레오타입〉이나 〈얀코 삼촌〉이 거기에 해당하죠. 충격-감정-구조-촬영 시작. 이런 단계로 작업을 하는 거죠. 〈얀코 삼촌〉은 목요일에 이 멋진 삼촌을 찾아가 처음 만났고, 토요일, 일요일 그리고 월요일까지 촬영했어요. 그걸로 촬영 종료였죠! 그 기간 내내 감정적으로 몰입했고 즐겁게 촬영했어요. 상상력이 최고조에 달해 있을 때 촬영한 셈이죠.

오드   말씀을 듣다 보니, 감독님의 테마 가운데 하나인 'le temps(날씨 그리고/또는 시간)'이 연상되네요. 관련해서 얘기를 좀 해주세요.

바르다　일단 저는 촬영할 때는 흐린 날을 선호하고, 생활할 때는 화
창한 날을 좋아해요. 물론 여쭤보신 의도는 시간과 관련된 거
겠죠. 시간은 끊임없이 흘러가요. 저는 살아가면서 그걸 느끼
는 걸 좋아해요. 비록 우리는 시간의 흐름을 제대로 느끼지
못하지만요. 시간은 부드러운 액체처럼 소리 없이 지나가요.
어느새 아이들이 자라고, 나무들 키가 커진 걸 보면 깜짝 놀
라곤 해요. 언젠가 고다르가 우리 집에 잠시 들른 적이 있어
요. 로잘리를 만나려고요. 딸아이는 진짜 깃털을 이용해서 커
다란 천사 날개를 만들고 있었죠. 그의 영화 〈열정Passion〉에
서 사용할 날개였어요. 고다르와 로잘리가 함께 있는 걸 보니
웃음이 나왔어요. 20년 전에 같은 집에서 고다르와 만났던 기
억이 떠올랐거든요. 그때 로잘리는 세 살배기 꼬마 아이였죠.
영화에서 그 시간의 흐름을 포착하기란 참 까다로워요. 20년
이란 시간이 흘렀음에도 우리는 그때의 나와 지금의 나가 무
척 다르다는 걸 잘 느끼지 못하죠. 영화에선 그럴듯하게 보이
기 위해 분장 같은 걸 통해 시간의 경과를 보여주죠. 마음 깊
은 곳에선 우리는 나이를 먹어간다고 느끼지 않아요. 우리는
거울 앞에서 살지 않아요. 우리는 현실을 외부로부터 인지하
지 않아요. 영화에서의 시간과 관련해서 제가 흥미를 느끼는
건 영화의 시간 그 자체예요. 촬영을 하고 있는 시간. 시간이라
는 것 그 자체. 그 갑작스러운 밀도. 〈클레오〉에서 저는 이 화
두를 가지고 작업했어요. 시간은 갑자기 밀도를 갖기도 하고,
다시금 자유롭게 흐르기도 하죠. 혈액의 순환을 닮은 것 같기
도 해요. 또는 〈도퀴망퇴르〉에서처럼 시간은 물질들을 모두 비

워내고, 순수한 공간이 되기도 하죠. 해변처럼요. 또는 미로에서 두 구조물 사이의 통로처럼요.

최근 낭시에서 아주 흥미로운 실험적 전시물을 봤어요. 셜리 클라크의 딸 윈디 클라크의 작품이었는데, 연극 축제가 열리는 현장에 작은 통나무집을 하나 만들어놓고, 〈사랑의 테이프〉라는 이름의 전시를 했어요. 윈디는 5년 전부터 어느 '그룹 치료' 과정을 필름에 담아 왔었죠. 참가자들은 서로를 직접 촬영하고, 방 한쪽에 놓인 모니터로 작업한 영상을 함께 시청했어요. 그리고 자기 자신과 다른 참가자들에 대해 의견을 내놓았죠. 분위기나 내용이 좀 무거운 편이었어요. 윈디는 이 작업을 하던 와중에 아이디어를 하나 떠올렸어요. 참가자들에게 3분 동안 사랑에 대해 이야기해줄 것을 부탁한 거죠. 결국 700분 분량의 증언을 확보하게 됐어요.

통나무집 안으로 들어서면 여러 군데 모니터가 있고, 700분 분량의 '사랑의 테이프'를 시청할 수 있어요. 프랑스, 영어 중에 선택해 볼 수 있죠. 원한다면 직접 참여할 수도 있어요. 안으로 들어가 윈디에게 비디오카메라의 작동 방식을 설명 듣고 화면 구성이나 백그라운드 음악을 고른 뒤, 그 안에 홀로 남는 거죠. 참가자는 문을 잠그고 카메라를 마주하고 영상을 만들어요. 딱 3분 동안요. 3분이 지나면 카메라는 자동으로 꺼져요. 그럼 윈디가 다시 들어오고 테이프를 재생하죠. 만일 참가자가 동의하면 컬렉션에 추가하고, 그렇지 않으면 지워버려요.

'사랑의 테이프'는 아주 매력적이었어요. 작업에 참여한 이들의 많은 부분을 드러내주었고, 보는 이들 역시 자기 자신에 대해 생각해보는 기회를 가질 수 있었어요. 그 가운데 한 여성이 참 인상적이었어요. 5, 60세쯤 돼 보이고 머리를 올려 쪽을 찌고 안경을 쓴, 이웃집 할머니 같은 느낌의 분이었는데 그는 모든 걸 사랑했어요. 온갖 꽃, 인생, 자신의 일, 동료들…… 모두를 사랑했죠. 아주 흐뭇한 광경이었고, 뭔가 불꽃이 약하게 타오르고 있을 듯한 그런 느낌의 사람이 삶을 향해 그토록 많은 사랑을 품고 있다는 게 놀라웠죠. 녹화가 시작되고 40초 정도가 지났는데, "나는 꽃을 좋아하고, 삶을 사랑해요." 이 말을 한 번 더 반복했죠. 이어서 갑자기 "우리 애들도, 그리고 남편도요." 하고는 말을 멈췄어요. 잠시 뒤, "아, 3분이 참 기네요"라고 말했죠. 남은 2분 동안 한 얘기는 이따금씩 "3분이란 시간이 이렇게 긴 줄은 꿈에도 생각하지 못했어요." 또는 대략 다음과 같은 내용의 반복이었어요, "길어요. 길어요. 사랑에 대해 이야기하기에 3분은 너무 길어요." 아주 흥미로운 장면이었어요. 마치 그가 갇혀 있는 시간의 질감을 직접 손으로 만져보는 그런 느낌이었어요. 동시에 그 질감은 내가 그 '사랑의 테이프'를 보고 듣고 있던 바로 그 현재의 시간이기도 했죠.

〈도퀴망퇴르〉에서 저는 뭔가 새로운 걸 시도했어요. 고양된 감정으로 이루어진 순간들 사이에 침묵의 시공간을 도입해보았어요. 관객들에게 시간을 주고자 했죠. 그 시간에 관객들은 그곳에서 감정들의 여진을 들을 수 있어요. 말들, 잊혀진 기억들의 메아리가 들리죠. 마치 영화의 시간 속에서 관객들 자신이 살아온 시간을 차용하려는 것 같죠. 저는 감정이 충만한 순간들을 제시해요. 그리고 이 감정들이 옮겨갈 수 있는 이미지들을 제시하죠. 이어서 침묵이 등장해요. 둘은 공명을 일으킬 수 있죠.

오드   일종의 감정의 비축이라고 할 수 있을까요?

바르다   그렇죠. 비축 그리고 하나의 숏과 그다음 숏 사이의 움직임 속에서 일어나는 감정들의 재배치라 할 수도 있겠고요. 또는 감정의 미끄러짐. 저는 어휘에 큰 매력을 느껴요. 단어들이 있고, 이 단어들은 이미지들을 이끌어내죠. 단어-이미지는 표식 또는 신호라 할 수 있어요. 하지만 늘 우리가 기대하는 방식대로 전달되지는 않죠. 〈도퀴망퇴르〉에서 저는 에밀리와 연인의 러브신을 찍었어요. 사랑하는 장면을 리얼하고 구체적으로 찍었죠. 하나의 묘사일 뿐이지만 동시에 서로의 팔에 몸을 맡긴 성적 관능의 표식이라 할 수도 있어요. 아비브가 촬영한 또 다른 장면에서는 늦은 시간 빨래방에서 등을 보인 채 앉아 있는 한 여성을 만날 수 있어요. 에밀리는 자신의 머리칼을 어루만지고 있죠. 아무 생각 없이 자신의 살짝 기름기 도는 머리를 땋고 있어요. 이 애매한 장면은 관능적이진 않지만, 확실히 육감적인 면이 있죠. 에밀리 역을 맡은 사빈 마무도 참석한 가운데 시사를 하던 중에 저는 마무의 눈에 띄는 동작 하나를 발견했어요. 사랑을 나누는 장면에서 팔꿈치를 머리 위로 올리는 동작이었죠. 순간 아이디어가 하나 떠올라 아주 기뻐했던 기억이 나요. 빨래방 여성 숏에 이어서 그 사랑 행위 중에 들어 올리는 팔꿈치 숏을 배치시키는 거였죠. 그렇게 함으로써 이미지들 사이로 사랑을 표상하는 한 어휘의 미끄러짐 효과가 일어나고, 다음 숏에서 순수한 관능미는 욕망의 표식이 되는 거죠.

오드   주어진 것과 표식 사이의 이러한 일종의 떼어놓기는 이미 〈오페라 무프 거리〉에서 볼 수 있습니다.

바르다   네, 그렇죠. 이전에는 그리 자주 시도하지 않았어요. 〈오페라 무프 거리〉 그리고 〈클레오〉에서도 살짝 접할 수 있죠. 도로시의 누드모델 장면, 그리고 인큐베이터의 아기 장면을 들 수 있어요.

제가 말하는 욕망은 묘사할 수 없는 욕망이에요.
형언하기 힘든 긴장감은 표상이 불가능하죠.

오드   다시 〈도퀴망퇴르〉로 돌아와서 두 사람의 누드 장면은 어떤가요? 감독님은 두 사람의 이별을 암시하려는 듯 시차를 두고 두 사람을 분리시킵니다. 그럼에도 두 육체는 함께하죠.

바르다   멋진 아이디어네요. 그런 식으로 생각해보진 않았어요. 두 육체는 오직 러브신에서만 함께 있는 걸 볼 수 있죠. 그 장면은 의심의 여지 없이 기억의 연상이에요. 실제 연인 관계의 발전으로 인한 장면이 아니에요. 그런가 하면 벌거벗은 남자가 홀로 자는 숏들과 벌거벗은 채 오후 내내 혼자 시간을 보내는 에밀리의 숏들은 욕망의 표식이 아니라 관능이 부재한 시간을 나타내죠. 그저 육체가 홀로 존재하는 시간이요.

오드   하지만 이 두 숏 역시 관능적입니다. 바로 그 부재의 느낌 때문이죠.

바르다   네…… 그 비어 있는 느낌…… 부재는 아주 강력한 존재감을 지니고 있어요. 영화에서 욕망을 표상하기란 상당히 까다로워요. 지금 저는 욕망이 충족되었을 때의 욕망이나 표식을 말하는 게 아니에요. 제가 말하는 욕망은 묘사할 수 없는 욕망이에요. 형언하기 힘든 긴장감은 표상이 불가능하죠. 다만, 비어 있음을 통해서는 가능해요. 비어 있음은 하나의 형태를 가지고 있죠. 헨리 무어의 조각 작품들이 그래요. 비어 있는 형식이 가득 찬 형식만큼이나 강력해요. 도자기도 하나의 형식으로서의 비어 있음을 생각해볼 수 있죠. 도자기 겉면이 감싸고 있는 그 비어 있는 공간이 하나의 형태인 거죠.

오드   〈도퀴망퇴르〉는 아버지를 갖고 싶어 하는 한 아이의 욕망을 그린 영화인가요, 아니면 관능에 관한 영화인가요?

바르다   둘 다죠, 의심의 여지 없이. 아이는 아버지를 그리워하고, 어머니를 갈망해요. 어머니의 경우, 가득함과 비어 있음이 혼동

되어 있어요. 그곳에선 말들이 일종의 고통스러운 에로티시즘이 되죠. 말들은 욕망을 대신하게 돼요. 두 번째 파트에서 아이의 말들은 어머니의 말들을 대체하죠. 아이의 말수는 최소한으로 줄어들지만 정확해요. 말들은 욕망을 표현하죠. 그건 일반적인 욕망이자 모든 이의 욕망이에요. 예를 들어, "나 혼자 자고 싶지 않아" 또는 "누구도 나를 사랑하지 않아"처럼요. 세 번째 파트에선 타인들이 등장하죠. 혼란스러워하는 사람들이에요. 남자들, 여자들. 시나리오상에서 명확히 정체가 규정되지 않은 사람들. 그러나 그들 자신이 영화의 정체성이 되어버리죠. 카페 문을 닫을 준비를 하는 웨이트리스, 벤치 위에 잠들어 있는 마약중독자, 모래밭에서 네 발로 엎드려 한 손으로 모래를 퍼내며 울부짖는 여자. 아비브는 나중에 제게 이게 무슨 부두교 의식인 줄 알았다고 털어놓기도 했어요. 저도 뭐가 뭔지 몰랐어요. 그저 이 고통스러워하는 여성이 기꺼이 제 영화에 출연해주어서 크게 감동받았을 뿐이죠.

오드   또 다른 장면에선 두 남자가 죽은 이를 지키고 있는 듯한 모습을 보이고 있는데요. 제겐 이 모습이 더 의식처럼 보였습니다.

바르다   어느 날 제가 실제로 목격했지만 무슨 일인지 이해하지 못한 장면이었어요. 그래서 재구성했죠. 마치 죽은 것처럼 여성을 눕히고, 성경을 여성의 배 위에 올려놓고 두 남자는 곁에서 무릎을 꿇고 있죠.

오드 감독님은 빛과 어둠, 낙관과 비관 사이의 대립 구도에 관심이
많으신데요. 〈도퀴망퇴르〉는 그것과는 거리가 있어 보입니다.

바르다 이 영화만 보면 그렇죠. 영화는 내내 어두워요. 하지만 〈벽, 벽
들〉과 〈도퀴망퇴르〉를 함께 보면 태양에서 그림자로 옮겨가
고, 바깥에서 안으로…… 그런 식이죠. 두 영화를 함께 묶으면
모순에 대한 저의 관심이 여전히 유효하다는 게 드러나요.

오드 그런데 이 대립 구도가 항상 엄격하게 적용되어온 것 같지는
않습니다. 제게 〈오페라 무프 거리〉는 90퍼센트의 번민과 10퍼
센트의 희망으로 채워져 있습니다.

바르다 네, 아마도요. 두 영화는 공통점이 좀 있어요. 들르뤼의 음악
을 포함해서요. 두 작품 모두 컬러 영화이고, 아주 강렬한 개
인적 느낌들이 담겨 있죠. 그리고 두 영화 모두 꽤 만들기 어
려운 작품들이었어요. 마치 만들지 않으려고 애쓴 작품 같이
요. 〈도퀴망퇴르〉는 시나리오 작업도 정말 힘들었어요. 촬영
시작 날짜를 계속 미루다 모든 게 준비가 된 상태에서 촬영에
들어가기 하루 전날, 제 모든 신분증을 잃어버리고 말았어요.
그것도 완전히 다른 두 장소에서 따로따로요. 딱 하나 있던
시나리오도 거기 같이 있었고요. 복사를 해놨어야 하는데 기
회가 없었죠. 결국 마무가 수소문을 해서 시나리오는 찾아줬
어요. 그가 인내심을 발휘해주지 않았다면, 아비브를 비롯한
동료들의 이 프로젝트에 대한 열정이 없었다면 저는 아마 영

화를 시작도 못 했거나, 완성해내지 못했을 거예요.

그게 다가 아니었어요. 저는 계속해서 다양한 장애물들과 씨름해야 했어요. 월세로 살던 아파트 계약이 끝나가던 무렵이었는데, 저는 더 살고 싶었고 집주인은 계약을 종료하길 원했죠. 저는 이사 갈 마음이 없었어요. 그래서 계속 부탁하고 기다리면서 아까운 시간을 흘려보냈어요. 결국 촬영을 시작하기 3일 전에 집을 포기했어요. 그러고는 30분도 안 돼서 이사갈 집을 구했는데, 1930년대에 지어진 가난한 동네의 한 주택이었죠. 내부가 정말 미로 같은 구조였어요. 그런데 에밀리와 마르탱에게도 그렇고, 이보다 더 근사한 촬영 장소가 없었던 거예요. 기묘하게 고요하고 불안한 기운이 돌았어요. 제가 그렇게 안달복달했던 아파트에 비하면 열 배는 더 나았죠. 그렇게 해서 만든 영화가 〈도퀴망퇴르〉예요. 감추기와 드러내기, 집착과 현실, 초현실주의, 마법, 필름에 담을 수 없는 것을 담고자 하는 욕망.

오드　　영화의 제목 〈도퀴망퇴르〉에 '거짓말쟁이'라는 의미의 '망퇴르menteur'를 넣은 이유는 무엇인가요? 이 영화에서 거짓말이라고 여겨지는 부분은 없는 것 같은데요.

바르다　그 반대로, 영화 전체가 '시네마 베리테'와는 대척점에 자리하고 있어요. '시네마-꿈-우화'라 할 수 있죠. 진실한 거짓말, 루이 아라공이라면 이렇게 말했을 법해요. 제가 지금 말하는 모든 것은—제 영화들은 저의 통제권을 벗어나버리기 때문에—후기 같은 거예요. 저는 영화들에 대해 얘기하고 설명하고 꿈꾸기도 해요. 이해해보려 하고 다음 영화에 대한 계획이나 그 구조에 대해 이야기하기도 하죠. 세부적인 것들을 논하기도 하고요. 영화 작업을 할 때면 저는 영화의 유기적 현실의 일부가 돼요. 〈벽, 벽들〉의 경우 사빈 마무와 함께 6개월에 걸쳐 편집 작업을 했어요. 이미지와 말 들을 보기도 하고 듣기도 하면서 이렇게 저렇게 조합해보는 거죠. 그리고 나서 이미지들이 보다 명확해지고, 또 다른 메시지들을 발산하기를 기다려요. 그렇게 기다리는 사이, 다른 작품의 시나리오를 쓰기 시작해요. 그리고 얼마 뒤 다시 돌아와 편집 작업을 좀 더 하는 거죠. 〈도퀴망퇴르〉 얘기를 더 하자면, 그 모든 '진실한 거짓'을 영화 속 목소리들, 얼굴들 그리고 육체들에서 발견할 수 있어요. 누가 말을 하는 걸까요? 누구의 이름으로요? 마무가 영화 속 마무에 대해 이야기를 꺼내면 우린 진짜 혼돈에 빠져요. 저는 이렇게 말하죠. "그러니까 네가…… 아니 그가……" 결국 우리는 웃음을 터뜨리죠. 우린 스스로 만든 미로 속에 들어가 있는 거예요. 그곳에선 현실, 가상 이미지, 진짜 이미지 또는 상상 속의 이미지들이 결국 서로를 모방하며 한데 어우러지죠.

오드   마지막으로 역사 질문을 드리면서 마무리 짓고자 합니다. 누벨바그와 관련해서 오늘날 자신을 스스로 어떻게 자리매김하실 수 있을까요?

바르다 글쎄요. 사실 전 그 그룹의 일원인 적이 없어요. 사람들은 제가 누벨바그의 창시자라 얘기하지만, 저는 전적으로 독학을 했고 전혀 영화 쪽 사람도 아니었어요. 그저 누벨바그의 물결 속에 있었죠. 고다르 덕분에 드미는 보르가르가 제작한 〈롤라〉를 만들 수 있었고, 저는 드미 덕분에 〈클레오〉를 만들 수 있었어요. 그런 식으로 바통이 이어졌죠. 공통적인 경향성도 있었는데 저예산으로 만든다는 점, 캐릭터들이 파리 시내를 활보한다는 점이 그랬죠. 그런 관점에서 보면 리베트는 결코 늙지 않는다는 걸 알 수 있어요. 〈북쪽에 있는 다리〉를 보세요! 아무튼 저는 그 그룹에 한 번도 소속된 적이 없어요. 그래서 저를 잊거나 배제하는 경향이 있기도 했죠. 저는 1976년 무시도라협회에서 나온 영화 산업에서 여성의 한계를 기록한 책『증언, 그녀들이 촬영하다Paroles, Elles Tournent』에도 포함되지 않았어요. 그리고 1980년, 〈카이에 뒤 시네마〉에서 프랑스 영화를 주제로 두 차례에 걸쳐 특별호를 발행했는데, 저는 지나가면서도 언급이 안 됐죠. 제 영화는 말할 것도 없고요. 세상에! 참 많은 사람이 언급됐어요. 아주 흥미로운 사람들, 색다른 사람들, 모든 분야의 프랑스 영화감독들, 남자, 여자, 오베르뉴 출신까지요. 하지만 저는 아니죠. 왜일까요? 제가 미국에 있었기 때문에? 루이 말도 미국에 있었죠. 여성 혐오? 당연히 아니죠. 카트린 브레야, 마르그리트 뒤라스 등이 포함됐으니까요. 키가 150센티미터가 안 되면 제외를 한 걸까요? 아니에요, 샹탈 애커만도 거기 있으니까요. 저는 그저 잊힌 거예요. 누구도 접촉해오지 않았고, 어떤 질문지도 받지 않았어요. 이건 큰 상처예요. 지난 몇 년간 장시간의 인터뷰를 몇 차례 했던 〈카이에 뒤 시네마〉에서 저를 배제한다면 정말 추방당한 느낌이 들 수밖에 없죠. 이건 우연히 일어난 일이라거나 그저 깜빡한 거라고 할 수 없어요.

어쩌다 보니 이와 같은 분리에 대해 이야기하는 영화를 한 편 만들게 됐네요. 영화는 쉼터의 결핍, 따뜻함의 결핍, 머리를 기댈 수 있는 어깨의 결핍을 이야기하죠. 저는 영화 두 편을 들고 왔어요. 이번 인터뷰에선 〈벽, 벽들〉 이야기는 좀 적었던 것 같네요. 아무튼 저는 돌아왔고, 다들 제 영화들을 보고, 제게 말을 걸어주고, 질문들을 해요. 따뜻하게 환영해주고 있어요. 온기가 느껴져요. 아마도 저는 프랑스 영화계에 여전히 존재하고 있는 듯해요. 뜨거운 반응이나 넉넉한 쉼터는 얻지 못하겠지만 적어도 저는 지금 내부에 있어요, 외부가 아니라.

1982년의 아녜스 바르다

다양한 우연의 순간들

"저는 카메라 뒤에 있지 않아요. 그 안에 있어요!"

이렇게 말할 당시 바르다는 누벨바그의 가장 혁신적인 영화감독 가운데 한 사람이었다. 이제 30년이 지나고 25편의 영화를 만든 지금, 아녜스 바르다는 여전히 자신만의 방법론을 통해 남다른 경력을 쌓아가고 있다. 최근작 〈방랑자〉는 베니스영화제에서 황금사자상을 수상했다. 이 비범한 작품에서 바르다는 거의 차가울 정도로 건조하게, 그러나 꼼꼼하게 한 젊은 여성의 초상을 그려낸다. 수수께끼 같은 그의 고독한 모습은 그와 마주치고 인연을 맺은 사람들을 사로잡고 오랫동안 그들의 기억 속에 머무른다.

베라 　〈방랑자〉는 스무 번째 장편영화입니다. 감독님은 이외에도 꽤 많은 단편을 만드셨죠. 눈에 띄는 부분입니다.

이 인터뷰는 1985년 발행된 〈시네 뷜Ciné-Bulles〉 3호에 수록되었다. 인터뷰어는 영화평론가 프랑수아즈 베라Françoise Wera이다.

바르다　　네, 장편영화 사이사이 단편들을 만들었어요. 대부분의 영화 감독들이 단편을 장편영화로 가기 위한 발판 정도로 여기는 것과는 달리 저는 수시로 단편영화를 만들죠. 아주 짧은 시간 안에 감정들, 상상의 순간들, 여러 발견들을 담아내고 표현할 수 있어요. 이 영화들은 제 작품 세계가 성장하는 데 도움을 주죠. 그리고 미래의 관객들과 저의 지각 또는 인식을 미리 짜 맞춰 보는 그런 작업이라고 할 수도 있고요. 훈련 같은 역할도 하죠. 저의 눈과 귀, 이런저런 모든 것을 단련시키는.

〈율리시스〉를 예로 들면, 저는 1954년에 찍은 사진 한 장을 바탕으로 영화를 만들었어요. 그 사진을 보면 바다가 보이고, 한 벌거벗은 아이가 돌투성이 해변에 앉아 있어요. 그 옆으론 죽은 염소 한 마리가 있고, 벌거벗은 사내가 바다를 바라보며 서 있죠. 저는 이 이미지에서 출발해 그 인물들을 찾아내려 했고, 사진 찍을 당시의 순간을 재발견해보려 노력했어요. 흥미로웠던 부분은 저의 기억과 시간에 물음표를 다는 것 외에 이미지 그 자체, 기억의 표상, 기억과 표상 사이의 관계에도 물음표를 다는 것이었어요. 이건 바로 영화가 진정 무엇인가에 대한 대답이기도 하죠. 시간, 움직임 그리고 특히 이미지에 대한 재검토. 이미지를 파고들면서, 스물여덟 살씩 더 먹은 사진 속 모델들을 찾아내면서, 또 사진을 찍은 그날에 어떤 일이 일어났는지, TV에서는 어떤 프로그램을 방영했고, 뉴스는 어떠했는지 같은 정보들을 습득하면서, 그리고 고정된 이미지에 움직임을 재도입하면서 저는 영화란 것 자체를 재발견하고 재검토하게 됐어요. 요약하자면, 그 특정한 날에 대한 저의 불완전한 기억으로부터 하나의 이미지가 떠올랐고 그건 바로 한 장의 사진이었죠. 그런데 그 사진은 그걸 분석하려는 저의 모든 시도, 관련한 모든 조사와 탐사를 거부하고 저항하는 듯했어요.

제가 만든 단편영화들은 각각 저의 성장 단계들을 보여줘요. 예를 들어, 의뢰를 받아 작업한 영화 〈여인상 기둥 이야기〉를 만들 때는 1860년대로 거슬러 올라가 보들레르의 죽음에 대해 탐구해야 했죠. 레퍼런스, 기억 그리고 자유연상의 결합을 통해 각각의 영화들에서 여러 주제를 두루 살펴봤어요. 그 주제들은 기존 영화에서는 거의 다뤄지지 않은 것들이었죠. 사람들은 액션과 극적인 드라마를 넣어서 이야기해주기 바라지만, 그 외에도 아주 흥미로운 여러 연출 방식이 있어요. 시간, 공간, 기억, 감정, 회상, 놀라움 등의 재료를 활용해 영화를 만들 수 있죠.

베라   미국에서도 영화를 몇 편 만드셨습니다. 〈도퀴망퇴르〉는 자전적인 영화라 할 수 있을까요?

바르다   글쎄요. 그렇기도 하고 그렇지 않기도 하죠. 사실 저는 제 모든 영화가 자전적이라고 생각해요. 〈율리시스〉는 완전히 그렇고요. 심지어 저와 이 아이, 율리시스의 모습이 담긴 사진들도 영화에 나오죠. 어떻게 보면 〈방랑자〉도 자전적 영화라 할 수 있어요. 간접적이긴 하지만요. 다시 〈도퀴망퇴르〉로 돌아가서 보면 영화에 등장하는 아이, 마틴 역을 제 아들인 마티외 드미가 연기했고 영화가 LA에서 아이와 함께 사는 한 여성의 이야기를 그렸으니 실제로 그곳에서 마티외와 살았던 제 이야기라고 생각할 수 있어요. 하지만 저는 다른 측면에서 자전적 성격을 발견해요. 바로 영화에 가득 담겨 있는 감정들, 그 강력한 감정들이 자전적이라 할 수 있죠. 〈방랑자〉도 다르지 않아요. 물론 저는 배낭을 메고 작은 마을을 전전하는 열여덟 소녀가 아니에요. 여든다섯 할머니에 가깝죠. 그럼에도 모든 캐릭터 안에 제가 있어요. 마차 메릴이 연기한 캐릭터 안에도 제가 있죠. 저는 플라타너스가 죽어가는 문제에 관심이 많아요. 크게 걱정돼요. 특정 버섯이 전염병을 일으키는데 아직 치료법을 발견하지 못하고 있어요.

베라   〈방랑자〉의 시나리오 작업 과정이 궁금합니다.

바르다   어떤 이야기를 할지 결정한 후, 지형을 탐색하러 집 밖으로 나섰어요. 이렇게 표현해도 괜찮을지 모르겠지만. 아무튼 히치하이커들부터 만나봤어요. 기차역도 기웃거려 보고요. 밤에 노숙자 쉼터를 찾아가 보기도 했죠. 하루는 히치하이킹을 하던 한 소녀를 만나서 이야기를 나눴는데 아주 범상치 않은 캐릭터였어요. 그때 깨달았죠. 그래, 사내아이보다는 소녀가 히치하이킹을 하면 더 흥미롭겠어. 사실상 주인공이 10대 소녀로 결정되는 순간이었죠. 그리고 자연스레 소녀 히치하이커라면 육체적으로 보다 용기가 필요할 테고, 보다 내구력이 강해야 할 테고, 보다 담대해야 할 테고, 사람들한테 "너나 잘하세요!"라고 말할 수 있는 배포도 있어야겠고, 뭐 이런 가정들을 하게 됐죠.

캐릭터들을 만들기 위해 저 역시 이리저리 다니면서 아이디어를 찾았는데, 이 과정 역시 영화의 밑거름이 되었죠. 여행을 하면서 사람들을 만나고 이야기를 나눴어요. 예를 하나 들면, 제가 양들을 좋아해서 하루는 양 떼 사이를 어슬렁거리고 있었어요. 그러다 우연히 양치기 일을 하는 전직 교수 한 분을 만나게 되었죠. 그분과 이야기를 나누다 보니 단순한 양치기보다 훨씬 흥미로운 캐릭터가 될 것 같은 거예요. 그 자리에서 바로 그분에게 역할을 맡아 연기를 해줄 수 있는지 물었고, 승낙을 받아냈죠. 그를 캐릭터 삼아 텍스트를 썼고요. 이런 방식으로 캐릭터를 만들어요. 자기 역할을 본인이 직접 쓰게 하면 마치 그의 이야기를 제가 훔쳐와서 제 영화에 사용하는 느낌이 들거든요. 그 대신 제가 직접 씀으로써 제 캐릭터들이 허구라는 것을 명확하게 하죠. 실제 인물들이 들려준 이야기들이 대략적으로 영화에 담기긴 하지만, 직접적으로 그들의 표현이 들어가지는 않아요.

그래서 제 작품은 좀 모호한 부분이 있어요. 저는 제가 찾고 있는 카테고리를 가장 잘 대표할 만한 사람들을 만나 대화를 나눠요. 그리고 그들이 들려준 이야기의 일부를 자양분 삼아 그들이 맡을 역할의 텍스트를 써요. 그들의 환경이나 스스로를 표현하는 방식이나 움직이는 방식 같은 것들을 유지하려하죠. 이렇게 허구와 다큐멘터리 사이에서 작업하는 게 참 흥미로워요.

베라 그러니까 실제 인물들이 연기를 하긴 하지만, 모든 대사는 미리 작성된 거라는 말씀이시죠?

바르다 그렇죠. 모든 게 아주 세심하게 구성돼요. 〈방랑자〉의 모든 대사는 제가 직접 쓴 거예요. 거의 마지막 순간에 쓰죠. 때로는 새벽 네 시일 수도 있고 때로는 차 안에서 쓰기도 하는데, 아무튼 비非전문 배우들은 모두 제가 미리 써놓은 대사를 읊는 거예요. 실재하는 사람들의 이야기를 자양분 삼아 만든 진짜 픽션 영화죠. 자료를 수집하는 과정은 다큐멘터리지만 시나리오나 촬영 상의 작업은 조작과 가공, 즉 픽션이죠.
이 시나리오의 특징 가운데 하나는 제가 온전히 통제할 수 없는 캐릭터(모나)를 만들었다는 점이에요. 제가 캐릭터를 선택했지만 그 캐릭터에 대해서 전부 다 아는 것도 아니고, 앞으로도 완전히 이해하지는 못할 거예요. 사실 이 영화 자체가 저와 캐릭터 사이의 관계를 닮아 있죠. 넘을 수 없는 간극이 존재해요. 영화 속 증인들은 모나에게 접근하고, 조금은 거리를 두기도 하고, 때로는 그를 찾아 나서고, 가혹하게 비판도 하죠. 결국 그들은 모나에 대해 모순적인 견해들을 지니게 돼요. 소통은 벽에 부딪히고요.
이런 방식의 작업은 이전에 제가 해오던 것과는 완전히 달라요. 〈5시부터 7시까지의 클레오〉를 예로 들면, 저는 클레오에 대해 모든 걸 알고 있었어요. 촬영 전, 그리고 촬영 기간 중에 클레오에 관한 많은 사항을 기록했죠. 마르샹도 그걸 읽고 참조했고요. 전 이렇게 말했어요. "클레오의 삶 가운데 이 순간을 연기하기 위해선 당신이 무언가를 채워 넣어야 해요. 생기를 불어넣어야 해요." 생기라는 단어가 중요하죠. 캐릭터에 영혼을, 숨결을 불어 넣는 거예요. 클레오는 어떤 사람인지, 무엇을 위해 사는지, 나이는 몇 살인지, 인간관계는 어떤지, 어떤 식으로 이야기하는지, 이런 온갖 요소로 캐릭터를 만들어가는 거죠. 하지만 〈방랑자〉에서는 스쳐 지나가던 한 소녀를 우연히 만나면서 비로소 캐릭터를 만들어가기 시작했죠. 촬영을 시작했을 때, 저는 모나에게서 저만의 거리를 확보하려고 노력했어요. 얼굴과 영혼을 파고드는 듯한 베리만 스타일의 극단적인 근접 촬영은 피했고요.

이 작품에서 제가 가장 자랑스러워하는 부분이 아마도 이 대목일 거예요. 촬영을 시작하기에 앞서 이 영화가 방랑자적 면모를 띄게 되리라는 것을 파악한 점. 저 역시 모나가 나아가는 모습을 지켜보는 증인의 역할을 맡아야 한다는 판단. '작가'의 위치에 있지만 그래야 한다고 생각했죠. 아마도 이런 이유로 이 영화의 관객들이나 비평가들 역시 모나의 증인이 되는 그들 자신만의 역할을 맡을 수 있었을 테고요. 그들이 보는 건 단지 한 편의 영화가 아니에요. 그 대상은 바로 모나죠.

사실 모든 예술 작품은 항해라 할 수 있어요.
작품뿐만 아니라 그 안의 캐릭터들도요.

베라 　　　사실 저 역시 그 부분이 마음에 들었습니다. 증인들의 반응과 그것들을 보여주는 감독님의 방식, 그럼에도 모나는 수수께끼로 남아 있죠. 이 캐릭터는 그저 스쳐 지나가지만, 잠시 머물렀던 그곳의 질서를 흔들어놓습니다. 사람들의 삶 속으로 들어가 모든 이의 기억 속에 각인되어 머무르고요.

바르다   스쳐 지나가기 때문이죠. 제게는, 그리고 저만의 시나리오에서 모나는 그저 계속 앞으로 나아가요. 클로드 장 필리프라는 아주 훌륭한 프랑스 평론가가 있는데, 이분의 글을 읽다가 스탕달의 유명한 글귀가 떠올랐어요. "소설은 길을 따라 여행하는 거울이다." (원문은 "소설은 길을 가는 누군가가 지닌 거울이다.") 소설 속 캐릭터들도 마찬가지죠. 사실 모든 예술 작품은 항해라 할 수 있어요. 작품뿐만 아니라 그 안의 캐릭터들도요. 〈방랑자〉는 의심의 여지 없이 이 거울 효과, 프리즘 효과를 일으키죠. 누군가, 또는 무엇이든 눈앞을 지나가면 그 장면은 하나의 이미지가 되고, 그 이미지는 우리를 공상하게 하고, 숙고하게 하죠. 다시 이 논의의 시작으로 돌아가게 되네요. 〈율리시스〉는 이미지에 대한 고찰이에요. 그리고 그 이미지가 저에게 미친 영향과 아이들을 포함한 다른 이들에게 미친 영향에 대한 고찰이죠. 또한 저는 〈한 이미지에 1분씩Une minute pour une image〉이란 제목의 2분짜리 영화들을 연이어 만들기도 했는데, 이 작품에선 여러 사람이 자신들이 직접 만들지 않은 이미지들을 놓고 이야기를 나누죠. 우리가 느끼는 것들, 우리가 바라보는 방식, 타인이 우리를 보는 방식에 대한 우리의 느낌들, 다른 감정들, 다른 선택들, 이러한 연쇄반응…… 이와 같은 담론들은 제 몇몇 영화들의 주제였고, 〈방랑자〉로 이어졌죠.

베라   상드린 보네르의 모나 해석은 아주 탁월했습니다. 처음부터 보네르를 낙점하셨나요?

바르다   네. 이 역할을 그 정도의 열정으로 해낼 수 있는 젊은 여배우는 그가 유일하다고 생각해요. 모나는 내면에 누구도 가닿을 수 없는 어떤 작지만 단단한 공간 하나를 가지고 있어요. 보네르는 금발 미인에 아주 단아한 모습임에도, 내면에 단단한 공간을 지니고 있죠. 그래서 접근하기 어렵고, 자부심이 강한 모나 역할을 잘 소화해낼 수 있으리라 판단했어요.

베라   배우들과는 어떻게 작업하시는지 궁금합니다. 촬영에 들어가기 전에 리허설을 많이 하시나요?

바르다   촬영 전에는 전혀 하지 않아요. 촬영 현장에서 모든 게 이루어지죠. 리허설을 하지 않는 대신 테이크마다 조금씩 다르게 시도해봐요. 간단히 예를 들자면 모나가 혼자 들판을 지나가고 있어요. 그럼 "자, 이건 트래킹 숏으로 가죠"라고 말하고, 그대로 끝낼 수 있어요. 하지만 그렇게 하지 않아요. 우린 모나가 백팩의 어깨끈을 만지는 가장 적절한 타이밍에 대해 의논해요. 또는 혼자 웃는 시점에 대해서요. 저는 그런 소녀들을 가끔씩 봐요. 갑자기 아무런 이유도 없이 혼자 웃죠. 그리고 어린 여성 혼자서 유랑을 하려면, 어떻게든 생존을 하려면 어느 정도 실질적으로 도움이 될 만한 태도나 행동이 필요해요. 그래서 우린 보네르가 길 위에서 생존하기 위해 필요한 능력을 어느 정도 지녔음을 드러내는 행동들이 뭐가 있을까 찾아보기도 했어요. 물론 히말라야 등정 계획을 세울 정도의 체계적인 능력까지 갖췄음을 암시할 필요는 없겠지만요. 이렇게 우린 캐릭터의 현실적이고 기능적인 몸짓들에 대해 이야기를 나눴어요.

베라   비전문 배우들과의 작업은 어떠신지요?

바르다   만족스러워요. 배우들도 아주 잘해줬고요. 오랜 기간 영화 일을 했음에도 하나의 캐릭터를 만들고, 그를 실제 인물처럼 보이게끔 만드는 게 얼마나 힘든 일인지 깨달았죠. 방법이 하나 있긴 해요. 돈을 많이 투입하는 거죠. 미국인들처럼요. 그래서 때로 놀라운 결과물을 만들어내기도 해요. 예를 들어, 〈실크우드Silkwood〉에서 메릴 스트리프는 대단해요. 뭔가를 제대로 만들기 위해선 많은 시간과 돈이 필요하다는 걸 느껴요. 저는 많은 시간을 투자하죠. 홀로 이곳저곳 다니며 사람들을 만나고, 사물들을 관찰해요. 전혀 비용이 들지 않죠. 시간을 들여 꼭 알맞은 사람들을 선택해요. 그리고 그들의 환경을, 그들의 복장을, 그들의 머리 모양을, 그들의 손을, 그들의 손톱을, 더럽든 깨끗하든 그들의 도구를, 그들의 말하는 방식을 그대로 가져다 쓰죠. 시나리오를 쓸 때는 그들이 실제로 말을 한다면 이렇게 하겠지, 라고 상상하면서 대사를 써요. 그들의 현실도 최대한 활용해 작업하죠. 리얼리즘의 힘이라 할 수 있어요. 그들이 사는 곳, 그들이 사용하는 도구들, 그들이 열고 닫는 서랍까지…… 실제 생활공간이 그대로 영화 속 공간이 되니까요.

포도나무를 재배하는 남자를 예로 들어보죠. 그는 매일 그러듯이 자신의 식탁에 앉고, 늘 하듯이 손을 뻗어 올리브 오일 병을 집어 들어요. 뭔가 특별한 몸짓을 취할 필요가 없어요. 마치 메릴이나 상드린 보네르 같은 직업 배우들이 하는 방식과는 다르죠. 이들과 작업할 때는 정확한 순간을 찾아내기 위해 모든 몸짓을 다 시도해봐요. 때로는 타당한 이유를 대면서 주문하지만, 때로는 이유를 말하지 않기도 하죠. 보네르는 제가 요구를 너무 많이 한다고 했어요. 조금은 광적으로요. 사실이에요. 왜냐하면 모나는 리얼해야만 했거든요. 결국 보네르는 완벽히 리얼했고요.

베라   평론가 고바야시 히데오는 이렇게 말했죠. "배우는 영화에서 그저 하나의 요소일 뿐이다. 중요하긴 하지만, 다른 요소들에 비해 더 비중이 높은 건 아니다." 어떻게 생각하세요?

바르다   촬영감독 패트릭 블로시에가 아주 큰 도움을 줬어요. 이번이 그의 첫 번째 장편영화였죠. 물론 〈벽 주변에서Around the wall〉 같은 다큐멘터리를 포함해 수많은 작품들에 참여해왔고, 상황이 녹록치 않은 현장에서 많은 작업을 해온 베테랑이에요. 그는 우리가 말랑말랑한 영화가 아니라 직설적인 영화, 날것의 영화를 만든다는 걸 곧바로 이해했어요. 그리고 고맙게도 제가 원하는 바에 정확히 부합하는 조명을 만들어줬죠. 우리가 다소 가난한 지역에서 촬영할 때는 약한 일광 느낌이 나거나 천장에 장식 없이 그대로 매달린 전구에서 나오는 듯한 조명을 연출해냈고, 반대로 온갖 장식품으로 가득한, 부유한 할머니의 아파트 장면에서는 다양한 물품을 화려하게 드러내는 아주 풍부하고 관능적이기까지 한 조명을 연출해냈죠. 아주 근사했어요.

사실 저는 요구하는 게 많은 사람이에요. 이런 식이죠. "아니, 지금은 촬영 못 해요. 햇빛이 너무 강해요. 저녁 일곱 시에 다시 모이기로 하죠." 겨울에 해가 일찍 기울 때는 하루가 저물 무렵의 그 지저분한 빛을 포착하기 위해서 저녁 다섯 시나 여섯 시에 촬영하기도 했어요. 그 지저분한 '하루가 저물 무렵'의 빛을 종종 사용했는데, 홀로 걸으면서 고독감을 절실히 느끼기에 딱 적절한 시간이죠. 비록 모나가 홀로 지내고 혼자 살아가기로 마음먹었다 해도, "아무 상관 없어!"라고 꿋꿋이 외친다 해도, 이런 분위기에서는 우울감을 느끼지 않을 수 없거든요. 패트릭은 이 모든 것 그리고 제가 원하는 바를 정확히 파악했어요. 해 질 녘의 빛을 환상적으로 포착해냈죠.

프레임에 대해서 말하자면 저는 구도를 잡는 부분에 대해 신경을 많이 썼어요. 인물을 어떻게 배치하는가, 어느 정도 거리를 두는가 하는 문제를 아주 중요하게 여기죠. 한 걸음 더 다가가서 찍고 싶은 마음에 장면 하나를 다시 찍기도 해요. TV쪽 사람들은 이런 것들을 그다지 신경 쓰지 않죠. 저는 제 작품에 필요하다고 여기면 정확히 그걸 구현하면서 영화를 찍어요.

사물이, 사람이, 어떤 우연이
아이디어를 만들어내고 우리는 곧바로
그 자리에서 그걸 사용하죠.

베라   영화제작 과정 가운데 어느 단계가 가장 마음에 드시나요?
          촬영, 편집, 아니면 시나리오 작업?

바르다   다 좋아해요. 저는 시네크리튀르란 용어를 만들어 사용하기
          도 했어요. 시네크리튀르는 시나리오가 아니에요. 영화를 위
          한 탐사, 선택, 영감, 작성한 텍스트, 촬영, 편집 등 모든 것의
          앙상블이죠. 영화는 이 모든 다양한 순간들이 한데 모여 만들
          어내는 결과물이에요. 저는 하루에 아홉 시간을 편집실에서
          보내요. 영화는 그곳에서 한데 합쳐지고, 영화의 감정들은 명
          확하게 조율되고, 조정되고, 다듬어지고, 최종적으로 바로잡
          아지거든요.
          사운드에 대해선 언급을 안 한 것 같은데, 이 부분 또한 매우
          중요하죠. 이 영화의 사운드엔지니어는 또 다른 방랑 영화인
          〈파리, 텍사스Paris, Texas〉에서 작업했던 음향감독님이 맡아주
          셨는데, 아주 만족스러웠어요. 저는 모나의 발걸음 소리 같은
          일반적인 요소들에 더해 모나가 입고 있는 그레이 진이 마찰
          을 일으키면서 내는 소리까지 포착해줄 것을 요구했어요. 왜
          냐하면 혼자 있을 땐 이런 소리까지 들을 수 있거든요. 지퍼
          가 걸려서 나는 소리, 텐트의 스파이크가 돌에 부딪혀 나는
          소리, 들판의 구성 성분에 따라 다양하게 나는 소리 등등. 저

는 이런 모든 소리들을 듣고 싶었어요. 그래야 모나와 함께 있는 듯한, 같이 살고 있는 듯한 느낌이 들 것 같았죠. 이런 영화는 아주 능숙한 전문 인력을 필요로 해요. 조작한 느낌 없이 자연스럽게 사실감을 줘야 하니까요.

영화 작업을 막 시작하고, 아이디어가 하나둘씩 싹을 틔우기 시작하면 제가 은총의 상태라고 부르는 영역으로 진입해요. 그곳에서 운과 적극적인 관계를 맺게 되고요. 그 운과 함께 영화를 만들게 되는 거죠. 제가 영화 작업을 하면서 겪은 일들은 쉽게 상상하기 힘든 것들이에요. 때로 우리 스태프들을 많이 놀라게 하기도 했죠. 제가 이러이러한 게 필요한데, 라고 말하면 얼마 지나지 않아 그것들이, 또는 그 상황들이 눈앞에 펼쳐지는 거예요. 놀라운 일이죠! 예술가들은 종종 영감이나 뮤즈 얘기를 꺼내곤 해요. 하지만 단순히 뮤즈 때문은 아니에요. 어떤 창의적 힘과의 관계가 그것들을 필요로 할 때 눈앞에 나타나게 만들어주는 거죠. 뮤즈가 아니라 관계가 결정짓는 거예요. 영화를 향한 저의 열정이 이렇게 미스터리한 일들을 일으키는 것 같아요. 그 강렬한 은총은 매우 인상적이고, 조금은 믿기지 않기도 해요. 이런 일은 현장에서 50번도 더 일어났어요. 사물이, 사람이, 어떤 우연이 아이디어를 만들어내고 우리는 곧바로 그 자리에서 그걸 사용하죠.

예를 들어, 모나의 죽음 장면을 촬영할 무렵, 누군가 제게 어느 경찰서장 한 사람을 만나보라고 강하게 권했어요. 경찰관을 영화에 출연시킬 수도 있을지 모른다고 하면서요. 아니면 경찰차라도 부탁할 수 있을 거라고 했죠. 저는 경찰을 개인적으로 선호하지 않았음에도 그분을 만났어요. 얘기를 나누던 중에 그분이 제게 이런 말을 했어요. 한동안은 모포 같은 걸로 시신을 덮었는데, 이제는 지퍼가 달린 나일론 재질의 자루에 밀어 넣는다고요. 그 순간 저는 모나의 침낭을 떠올렸어요. 연결 고리를 발견한 거죠. 이제 이 영화에서 가장 강력한 이미지인 얼어붙은 시신이 지퍼가 달린 하얀 자루로 들어가는 장면이 만들어져요. 자루의 지퍼는 모나의 후드티 지퍼를 떠오르게 하고, 자루는 그가 들어가 자곤 하던 침낭과 흡사해요. 이 모든 것, 이 장면의 모든 감정은 다 경찰서장의 언급에서 비롯된 거예요.

또 다른 예를 하나 더 들자면, 모나의 몸을 향한 마지막 모욕에 관한 거예요. 아직 이 부분에 대해선 이야기를 나누지 않았는데, 이건 영화의 주요 테마 가운데 하나예요. 바로 불결함이죠. 그리고 불결함에 대한 우리의 불관용. 바다에서 모습을 드러내는 모나는 시간이 흐를수록 점점 더 지저분해져요. 종국엔 와인 찌꺼기 세례까지 받게 되고요. 저는 어릴 때 세트 지역 인근에서 자랐는데, 그곳에 이런 역겨운 풍습이 있었어요. 세 시간 동안 사람들에게 와인 찌꺼기를 던질 수 있는 권리가 주어지는 거예요. 영화는 한겨울 포도나무를 재배하는 지역을 배경으로 하는데, 그곳엔 언제나 술이 넘치고 술 취한 사람들도 쉽게 접할 수 있어요. 믿어지지 않겠지만, 저는 그 멍청한 풍습을 까맣게 잊고 있었어요. 우연히 누군가 그 행사 모습이 담긴 사진들을 제게 보여줬어요. 물론 영화의 주요 테마와 딱 들어맞는 상황이었고요. 아무것도 두려운 게 없던 소녀가 유일하게 겁을 먹는 순간이 바로 사람들이 자신에게 공격을 가해올 때죠. 무엇으로? 모나에겐 낯설지 않은 그것. 바로 오물이죠.

두 가지가 중요해요. 바로 자유연상과 꿈이에요. 그리고 기억들, 우연한 만남, 사물들과도 늘 함께해야 하고요. 저는 지난 30년간 영화를 만들면서 터득한 철저한 규율과 예측할 수 없는 이 다양한 우연의 순간들 사이에서 균형을 잡으려 노력해 왔어요. 이 영화가 현재형으로 느껴진다면 그건 이 영화가 벼랑 끝에 선 한 젊은이의 이야기를 그려서가 아니라, 제가 촬영하는 바로 그 순간 일어나는 것들과 더불어 작업하기 때문일 거예요. 제 작품에서 가장 현재형인 건 촬영 당일의 바로 저예요. 몇몇 사람들은 안전망 없이 위험을 감수하는 행동이라고 말할 수도 있겠지만, 저는 이 부분이 제 영화 작업을 흥미진진하게 만드는 요인이고, 영화에서 분명히 그걸 느끼실 수 있으리라 확신해요.

저는 잊힐 거예요

아녜스 바르다는 30년이 넘는 세월 동안 영화를 만들어왔다. 그가 처음 시작할 때만 해도 여성 영화감독은 손에 꼽을 정도였다. 세상을 떠나거나 열정을 다 소진함으로써 영화계를 떠난 다른 거장들과 비교해, 진지한 영화감독으로서 오랫동안 지켜온 바르다의 생존 능력은 여전히 힘을 발휘한다. 1962년 개봉한 〈5시부터 7시까지의 클레오〉나 1965년의 〈행복〉이 전해준 반짝이는 매력은 아직도 기억에 생생하다. 바르다를 향한 비판도 없는 건 아니었지만, 영화 역사에서 그의 위치는 확고하다. 누벨바그의 선구자로서 그는 계속 작업을 이어가고 성장한다. 새로운 영화마다 대담하게 새로운 방향성을 제시하는 바르다는 널리 알려지고 존경을 받는 위치에 있음에도, 늘 제작비를 조달하는 데에 큰 곤란을 겪는다. 최신작 〈방랑자〉가 그러하듯, 아무리 평단의 찬사를 받아도 상황은 마찬가지다. 프랑스에서 상업적 성공을 거두기도 한 〈방랑자〉는 현재까지 바르다의 최고작이다.

이 인터뷰는 1986-1987년 겨울 발행된 〈필름 쿼털리Film Quarterly〉 2호에 수록되었다. 인터뷰어 바버라 쿼트Barbara Quart는 영화평론가로 『여성 영화감독들: 새로운 영화의 출현 Women Directors: The Emergence of a New Cinema』이라는 책을 썼다.

바르다의 이번 선택은 한 젊은 여성 방랑자, 모나에 대한 이야기다. 대담한 선택이지만 쉽지 않은 주제다. 처음부터 끝까지 바르다의 손길이 묻어나는 이 작품은 베니스영화제에서 최고의 영예를 안았다. 모나의 방랑길 위에서 마주친 사람들의 회상 장면들과 다큐멘터리 스타일의 진술들로 구성된 〈방랑자〉는 도랑에서 비참한 최후를 맞는 주인공의 여정을 그려낸다. 그럼에도 바르다는 심리적 설명을 삼가며, 모나를 희생자로 바라보지 않는다. 대신 모든 것에 "아니오"라고 대답하는 독립적인 존재로 그를 바라본다. (상드린 보네르의 탁월한 연기가 돋보이는) 모나는 아주 흥미로운 인물이다. 그를 보고 있으면 지루할 틈이 없다. 예측 불가능한 모나는 강인하고 영리하지만, 연약함 또한 지니고 있어 관객의 마음을 움직인다. 영화의 프랑스 제목인 '지붕 없이 또는 법 없이Sans toit ni loi'는 일단 지독히도 추운 겨울날 집 밖에서 살아가야 하는 누군가의 측은한 상황을 암시하지만, 어느 것 그리고 누구에게도 애정을 주지 않는 전적인 자유를 암시하기도 한다. 그런데 전적인 자유는 전적인 고독에 다름 아니다. 자기 파괴로 이어질 수도 있는.

영화는 철학적 문제 제기와 더불어 소박한 아름다움이 담긴 매혹적인 이미지를 창조해낸다. 또한 모나를 통해 일종의 프리즘을 만들어낸다. 그 프리즘을 통해 우리는 다양한 캐릭터들을 만난다. 또한 이를 통해 바르다는 '평범함'에 대한 비범한 다층적 시각을 제시한다. 바르다는 한쪽 편을 드는 걸 거부한다. 그는 다양한 관점과 태도를 하나하나 제시한다. 나아가 영화는 바르다의 통제를 한순간도 벗어나지 않는다. 〈방랑자〉는 아녜스 바르다의 역량이 최대치로 발휘된 영화이며, 그가 얼마나 재능 있고 매혹적인 감독인지를 여실히 보여주는 작품이다.

〈방랑자〉의 뉴욕 개봉에 맞춰 바르다와의 만남을 가졌다. 그는 자신의 작품들에 대해, 영화와 예술 전반에 대해, 유럽 영화계와 미국 영화계의 차이에 대해, 페미니즘에 대해, 무엇보다 〈방랑자〉의 제작 과정에 대해 이야기한다. 관객 숫자가 언제나 주요 관심사인 영화 산업에 익숙한 상황에서 영화 작업의 보다 큰 비전에 대한 바르다의 이야기와 그 비전을 위해 기나긴 세월, 영화마다 고투를 벌여온 그의 이야기를 듣다 보면 과연 영화 예술이란 게 무엇인가 하는 생각을 다시금 하게 된다.

바르다는 대화를 시작하면서 나의 관심사가 무엇인지를 물었다. 아마도 어떤 방향에 초점을 맞춰 이야기를 할지 조율하는 것 같았다. 나는 여성 영화감독에 관심이 있다고 말해주었다. 인터뷰는 영어로 진행됐다.

바르다　　미국에서는 폰 트로타, 샹탈 애커만 같은 유럽 여성 감독들처럼 대화를 나눌 여성 감독을 아직 만나지 못했어요. 물론 이런저런 얘기를 나눌 수는 있지만, 영화적 글쓰기에 관심 있는 미국 여성 감독을 만나 대화를 나눠본 적은 없어요. 제가 프랑스어로 시네크리튀르라고 부르는 이 영화적 글쓰기는 시나리오를 말하는 게 아니에요. 소설 각색이나 좋은 희곡에서 아이디어를 가져온다거나 하는 것도 아니고요. 저는 〈라 푸앵트 쿠르트로의 여행〉 이래로 늘 감정, 시각적 감정, 청각적 감정, 느낌들로부터 오는 무언가를 손에 넣기 위해, 그리고 그것들로 이루어진 하나의 형태를 찾기 위해, 다른 게 아닌 오직 영화로부터 비롯된 그 형태를 찾기 위해 애써왔어요. 이런 것들에 관한 대화 대신 이곳에선 주로 영화의 주제라든가 시나리오, 스토리 쪽으로 이야기가 흐르죠. 좋은 스토리, 나쁜 스토리 또는 환상적인 스토리. 늘 이런 식이죠. 그래서 그다음은요?

쿼트   생각하시기에, 문제는 이곳의 영화 산업 때문일까요?

바르다   네, 영화 산업 때문이죠. 학교에서 그렇게 배우는 탓도 있는
것 같아요. 좋은 스토리는 힘 있는 영화고, 힘 있는 시나리오
는 좋은 영화라고요. 저는 영화란 스토리가 아니라 이야기하
는 방식에 중점을 둬야 한다고 생각해요. 무르나우, 웰스, 브
레송, 고다르 그리고 누가 됐든 우리가 존경하는 감독들, 카
사베티스도 그렇고요. 이들을 거장으로 만든 건 그 때문이죠.
저 같은 경우도 페미니스트 스토리인 〈노래하는 여자, 노래
하지 않는 여자〉를 만들 때는 스토리에 보다 집중하고 스토
리를 따라간 것 같아요. 하지만 대부분의 제 영화는 스토리가
아주 빈약해요. 스토리 자체보다는 그걸 어떻게 활용하느냐
가 관건이었죠. 〈시민 케인Citizen Kane〉도 딱히 스토리라 할 게
없어요. 나이 든 한 부유한 실력자가 숨을 거두죠. 그는 이해
할 수 없는 한마디 말을 남겨요. 우리가 알아낼 수 있는 게 많
지 않아요. 그저 그의 삶의 몇몇 단편들을 살펴볼 뿐이에요.
그리고 결국은? 그냥 썰매인 거죠. 이게 스토리인가요? 그렇
게 대단한 스토리는 아니죠. 결국 〈시민 케인〉을 그토록 흥미
롭게 만드는 건 그 사내의 이야기를 우리에게 들려주는 방식
이에요. 사람들이 그를 어떻게 생각하는지 우리에게 아주 흥
미진진하게 전해주죠. 무르나우의 장점도 긴장감을 증폭시키
는 방식에 있지, 사실 스토리 자체는 거의 없어요.

왼쪽부터 아녜스 바르다, 장 뤽 고다르, 로베르 브레송

쿼트	글쎄요. 그런 자세로 영화를 만들었을 때 이곳에서 살아남을 감독들이 얼마나 될지 모르겠네요. 이곳에도 그런 식으로 생각하는 감독들이 몇몇 있었지만, 살아남는 데 고충이 많았죠. 감독님은 시각적 상상력에 대해 말씀하셨는데요. 〈방랑자〉는 보기에 참 아름다웠어요. 어떤 탐험의 느낌도 함께 전달되면서요.
바르다	'탐험'이란 단어는 동의를 하는데, 보기에 아름다운 영화를 만들 생각은 없었어요.
쿼트	뭔가 꾸며서 아름답다기보다는 전체적으로 짜임새가 있는 듯해요. 그럼에도 만드신 이미지들은 보기에 상당히 인상적입니다.
바르다	힘이 느껴지죠. 아름답다기보다는 강인하다고 봐야겠죠. 특히나 다루는 대상도 추위 속에서 죽어가는 캐릭터고, 떠돌이 생활을 하며 집 밖에서 살아가야 하고, 풍광 역시…… 사실 영화 속 배경은 제가 실제로 성장한 지역이에요. 겨울철 프랑스의 그 지역 풍광은 압도적이에요. 거세고 호전적이죠. 검게 변한 포도나무 가지들, 남아 있는 그것들을 보고만 있어도 느낌이 와요. 와인을 만든 뒤에 (영화에서 볼 수 있듯이) 나뭇가지를 잘라내죠. 이제 어두운 빛깔의 작은 나무들이 남게 되는데, 분재 같은 거예요. 광활한 풍광 속에 자그마한 검은 물체들이 자리하는데, 그 모습이 아주 힘 있고 강렬하죠. 마음에

들어요.

쿼트   단지 풍광만이 아니에요. 창문 너머 사람들, 염소들 모습이라
든가 심지어 건물 벽면까지도요.

바르다   염소는 세상 어디에나 있죠. 양치기도 세상 어디에나 있고요.

쿼트   제 말은 감독님의 손길이 닿은 부분을 말씀드리는 거예요.

바르다   그건 다른 문제예요. 기술적인 부분이나 프레임 같은 것들은
전하고자 하는 느낌을 만들어내기 위한 도구일 뿐이에요. 물
론 강력한 느낌을 불러일으키고자 했죠. 영화에서 도입부에
시신의 모습을 드러낸 것도 그 이유고요. 우린 영화가 시작되
고 바로 모나가 죽었음을 알게 돼요. 관객들이 "아마도 사람
들이 모나를 구해줄 거야"라고 생각하게 만드는 방식으로 소
녀의 스토리를 들려주지 않아요. 모나가 죽은 건 명백하죠.
홀로 도랑에 빠진 채, 얼어붙은 채. 아주 끔찍한 죽음이에요.
모나의 모습은 아주 엉망인데, 도랑의 빛깔과 거의 유사한 상
황이에요. 마치 총의 빛깔을 연상케 하죠. 스토리를 들려주는
방식은 동정적이지 않아요. 이해를 구하고자 하지도 않고요.
영화는 그런 것보다는 뭐랄까, '아니오'의 상황을 보여주는
작업이라고 말할 수 있을 것 같아요. 모나는 늘 아니오, 라고
말하죠. 저는 그가 왜 아니오, 라고 말하며 길 위에서 결국 끝
을 맺었는지 그 이유는 알지 못해요. 하지만 사회에 맞선 그

의 '아니오'가 어떤 반응을 불러오는지는 보고 싶었어요. 모나가 만나는 사람들에 따라 그 반응은 매우 다르게 나타나죠. 이를 통해서 우린 그가 누구인지, 그의 마음속엔 무엇이 있었는지 어느 정도 파악할 수 있어요. 그런데 사람들의 반응을 통해 상황을 파악하다 보니, 우린 오히려 모나보다 그 사람들에 대해 더 많은 것을 발견하게 되죠.

쿼트 저는 영화의 열려 있음이 마음에 듭니다. 모순적인 면모 또한 그렇고요. 그럼에도 혼란스럽진 않아요. 전체적으로 잘 제어되고 있다는 느낌이 듭니다. 그럼에도 열려 있고, 풍성하죠.

바르다 풍성한 느낌이 드는 이유는 '좋다, 나쁘다, 비열하다, 선하다' 같은 말을 하지 않기 때문이에요. 결국 우린 다시금 '구조'나 '묘사'가 모나에게 애인이 있었는지, 그가 탈옥수인지 같은 것들을 아는 것보다 훨씬 더 중요하다는 사실에 도달하게 되죠.

쿼트 감독님은 모나를 병리학적으로 다루고 싶어 하진 않은 것 같습니다.

바르다 맞아요. 심리학적으로도 그렇고, 사회심리학적으로도 접근하고 싶지 않았어요.

쿼트 왜죠?

바르다   왜냐하면 저는 지금, 여기에 관심이 있으니까요.

쿼트   모나가 철학적 선택을 한 걸로 보시나요?

바르다   전혀요. 제게 모나는 철학적 사고를 하는 캐릭터로 보이지 않아요. 양치기 남자가 그런 선택을 한 거죠. 하지만 그건 1968년이나 1970년대 이야기예요.

쿼트   그 양치기 캐릭터는 실제 그 자신인가요? 그런 삶을 사는 누군가를 찾아내신 건가요?

바르다   네, 맞아요. 하지만 대사는 제가 썼어요. 그는 자신이 직접 쓰는 걸 원하지 않았어요. 마치 다큐멘터리의 대상이 되는 걸 거절하듯이 말이죠. 제가 이 작품이 픽션 영화라는 걸 명확히 하자 그는 이렇게 말했어요. "음, 그럼 제 대사를 써주시면 연기를 할게요. 출연료도 받고요."

쿼트   이 영화가 1960년대 말의 정서를 담은 영화라고 보시나요? 1960년대 정신을 어떻게 바라봐야 할지도 궁금하고요. 플로라 루이스가 〈뉴욕타임스〉에 이 영화에 대해서 쓰기도 했죠.

바르다   전혀 그렇게 생각 안 해요. 그 기사는 요점을 파악하기가 상당히 어려웠고요.

용기 같은 건 없었어요. 제겐 자연스러운 거였어요.
오빠나 남동생이 저보다 더 나은 존재라고
생각할 이유가 없었죠.

쿼트　　감독님은 1970년대 초반, 여성운동에 참여하면서 새로운 경
　　　　험을 하게 되었다고 말씀하셨죠.

바르다　'새로운 경험'이란 게 무슨 의미죠? 저는 열아홉 살 이래로
　　　　페미니스트로 살아왔어요. 여성의 권리, 동일 임금, 피임 같
　　　　은 것들을 위해 싸워왔죠. 아주 일찍부터 시작했어요.

쿼트　　저는 감독님이 1970년대 초부터 1970년대를 관통하면서 비
　　　　전의 변화가 있었던 걸로 알고 있었는데, 좀 의외네요.

바르다　아뇨, 그렇지 않아요. 당시 제 주변엔 수많은 페미니스트가
　　　　있었어요. 그들은 때로 저를 이용했죠. 때론 저를 밀어내기도
　　　　했고요. 때론 제 작품들을 멋대로 해석해 페미니스트 딱지를
　　　　붙이기도 하고, 떼어내기도 했죠. 일부 급진적 페미니스트들
　　　　은 제 작품을 싫어했어요. 일부 페미니스트들은 좋아했고요.
　　　　저는 탁구공 신세였죠. 사실 초창기만 해도 페미니스트 관련
　　　　서적을 전혀 읽지 않았어요. 다들 이론서를 읽고 있었지만,
　　　　저는 아주 나중에야 관심을 가졌죠. 하지만 저는 여성에게 불
　　　　합리하고 해로운 것이라 여겨지면 자연스레 싸움에 뛰어들었
　　　　어요. 프랑스에선 그렇게 시작이 됐죠. 제가 지금 말하는 시

기는 1948년에서 1950년 무렵인데, 정부에 대항해 탄원서도 내고 어려운 처지에 놓인 여성들을 돕기도 하고 함께 신뢰하면서 일을 해나갔어요. 그들에게 자신감도 불어넣어주고, 직업인으로 성장할 수 있도록 응원도 해주고요.

쿼트   그런 용기는 어디서 나온 건가요?

바르다   용기 같은 건 없었어요. 제겐 자연스러운 거였어요. 오빠나 남동생이 저보다 더 나은 존재라고 생각할 이유가 없었죠. 그들도 나쁘진 않았지만, 제가 그들보다 못한 부분이 있다는 생각은 전혀 들지 않았어요. 글쎄요, 저는 전쟁이 싫었어요. 무기를 쓰는 것도 용납할 수 없었어요. 폭력 자체를 싫어했죠. 멍청한 짓이라고 생각했어요. 권력과 관련해서도 그 멍청한 측면이 참 마음에 안 들었어요. 권력을 자랑하고 힘을 과시하는 그런 행태들요. 타인에게 폭력을 행사하는 것도 역겹게 느껴졌죠. 여성에게뿐만 아니라 아프리카 사람들, 베트남 사람들, 그 어떤 사람들에 대한 폭력도 마찬가지예요. 알제리 전쟁도 대단한 드라마였죠. 그럼에도 저는 본질적으로 예술가였어요. 저는 사진에 푹 빠졌죠. 정말 미친 듯이 몰두했어요. 많은 것을 발견하면서 이곳저곳 다녔죠. 하지만 그저 관광객처럼 여행을 다닌 건 아니었어요. 결코 그런 적은 없죠.

쿼트   영화감독들 사이에서 여성으로서 외롭다는 느낌이 드셨나요?

바르다   처음엔 영화감독이 아니라 사진가로 시작했어요. 그러다 처음 영화를 찍게 됐는데, 그때는 확실히 여성으로서 외로운 느낌이 있었죠. 하지만 저는 제 자신을 여성, 용감한 여성으로 바라보지 않았어요. 그보다는 용감한 예술가, 영화감독으로 여겼죠. 왜냐하면 당시엔 제 나이에 영화를 만드는 사람이 없었거든요. 여자뿐만 아니라 남자도 마찬가지였죠. 누벨바그는 그 이후에 등장했고요. 그래서 1954년에 첫 장편영화가 나왔을 때, 제 또래의 영화감독은 찾아볼 수 없었어요. 오슨 웰스는 여기서 아마 그 나이에 시작했을 거예요. 하지만 당시 프랑스에서는 우선 제3 조감독부터 하고, 그다음에 제2 조감독 그리고 몇 년간 제1 조감독을 한 뒤, 45세 이후에 감독이 될 기회를 얻을 수 있었어요. 대체로 그런 식이었어요. 장 그레미용 같은 사람은 일찍 시작하기도 했지만, 영화를 쓰고 만드는 일은 청년들 몫이 아니었죠. 저는 시작할 때부터 영화는 스토리나 시나리오보다는 영감을 따라야 한다고 생각했고, 그렇게 영화를 만들기로 마음먹었어요. 제 데뷔작은 꽤 낯선 구조를 지니고 있어요. 문학을 가르치시니까 『야생 종려나무』에 대해 아시겠죠? 포크너 소설.

쿼트   네.

바르다   이 책을 읽으면서 서사에 대해 많은 생각을 하게 되었어요. 『야생 종려나무』의 두 이야기가 서로 결코 만나지 않는 부분이 상당히 인상적이었죠. 한 이야기는 홍수가 난 상황에서 감옥을 탈출하는 두 사내에 관한 것이고, 다른 하나는 힘겨운 사랑을 하는 한 커플의 이야기죠. 소설은 두 이야기 사이를 오가요.

쿼트 〈방랑자〉도 그렇죠. 아닌가요? 양쪽을 오가는.

바르다 아뇨, 그렇진 않아요. 죄송해요. 〈방랑자〉는 모나를 바라보는 여러 사람들의 시선으로 구성된 영화예요. 여러 시각을 한데 모아 모나에 대한 불가능한 초상을 그려보는 거죠. 양쪽을 오가지는 않아요. 『야생 종려나무』의 경우, 정확히 한 챕터는 탈출에 대해, 다른 한 챕터는 커플에 대해 이야기하죠. 제 첫 영화가 그런 식이에요. 한 챕터는―챕터라고 부를 수 있다면―사랑에 대해 논하는 커플의 이야기를 그려요. 5년을 함께한 후 맞이하는 일종의 실패한 사랑이죠. 그리고 다른 챕터에서는 마을을 배경으로 주민들이 구성원을 모아 어민 조합을 만들고자 하는 이야기를 그리고 있어요. 신사실주의 방식으로 묘사하죠. 그렇게 이야기는 마을과 커플을 오가지만, 결코 서로 만나지는 않죠. 이건 꽤 대담한 시도였어요. 물론 이건 포크너의 영향이에요. 이 소설을 그리 좋아하진 않았지만, 서사 구조가 제게 미친 영향은 분명히 컸어요. 이 구조의 핵심은 독자를 조바심 나게 만드는 거예요. 독자는 그다음 단계의 스토리로 넘어가고 싶거든요. 저도 처음에는 첫 챕터 A를 읽고 이어서 B, A, B 이런 식으로 읽었죠. 그런데 조바심이 나는 거예요. 그래서 A 전체를 한꺼번에 다 읽었죠. 중간 챕터들을 건너뛰면서요. 그리고 다시 앞으로 돌아와 B 전체를 읽었어요. 그제야 제가 멍청했다는 걸 깨달았어요. 다시금 책을 펼치고 원래 구성대로 읽었어요. 챕터 사이의 방해 또는 단절 그리고 서사 구조에서 기인하는 불만, 낙담 같은 것들은 소설 그 자체의 일부였던 거죠.

쿼트   감독님의 영화들은 대부분 이곳 미국에선 접하기가 어렵습니다. 그래도 최근에 본 영화가 〈창조물들〉이었는데, 이 영화에서도 서사와 관련해 흥미로운 작업을 하신 것 같습니다.

바르다   결국 영화란 건 이미지와 사운드를 이용해 하나의 구조물을 만드는 거예요. 그리고 이 영화는 효과를 일으키죠. 우리 눈이나 귀에서뿐만 아니라 '정신적' 극장에서도요. 그 극장 안에는 이미지와 사운드가 존재해요. 일종의 실시간 영화가 끊임없이 상영 중인 거죠. 이제 우리가 보는 영화는 내부로 들어와 기존의 것들과 뒤섞여요. 그리고 전형적인 영화 서사를 통해 우리에게 제시된 모든 이미지와 사운드는 우리 기억 속에 차곡차곡 쌓여가죠. 거기엔 다른 이미지들, 이미지들로부터 연상된 것들, 다른 영화들이 이미 존재하고요. 그래서 영화 속의 새로운 이미지는 이미 그곳에 있던 다른 정신적 이미지들을 자극해요. 기존의 감정들도 자극하고요. 새로운 무언가를 보고 들었을 때 효과를 일으키며 제대로 작동하는 건 이런 이유 때문이죠. 말하자면 우리 안에 잠들어 있는 감정들이 있다고 보면 될 것 같아요. 반쯤 잠들어 있는데 어떤 특정 이미지나 이미지와 사운드의 결합, 또는 여러 가지가 한데 묶여서, 예를 들어 두 개의 이미지가 연달아 나오는, 우린 이걸 몽타주 또는 편집이라 부르죠. 아무튼 이 모든 것이 머릿속에서 벨을 울리는 거예요. 이 반쯤 잠들어 있는 느낌들이 이 효과들 때문에 잠에서 깨어나는 거죠. 제가 생각하는 영화는 이런 거예요. 이건 그저 "좋아, 계약하고, 스토리 하나 만들고, 괜찮은 배우 한 명 섭외하고, 촬영 끝. 안녕. 영화 나쁘지 않네."이런 식으로 영화를 만드는 게 아니에요. 제가 중점을 두는 건 제 영화가 불러일으키는 효과들, 지각, 인식, 부수적인 영향들이에요. 그리고 열려 있는 영화를 만들어 관객이 늘 갈망하던 것들을 찾을 수 있길 바라죠. 무언가를 표현하고, 상상하고, 보고, 관찰하는 방법을 터득할 수 있길 바라고요. 이건 탄탄한 시나리오나 아름다운 영화, 이런 것들과는 아주 거리가 멀어요. 그래서 때론 제가 무엇에 대해 논의를 해야 하나 막막해지기도 하죠. 교수님은 이해하시죠? 이건 다름 아닌 제7의 예술을 위한 투쟁이에요. 예술로서의 영화 만들기를 위한 진지한 싸움이죠.

쿼트   그래서 감독님의 작품은 다른 차원을 지니고 있죠. 다른 이들에게서는 찾아볼 수 없는. 비전의 크기가 예사롭지 않아요.

바르다   그건 우리 마음의 문제예요. 문화라는 건 이탈리아 회화나 스페인 회화, 이런 것들을 보고 배워야 하는 걸 의미하지 않아요. 이건 그저 문화에 관한 정보를 쌓아 올리는 행위일 뿐이죠. 문화의 의미는 우리가 보는 실제 사물들, 자연, 회화, 우리가 듣는 음악, 우리가 읽는 책, 우리가 보는 영화, 이런 것들을 어떻게 우리의 실제 삶, 우리의 정서적 삶과 연관시키느냐의 문제거든요.

쿼트   다시 〈방랑자〉로 돌아가서 영화 속 나무 전문가와 모나의 관계가 제겐 상당히 울림이 있었어요.

바르다   그 부분은 제겐 좀 단순치 않아요. 시나리오를 쓸 때도 복잡한 기분이었죠. 둘 사이의 관계는 좋다고 할 수도 있지만, 둘은 또 상당히 다르거든요. 한 캐릭터는 WASP^{White Anglo-Saxon Protestant. 앵글로색슨계의 미국 개신교도로 미국의 주류 지배 계급을 가리킴}라 볼 수 있고, 지식인이자 나무 연구자이면서 학생들을 가르치죠. 란디에는 청결해요. 욕실도 있고, 친구들도 있고, 손톱도 관리 받고, 차도 있어요. 그에 비해 모나는 집도 없고, 지저분하고, 아는 것도 없고, 우둔하고, 고집도 세죠. 란디에는 그저 모나를 차에 태워요. 이 캐릭터가 마음에 드는 이유 중 하나는 물론 제가 부여한 특성이지만, 아주 자연스럽다는 점이에요. 란디에는 자연스럽게 악취에 고통스러워하고, 자연스럽게 그걸 극복해요. 길 위를 떠도는 이 소녀와 자연스럽게 대화를 나누죠. 그는 소녀에게 자연스럽게 다가서는 유일한 사람이에요. 자연스러운 질문들을 던지고, 음식도 권하고, 함께 나눠 먹기도 해요.

쿼트   친밀감을 아주 섬세하게 그려내셨죠.

바르다 저는 친밀감이라고 부르진 않겠어요. 친밀감이란 게 뭐죠? 상대편은 이렇게 묻지 않아요. "괜찮으세요? 건강은 좋으세요? 아이들은 있으세요? 일을 하시나요?" 젊은 친구는 질문을 전혀 안 해요. 어느 것에도 관심이 없어요. 반면 상대 여성은 학생들을 가르치다 보니 질문을 던지는 데 익숙해요. 상대방의 마음을 헤아리는 데도 능숙하고요. 거의 직업적 특성이죠.

쿼트 그렇게 생각하세요? 저는 보다 인간적인 면모로 보이는데요.

바르다 인간적이죠. 그럼에도 란디에는 질문을 던지는 문화에 익숙한 것이기도 해요. 동시에 그는 전적으로 인간적인 품성을 갖췄죠. 저는 란디에가 과자를 사 와서 함께 나눠 먹고, 커피를 마시러 가자고 하는 모습이 마음에 들어요. 그는 자신이 그 소녀를 집으로 데려가지 않으리라는 걸 알고 있어요. 그래서 음식을 사주고, 돈을 주고, 이제 안녕이라고 말하죠. 저는 그게 자연스러운 거라고 생각해요. 란디에는 이미 상황 파악을 끝냈어요. 소녀를 입양하지 않아요. 그에게 뭐라 할 수 있겠어요? 누가 그 소녀를 집으로 데려가려 할까요?

쿼트 실제 삶에서 비슷한 경험을 해보신 적이 혹시 있으세요?

바르다 그런 유의 경험은 수도 없이 해봤죠. 남자인 적도 있고, 여자인 적도 있고, 길 위에서 태워 집으로 데려가기도 했죠. 집까지 데려가지 않을 때도 있고요. 그때그때 상황에 따라 다른 것 같아요. 뭐 일정한 원칙 같은 게 있는 건 아니고요.

쿼트　어떤 연유로 그렇게 익숙해지신 건가요?

바르다　저는 늘 히치하이커들을 차에 태워줘요. 한번은 캘리포니아에서 한 사내를 태웠죠. 딸아이도 차에 같이 타고 있었어요. 열한 살 무렵이었죠. 사내가 이렇게 말했어요. "차 뒷자리에 좀 누워도 괜찮을까요?" 전 그랬죠. "그래요, 누워요. 한숨 자요." 잠시 후 목적지에 도착해서 "우린 다 왔어요, 이제 내려줄게요." 그랬더니 이 친구가 "아뇨, 전 그냥 여기 있을게요." 그러는 거예요. 그래서 제가 그랬죠. "우린 가야 하고, 학생을 차에 두고 내릴 순 없어요." 그러자 그가 말했어요. "저기, 저는 가고 싶지 않아요. 이 차가 너무 편해요. 여기서 자고 싶어요." 순간 어떻게 해야 하나 싶었어요. 덩치도 큰 무일푼의 사내였죠. 어찌해야 할지 몰랐어요. 씩씩해 보이긴 했는데, 어쩌면 아픈 데가 있는지도 몰랐죠. 저는 이 친구가 마약중독자나 뭐 그런 건 아닐까 걱정되기 시작했어요. 살다 보면 누군가를 더 이상 좋게만 대할 수 없는 상황에 처하기도 하죠. 저는 늘 이런 상황에 직면해요. 아무것도 가지지 않은 사람들에게 관심이 가는 편이에요. 그들은 당신이 뭘 제시하든 다 받아들이죠. 돈을 주면 돈을 받고, 음식을 주면 음식을 받아요. 잠자리를 제공해도, 그 역시 받아들이죠. 묻는 것도 없고, 말을 건네지도 않아요. 당신을 원하지도 않고, 좋아하지도 않아요. 그저 필요로 할 뿐이죠.

쿼트   흥미로운 점은 감독님은 그들의 결함들을 알고 있음에도 관
대하게 대한다는 거예요. 있는 그대로 바라보죠.

바르다   제 행동을 통해서 그들의 사랑을 구하지 않아요. 구한다고 사
랑을 주지도 않고요. 그들도 제 사랑을 필요로 하지 않고, 저
를 사랑할 필요성도 못 느껴요. 최근에 한 여성을 길에서 태
웠는데, 영화를 촬영 중인 상황이었죠. 그는 우리와 함께 지
냈어요. 스태프들과 함께요. 한동안 잠자리도 제공하고 음식
도 같이 먹었죠. 대마나 돈, 음식을 요구하긴 했지만 누구에
게도 개인적인 질문 같은 건 하지 않았어요. 그저 우리에게서
취할 수 있는 건 다 취한 뒤 훌쩍 떠났죠.

쿼트   감독님은 모나를 부러워하는 하녀, 욜랑드를 어리석다고 보
신 거죠? 욜랑드는 모나의 자유와 연인도 부러워하는 것처럼
보여요.

바르다   순진한 거죠. 멍청한 방식으로 순진한. 자신의 애인과의 관계
도 어리석고, 주인 할머니와의 관계도 어리석죠. 주인 할머니
와 모나가 어울리는 모습을 보면 욜랑드도 다른 방식으로 주
인과 지낼 수 있어 보여요. 누구도 욜랑드에게 하녀 역할을
그렇게 고지식하게 하라고 강요하지 않아요. 모나는 하녀의
가운을 걸치고 카우치에 앉아 주인과 함께 술을 마시며, 배
를 잡고 웃기도 하면서 즐거운 시간을 보내요. 욜랑드라고 이
렇게 하지 못할 이유가 없어요. 앞으로 다가가 이렇게 말하는

거죠. "적적하시죠? 저랑 가볍게 한잔하면서 카드놀이 해요." 할머니도 아마 좋아하실 거예요.

쿼트   감독님은 노동 계급 여성에게 강한 연민을 느끼는 것 같습니다. 그러면서도 동시에 한계 또한 단호하고 명확하게 파악하죠. 혹시 감독님의 영화들, 또는 여성 캐릭터들을 한데 묶어주는 무언가가 있을까요? 그러니까 제 말은 어떤 여성 감독들은, 예를 들어 폰 트로타는 늘 같은 테마를 반복해서 다루죠. 거의 강박적으로요. 같은 부류의 캐릭터들을 등장시키면서요.

바르다   테러리스트 캐릭터를 말씀하시는 건가요?

쿼트   자매, 함께하는 두 여성이 늘 등장하죠. 거의 강박적으로요. 그런데 감독님의 여성 캐릭터들을 떠올려보면 하나하나 아주 다른 것 같아요.

바르다   음, 그래도 공통점이 하나 있긴 하죠. 여성이건 남성이건 마찬가지로요. 저는 모순에 관심이 많아요. 내적 모순. 이 내적 모순은 한 사람을 동시에 세 명으로 만들 수 있어요. 사람은 누구나 순간순간 아주 다르게 변할 수 있죠. 〈5시부터 7시까지의 클레오〉에서도 모순을 발견할 수 있어요. 바로 객관적 시간과 주관적 시간 사이의 모순이죠. 우리는 시간을 참 다르게 느껴요. 즐거운 시간을 보낼 때는 금방 지나가고, 뭔가를 기다릴 때는 거의 흐르질 않죠. 시간을 지각하는 상이하고 주관적 방식이 이 영화를 아주 모순적인 영화로 만들어요. 저는 늘 이렇게 두 가지 주제를 한 곳에 담아내요. 〈노래하는 여자〉도 마찬가지예요. 앞서 언급했던 제 첫 영화에서 마을과 커플이라는 두 독립체는 한데 합쳐질 수 없어요. 하나는 집단적 삶, 다른 하나는 사적인 삶이죠. 당신은 조합의 문제를 이해할 수 있어요. 당신 자신의 사적인 삶의 문제도 이해할 수 있고요. 하지만 조합의 문제 한가운데서 당신의 사적인 문제를 제대로 인지하기란 쉬운 일이 아니죠. 그리고 LA를 배경으로 만든 영화 두 편이 있어요. 〈벽, 벽들〉과 〈도퀴망퇴르〉인데, 전자는 LA란 도시의 초상이에요. 거리 모습, 야자나무, 태양, 벽화들 그리고 스스로를 표현하는 사람들. 이어지는 〈도퀴망퇴르〉는 전자의 그림자 같은 영화라고 할 수 있어요. LA를 찾아가도 볼 수 없죠. 도시 속 존재하지 않는 도시예요. 동일한 도시에 대한 저의 모순적 인식이라 할 수 있어요. 화려한 도시인 동시에 서부 지역 맨 끝에 자리한, 완전히 어두운 끝의 끝자락. 이 두 영화는 사실상 한 쌍이라고 보시면 돼요. 이렇듯 모순적인 것들을 동시에 인지해 영화적으로 표현해내는 게 제 작품의 주된 요소라 할 수 있어요. 모나를 통해서 우리 사회의 모순들을 명확히 드러낼 수 있었던 것 같아요. 우리는 사회 안전망 차원에서 야간 쉼터라든가, 십자군 활동, 복지, 자선, 불우 이웃 돕기 같은 것들에 관한 논의를 늘 해요. 하지만 누군가 도움을 원치 않을 경우, 어떻게 해야 할지 모르죠. 우리의 무관심과 배려 사이에는 모순이 존재해요. 다시 그 여성으로 돌아가보죠. 란디에의 행동은 아주 자연스러워요. 하나의 능력이죠. 자연스럽게 관여하는 능력. 살짝 너그럽기는 하지만, 정확한 한계가 있죠. 바로 우리 사회의 한계예요. 란디에는 집으로 돌아와요. 직장으로, 욕실로 다시 돌아와요. 이전과 다를 바 없어요. 돈을 좀 줬을 뿐이고, 음식을 좀 베풀었을 뿐이죠. 그렇게 헤어졌어요. 하지만 얼마 지나지 않아 란디에는 죄책감을 느껴요. 좀 더 해줄 수 있지 않았을까, 그래야 했던 것 아닌가 하는 생각이 드는 거죠. 솔직히 말하면 저도 란디에가 뭘 더 해줄 수 있을지 모르겠어요. 모나를 입양하는 건 쉽게 결정할 수 없는 일이죠. 더구나 그 소녀가 그걸 기꺼이 받아들일 것 같지도 않고요. 때로 영화는 우리를 벽 바로 앞까지 밀어붙여요. 그곳에서 한계를 마주할 수밖에 없죠. 희미한 이해, 희미한 아량, 전반적으로 오리무중에 빠질 수밖에 없는 우리의 한계죠. 결국 저는 불가능한 초상이라는 형태로 영화를 구성하며 마무리를 지었어요.

쿼트　　감독님은 본인 자신 같은 여성을 영화에 담아볼 생각은 해보신 적 없으신가요?

바르다　　저 같은 여성이 무슨 의미죠?

쿼트　　〈창조물들〉에 나오는 아내와는 반대되는? 물론 감독님에게도 가정적인 면모가 있을 수는 있겠지만요.

바르다　　글쎄요. 사실, 저는 제 자신을 모순적인 존재로 봐요. 손주가

있는 할머니면서 동시에 아주 젊은 영화감독이죠. 젊다는 건
이전부터 해왔던 싸움을 여전히 하고 있다는 의미에서 한 말
이에요. 영화적 독립, 영화적 비전을 위해 싸우고 있어요. 영
화를 만드는 데 있어서 늘 쨍쨍하게 살아 있는 정신을 유지하
기 위해 필요한 독립이고 비전이죠.

그럼에도 저는 영화마다
호랑이처럼 싸워야만 해요.
사람들은 저를 원하지 않아요.

쿼트 항상 새로운 영토를 개척해나가시는 게 놀랍습니다.

바르다 그게 제 얘기예요. 계속 늙어가는데 말이죠.

쿼트 에너지가 대단하신 것 같습니다. 그게 동력이 되는 듯하고요.

바르다 글쎄요. 에너지를 조금씩 잃어가고 있는 것 같아요. 그러다
곧 죽겠죠. 하지만 제 작품은 저 스스로도 존중해요. 제 작품
을 칭찬한다는 의미는 아니고요. 싸워서 얻어낸, 싸울 만한
가치가 있었다는 의미로요. 돈도 없이, 힘도 없이, 보답도 없
이 늘 투쟁해왔죠. 찾는 사람이 없어 한동안 손을 놓기도 했
고요. 사람들은 제가 이런 영화들을 만드는 걸 원치 않아요.
제작비를 지원하지 않아요. 완성된 제 작품엔 박수를 보내면
서도 말이죠.

쿼트 〈노래하는 여자〉는 상황이 좀 다르지 않나요?

바르다 그 영화는 프랑스에서 상당한 수익을 거뒀죠. 이미 100만 명을 넘겼어요. 돈을 많이 번 것보다도 관객이 많이 들었다는 점이 훨씬 더 중요해요. 제작비를 직접 대출받아 조달했기 때문에 여전히 상환할 게 남아 있고요. 아무도 관심을 보이지 않으니 제가 위험을 감수할 수밖에 없었죠.

쿼트 직접요? 그래야 했나요? 〈노래하는 여자〉 정도면 흥행이 어느 정도 될 거라고 봤을 것 같은데요.

바르다 결국 좋은 성적을 거뒀죠. 그럼에도 저는 영화마다 호랑이처럼 싸워야만 해요. 사람들은 저를 원하지 않아요.

쿼트 그렇게 많은 작품을 만든 감독인데요? 업적도 만만치 않고요.

바르다 저는 그저 완벽한 문화적 도구일 뿐이에요. 사람들은 제가 시네마테크나 도서관에 어울린다고 생각하죠. 저는 잊힐 거예요. 그들은 제가 영화 만드는 걸 바라지 않아요.

쿼트 왜죠? 프랑스는 영화의 중심지잖아요?

바르다 그들은 돈을 벌기 위해 영화를 만들어요. 그림을 그리듯이 영화를 만드는 사람은 손에 꼽을 정도예요. 저는 이따금 단편영화를 만들기도 하는데, 저만의 관심사를 계속 이어가고 싶은 마음에서죠. 예를 들어, 〈율리시스〉 같은 영화에 누가 돈을 대려 하겠어요? 단편영화는 시장도 없어요. 참 이상하죠.

쿼트   요즘 프랑스를 보면 젊은 여성 감독들이 꽤 있는 것 같습니다. 많이들 도전하는데, 다들 꽤 상업적인 마인드를 지니고 있는 듯합니다.

바르다   뭐 세상 어디나 마찬가지죠. 젊은 남성이나 젊은 여성이나 대부분 돈과 명성을 갈구하죠. 계약서를 작성하고, 상업 영화 흐름의 일원이 되는 거예요. 거기에 잘 맞는다면 뭐 그것대로 좋은 거죠. 만족한다면 아무 문제 없어요. 어쨌든 상품은 필요한 거니까요. 학구적인 영화나 특별한 영화만으로 수요를 충족시킬 수 없다는 건 누구나 다 아는 사실이니까요.

쿼트   예술영화를 말씀하시는 거겠죠?

바르다   그렇죠. 그런데 한 가지 놀라운 건 제 최근작인 〈방랑자〉 같은 경우, 어떤 타협도 하지 않고 만든 영화거든요. 제 작업 방식대로 만든 영화예요. 그런데 많은 사람이 감동을 받고 영화에 매력을 느껴요. 영화는 사람들에게 질문을 던지지만, 죄책감을 불러일으키지는 않죠. 저는 옳고 그름을 판단하지 않아요. 이 영화는 꼭 봐야 해. 부끄러운 줄 알아야지. 어려운 이웃에게 한 푼도 주지 않았잖아, 이런 식으로 말하지 않죠. 전혀 그런 메시지가 들어 있는 영화가 아니에요. 저는 이 영화를 통해 세상에 완벽한 사람은 없다는 걸 분명히 하고자 했어요. 그뿐만 아니라 전적으로 나쁜 사람도 없고, 전적으로 좋은 사람도 없고, 진정 관대한 사람도 없고, 진정 비열한 사람도 없다고 이야기하죠. 다들 각자의 방식으로 살아가는 거예요. 양치기 사내는 모나에게 많은 걸 제공해요. 감자를 재배하기 원한다면 땅도 일부 빌려주고자 하죠. 그럼에도 그는 최악의 재판관이에요. 주변부의 삶을 택했을망정, 자신만의 잣대는 완강히 고수하죠. 그는 타인을 받아들이지 않아요. 결국 모나에게 유죄 판결을 내리죠.

퀴트 그 사내를 탐탁지 않아 하시는 것 같습니다.

바르다 네. 그는 실수를 틀린 거라고 단정 지어요. 뭐가 옳고 뭐가 그른지 자기가 어떻게 아나요? 그는 자신의 염소와 자신의 아내에 대해서 알 뿐이에요. 이 영화는 사실상 관용에 관한 영화이기도 해요. 다른 존재의 다른 삶의 방식을 관대하게 받아들이는 게 쉬운 일은 아니죠. 저 역시 그렇고요. 누구에게나 어려운 일이죠. 영화가 보다 흥미로운 지점은 이런 관용의 대상인 주인공이 여성이라는 점이에요. 주인공을 남성으로 해도 문제될 건 없죠. 하지만 여성으로 함으로써 우리는 많은 질문을 추가할 수 있었어요. 여성의 고독은 또 다른 유의 고독이에요. 여성이 홀로 있다는 건 성적 약탈의 대상이 될 수도 있고요.

여자들은 자신의 짝을 찾지 못해 홀로 지내기도 해요. 하지만 모나는 굳이 남자를 찾지 않아요. 남자와 가까이하게 되더라도, 매달리는 일 없이 쌀쌀맞게 내치곤 하죠. 그래서 때론 상처를 주기도 하고요. 모나는 가차 없고, 이기적이죠.

튀니지 사내는 모나에게 일거리를 제공해요. 그리고 모나가 게으르고, 숙소에서 아무것도 하지 않고 빈둥대도 소녀를 재단하지 않아요. 그는 모나를 존재 그대로 받아들이는 것 같아요. 하지만 그는 집단의 희생자가 되죠. 자기주장을 제대로 꺼내지도 못해요. 이러한 모순적 상황, 늘 목격하게 되는 이런 상황들이 제게 울림을 주는 것 같아요. 추위에 홀로 외롭게 죽어가는 모습도 끔찍하지만 이 모든 모순, 견뎌내기 힘든 이 모순들이 저를 자극하고 제 마음을 움직이는 것 같아요. 그리고 저는 이러한 경험들을 재료 삼아 형태를 만들죠. 사람들을 울릴 목적은 아니에요. 하나하나 형태를 만들고 모양을 잡아가요. 그럼 서서히 영화의 면모를 띠게 되죠.

하고 싶은 걸 자유롭게

모든 여행객이 떠난 프랑스의 한 시골 마을, 히치하이커 모나는 자신의 방랑의 삶, 또는 실수들로 점철된 삶을 얼어 죽은 채로 마감한다. "겨울엔 뼛속까지 고독을 느끼지."

어쩌면 세상엔 너그러움 같은 건 존재하지 않는지도 모른다. 단지 부탁하는 적절한 방식만이 있을 뿐. 모나의 방식은 자부심을 가질 만하다. 타라후마라 인디언들뛰어난 장거리 달리기 실력으로 유명함의 그것과 비교해도 손색이 없다. 아르토에 따르면, 그들은 오직 옆얼굴만 보인 채로 구걸한다. 반면, 오만하고 무심하고 냉소적인 모나는 어떠한 경우에도 구걸하지 않는다. "담배 하나 있어요?" 사람들은 주기도 하고 주지 않기도 한다. 기분에 따라, 날씨에 따라, 외모, 나이 또는 성별에 따라 천차만별이다. 이런 식의 다짜고짜 접근법을 우린 다들 불쾌하게 경험한 바 있다.

다큐멘터리도 아니고 프로파간다도 아닌 바르다의 이 영화는 실존적 불안이라는 감정을 필름 위로 옮겨놓는다. 그 감정은 아마도 우리 곁에 오

이 인터뷰는 1988년 2월 발행된 〈프렌치 리뷰French Review〉 3호에 수록되었다. 인터뷰어는 영화평론가 장 드코크Jean Decock다.

랫동안 남을 듯하다. 그러면서도 영화는 흔치 않은 즐거움을 제공한다. 영화는 인간적이다. 강렬한 감정들이 따뜻하게 전해진다. 영화적 풍성함도 빼놓을 수 없다. 미국에선 새로 부여받은 제목 〈방랑자〉로 개봉한다. 이 영화의 편집은 탁월하다. 길고 짧은 시퀀스들이 만화경처럼 펼쳐진다. 하지만 레비스트로스의 브리콜라주 개념1962년 자신의 저서 『야생의 사고』에서 사용한 용어로, 주변의 재료를 활용한 창조적 활동을 뜻한다처럼 보다 심층적인 구조가 작동하고 있음을 우리는 감지한다. 이건 이 영화의 비밀이다. 겉보기엔 전적으로 즉흥적인 것처럼 보이지만(실제로도 그렇고), 감독이 완벽하게 영화를 통제하고 있음을 영화는 스스로 드러낸다. 바르다의 재능을 눈치채는 건 전혀 어려운 일이 아니다.

오프닝 크레디트 뒤편으로 우리는 포도밭 풍경을 만난다. 저 너머 언덕 위로 작은 소나무 두 그루도 보인다. 여기서 들리는 음악은 초기 이탈리아 작품일까, 아니면 요안나 브루즈도비치 사중주단의 변형곡일까? 카메라는 천천히 앞으로 나아가고, 우리는 마치 골고다 언덕을 향해 다가가는 느낌을 받는다.

이제 영화의 프롤로그를 만난다. 짧고, 잔혹하고, 심상치 않은 이 시퀀스는 도랑에 놓여 있는 시신에 초점을 맞추며 불가해한 폭력을 암시한다. 어느 집 없는 젊은 여성이 얼어붙은 채 죽어 있다. 소위 말하는 자연사다. 백사장을 훑고 지나는 부감 숏 위로 우리는 영화를 시작하는 바르다의 목소리를 듣는다. 그는 마치 얼음장처럼 차가운 바다로부터 그 소녀를 다시금 살려내려는 듯하다. 우리는 이리저리 떠도는 모나와 좀처럼 움직이지 않는 사람들 사이를 오간다. 주로 TV 앞에 앉아 있는 이들은 여름철 피서객을 기다리며 겨울을 보낸다. 모나의 마지막 행적을 진술하기 위해 목격자들이 바르다의 카메라 앞에 선다. 그리고 모나를 어떻게 만나게 됐는지, 그가 어떻게 사라졌는지, 그의 부재가 자신들의 마음을 얼마나 무겁게 했는지, 그와 이야기를 나눠보지 않은 게 얼마나 후회되는지에 대해 털어놓는다. 모나를 여러 차례 만나본 이들도 있다. 간결하게 이어지는 회상 장면들을 통해 그들은 모나와의 다양한 만남을 회상한다. 그들 중 일부는 너무 말이 많다. 트럭 운전사, 정비공, 빈민가의 포주, 관리인의 아내 등이 그렇다. 이들은 성차별적인, 인종차별적인, 불신으로 가득 찬, 함부로 잣대를 들이대는 식상한 발언들을 쏟아낸다. 일부는 보다 차분한 모습을 보이기도 한다. 농부, 튀니지 사람, 헌혈자, 레스토랑 소녀. 이들 모두는 모나를 걱정하고, 오래전 부모에 의해 또는 남편에 의해 좌절됐던 자유를 향한 동경의 마음을 드러낸다. 짧은 진술들은 마치 눈꺼풀이 감기듯 검은색으로 페이드아웃된다. 몇몇은 보다 애정 어린 모습을 보이기도 하는데, 그 가운데 한 사람은 유랑하는 유대인 데이비드다. 그는 모나와 자기 몸의 온기를 함께 나눴고, 대마초도 공유했다. 일부는 보다 계산적이다. 양치기이자 철학자인 한 사내는 자유, 고독, 땅으로의 귀환에 대한 자신의 이론을 설파한다.

모나는 그들이 권하는 것들을 거부한다. 그는 우리의, 또는 그들의 라이프스타일, 자선, 존재 이유, 결혼 등에 의문을 제기한다. 여러 인물들 가운데 모나를 만나면서 가장 영향을 많이 받은 이들의 이야기가 특히 인상적이다. 호감, 교감 그리고 우연. 바르다는 길 위에서 벌어지는 이 흥미로운 게임들을 다채롭게 풀어낸다. 서로 끊임없이 교차하는, 유쾌하면서도 감동적인 두 에피소드가 님므 기차역에서의 우연한 회합으로 마무리된다. 욜랑드 모로는 파울루라는 남자 친구가 있는 한 벨기에 여성을 연기한다. 그리고 마르테 자르네는 리디아 숙모 역할을 멋지게 수행한다. 바르다는 모나가 리디아와 함께할 때, 큰 나이 차에도 불구하고 유쾌한 웃음을 터뜨리며 교감을 나누는 두 여성의 모습을 따뜻하고 섬세하게 그려낸다. 또 다른 에피소드에서 마차 메릴이 등장한다. 그는 식물학 교수 역할을 능숙하게 해낸다. 위기에 처한 플라타너스를 살려내야 하는 임무를 맡은 그의 곁에는 프로젝트를 돕는 한 젊은 동료가 있다. 리디아의 조카인 이 사내는 숙모의 시중을 드는 하녀를 내보내고, 리디아를 요양원으로 옮긴 뒤 숙모의 아파트를 손에 넣을 궁리를 한다.

그런데 결국 우리는 이들 모두를 좋아하게 된다. 부유하든 가난하든 젊은이든 노인이든 이민자든 선의를 가진 지식인이든, 바르다가 애정을 갖고 그려낸 그들을 우리는 사랑할 수밖에 없다. 모나는 이들 모두의 대척점에 선다. 모나는 자유와 완전한 고독의 길을 선택한다. 그는 아웃사이더의 삶을 고집하는 스스로를 자랑스러워한다. 그 결말이 씁쓸하게 마무리될지언정. "자유를 향한 모든 호소는 우리 개개인 모두를 향한 직접적인 메시지다." 철학 석사 양치기 사내의 묵직한 한마디다.

모나는 누구인가? 시몬 베르예론, 그는 교양학부 학위를 갖고 있다. 자신이 경멸하는 공무원이나 관료들이 다들 취득하는 바로 그 학위다. 그에게는 집도 없고, 가족도 없다. 이게 우리가 알 수 있는 모나에 관한 모든 것이다. 영화의 프랑스 제목 '지붕 없이 또는 법 없이'는 옛 격언 'ni foi, ni loi'(믿음도 없이, 법도 없이)에서 따온 것이다. 집 없음은 불가피하게 부도덕으로 이르게 한다는 걸 암시한다. 모나가 소유한 거라곤 그저 비닐 자루뿐이다. 그마저도 영안실에선 수의로 바뀐다. 모나는 아이들을 좋아한다. 그리고 빈집, 록 음악, 말장난을 좋아한다. 동물학대방지협회에서 자원봉사를 한 적도 있고, 플라타너스에도 관심을 기울인다. 그는 외로움을 느끼지도, 연민을 느끼지도 않는다. 조금은 게으른 편이거나 혹은 그저 무신경한 것일 수도 있다. 그저 생존해나가기를 바랄 뿐이다. 모나는 헤아리기 힘든 하나의 수수께끼로 남는다. 그의 반항은 이유 없는 반항이고, 동기 없는 반항이다. 또는 욕망의 부재.

모나는 목마르고, 배고프고, 춥고, 두렵다. 먼지 낀 손톱이 도드라져 보이는 지저분한 손은 담배를, 때로는 샌드위치를 움켜쥐지만 일거리는 좀처럼 가까이하지 않는다. 모나에겐 물이 필요하고, 빵이 필요하고, 온기가 필요하다. 열려 있든, 닫혀 있든, 또는 부서져 있든—출입문, 창문, 나무 또는 유리 덧문의 세계 대신, 모나는 문 바깥, 창백한 태양, 기나긴 행군을 선택한다. 그래서 영화는 열다섯 개의 서정적인 트래킹 숏을 통해 호흡한다. 그 위로 평온한 사운드트랙이 흐른다. 모나가 고독을 즐기고 있음을 느낄 수 있다. 모나의 걷는 즐거움은 바르다의 영화 만드는 즐거움에 정확히 상응한다.

바르다는 누구인가? 나탈리 사로트보다는 콜레트에 가깝지 않을까 싶다. 그의 삶을 향한 애정을 보면 그렇다. 사람, 동물, 식물, 사물 그리고 태양, 비, 바람. 이 모든 것에 바르다의 우아한 손길이 가닿는다. 바르다 덕분에 우리는 오감 전체를 동원해 현실을 느낀다. 바르다의 영화는 동물들 그리고 아이들로 가득하다. 어디로 눈을 돌리든 거기엔 개가 있고, 염소가 있고, 말과 닭이 있다. 또한 푸르른 나무들도 가득하고, 때론 파란빛으로 가득해 거의 '파란 영화'가 되어버린다. 사진가로서의 애정도 드러난다. 우편엽서, 오래된 가족 앨범, 때론 사물의 질감을 포착하기 위해 사람들이 자리를 내주기도 하고, 음식 또한 빼놓을 수 없다. 바르다는 모나와 마차가 함께 하는 장면에서 언어에 대한 애정을 드러내지만, 정비공 그리고 무척이나 감동적인 튀니지인이 보여주는 깊은 침묵의 순간들 또한 존중한다.

막바지에 이르면서 영화는 추함의 영역으로 옮겨간다. 도시가 문제일까? 아니면 기차역? 혹은 노숙인들? 노숙인들이 너무 한군데에 모여 있어서? 아니면 약 때문에? 술 때문에? 포르노그래피 때문에? 아니면 그저 흙먼지가 너무 많아서? 이어 최후의 공포 또는 공격이 시작된다. 나무처럼 꾸민 사내들이 이 포도주 재배 마을을 배회하며 먹잇감을 찾아나서고, 누군가를 발견하면 포도주 찌꺼기를 사정없이 들이붓는다. 모나는 이 유쾌한 풍습을 이해하지 못한 채, 소리치며 저항하고 결국 만신창이가 되어 마을을 빠져나온다. 진이 빠지고, 포도주 찌꺼기로 범벅이 된 채 다시금 그 '무 헛간'으로 향한다. 그러나 모나는 종착지에 이르기 전 무언가에 걸리고, 넘어지고, 절망적으로 흐느낀다. 이제 남은 건 죽음을 기다리는 일뿐이다.

우리는 어떻게 걸작을 알아볼 수 있을까? 영화 만들기의 즐거움이, 또는 카메라의 즐거움이 피사체의 슬픔을 극복할 때, 다시 보고 다시 보고 또 다시 봐도 당신이 바라보는 대상의 진귀한 샘물이 좀처럼 고갈되지 않을 때, 당신이 보고 있는 영화는 걸작이다.

드코크　　모나의 죽음부터 보여주면서 영화를 시작합니다. 왜죠?

바르다　　두 가지 이유가 있어요. 첫째는 추리물에서 볼 수 있는 가짜 단서 같은 거죠. 시신이 있고, 경찰이 도착해요. 신분증도 없고, 외상 흔적도 없고, 자연사로 처리돼요. 하지만 목격자들은 모나가 죽은 걸 알지 못한 채 영화 내내 질문에 대답을 하죠. 누가 범인인가를 찾는 일반적인 추리물과는 정반대예요. 그런 작품들에서는 경찰이 보통 이런 식으로 얘기하죠. "좋아요, 여기서 살인 사건이 일어났어요. 자, 이제 당신 셔츠의 단

추가 세 개씩이나 사라진 이유를 한번 들어봅시다."영화는 경찰과는 다른 방식으로 죽은 소녀가 거쳐간 지역의 사람들을 탐문하는 과정을 따라가죠. 모나가 죽었다는 사실은 말하지 않은 채로요.

드코크　하지만 관객들은 알고 있죠.

바르다　그렇죠. 그들이 모나가 죽은 사실을 모른다는 걸 관객은 알아요. 두 번째 이유, 제겐 이게 보다 중요한 이유인데 숨김없이 모든 패를 다 보여주겠다는 거예요. 저는 영화가 다음과 같은 식으로 되는 걸 원치 않았어요. "아마도 사람들이 모나를 구해줄 거야! 아마도 모나는 데이비드를 다시 찾을 거고, 그가 모나를 보살펴줄 거야!"영화는 결국 사람들이 '미해결 사건 cold case' 또는 '겨울 이야기' 정도로 부를 영화가 되었죠. 누군가 얼어붙은 채 죽는.

드코크　저라면 이렇게 말하겠어요. "불쌍한 모나, 그렇게 죽다니!"왠지 그의 죽음은 결정론적인 느낌이 들어요. 모나의 자유가 그를 죽음을 향해 몰고 간 듯하죠.

바르다　불쌍하다고요? 저는 생각해보지 못한 부분인데, 그래도 일리가 있는 것 같네요. 사실 모나가 그리 호감 가는 캐릭터는 아니에요. 모나의 죽음도 인간관계의 부족 때문이란 걸 우리는 알아요. 그렇기 때문에 비록 그를 불쌍히 여기는 마음이 든다

해도 모나 스스로 유발시켰던 그 불쾌감을 동반할 수밖에 없어요. 모나는 때로 정말 골칫거리였죠. 그럼에도 스스로 자신의 자유와 반항에 대한 대가를 치렀다는 걸 우리는 알기 때문에 마음이 움직이는 걸 막을 순 없어요. 그래요. 지금까지는 그런 생각을 못 해봤는데, 정말 일리가 있는 말이네요.

〈방랑자〉의 장점은 주제가 힘을 지니고 있다는 점이에요. 동기가 분명하지 않은 한 소녀가 추운 겨울, 지방 마을 이곳저곳을 떠돌아다녀요. 힘겨운 상황들을 겪고, 불운도 한몫하면서 결국 동사하고 말죠. 이렇게 세 줄 이내로 플롯을 요약할 수 있으니, 스토리 라인도 좋다고 할 수 있겠고요.

드코크   자, 이제 문학적 질문을 하나 드려보죠. 이 영화를 나탈리 사로트에게 헌정한 이유는 무엇인가요?

바르다   좋아하는 작가예요. 지난 30년간 늘 존경해왔어요. 자신이 진정 쓰고 싶은 걸 쓴다는 게 느껴져요. 소설에서 접할 수 있는 미묘한 암시들이 상당히 매력적이죠. 『천체투영관The Planetarium』이란 작품을 보면 숙모의 아파트에 눈독을 들이는 조카가 한 명 나와요. 〈방랑자〉에서도 손자로 설정할 수 있었지만 사로트 때문에 저 역시 조카로 설정했죠.

드코크   우연한 만남들이나 영화 구조상에서의 소녀의 영향력 측면에서 사로트 작품의 그림자를 발견할 수 있는 것 같아요.

바르다 네, 『트로피즘Tropisms』이 그렇죠. 그럼에도 감히 "나탈리 사로 트의 작품에서와 마찬가지로" 같은 말은 할 수 없어요. 제가 존경하는 분과 저를 등가적으로 비교하는 건 제 스스로 용납 할 수 없어요. 그럼에도 제 영화에서도 그렇고, 사로트의 작 품에서도 공통적으로 종종 발견할 수 있는 건 캐릭터를 향한 관점 형성에 걸림돌이 자주 발생한다는 거죠. 예를 들어, 『마 르트로Martereau』를 보면 어느 근사한 청년이 갑자기 도둑으로 변신해요. 그럼 독자는 이렇게 생각하죠. 아니야, 그럴 리 없 어. 도둑이라니. 말도 안 돼. 하지만 그를 향한 우리의 의견은 계속 바뀌어가요.

순수하게 영화적 관점에서만 모나를 생각한다면 우리는 그를 중심에 두고, 다른 캐릭터들의 거울 역할을 수행하게 하죠. 이 캐릭터들이 모나에 대해 이야기하고 증인이 되어감에 따 라, 그들은 페이드인/페이드아웃 효과와 더불어 영화 내에서 시각적 괄호 역할을 하게 돼요. 저는 이 효과에 조금 변형을 줬는데, 완전히 검은색으로 아웃되게 하지 않고 말하자면 절 반씩만 페이드인/페이드아웃을 했어요. 그들이 모습을 드러 낼 때 그 이미지가 보이긴 하는데, 명확하지는 않아요. 그러 다 서서히 윤곽이 드러나죠. 그들의 증언은 모나에 관한 것일 뿐만 아니라 증언자 자신들에 관한 것이기도 해요. 일종의 두 단계 거울 효과라 할 수 있죠. 우선 우리는 그들에 대해 파악 해요. 하지만 그들은 모나의 이미지를 반사하죠. 모나의 이미 지는 변화해요. 점점 명확해져가는 것 같으면서도 동시에 역 설적이게도 점점 희미해져가죠.

드코크 회상장면들의 구조에 대해서도 말씀해주세요.

바르다 그 부분은 전체적으로 엄밀하게 구성된 형태적 틀 안에서 전
적으로 자유롭게 가고 싶었어요. 행동에 앞서서 증언이 먼저
이루어지죠. 정비공이 "세차를 하면 30프랑을 줄게"라고 말하
고 난 뒤, 모나가 세차하는 모습을 볼 수 있어요. 또 어떤 때
는 증언이 행동에 이어서 나오기도 하고요. 그런 경우는 이
미 일어난 행동을 요약하는 역할을 하게 되는 거죠. 정비공
같은 경우는 두 가지 형식 모두가 적용된 셈이고요. 이 증언
들을 놓고 열심히 작업했어요. 각각의 진술들을 찬찬히 살펴
봤죠. 누구는 자유에 대해 이야기하고, 또 누구는 모나의 '아
니오'에 대해서 회상하고, 불결함에 대해 진술한 사람들도 있
고요. 배우들을 위해 형식적 틀은 아주 정교하게 짜놓았지만,
촬영에 들어가기 직전에 배우가 캐스팅되기도 했어요. 그래
서 즉흥연기를 하거나 촬영 바로 전에 대사를 추가하기도 했
죠. 욜랑드에게 모나는 뭐랄까, 사랑의 판타지 같은 대상이에
요. 남자는 있지만 그럼에도 늘 외로움을 느끼는 여자에게 모
나가 그런 부드러움의 판타지를 표상한다는 아이디어가 제겐
참 재밌게 여겨졌어요. 이렇듯 상황은 때로 조금은 복잡해져
요. 복잡해지는 상황이 재미있기도 해요. 사람들은 언제나 세
상일을 지나치게 단순화시키니까요. 모나를 철저히 고립시키
는 것도 정확히 이런 단순화 때문이죠. 간략히 말해서 영화는
가짜 단서들로부터 구축돼요. 가장 두드러진 건 모나와 히피
사내 데이비드의 관계죠. 모나와 빈 주택에 무단 거주하던 데

이비드는 기차역에 다시 나타나요. 관객은 그가 모나를 찾아낼 거라고 생각하죠. 하지만 데이비드가 빈 주택에 도착했을 때 모나를 만나지 못해요. 많은 사람이 모나와의 연결 고리를 놓쳐요. 결국은 불운이라고 할 수밖에 없죠.

작년으로 영화 인생 30년을 맞이하면서
결심했어요. 제가 하고 싶은 것을
온전히 자유롭게 하기로요.

드코크   시네크리튀르에 대해 이야기를 좀 나누고 싶습니다. 감독님의 영화쓰기라는 개념이죠. 더불어 트래킹 숏 같은 기술적 사안에 대해서도 궁금한 게 있고요.

바르다   제가 하는 작업은 완전히 기술적인 분야예요. 우리가 하는 일은 실제적이고 기술적인 차원에서 이루어져요. 이데올로기적이거나 이론적이거나 은유적인 차원의 작업이 아니죠. 대개 인터뷰를 하면 이런 얘기를 많이 물으시긴 하지만요. 시네크리튀르에 대해 말하자면 다른 곳에서도 언급한 바 있지만, 가령 당신이 작곡을 한다면 누군가 그걸 연주해줄 수 있겠죠. 악보는 하나의 기호니까요. 건축가가 세밀하게 설계를 하면 그 도면으로 집을 지을 수 있듯이요. 하지만 저는 다른 사람이 찍어줄 걸 기대하면서 시나리오를 쓸 수 없어요. 왜냐하면 시나리오는 영화를 쓰는 방법을 보여주지 않기 때문이에요. 시나리오는 조명을 언급하지도 않고 렌즈 선택이나 트래킹 숏의 속도, 배우가 대사하는 타이밍이나 표현 방식 같은 것들도 지시하지 않아요. 물론 극 중 인물의 특성 같은 건 묘사할 수 있겠지만, 침묵의 길이 같은 걸 2초 혹은 7초쯤 이렇게 세세하게 미리 가늠할 수는 없죠. 촬영 당일의 날씨도 예측할 수 없고요. 그로 인한 대사나 행동의 변경 같은 것도 현장에서나 가능한 거고요. 영화를 글로 쓴다는 건 그 자체로 불가능한 일이죠. 이런 이유로 저는 이제 더 이상 시나리오 쓰는 걸 거부해요. 저는 종이 두 쪽에 모든 것을 적어요. 그리고 하나의 도전이라 생각하면서 영화 작업에 임하죠. 이렇게 하게 된 이유는 그동안 너무나 많은 실망을 경험했기 때문이에요. 완성도 있게 쓴 시나리오가 다양한 행정적 이유들로 거절이 되곤 했죠. 시나리오는 돈을 주면 언제든 살 수 있는 거니까요. 돌아보면 저는 모든 사람에게 거절당하기 위해 살아온 것 같은 기분마저 들어요. 작년으로 영화 인생 30년을 맞이하면서 결심했어요. 제가 하고 싶은 것을 온전히 자유롭게 하기로요. 더 이상 다른 사람에게 제출하려고 시나리오를 쓸 생각이 없어요. 이제부턴 영화를 만들든가 만들지 않든가 둘 중 하나예요. 이제부턴 저만의 방식으로 영화를 만들어나갈 거예요.

드코크   트래킹 숏에 대해서 말씀드리자면 모나의 앞에서 시작해 모나에게 다가간 뒤, 그를 지나칩니다……

바르다   트래킹 숏들은 모나의 걷기와 연결돼 있어요. 그는 풍경의 일부, 한 조각일 뿐이죠. 모나가 지나가도 풍경은 여전히 그곳에 남아 있어요. 트래킹 숏이 시작될 때 모나는 그곳에 있지 않죠. 끝날 때도 그곳에 없고요. 예를 들어, 시골 풍광을 배경으로 모나가 나타나요. 걷고 있죠. 그리고 곧 사라져요. 그럼에도 우린 계속 이어가다가 다른 장소에 있는 모나의 행동들을 자세히 보여주는 숏으로 넘어가죠. 이런 방식을 통해 '이 상황'이 계속 진행되고 있다는 걸 나타내는 거죠.

드코크　트래킹 숏들이 끝날 무렵엔 확실히 구두점이 찍힙니다.

바르다　각각의 트래킹 숏들은 우리가 다음 트래킹 숏에서 보게 될 무언가로 끝을 맺죠. 첫 번째 트래킹 숏은 해변에서 시작해요. 하얀 줄이 그어진 도로와 음악. 음악이 시작되면 영화 역시 음표를 따라 진행되죠. 우린 60미터 길이의 트랙 위에서 미끄러져 가요. 모나는 걷고 있고, 곧이어 트럭을 얻어 타게 돼요. 하지만 우리는 그 모습을 보지 못해요. 그저 엔진 소리를 들을 뿐이죠. 모나는 프레임에서 사라지고, 우리는 표지판 앞에서 멈춰요. 영화가 잠시 이어지다가 두 번째 트래킹 숏이 시작돼요. 두 번째 표지판이 화면에 보이죠. '천천히: 스쿨 존'이라 쓰여 있어요. 모나는 다시금 프레임 안으로 들어와요. 빵을 사죠. 우리는 나무 앞에서 멈춰요. 세 번째 숏은 숲에서 시작하죠. 또 다른 숏에서는 까마귀들이 날고 있는 황토색 벌판을 걸어요. 그리고 잠시 뒤 백팩을 내려놓고 휴식을 취하죠. 우리는 농기구 앞에서 멈추고요. 한참 뒤 다음 트래킹 숏에서는 또 다른 농기구로 시작하죠. 이어서 검은 벽이 보여요. 불에 타서 검게 그을린 모습이죠. 모나의 주검을 발견한 잿빛 도랑을 암시하는 듯해요. 이어 그는 프레임 밖으로 나가고, 우린 계속 앞으로 나아가 울타리 기둥에 걸어놓은 타이어 앞에 멈추죠.

저는 사람들이 이렇게 세부적인 걸 물어보는 게 좋아요. 자주 있는 일은 아니에요. 제가 그렇게 영리하진 않아서 이론적으로 잘 설명하진 못하지만요. 이미 절반쯤 촬영을 마친 즈음에서야 모나가 걷는 모습이 담긴 일련의 트래킹 숏들이 필요하다는 걸 깨달았어요. 좀 묘한 기분도 들었어요. 모나는 죽었는데, 여전히 걷고 있죠. 멈추었는데도, 여전히 걷고 있죠. 자면서 영화에 대한 꿈도 많이 꿨어요. 모나는 걷고 있지만, 제겐 충분치 않았어요. 그래서 더, 좀 더 걷게 했죠. 일련의 트래킹 숏들은 불연속/연속의 감각을 표현하기 위해 시작했어요. 한 장면과 그다음 장면을 이어주는 연결 고리들과 함께 숏들을 만들었어요. 샘이 있는 한 마을을 배경으로 한 숏은 참 아름답죠. 모나는 바에서 나와요. 주유소 앞을 지나 차를 타고 떠나죠. 우리는 공중전화 부스 앞에서 숏을 마무리해요. 부스 안에는 사내 한 명이 있고, 그 옆 벤치엔 나이 든 여인이 앉아 있어요. 그들은 실제로 조카와 숙모 사이죠. 이제 맨 마지막 트래킹 숏이 등장하는데, 바로 모나가 죽음을 향해 몸을 힘겹게 움직이는 장면이에요. 여긴 다른 구조가 하나 더 있어요. 이 장면에서 흐르는 음악은 맨 처음 트래킹 숏 때 나왔던 음악 테마와 동일해요. 트래킹 숏들은 전체 영화의 음악을 끊김 없이 재생산해요. 오프닝 크레디트에서 우리가 이미 들은 음악이죠. 죽음 장면에선 내내 침묵을 유지했어요. 음악을 쓰

상드린 보네르가 연기한 〈방랑자〉 속 모나(1985)

기에는 너무 감정적인 장면이었죠.

미리 세세한 계획을 짜지 않고 영화를 만들었기 때문에 확실히 위험성이 있었어요. 저는 촬영 기간 중 이 트래킹 숏들이 필요하다는 걸 깨달았죠. 아무튼 이 숏들 때문에 2주의 시간이 더 필요했어요. 물론 증언 장면들은 전체가 다 계획되어 있었죠. 저는 캐릭터를 만들어가는 작업이 이 제삼자들의 증언으로 충분할 거라고 생각했어요. 하지만 그렇지 않았죠. 이 트래킹 숏 아이디어로 인해서 일정이 정확히 2주 반 미뤄졌고, 비용도 많이 늘어났어요. 하지만 고몽Gaumont 같은 대형 영화사와 작업했다면 결코 누릴 수 없었을 창조적 자유를 만끽할 수 있었죠.

드코크   설정 숏들에 대해서도 말씀을 해주시겠어요?

바르다   저는 최대한 담백하게 가는 걸 좋아해요. 좀 더 명확하게 말해보자면 영화에서 대화 장면이 나오면 일종의 고전적인 영화 문법을 다들 사용하죠. 숏-카운터 숏-숏. 마치 하나의 문장엔 반드시 동사가 하나 들어가야 한다, 하는 것처럼요. 하지만 제 영화에선 클로즈업이 매우 드물어요. 영화 내내 얼굴들이 나오니까 미디엄 클로즈업은 그래도 가끔씩 사용하죠. 모나가 정어리를 먹는 장면이라든가 우는 장면, 침낭을 뒤집어쓰고 히치하이킹을 할 때, 아주 놀란 표정을 지을 때, 창문에 가까이 다가설 때 등등. 다 합쳐도 네다섯 개 정도일 거예요. 아주 적은 편에 속하죠. 그 첫 번째 숏에서 모나가 길 위를 지나던 트럭을 세워 올라탄 다음 처음 한 말은 "내가 있잖아요"예요. 이 첫 문장이 모나를 규정해요. 그는 존재하죠. 그의 자존심, 그의 피로, 그의 가난, 그의 반항…… 이 모든 것과 함께 모나는 존재하는 거죠.

한 여자에 대해서 할 수 있는 말이 고작
엉덩이가 근사하다, 라면 그건 사실상
그 여성을 파멸시키는 거예요.

드코크   영화 속 사람들은 다들 모나에게 잘 대해줍니다. 각자 사회적
         지위가 어떠하든 일종의 선함을 지니고 있는 듯해요.

바르다   그들이 잘 대해주는 게 아니라 제가 그들을 잘 대해준 거죠.
         그들은 모나를 잘 대해주지 않았어요. 전혀 친절하지 않죠.
         제가 냉소적으로 보는 게 절대 아니에요. 저는 그저 그들의
         안 좋은 면을 부각시키고 싶지 않았어요. 스스로에게 이렇게
         말했죠. "저 사람들도 안을 들여다보면 좋은 구석이 있을 거
         야. 모든 면에서 나쁘진 않을 거야." 사실이기도 하고요.

드코크   영화의 끝부분, 님므 기차역 장면을 보면 마약이나 뭐 이런저
         런 것들로 인해서 좀 어두운 분위기가 느껴집니다.

바르다   네. 번화가가 시골 지역에 비해 어떤 점에서는 더 추하다는
         걸 보여주고 싶었어요. 시내의 패거리들은 길 위의 유랑자들

보다 더 불쾌한 존재들이죠. 모나는 그중 한 명과 친분을 맺게 되고요. 저는 마지막 증언이 모나를 죽인 거라고 판단했어요. 한 여자에 대해서 할 수 있는 말이 고작 엉덩이가 근사하다, 라면 그건 사실상 그 여성을 파멸시키는 거예요. 그 사내가 바로 그렇게 말했죠. 정말 형편없는 태도죠. 그게 모나를 죽인 거예요.

드코크 데이비드가 구타를 당하는 장면이나 숲속에서의 강간 장면 같은, 폭력이 발생하는 상황은 직접적으로 스크린에 담아내지 않으시는 것 같습니다.

바르다 숲속에서의 트래킹 숏 보셨죠? 60미터 길이의 트랙을 만드는데 네 시간이 걸렸어요! 근사한 숏이라고 생각하지 않으세요? 카메라는 숲으로 빠져나가죠. 사내가 모나를 어떻게 강간하는지 꼭 묘사해야 할까요? 강간 장면이라는 걸 이해했으면 그걸로 된 거죠.

드코크 모나는 거기에 대해 아무런 언급도 하지 않습니다.

바르다 자, 그건 또 그거대로 흥미로운 주제네요. 모나는 반응하지 않아요. 아무 말도 하지 않아요. 사실 영화 속의 모든 폭력성과 선정성은 그저 사내가 여자를 보고 "난 저 여자를 가질 거야"라는 생각을 한다는 사실, 그 자체에 다 담겨 있어요. 영화는 그저 암시를 하고, 관객은 그걸 느끼는 거죠. 강간 자체를 보여주는 건 관심사가 아니에요. 제 안에는 윤리적 시스템이 있어서 뭘 보여줄지, 안 보여줄지를 정해서 제게 알려줘요. 생생한 폭력 묘사는 그게 강간이 됐든 전쟁 장면이 됐든 또는 폭력을 묘사하는 이유가 사실은 폭력 그 자체를 규탄하기 위해서라고 해명을 하든, 언제나 일정 정도의 쾌감이 들어가 있는 거예요. 그리고 그 쾌감을 관객과 나누는 거죠. 저로서는 어떠한 상황에서도 그걸 용납할 수 없어요. 그러고 싶지 않아요. 그게 제 선택이죠. 저, 바르다는 이렇게 생각해요. (제 캐릭터도 같은 생각일지는 모르겠어요. 저는 모나를 대신해서 말할 수 없어요. 그러고 싶은 마음도 없고요.) 숲속에서의 강간이 모든 사람들이 모나를 대한 방식, 그를 한겨울 추위 속에 집 밖에서 자게 하거나, 그를 거부하고 내치는 그런 행위들보다 훨씬 더 폭력적이라고 말할 수 있을까요? 저는 꼭 그렇지는 않다고 생각해요. 모르겠어요, 강간을 당한다는 것의 의미가 다른 사람들에게는 어떻게 전달되는지, 제가 느끼는 것과 동일한지 그건 확신을 못 하겠어요. 그렇다고 그게 아무 문제 없다고 말하는 건 절대 아니에요. 영화를 보면 정비공이 텐트에 들어갔다 나오죠. 모나가 그 안에서 얼마나 자발적이었는지는 저도 확신할 수 없어요. 그것에 대해 모나가 이야기하지 않으니까요. 그 장면은 전체가 아무런 대사 없이 촬영됐어요. 제게는 하나의 도전이었죠. 저는 말이 꽤 많은 영화를 만드는 경향이 있거든요. 이 작품에선 말을 최대한 줄이려 했어요. 영화 말미에 튀니지 사내가 모나의 스카프를 얼굴로 가져가 냄새를 맡고 입을 맞추는 장면을 볼 수 있어요. 마지막 증언이에요. 영화의 시작엔 말로 하는 증언이 나오고, 끝엔 침묵의 증언이 나오죠. 전자는 저의 증언, 후자는 그 튀니지 사내의 증언이에요. 저는 일종의 메아리고요. 저는 모나를 만났다고 진술해요. 하지만 관객은 저를 볼 수 없죠. 관객은 그를 보지만 그는 아무 말도 하지 않아요.

드코크   기술적인 질문을 하나 더 드리죠. 후지필름은 의도적으로 선택하신 건가요?

바르다   네, 의도적이었죠. 이미 몇 편의 영화에서 사용한 바 있어요. 콘트라스트가 덜하기 때문에 선택하죠. 하지만 프린트 필름은 코닥으로 작업했어요. 전체적으로 차가운 느낌으로 촬영했죠. 색감 얘기를 하다 보니 생각이 나는 게, 영화를 보면 모나가 빵을 사러 가는 장면이 있어요. 그 장면을 찍던 중에 그 빵집에서 와플 케이크도 판다는 걸 알게 됐어요. 그때 문득 어린 시절이 떠오르면서 동화 『빨간 모자』도 함께 생각났죠. 그래서 한 꼬마 소녀를 섭외해서 빨간 옷을 입히고 와플 케이크를 든 채 빵집에서 걸어 나오게 했어요. 아이의 빨간 옷은 제 기억 속의 빨강과 완벽하게 일치했죠. 우리는 영화 속 현실의 색까지 숏마다 세심하게 관리했어요. 어떤 장면에 빨간색이 있으면 우린 그걸 다시 칠했죠. 기차역의 벤치는 오렌지색이었는데, 회색으로 바꿨고요. (그것 때문에 역장한테서 한 소리 들었죠.) 영화는 한순간도 대충 넘어가지 않아요. 기술적으로 매 순간 선택의 상황에 놓이죠. 우린 다양한 시도들을 해봐요. 최근 영화들은 후지 네거티브로 촬영했는데, 후지 프린트는 그다지 좋아하지 않아요. 그래서 필름은 후지를 쓰고 프린트는 코닥을 쓰는 식으로 하기도 하죠. 이렇게 하는 게 콘트라스트가 더 괜찮더라고요.

드코크 이번엔 아주 미국적인 질문입니다. 제작비는 어떻게 마련하셨나요?

바르다 자금은 문화부에서 나왔어요. 두 쪽짜리 제안서를 보고 결정을 내렸어요. 보통 거절로 귀결되곤 하던 행정적 절차를 거치지 않았죠. 사실, 바로 그 전 해에 문화부 산하의 부서에서 자금 신청을 거절한 일이 있었어요. 제가 딱히 '문화적으로 환영받지 못하는 인물'이라서 그랬던 건 아닌 것 같고, 그저 제가 주변부적 존재라는 사실이 그분들 심기를 불편하게 만든 게 아닌가 싶어요. 이번 경우엔 그저 두 페이지 문서만으로 문화부에서도 '오케이'를 했고 안텐2에서도 '오케이' 했죠. 이렇게 두 군데로부터 받은 보조금이 전체 예산의 3분의 1 정도가 됐어요. 여기에 일부 자금을 추가로 빌린 후 우린 작업을 시작했죠. 충분한 예산은 결코 아니었지만, 위험을 감수하면서 일단 배를 띄웠어요. 그러면서 이 프로젝트에 관심을 보이는 사람들을 몇몇 찾아냈고요. 자리를 잡은 감독들 같으면 절반 정도의 예산만 확보한 상태에서 영화에 들어가지는 않죠. '시네타마리스'는 제가 만든 회사예요. 저의 제작사니까 위험에 대한 책임도 제가 져야 하죠.

드코크   감독님만의 비법? 영화 철학 같은 게 있을까요?

바르다   나이가 들면서 생겨나는 장점들도 있는 것 같아요. 그리고 제
        안에 뭐랄까, 누구도 만질 수 없고 누구도 파괴할 수 없는 무
        언가가 있는 것 같고요. 그런 걸 갖고 있다는 게 일종의 특권
        처럼 느껴지기도 하는데, 글쎄요. 그저 제 바람일 수도 있고
        요. 여기 베니스영화제에 와서도 다른 사람들은 다들 긴장을
        한 것 같은데, 저는 오늘 아침 여덟 시에 바다에 나가서 수영
        을 했어요. 해변엔 저 말고는 아무도, 한 사람도 없었죠. 긴
        세월을 지내오면서 이젠 제가 해야 할 일을 평온한 마음으로
        할 수 있게 된 것 같아요. 그런 능력을 갖게 된 것 같아요. 물
        론 영화 작업을 할 때는 흥분도 되고, 목표도 생기고 그렇죠.
        저는 일과 관련된 것들에 한해선 좀 '스피디'한 편이에요. 팀
        원들을 아주 못살게 굴죠. 저 스스로도 엄청 빠른 속도로 작
        업하지만, 팀원들에게 요구하는 것도 그에 못지않아요. 저는
        새벽 다섯 시에 일어나서 대사들을 써요. 촬영장에는 누구보
        다도 먼저, 한 시간 일찍 가서 여러 가지 것들을 점검하죠. 마
        지막 순간에 아이디어가 떠오르면 바로 팀원들을 닦달해 그
        걸 구현하려 하고요. 그들이 과연 해낼 수 있을까, 전혀 의심
        을 품지 않은 채 엄청난 요구들을 하죠.

타로 카드 인터뷰

우리가 만난 날, 바르다는 TV 채널 파리프리미어에서 나온 제작진들과 사진도 찍고, TV 방송용 영상도 촬영하는 시간을 가졌다. 또한 차기작 〈자크 드미의 세계〉를 최종 편집하느라 한동안 편집실에서 시간을 보내야 했다. 이제 잠시 한숨 돌릴 겸 해서 타로 카드를 앞에 놓고 이런 저런 얘기를 나눠보기로 했다.

바르다 마치 〈5시부터 7시까지의 클레오〉의 도입부 같네요. 타로 카드. 자, 한번 해볼까요? 보통 저는 왼손으로 카드를 선택하는데, 세 장의 카드를 집을게요. 저기 박혀 있는 작은 녀석부터. 그리고 다른 쪽에서 또 한 장, 선택받기를 간절히 바라는 것처럼 보이는 요 녀석까지. 6번이네요.
'연인'. 큐피드와 화살이죠. 그리고 여성 한 명이 있어요. 아주 엄해 보여요. 젊은 남자의 엄마 같은데 사내의 어깨에 손을 올

이 인터뷰는 1994년 5월 발행된 〈망슈엘 뒤 시네마Mensuel du Cinéma〉에 수록되었다. 인터뷰어는 영화평론가 장 다리골Jean Darrigol이다.

려놓고 있는 모습이 마치 그를 붙잡아두려는 듯해요. 일종의 사랑의 방해자? 그런 느낌이에요.

다리골   이 카드는 선택이란 개념과도 연결되는 것처럼 보이네요. 1965년에 감독님은 〈오페라 무프 거리〉를 가장 아끼는 작품으로 고르셨죠. 1958년도에 만든 작품이고 무프 거리와 그곳의 연인들에 관한 이야기를 다룬 영화였어요.

바르다   1965년엔 〈클레오〉를 정말 마음에 들어 했죠. 하지만 들르뤼의 아름다운 음악이 흐르는 무성영화 〈오페라 무프 거리〉가 제겐 보다 본능적인 작품으로 느껴졌어요. 거의 원초적이라고까지 할 수 있을 정도죠. 거리를 지나는 그 얼굴들이 참 많은 걸 얘기해줬어요. 저는 임신한 여성이었고, 그들을 바라봤죠. 그 시선을 저는 '주관적 다큐멘터리'라고 불러요. 임신한 여성의 주관적 시선. 그 시선은 이렇게 말하죠. "저 사람들도 노인이 되고 부랑자가 되고 장님이 되기 전엔 다들 갓 태어난 아기들이었겠지. 저들이 아기였을 때 주위 사람들은 어떤 표정으로 저 사람들을 바라봤을까?" 아이를 갖는다는 희망과 과거에 아기였던 이들의 현실 사이에서 임신한 여성은 교차하는 감정을 느껴요. 무프 거리에서 촬영하면서 많은 걸 깨달았고, 크게 감동받기도 했어요. 하지만 시간이 많이 흘렀죠. 요즘은 〈방랑자〉가 가장 아끼는 영화가 됐어요. 제가 원하는 것, 할 수 있는 것들을 아름답게 구현했고 제가 좋아하는 계절을 담았고 내러티브, 완벽한 세팅, 실제 캐릭터

들 그리고 샹드린 보네르의 훌륭한 연기까지. 보네르의 존재
감은 굉장히 강렬했어요.

'광대 또는 깃대'. 미끌미끌한 장대, 깃대, 아니면 유랑 시인의
막대기일지도 모르겠네요. 시인은 머리에 종을 몇 개 달고 있
고, 막대기 끝엔 작은 자루가 매달려 있어요. 마치 방랑자나 순
례자처럼.

다리골   이 카드는 광기, 천재성, 모험을 고취시키죠. 감독님은 누아
르무티에섬의 풍차 얘기를 종종 하셨어요. 바다 풍광이 좋은
그곳에서 자크 드미와 한동안 생활하셨죠. 혹시 돈키호테의
그 과한 면모를 좋아하시나요?

바르다   사진가였을 때 돈키호테와 그의 활동 무대가 된 지역에 관
한 사진 에세이를 만들기도 했어요. 돈키호테는 풍차와 전투
를 벌인 인물이죠. 저는 뭔가 결과물을 만들어내는 전투는 좋
아해요. 그 결과물이 책이 될 수도 있고, 시나 영화가 될 수도
있죠. 전투는 법률을 바꿀 수도 있고, 정치적 성과를 낼 수도
있어요. 삶을 향상시키고 반응들을 이끌어내고 생명을 구할
수도 있고요.

'교황'. 자, 이 카드는 아래위가 거꾸로 되지 않았네요. 교황이
에요! 이걸 보니 제가 썼던 노래 가사가 하나 떠오르네요. 〈노
래하는 여자, 노래하지 않는 여자〉에 나오는 노래인데, 대략 이
런 내용이죠. "아빠도 아니고, 교황도 아니고, 왕도 아니지. 판
사도 아니고, 입법자도 아니지. 그들은 나의 주인이 아니야!" 교

황은 교회를 지배하고, 입법자들은 국가의 법을 만들고, 아빠, 남편 그리고 때로는 오빠가 가정을 지배하죠. 여성들은 그러한 법 집행관들로부터 해방될 필요가 있어요. 교황은 여전히 피임은 해서는 안 되는 행위라 믿고 있고, 빠른 속도로 퍼지는 에이즈의 현실은 직시하려 하지 않죠. 성에 대한 우리의 새로운 구상은 해방이 됐건 안 됐건 우리 자신의 자각 문제예요. 교황의 지시나 명령에 의한 것이 아니고요. 우린 교황이 도착할 때 땅에 입을 맞추는 대신, 서로 입을 맞춰야 하죠.

다리골   화해와 관련이 있는 카드로군요.

바르다   오, 아니죠! 교황은 아니죠.

다리골   감독님 안에는 일종의 낙관주의와 에너지가 장착되어 있는 것 같습니다. 이러한 시기를 큰 불화 없이 겪어오셨고, 앞으로 나아가셨으니까요.

바르다   〈행복〉은 낯설고, 〈도퀴망퇴르〉는 슬프고, 〈방랑자〉는 비관적이죠. 하지만 이 영화들에서도 저는 어딘가에는 에너지의 느낌을 담아내고 싶었어요. 아무리 어두운 영화에서라도요. 이건 비관주의나 낙관주의와는 다른 거예요. 이 영화들 안에서 정신적 활동과 영화 만들기의 즐거움이 함께 에너지를 만들어내요. 이 에너지는 결국 기쁨 또는 슬픔의 느낌들을 대체하게 되고요. 필수적인 에너지죠.

'전차'. 파란 말, 붉은 말. 이 둘은 1970년에 자크 드미가 만든 〈당나귀 공주〉에서도 두 개의 마법 영역에 해당해요. 마레의 영역에서는 모든 게 파란색이죠. 작은 하인들도 그렇고 말들도 마찬가지고요. 왕자의 영역, 자크 페랭이 말을 타고 숲속을 질주하는 그 영역에서는 모든 게 붉은색이에요. 말들, 의복, 심지어 그의 침실까지 그렇죠. 이런 식의 표현은 드미의 영화에서만 본 것 같아요.

다리골   이 카드는 진전과 관련이 있습니다. 앞으로 나아가는 움직임이죠. 감독님의 마법적 측면이랄 수 있는 다큐-꿈과도 연결되고요.

바르다   글쎄요. 그보다는 비현실이 현실 속에서 표현법을 찾아내다, 정도로 보면 좋을 것 같아요. 일상생활에서의 환상적인, 초현실적인 무언가는 궁극적으로 우연한 만남이나 삶의 의외성 같은 마법을 불러일으키죠. 하지만 제겐 마법적이라기보다는 초현실적이에요.

어떤 주제를 다루느냐는 그렇게 중요하지 않아요.
그보다는 개인적 감정들을
어떻게 담아내 주제를 전달하느냐가 관건이죠.

바르다   '신의 거처'. 이 카드는 중세를 떠올리게 하네요. 탑이 하나 있고, 그 위에 곡예사들이 있어요. 물구나무를 서고 있는 남자는 상당히 솜씨가 좋아 보이고, 동작이 아주 아름다워요.

다리골 〈오 계절들이여, 오 성들이여〉를 만들 때, 로마네스크 예술과 종교예술은 감독님께 상당히 중요한 요소였을 것 같습니다. 이 영화는 〈라 푸앵트 쿠르트로의 여행〉 이후 의뢰를 받아서 만든 작품이었죠.

바르다 의뢰를 받는 작품들은 늘 특정한 주제와 연결돼요. 길이도 정해져 있고, 결국엔 교육적 의도와도 연결이 되고요. 그래서 영화는 중세 화가들을 참고 대상으로 삼았어요. 그들은 '수태고지The Annunciation' 같은 상징적인 종교적 주제들을 의뢰받아 작업하곤 했죠. 그들은 작업 의뢰에는 겸손하게 응하면서도, 자신만의 특유의 기법과 종교적 감흥을 기반으로 각각의 작품에 작가 자신만의 도장을 찍었죠. 판데르 베이던의 〈십자가에 못 박힌 그리스도The Crucifixion〉와 로베르 캉팽의 같은 제목의 그림은 서로 전혀 다르지만, 같은 이야기를 하고 있어요. 어떤 주제를 다루느냐는 그렇게 중요하지 않아요. 그보다는 개인적 감정들을 어떻게 담아내 주제를 전달하느냐가 관건이죠. 그래서 〈십자가에 못 박힌 그리스도〉를 볼 때면 그 주제 자체보다도 그 주제를 그린 사람에 대해 더 생각하게 돼요. 이번에 출간한 책 『아녜스가 말하는 바르다Varda par Agnès』에서 의뢰받은 영화 얘기를 하면서 의뢰받은 그림들, 수태고지, 천사들 이야기도 함께한 건 이러한 이유 때문이죠.

다리골   그들의 그림을 보면 일상생활의 모습 또한 자주 접할 수 있습니다. 감독님 작품들에서도 마찬가지고요.

바르다   다양한 상인들, 일터, 일상의 나날. 이런 모습들을 묘사한 그림을 보고 있으면 일종의 겸손함 같은 게 느껴져요. 자신이 잘 알고 있는 무언가를 이야기하고 있는 듯한 느낌도 들고요. 저 같은 경우는 〈다게레오타입〉에선 집 주변 동네 가게들을 주의 깊게 살펴봤고요. 〈방랑자〉에서는 다양한 노동 현장의 모습들을 조명해봤어요. 포도나무 가지치기하는 사람들이나 고속도로 노동자들 그리고 겨울철 건설 현장의 석공들도요.

다리골   이번에 펴내신 책도 이런 장인 전통의 맥락 안에서 만들어진 것 같습니다.

바르다   저는 항상 그런 방식으로 작업해왔어요. 『아녜스가 말하는 바르다』는 저의 책이고 제가 선택한 것들로 구성되어 있죠. 하지만 필모그래피는 베르나르 바스티드라는 다큐멘터리 감독이 작성해줬고, 〈카이에 뒤 시네마〉의 편집자 클라우딘 파코, 세트 디자이너 에리크 파트릭스, 그리고 제 친구 아네트 레이노도 참여했어요. 책의 일부는 그들과 함께 작업한 거죠. 예를 들면, 클라우딘은 제가 초반에 집필한 텍스트가 수줍음과 어색함으로 가득하다는 걸 간파하고 제게 이렇게 조언해줬어요. "자신을 자유롭게 풀어놔봐요. 그럼 글 자체가 스스로 알아서 해나갈 거예요." 저는 그의 말을 이해했어요. 뭔가에 뛰어들기 전에 주저하고 머뭇거렸던 거죠. 40년간의 영화 작업에 대한 책을 쓰려면 느긋한 마음으로 차분하게 접근해야 해요. '아네스와 친구들'이 『아네스가 말하는 바르다』보다 더 나은 제목이었을 것 같아요. 이 책은 상당히 유기적이라는 느낌이 들어요. 리듬이 있어요. 하나의 생명체 같죠.

'세계'. 이 카드엔 곡물 다발 같은 게 담긴 둥근 소쿠리 위에서 춤을 추거나 점프를 하는 알몸의 누군가가 그려져 있어요. 이 이미지에는 제 마음에 드는 부분들이 꽤 많은데요. 예전에 보았던 포스터 한 장이 떠오르기도 하네요. 초현실주의자들이 자신들의 선언문을 알리기 위해 만든 포스터였는데, 제 책에도 소개했어요. 초현실주의는 제 유년 시절과도 연결 고리가 있죠. 콜라주 형식의 그 포스터에는 한 벌거벗은 여성이 서 있고, 주위를 신분증용 사진들이 둘러싸고 있어요. 스무 명의 남자들 사진이고, 모두 눈을 감고 있죠. 수포, 아라공, 데스노스, 엘뤼아르, 자코브, 크르벨 같은 인물들이에요. 그리고 다음과 같은 글귀가 쓰여 있어요. "나는 여자의 모습을 볼 수 없다. 숲속에 숨어 있는."

다리골   〈방랑자〉에서 우리는 모나가 바다에서 걸어 나오는 장면을 영화 도입부에서 만나는데요. 신화적 이미지라 할 수 있을 것 같습니다. 바다의 정기는 감독님 영화 전반에 스며 있죠.

바르다   맞아요, 그건 신화적 이미지죠. 바다에서 서서히 모습을 드러내는 비너스. 자연 속에 한 여성이 서 있어요. 사람들은 그런 광경을 '인물이 있는 풍경'이라 부르기도 하죠. 모나는 혼자예요. 그는 걷죠. 그리고 하이킹을 해요. 올라탄 트럭에서 운전사가 "지금 시기엔 사람들이 그리 많지 않지"라고 하자, 모나는 "내가 있잖아요"라고 말해요. 모나는 자기 자신이 되고픈 욕망에 불타오를 지경이에요. 모나의 자기 확신은 '아니오'라고 말하면서 표출돼요. 타로 카드처럼 모나는 일종의 '세상의 시작' 같은 특성을 지니고 있어요. 모나는 물에서 알몸으로 서서히 나타나죠. 제 아이디어는 이런 거였어요. 날마다 그는 점점 더러워져요. 그러다 결국 어느 마을의 지역 축제 같은 행사에 의도치 않게 참여하게 되고, 거의 정신이 나간 듯한 마을 사내들은 모나에게 와인 찌꺼기를 흠뻑 뒤집어씌우죠. 모나는 오물을 뒤집어쓴 채 홀로 비틀거리며 걷다 마침내 도랑으로 쓰러져요.

다리골 이 카드는 또한 우주적 세계들, 이질적인 것과 연결되어 있습니다. 감독님은 저 너머에 무엇이 있는지를 궁금해하는, 즐거운 마음으로 탐구하는 그런 부류에 속한다고 할 수 있죠.

바르다 그런 이유로 저는 향수도 느끼지 않고, 후회 같은 것도 안 해요. 물론 조금은 하겠지만, 그 정도에서 그치죠. 제가 영화를 만드는 이유는 소통하고 함께 나누기 위해서예요. 소통이 성공한다면 관객들은 영화 속에 담긴 무언가를 전달받을 수 있겠죠. 그런데 그게 메시지는 아니에요. 메시지는 없어요. 〈라이온의 사랑〉에서 한 캐릭터가 이렇게 말하죠. "메시지는 없어.

그저 실수만 있을 뿐."

다리골   〈창조물들〉부터 〈다게레오타입〉, 그리고 무산된 프로젝트인 〈시마크Simak〉까지, SF에서 만날 법한 상상이 끊임없이 등장합니다.

바르다   〈시마크〉의 부제는 '외계 안마당'이었죠. 한 사내가 어느 평범한 주택에 살고 있는데, 그 집의 문 하나는 또 다른 세계로 열려요. 제가 생각하기에 영화 만드는 사람들은 일종의 중재자 같아요. 알고는 있지만, 말로는 잘 표현하지 못하는 무언가와 어떤 형태 사이의 중재자. 관객들은 영화 속 형태를 통해 자신이 알고 있는 것들을 재발견하죠. 알고는 있었지만, 어떻게 표현해야 할지 몰랐던 것들을요. 그럼에도 다른 세상을 창조하는 일은 신중하게 접근해야 해요. 고심해야 하죠. 아무거나 막 만들어낼 수는 없어요.

다리골   자, 이제 감독님의 차기작들 예고편으로 인터뷰를 마무리하도록 하죠.

바르다   지금 〈자크 드미의 세계〉를 최종 편집 중이에요. 장편 다큐멘터리인데 자연스레 교훈적인 면이 있긴 하지만, 그렇게 객관적 내용들만 담긴 건 아니에요. 드미의 영화들, 장편, 단편 가릴 것 없이 총망라해서 모든 영화를 아주 잘 기록했어요. 자크 드미를 좀 더 알고 싶은 사람들을 위한 참고 영상 같은 역할을 하게 될 거예요. 앞으로 믹싱 작업을 하고 최종 마무리를 할 계획이고요. 〈시몽 시네마의 101일 밤Les cent et une nuits de Simon Cinéma〉은 픽션 영화예요. 판타지 작품이죠. 제가 사랑하는, 그리고 대중들도 사랑하는 '영화' 자체에 관한 유쾌한 영화죠. 서둘러 집필을 마무리하려고 해요!

영화는 죽고 싶어 하지 않아요

아녜스 바르다는 지난 40년간 영화를 만들어왔다. 누벨바그의 대모라는 별명을 지닌 이 여성은 열일곱 편의 장편영화와 그와 비슷한 수의 단편 영화를 만들었다. 실험 영화, 다큐멘터리 그리고 픽션 영화까지. 바르다 는 견고한 지성, 비밀스러운 미소와 함께 모든 영화적 시도를 해왔다. 이 번에도 접근 방식은 동일하다. 테마는 죽음, 기억 그리고 영화다. 그의 신작, 〈시몽 시네마의 101일 밤〉이다.

클루티에 자크 드미에 관한 두 편의 다큐멘터리와 제인 버킨에게 초점 을 맞춘 두 편의 픽션 영화 이후, 조금은 가벼운 작품을 들고 이곳 몬트리올을 찾으신 게 약간 놀랍습니다.

바르다 네, 맞아요. 이번엔 좀 더 즐거운 영화를 만들고 싶었어요. 저 는 '코미디'보다는 '즐거운'이란 단어를 선호해요. 관객들도

이 인터뷰는 1995년 3·4월 발행된 〈세캉스Séquences〉 177호에 수록되었다. 인터뷰어는 영 화평론가 마리오 클루티에Mario Cloutier다.

한 노인의 이야기를 즐길 수 있기를 바랐고, 저 역시 영화를 만들면서 스스로 즐겁기를 바랐어요. 또 하나의 오마주 영화가 아니라 진짜 영화를 만들어 '영화'를 축하하고 싶었어요. 부뉴엘의 말이 맞아요. 그는 뭔가를 기념하는 건 위험하다고 했죠.

클루티에　　일부 프랑스 평론가들은 감독님이 이 영화를 통해서 무슨 얘기를 하고자 하는 건지 이해를 못 하는 듯합니다.

바르다　　프랑스 영화 비평은 허세가 심해요. 그리고 '영화광'적인 면모가 있죠. 재밌는 게, 그들은 상당히 진지하게 접근을 하는데 저는 그들만큼은 아니에요. 즐겁게 볼 수 있는 영화를 한편 만들면 영화를 그대로 받아들이면 돼요. 가벼운 마음으로 춤을 췄는데, 거기서 실존주의 논문을 기대하면 안 되죠. 영화 도입부를 보면 하인 한 명이 곡예사처럼 도약하고, 또 다른 하인은 접시 돌리기를 하죠. 집사는 광대 복장을 하고 있고요. 이 영화는 진지하지 않아요. 그렇게 받아들여선 안 돼요. 한편으론, 이런 종류의 유머가 모든 사람들에게 통할 거라 기대하지도 않고요.

클루티에　　일부 평론가들은 영화 속에 미처 담지 못한 영화 장르들이 있다고 지적하기도 합니다.

바르다　　파티를 연다고, 전화번호부에 있는 사람 모두를 초대할 수는 없죠. 이 작품은 하나의 영화 파티이고, 저는 몇몇 영화들, 몇몇 스타들 그리고 몇몇 작곡가들을 초대한 거예요. 파티 장소에는 시몽 시네마, 그의 이탈리아 친구 마르첼로 마스트로이안니, 그의 하인 앙리 가르신이 있죠. 그리고 다른 한 편에선, 영화를 만들고 싶은 강렬한 욕망으로 가득 한 일군의 젊은이들이 영화 역사의 새로운 100년을 의미하는 캐릭터들로 등장하고요.

클루티에   그런데 그들이 만드는 영화는 그다지 독창적이지 않아요. 장르 영화예요. 모방을 하고 있죠.

바르다   그들 자신이 말하듯이 습작인 거죠. 사실 학교에서도 그런 걸 배워요. 스릴러 영화는 이러이러하고 이런 분위기가 나야 한다는 식으로요. 안토니오니 스타일, 타란티노 스타일 하면서 여러 영화들을 접하죠. 그게 보통의 모습들일 거예요. 누벨바그를 모방하고, 벤더스 같은 감독들을 흉내 내는 거죠. 그렇다고 이 젊은 영화감독들의 개성이 부족하다고 단정 지을 순 없어요. 그들은 고작 스무 살이에요. 여전히 아이 시절에 더 가까운 나이죠.

클루티에   많은 노인들이 그렇듯, 시몽 시네마 그리고 미스터 시네마는 아이의 모습으로 퇴행하죠. 그가 진정 행복하다고 말할 수 있을까요? 살아 있어서, 100세까지 살아서 그는 행복한가요?

바르다 이 작품을 그렇게 제한적으로, 꼭 영화적 은유로서 볼 필요는 없어요. 영화 속에서 관객이 보는 건 한 노인의 모습이에요. 나이 든 사람은 누군가 찾아오면 기뻐해요. 뭔가 기분 전환할 수 있는 것도 좋아하고, 친구와 시간을 보내는 것도 좋아하죠. 한밤에 잠이 들지 못하면 조금 우울해져요. 비록 이따금 흐느끼기도 하지만, 시몽 시네마는 고령에도 불구하고 즐거운 편이에요. 꽤 부유하기도 하고요. 시몽은 기억을 잃어가고, 제라르 드파르디외를 제라르 필리프로 잘못 알아보기도 하죠. 하지만 그는 죽고 싶지 않아요. 그건 확실하죠.

클루티에 영화가 죽어가는 예술이라는 두려움을 암시한다고 봐야 할까요?

바르다 그 정도로까지 상징주의를 염두에 두지는 않았어요. 주인공이 과대망상 경향이 좀 있기는 해요. 그는 마스트로이안니가 자신의 캐릭터를 훔쳐갔다며 비난하고, 칸에서 화려하게 계단을 오르는 꿈을 꾸기도 하죠. 이러한 모습은 그 나이대의 노인에겐 지극히 보편적인 거라고 생각해요. 그는 많은 환상을 가지고 있어요. 여성들이 신발을 여러 켤레 가지고 있는 것처럼요. 그는 행복한 과대망상 환자예요. 그럼에도 좀 인색한 편이죠. 영화라는 것 자체가 돈과 밀접한 관련이 있으니까요. 저는 스토리를 최대한 피상적인 수준에서 끌고 가면서도 동시에 죽음, 기억, 거짓과 진실, 돈 같은 문제들을 탐구해보고 싶었어요. 드뇌브와 드니로가 커플로 나오기도 하죠.

클루티에   일부 평론가들을 놀려주는 차원에서 이렇게 한번 얘기해볼까
        요? "그건 충분히 진지하지 않습니다, 바르다 씨!"

바르다   훌륭해요! 하지만 모든 프랑스 사람이 다 그런 반응을 보이
        는 건 아니에요. 아주 재미있는 판타지 영화였다고 말해주는
        사람도 있어요. 점잔만 떠는 속물들에게 한 방 날리는 영화라
        고 칭찬해주기도 하죠. 이 영화에 영감을 준 건 부뉴엘의 〈황
        금시대〉예요. 영화를 보면 사람들이 모여 기념식을 치르려는
        데, 다른 한쪽에선 진창 위에서 어느 남녀가 사랑을 나누고
        있죠. 기념식 같은 것보다 삶과 감정이 더 중요하다고 일갈하
        는 장면이에요.

영화는 죽고 싶어 하지 않아요.
그래서 다양한 생존 기법을 재발견해내죠.

클루티에   이 영화는 르네 클레르의 오래된 단편영화 〈막간Entr'acte〉을
        연상시키기도 합니다.

바르다   네. 두 영화 모두 즐거움을 추구하지만, 논리적 측면은 슬쩍
        모른 체하죠. 기억하셔야 할 게 프랑스 사람들은 다들 데카
        르트의 영향력 아래에 있어요. 다행히도 제겐 그리스인 기질
        이 있죠. 아버지가 그리스 사람이거든요. 문화적 배합은 무척
        흥미로운 결과를 도출해요. 물론 그리스 사람들도 그렇게 재
        미있는 부류는 아니긴 하지만요. 우리 가족은 제가 어렸을 때

이곳저곳 참 많이 옮겨 다녔어요. 그렇게 지내면서 어떤 자유의 감각을 얻은 것 같아요. 제겐 뿌리란 게 없어요.

클루티에   지붕도 없이, 법도 없이. 감독님의 영화 제목처럼 말이죠.

바르다   글쎄요. 〈방랑자〉의 원제가 그렇긴 한데, 그 영화는 뭐랄까, 다른 사람들의 증언으로 한 소녀의 초상을 그린다는 게 사실 불가능했던 것 아닌가 하는 생각이 들어요. 이 캐릭터를 온전히 묘사했다고 주장하기가 어려워요. 영화의 작가로서, 이 캐릭터의 창조자라고 스스로 평가하기에 부족하다는 걸 고백하지 않을 수 없어요. 모나란 한 개인을 만들어냈지만, 그에 관해 모든 걸 안다고 주장하지는 못해요. 고다르의 표현과 비슷하죠. '그에 관해 아는 두세 가지 것들.' 영화를 본 관객들은 또한 자신만의 해석을 통해 모나를 증언할 수 있어요. 〈시몽 시네마의 101일 밤〉 역시 같은 접근법으로 만들었죠. 물론 영화는 '영화'에 대한 저의 의견을 드러내지만, 관객은 스스로 자신만의 영화를 만들 수 있어요. 저는 그저 부뉴엘을 떠올렸고, 몇몇 영화들을 떠올렸고, 두 캐릭터를 만들었어요. 노인과 젊은 친구. 그리고 즐거운 시간을 가졌을 뿐이죠.

클루티에   그래도 그 많은 스타들을 섭외하기는 쉽지 않았을 것 같은데요.

바르다   네, 배우들 각각의 스케줄에 맞춰 촬영 계획을 세우느라 고충이 좀 있었어요. 약속을 잡기가 쉽지 않았죠. 시간이 나는 듯 하다가 바로 또 다른 일이 생기는 거예요. 비행기, 헬리콥터, 콩코드까지 동원해 배우들을 모셔왔죠. 그리고 다른 영화의 장면들을 10초 정도씩 발췌해서 인용했는데, 일일이 선택하는 일도 상당히 까다로웠어요. 판권 문제를 전담할 팀을 꾸리기까지 했어요. 편집 역시 만만치 않았고요. 저는 영화가 마치 하나의 발췌본인 양 속도감 있게 앞으로 나아가길 바랐어요. 어떤 의미에서 보면 이 작품은 두 시간 분량의 영화 역사 축약본이라 할 수 있죠.

클루티에   다시금 그 영화들을 보면서 우리가 놓쳤던 부분들을 발견하게 되는 것도 즐거움인 것 같습니다.

바르다   영화는 죽고 싶어 하지 않아요. 그래서 다양한 생존 기법을 재발견해내죠. 저는 작가 영화를 걱정하는 마음이 좀 있어요. 영화 산업은 잘해나가고 있죠. 영화 속에 나오는 노래 가사도 그걸 잘 표현하고 있어요. "영화는 괜찮아. 영화는 안 괜찮아! 영화는 많은 꿈을 꾸게 해!" 작가 영화는 요즘 고전 중이에요. 지금 시대는 산업적인 영화 제작이 지배하고 있죠. 시나리오 작가들과 홍보 담당자들을 내세워 제품의 품질을 보장하려 들죠. 그럼에도 다행스럽게 여전히 적지 않은 수의 작가들이 남아 있어요. 각 나라마다 일군의 작가들이 하고 싶은 얘기를 독창적인 방식으로 표현해내고 있죠. 하지만 멸종 위기에 놓여 있어요. 왜냐하면 그들의 영화에 대한 대중들의 반응이 점차 약해지고 있거든요. 요즘 세대의 영화 관객들은 샤브롤, 트뤼포 또는 바르다를 보러 극장을 찾았던 세대와 비교하면 상당히 다른 이유들로 영화를 보러 가요. 감독의 명성은 더 이상 성공의 기준이 되지 않아요.

클루티에   젊은 작가들은 즉각적인 접근성 때문에 필름보다는 비디오 쪽으로 점점 더 눈을 돌리는 경향이 있지 않나요?

바르다   프랑스의 경우, 사실이에요. 아주 재능 있는 비디오그래퍼들이 점점 늘어나고 있어요. 하지만 영화 쪽에서도 젊은 여성들이 새로운 에너지를 만들어내고 있어요. 고무적인 일이죠. 양쪽 진영 모두 보다 폭넓은 대중들과 만날 수 있는 언어를 찾아낼 필요가 있겠죠. 그나마 정부의 지원금 그리고 평론가들의 지원을 받으면서 활동해나가고 있어요. 비록 평론가들이 예전에 비해 무게감이 떨어지긴 하지만…… 그럼에도 젊은 세대의 긍정적인 에너지가 이 신작 영화를 만드는 데 많은 도움을 줬어요. 그 에너지만으로도 그들은 관심 받을 자격이 충분하죠.

개척자는 언제나 모험을 추구해요

앨런   이번 회고전에서 상영 중인 영화들에 대해 얘기를 좀 해주시죠.

바르다   일단 제 첫 영화인 〈라 푸앵트 쿠르트로의 여행〉. 1954년도에 만든 영화인데, 제가 누벨바그의 대모로 불리는 계기가 됐죠. 이 영화는 오랜 기간 영어 자막이 없는 영화였어요. 아무래도 일반 극장에서 상영하기에 어울리지 않는 시네마틱한 작품이었기 때문이 아닌가 싶어요. 하지만 이제는 외무부 내의 영화 부서에서 정식으로 자막 작업을 완료한 상태죠. 또 다른 회고전 상영작으로는 〈5시부터 7시까지의 클레오〉 〈방랑자〉 〈낭트의 자코〉 그리고 〈노래하는 여자, 노래하지 않는 여자〉가 있어요. 미국에서 찍은 영화도 한 편 상영하고요.
최근에 만든 영화들 가운데 한 작품도 지난 월요일에 상영됐

이 인터뷰는 1996년 발행된 〈토킹 픽처스Talking Pictures〉 44호에 수록되었다. 인터뷰어 캐럴 앨런Carol Allen은 시나리오 작가이자 영화 저널리스트다.

죠. 3년 전에 자크 드미의 〈로슈포르의 숙녀들〉에 관한 다큐멘터리를 만들었어요. 〈로슈포르, 25년 후Les demoiselles ont eu 25ans〉란 제목이었죠. 만일 드미가 살아 있었다면 그에 관한 영화나 그의 작품을 다룬 영화들을 만들지 않았을 거예요. 세상일은 우리가 어떻게 할 수 없는 것 같아요. 지난해에 〈자크 드미의 세계〉란 영화도 만들었어요. 드미와 그의 모든 영화를 다룬 다큐멘터리죠.

앨런 　〈쉘부르의 우산〉에 대해서 질문을 좀 하고 싶어요. 런던 상영을 앞두고 있는데, 정말 대단할 것 같거든요. 그런데 그에 앞서 〈낭트의 자코〉 얘기를 먼저 해야 할 것 같아요. 저는 이 영화가 다큐멘터리인 줄 알고 있었어요. 아쉽게도 아직 영화를 못 봤거든요. 그런데 바로 조금 전 프랑스문화원을 지나가다 보니까 출연자 이름이 적혀 있는 거예요. 혹시 이 작품, 픽션 영화인 건가요?

바르다 　네, 픽션이에요. 기회 되면 한번 보셨으면 좋겠어요. 영화는 한 소년의 이야기를 다루고 있어요. 1940년대 전쟁을 치르던 프랑스 낭트를 배경으로 여덟 살 무렵부터 열여덟 살 때까지의 스토리가 담겨 있죠. 소년은 무대에 올릴 만한 뭔가를 만드는 걸 좋아해요. 그래서 스스로 인형극을 연출하고, 홀로 영화 제작에 나서죠. 다락방에서 열심히 영화를 만들어 엄마에게 보여주려 해요. 자신이 파리에 있는 영화 학교에 갈 만한 인재라는 걸 설득하고자 하죠. 이건 분명히 자크 드미의 실제 이야기지만 그럼에도 영화는 픽션이죠. 〈나는 앤디 워홀을 쏘았다I shot Andy Warhol〉가 다큐멘터리가 아니라 픽션인 것과 같은 맥락이죠. 그래서 픽션에도 여러 다른 층위가 있을 수 있어요. 이 작품은 드미와 밀접하게 관련 있고, 영화에도 드미가 실제로 등장하죠. 마치 "맞아요, 이건 사실이에요. 이건 나의 이야기예요"라고 말하듯이요. 그의 차기작을 살짝 선보이기도 해요. 주인공 역할로 세 명의 아이들을 캐스팅했어요. 한 사람이 여덟 살, 열여덟 살 역할을 연기할 수는 없으니까요. 픽션 영화이긴 하지만, 주로 드미의 기억에 의존해 대사들을 썼고 장면들을 만들었어요. 만일 그가 직접 자신의 이야기를 했다면 아마도 제가 한 것과 비교해 많은 부분에서 차이가 있었겠죠. 하지만 그는 제가 픽션으로 이야기를 만들 권리를 줬어요. 저는 마치 드미가 된 마냥 제 자신의 기억을 파고들었죠. 결국 저는 아주 기이한 '매개체적' 접근을 한 거예요. 그가 살아 있음에도 제 마음속으로 들어가 그의 이야기를 만들어냈어요. 드미는 촬영장에도 자주 들렀고, 대부분의 과정을 지켜봤죠.

앨런 〈자크 드미의 세계〉와 〈로슈포르, 25년 후〉는 다큐멘터리 영화인 거죠?

바르다 네, 물론이죠. 처음부터 세웠던 계획이 일단 〈낭트의 자코〉를 통해 영화감독을 꿈꾸는 한 소년의 이야기를 픽션으로 만들고, 이어서 결국 목표를 이뤄 여러 영화들을 만든 한 성인의 이야기를 다큐멘터리로 만드는 거였어요. 그런데 〈낭트의 자코〉를 막 마무리 지었을 무렵에 드미가 세상을 떠났죠. 그래서 다양한 경로를 통해 찾아낸 조각들을 가지고 다큐멘터리를 만들었어요. 그가 했던 TV 인터뷰 화면들도 수집했고, 제가 직접 인터뷰를 진행하기도 했죠. 카트린 드뇌브, 잔 모로를 비롯해서 그와 함께 작업한 배우들 그리고 아누크 에메, 피콜리…… 정말 많은 사람을 인터뷰했어요. 그래서 드미에 대해 이야기하는 동료 배우들의 모습 사이사이에 드미의 모습을 삽입하는 방식으로 영화를 만들었어요. 영화감독에 대한 다큐멘터리를 만드는 아주 전형적인 방식이죠. 이 두 영화는 제겐 마치 둘로 접을 수 있는 목판 성상화聖像畵 같은 느낌이에요. 아이의 모습, 픽션. 아이는 영화를 만들고 싶어 해요. 그리고 성인의 모습, 다큐멘터리. 그는 영화를 만들었죠.

〈로슈포르의 숙녀들〉에 관한 영화는 그 두 작업 중간에 만들었고요. 처음 구상과는 조금 어긋나긴 했지만, 실제 벌어지고 있는 일들을 외면할 수는 없는 거죠. 영화 산업 쪽 사람들이 하듯이 인위적으로 윤색할 수는 없으니까요. 예술가라면 그렇게 할 수 없고, 그렇게 해서도 안 되죠.

앨런　　　결혼 생활은 얼마나 하신 건가요?

바르다　　32년이요. 아니, 처음부터 바로 결혼을 한 건 아니에요. 함께 산 게 32년이고, 결혼 생활은 28년이죠. 싸우면서 사랑하면서.

앨런   30년이 넘는 세월은 누군가와 함께 살기에도, 누군가를 알아
       가기에도 참 긴 시간입니다. 남편에 관한 이런 영화들을 만들
       면서 좀 의외의 사실들을 발견한 게 있으실까요? 미처 알지
       못했던 무언가를 알게 된 경우가 있었나요?

바르다   네. 드미가 어린 시절의 기억들을 떠올리며 직접 쓴 글을 통
       해서요. 이전에 물론 그 시절 이야기를 해주기는 했지만, 이
       번엔 글로 정리했죠. 마치 펌프 같은 느낌이었어요. 글을 써
       내려갈수록 새로운 이름들이 등장하고, 새로운 이야기들이
       쏟아져나왔죠. 다큐멘터리를 작업하면서도 많은 사람들의 이
       야기를 들을 수 있었어요. 한 인터뷰에서 누군가 드미는 세상
       일에 광적으로 집착한다는 이야기를 하기도 했는데, 저는 그
       리 놀라지 않았어요. 이미 알고 있었으니까요.

앨런   드미에게 그런 면이 있다는 걸 알고 계셨나요?

바르다   드미는 자신이 쓴 대사에 광적인 집착을 보이곤 했어요. 잔
       모로는 이렇게 얘기했죠. "저는 구두점 하나 바꿀 수 없었어
       요. 그가 원하는 속도 그대로 정확히 말해야 했고요." 다른 사
       람들도 이와 비슷한 얘기들을 했죠. 하지만 이런 진술들보다
       는 그의 작품을 보여주는 게 공정하다고 생각해요. 그의 첫
       다큐멘터리부터 시작해서 작품의 진화 과정을 보여주는 거
       죠. 사실 그는 다큐멘터리를 만들고 싶어 하지 않았어요. 하
       지만 그렇게 시작할 수밖에 없었죠. 그런 후에 이상향을 그리

는 그만의 세계로 나아갈 수 있었고요.

〈쉘부르의 우산〉이 처음 파리에서 개봉됐을 때, 드미는 이런 말을 했어요. "저는 현실을 이상적인 모습으로 그리고 싶습니다. 그렇지 않다면 우리가 극장에 가야 할 이유가 있을까요?" 또 이런 얘기도 했죠. "〈쉘부르의 우산〉은 전쟁에 반대하는, 결핍에 반대하는, 그리고 그게 무엇이든 행복을 파괴하는 무언가에 반대하는 영화입니다." 인터뷰어가 이렇게 물어요. "카트린 드뇌브를 순수하고 젊은 캐릭터로 그리셨습니다." 드미는 대답하죠. "카트린은 순수하고 젊습니다." "영화를 안 하셨다면 뭘 하셨을 것 같나요?" 그의 대답은 "화가나 음악가가 됐을 것 같습니다." "영화를 만들기 전엔 뭘 하셨나요?" "영화 만들기." 그리고 어떻게 영화를 시작하게 됐는지 친절하게 설명해주죠. 미셸 르그랑과 함께 작업한 이야기, 이어서 쉘부르라는 도시를 알게 된 계기에 대해서도 들려주고요. 칸에 갔을 때는 이런 질문을 받았어요. "〈쉘부르의 우산〉을 만들면서 어떤 종류의 즐거움을 느끼셨나요?" 그는 "극도의 즐거움, 정제된 즐거움을 느꼈죠. 말초적 즐거움은 전혀 아니고요." 이어서 다음 질문을 받죠. "감독님의 아내, 아녜스 바르다도 유명인이시죠. 칸영화제에 초대받은 바 있고요. 영화감독으로서 아내분의 매력은 뭐라고 생각하세요?" 드미의 대답은 "시적인 무언가. 시적인데 기이하죠"였어요. "영화제에서 가장 만나보고 싶은 사람은 누구인가요?"라는 질문에는 "돌레악 자매. 즉, 카트린 드뇌브와 프랑수아즈 돌레악"이라고 답했어요. 드미는 후에 프랑수아즈와 함께 작업하기도 했어요.

앨런　〈쉘부르의 우산〉 복원판에 대해서 좀 여쭤봐도 될까요?

바르다　제가 먼저 말씀드릴게요. 〈쉘부르의 우산〉은 마음의 움직임
을 따라가면서 만든 영화예요. 한 존재의 작은 조각들로 이루
어져 있죠. 기억이 곧 음악인 어느 삶의 이야기예요. 영화를
보면 음악을 사용한 방식이 아주 흥미로워요. 마치 꿈속에 있
는 듯한 느낌으로, 귀로는 음악을 들어야 하고 유리 같은 현
실 속에서 눈으로는 영화를 봐야 하죠. 아주 흥미로워요. 드
미는 자신이 구현하고자 하는 바를 올곧게 밀고 나가죠.
드미가 쓴 원래 시나리오는 아주 평범했어요. 하지만 음악과
함께하니 한 편의 오페라 같은 느낌이죠. 자, 이제 복원에 대
해 얘기를 좀 해볼까요?

앨런　감독님 부부, 두 분 모두 이 영화의 복원이 이루어지기를 오
랫동안 고대해오셨던 걸로 알고 있습니다.

바르다　드미는 원했지만, 제작자가 비용 문제 때문에 미뤄왔죠. 8만
파운드나 되는 돈이 필요했는데, 제작자는 그만한 가치가 없
다고 생각했어요. 그럼에도 그는 아주 중요한 일을 하긴 했어
요. 영화는 컬러 네거티브로 촬영했는데, 드미는 컬러가 시간
이 갈수록 바래진다는 걸 알고 있었어요. 그래서 1964년 제작
자에게 포지티브 프린트를 두 개 만들어둘 것을 부탁했죠. 단

색으로요.

앨런   두 개요? 세 개가 아니고요?

바르다   네. 세 개죠. 하나는 빨간색으로만 된 포지티브 프린트, 다른 하나는 파란색으로만, 그리고 또 하나는 초록색으로만 된 프린트. 이건 테크니컬러technicolor. 20세기 초중반 사용됐던 컬러 영화 제작 기법 공정은 아니지만, 같은 부류의 공정이에요. 아무튼 그렇게 드미가 색을 살려냈는데, 제작자는 여전히 비용을 부담스러워했어요. 그러다 시간이 흘러 제작자는 드미의 판단이 옳다는 걸 깨달았고, 복원 작업에 들어가게 됐죠.

앨런   프린트들은 그동안 어디에 있었나요? 찾기 어렵지 않았나요?

바르다   어렵지 않았어요. 다행히도 프랑스영화협회 산하에 국립아카이브가 있었고, 당시 드미는 그곳에서 보관해줄 것을 강력히 요구했죠. 이후로 드미는 늘 복원을 시도했지만, 기술적인 문제가 발목을 잡았어요. 결국 미뤄진 프로젝트로 남게 되었고요. 다시 얘기가 나왔을 때, 저는 드미를 간호하면서 〈낭트의 자코〉를 마무리하던 중이었어요. 영화를 최종 완성한 뒤 복원 작업에 들어갔죠. 작업 과정은 이 세 개의 프린트를 한데 붙이는 거였어요. 아주 두꺼운 단색 프린트가 만들어지는 거죠. 굉장히 세밀한 보정 작업이 동반되고요. 이걸 바탕으로 컬러 네거티브를 새로 만들어요. 그럼 1964년 당시와 정확히 똑같은,

아주 선명한 새 네거티브가 탄생하는 거죠.

앨런　세 개의 프린트를 손에 넣고 난 이후로는 복원 작업이 그리 까다롭지 않았던 것처럼 들립니다. 물론 여러 가지 많은 과정을 거쳤겠죠?

바르다　사운드도 다시 작업해야 했어요. 원본 테이프를 찾아 다시 믹스하고, 미셸 르그랑에게 부탁해 리믹스까지 했죠. 비록 촬영 당시에는 돌비 스테레오가 아니었지만, 사운드를 손보면서 돌비 스테레오도 적용했고요. 아무튼 최상의 사운드는 아니었지만 그래도 진짜 스테레오 사운드였기 때문에 소리가 사방에서 튀어나왔죠. 차 소리가 이쪽에서 들리기 시작해서 저쪽으로 사라지고…… 세미 스테레오 정도는 만들어낸 것 같았어요. 확실히 사운드에 볼륨감이 생겼죠. 하나의 스피커에서 나오던 소리가 전면 세 곳에서 흘러나왔어요. 제대로 된 돌비는 아니었지만, 이전 사운드보다는 훨씬 나았죠. 광학 사운드도 재작업해야 했어요. 새로운 네거티브와 타이밍이 안 맞았거든요. 그런 이유로 작업 기간이 총 4개월 정도 소요됐죠.

앨런　색을 보정할 때 원래 색이 어떠했는지 기억해내야 했겠죠?

바르다　네, 그래서 제가 참여한 거였어요. 촬영감독은 은퇴해서 남부 프랑스로 내려가 있었거든요. 와달라고 부탁했지만, 거절했어요. 도와줄 사람이 아무도 없었죠. 드미와 저밖에 없었어요. 그러던 중에 당시 함께했던 데코레이터의 연락처를 알게 되었어요. 색을 기억할 만한 제작진이었죠. 그래서 전화를 했는데, 안타깝게도 건강이 많이 안 좋아 도저히 와줄 수 없는 상황이었죠. 결국 그 당시 색을 다행히도 생생히 기억하고 있던 제가 작업에 참여하는 수밖에 없었어요. 매일 현상소로 출근했죠. 그 작업은 마치 뜨개질 같았어요. 뜨개질을 하다 보면 이런 생각이 들죠. "절대 끝내지 못할 거야. 아직도 해야 할 게 이만큼이나 남았잖아." 하지만 완성되면 정말 멋진 작품이 탄생하죠. "와우!" 하는 감탄사가 나오고요. 그동안의 시간들은 잊게 되죠.

앨런   다 합쳐서 얼마나 걸린 거죠?

바르다   총 4개월 걸렸죠.

앨런   워낙 오래전에 시작된 일이고, 계획은 그보다 더 이전이기 때문에 저는 한 몇 년 걸린 걸로 머릿속에 그렸어요.

바르다   아뇨, 그렇지 않아요. 4개월 동안 저는 정말 많은 것을 해야 했어요. 일단 사전 조사를 해야 했죠. 그저 프린트를 들고 현상소로 가는 게 전부가 아니었어요. 전화를 했고, 편지를 썼고, 서류를 작성했고, 자금을 마련했어요. 일단 테크니컬러 런던에 가서 작업에 대한 설명을 했고, 이어서 테크니컬러 로마에 가서 또 설명해야 했죠. 어떻게 해야 일을 진척시킬 수 있을지 연구를 많이 했어요. 최선을 다했어요. 결국 궤도에 올랐고, 여러 테스트들을 하며 최적의 상태로 복원하려고 노력했죠. 그리고 완성했어요. 영화가 정말 아름답게 재탄생했어요. 시사회에 가서 보셨나요? 안 보셨으면 꼭 보세요. 드미가 원하던 그대로 복원됐어요. 이건 그저 색깔 입히기가 아니에요. 수정하고, 보완하고, 줄이거나 늘이는 그런 차원이 아니죠. 이 복원판은 우리가 촬영한 바로 그 영화예요. 우리가 촬영한 방식 그대로, 촬영장의 색상 그대로 복원한 영화라고 보시면 돼요.

저는 영화를 이런 의미다, 저런 의미다,
단정 짓는 사람들을 싫어해요.
누구나 입맛대로 받아들이면 되는 거예요.

앨런   프랑스와 미국에서 상영된 건가요?

바르다   1964년 당시 바로 그 개봉관에서 상영했는데, 정말 감동적이었어요. 마치 시간이 존재하지 않는 듯한 기분이었죠. 오랫동안 극장에 걸렸고, 프랑스 전역에서 상영됐어요. TV에서도 두 차례나 방영되었죠. 프레임 하나하나 선명도와 색감을 수정한 디지털 버전이었어요. TV 방영이나 비디오카세트를 위한 복원 작업도 중요하게 생각했어요. 카날플뤼스 채널에서 방영됐는데, 〈자크 드미의 세계〉도 함께 볼 수 있었죠. 〈천사들의 해안 La baie des anges〉도 전파를 탔고요. 미국에서는 뉴욕현대미술관에서 첫선을 보인 뒤 극장에서 상영했죠. 14주 동안 관객들과 만났어요. 지금은 미국 전역 60개 극장에서 상영 중이고요. 그리고 미국 언론에선 이제야 이 영화를 이해하게 됐다는 고백들을 하고 있어요. 당시에는 그저 감상적인 영화일 뿐이라고 생각했던 거죠. 이젠 영화 내에 도사리고 있는 중산 계급의 폭력성을 볼 수 있게 된 거예요. 중산 계급의 어머니가 딸의 삶을 망치고 있죠. 다른 한편으론, 알제리 전쟁이 그들의 행복을 짓밟고 있고요.

앨런   1960년대에 영국에서 처음 개봉됐을 때도 아주 유사한 상황이었죠. 많은 평론가가 영화가 감상적이라며 가볍게 무시했어요.

바르다   저는 영화를 이런 의미다, 저런 의미다, 단정 짓는 사람들을 싫어해요. 누구나 입맛대로 받아들이면 되는 거예요. 지금 이 영화를 다시 보면 여러 이유가 있겠지만, 아마도 색상, 제 생각엔 선명한 색상이 폭력성을 인지하는 데 도움을 주는 것 같아요.

앨런   영화가 너무 아름다워서 사람들이 표면 아래에 있는 것을 못 보는 것 아닐까요?

바르다   영화는 여전히 아름다워요. 여전히 슬프고 감상적이고요. 하지만 몇몇 사안들이 이제 보다 분명하게 드러나죠. 평범해 보이는 스토리지만 그 아래로 드미의 생각들이 담겨 있어요. 관객들은 자신이 생각하는 대로 느끼는 대로 무언가를 찾아내면 되는 거고요.

앨런　영화엔 반전反戰 요소도 있습니다.

바르다　남자는 전쟁에 반대하는 노래를 부르죠. 또한 자기 삶을 파괴하는 것이라면 무엇이든 반기를 들고요. 영화는 저항에 대한 이야기기도 하지만, 아주 달콤한 방식으로 다루고 있어요.

앨런　영화를 보면 뭔가 역설적이면서도 실제적인 느낌이 좀 있어요. 제 생각엔, 이 영화가 만일 할리우드에서 만들어졌다면 아마도 엔딩이 달랐을 것 같아요. 그냥 무난한 재회든가, 아니면 엄청난 비극으로 마무리되든가. 확실히 이 영화는 유럽적인 면모가 있어요.

바르다　이 영화의 엔딩을 5, 60번가량 본 제 입장에서도 확실히 수수께끼 같은 면이 있어요. 아주 흥미롭죠. 그런가 하면 재미있는 요소도 있어요. 영화 말미에 두 사람이 다시 만났을 때, 차 안에는 둘 사이의 사랑의 결실인 아이가 타고 있어요. 여자는 소녀를 데리고 와서 말하죠. "아이 보고 싶어?" 그러자 남자가 대답하죠. "아니." 그 소녀는 로잘리였어요. 우리 딸. 차고 장면에서 볼 수 있는 니노의 아들은 미셸 르그랑의 아들이 연기했고요.

앨런　로잘리가 프랑수아즈를 연기한 거였어요?

바르다　네, 미셸 르그랑의 아들은 소년 프랑수아를 연기했고요. 그래서 영화를 쇄신하는 기쁨에 더해서 아이들의 어릴 적 모습을 보는 것도 즐거운 일이었죠. 어제는 에든버러에서 열린 프랑스 영화제에서 〈노래하는 여자〉를 상영했어요. 관객들과 멋진 토론도 함께했고요. 영화를 기억하실지 모르겠네요. 페미니스트 영화였는데, 중간쯤 보다 보면 아빠와 함께 밴드의 승합차를 얻어 타는 꼬마 아이가 한 명 나와요. 그 아이가 마티외 드미죠. 영화를 관객에게 소개하면서 사회자가 이렇게 말했어요. "영화에 나오는 소년을 유심히 보세요. 바로 마티외 드미입니다. 지난해 배우로서 이곳을 찾기도 했죠." 참 묘한 기분이었어요. 이젠 열아홉인가 스무 살쯤 됐죠. 어엿한 주연 배우가 됐고요. 사회자의 말을 듣다 보니 기분이 좀 묘했어요. "지난해 배우로서 이곳을 찾기도 했죠." 네, 다들 성장했죠.

앨런　저는 〈쉘부르의 우산〉이 노래로만 이루어진 최초의 뮤지컬 영화라고 알고 있는데, 맞나요?

바르다　네, 뮤지컬 영화의 경우라면 맞아요. 그런데 오페라 쪽은 메노티가 만든 〈영매Le Médium〉란 아방가르드 오페라 작품이 하나 있어요. 몇 년 전에 메노티가 직접 필름으로 옮겼죠. 드미도 이 작품을 봤지만, 두 작품은 전혀 달라요. 〈영매〉는 무대 오페라고, 음악도 어렵고, 불협화음으로 가득하죠. 워낙 어려운 작품이라 본 사람이 거의 없어요. 하지만 사실이 이러하니 〈쉘부르의 우산〉을 최초라고 할 수는 없겠죠. 〈에비타〉도 전부 노래로 이루어졌다고 들었는데, 그런가요?

앨런   아마도요. 무대 버전의 경우 대사가 있었는지 없었는지 정확히 기억나질 않네요. 그런데 요즘은 많은 뮤지컬이 그렇게 전체를 노래로 엮고 있어요. 적어도 제 기억으로는 〈쉘부르의 우산〉이 사실상 새 영역을 개척한 거죠. 영화엔 사랑 노래만 나오는 게 아니에요. 자동차 엔진에 관한 노래도 부르죠.

바르다   "휘발유, 고급이요 보통이요?" "이 녀석은 몇 년 됐죠, 한 20년?" 이런 대사들까지 다 노래로 부르죠. 다시 한번 말하지만, 메노티 작품은 거의 본 사람이 없어요. 드미는 대중적인 오페라를 만들고 싶다고 했어요. 정확히 그렇게 말했어요. 많은 관객과 만날 수 있는 영화가 되기를 바랐죠. 오페라 같지만, 영화처럼 대중적인 작품을 원했어요. 오페라처럼 엄청난 목소리, 엄청난 곡들이 아니라 친숙한 멜로디와 내용으로 다가가고자 했어요. 드미는 노래가 계속 이어지길 바랐고, 그래서 미셸 르그랑과 상의했어요. 최대한 말하는 듯하게 노래 부를 수 있길 바랐어요. 멜로디는 아름답더라도 대화 느낌이 나기를 원했죠. 드미의 판단이 들어맞았어요. 영화가 시작하고 잠시 지나면 관객은 바로 적응해요. 모든 것이 노래로 진행돼도 이상하지 않죠. 7, 8분쯤 지나면 자연스럽게 받아들이게 돼요.

앨런   드미의 뮤지컬에 대한 애정은 어떻게 생겨난 건가요?

바르다   〈낭트의 자코〉를 한번 보세요. 드미는 어린 시절 우리가 오페
          레타라고 부르는 걸 보러가곤 했어요. 아시다시피 오페레타
          는 일종의 초기 뮤지컬인데, 어떤 작품은 아주 근사하지만 어
          떤 작품은 그냥 그렇죠. 아무튼 드미의 엄마가 그를 극장에
          종종 데려갔죠. 오펜바흐의 작품을 보기도 했죠. 저는 〈낭트
          의 자코〉에서 그가 당시 극장에 가서 본 오페레타를 재현하
          기도 했어요. 드미는 아주 즐거워했어요. 오페레타를 정말 좋
          아했거든요.

앨런   할리우드 뮤지컬은요? 〈로슈포르의 숙녀들〉에선 할리우드
          배우 진 켈리와 조지 차키리스를 출연시켰죠.

바르다   〈로슈포르의 숙녀들〉은 좀 더 고전적인 미국적 뮤지컬이에
          요. 그럼에도 배경은 프랑스라서 상당히 색다르게 느껴져요.
          그래서 제겐 그다지 할리우드 뮤지컬처럼 보이지 않아요. 그
          럼에도 말하고, 노래하고, 말하고, 노래하는 전형적인 방식
          이죠. 드미가 그걸 원했어요. 진 켈리를 출연시킨 건 그의 팬
          이기 때문이고, 차키리스는 능력 있는 댄서가 필요해서 섭외
          했죠.

앨런   〈로슈포르의 숙녀들〉엔 대사가 있군요?

바르다 안 보셨어요?

앨런 네. 사실 많은 사람이 이 작품도 복원판이 가능한지 궁금해하고 있죠.

바르다 가능해요. 제가 지금 진행 중이고요. 사실 저는 복원 작업에 질린 상태예요. 정말 지쳐 있죠. 하지만…… 예를 들자면 사막에서 길을 잃었는데, 차까지 말썽을 부려요. 정비공이 필요한 상황이에요. 그런데 생각해보니 제가 차를 고칠 수 있을 것 같아요. 그래서 제가 고치는 거죠.

앨런 〈쉘부르의 우산〉은 왜 특히나 그렇게 사랑받고, 기억되고, 중요하게 평가받는 걸까요?

바르다 많은 이유가 있죠. 우선, 참 아름다운 영화이기 때문이에요. 칸영화제에서 황금종려상도 수상했고요. 오스카상 후보에도 올랐었죠. 다섯 개 부문에. 최우수 음악하고…… 기억이 잘 나지 않는데, 아무튼 많은 사랑을 받았죠. 뮤지컬 공연으로도 무대에 올려졌어요. 저는 개인적으로 좋아하지 않지만 도쿄, 뉴욕, 파리, 이렇게 세 도시에서 뮤지컬로 만들어졌어요. 영화가 개봉하고 4년쯤 뒤, 그러니까 1960년대 후반 뉴욕에서 처음, 좀 지나고 도쿄에서, 1970년대에 파리에서 공연이 있었죠. 제게는 영화의 그 마법이 느껴지지 않았어요.

앨런 바로 그 마법이 영화를 그토록 중요하게 만드는 요인일까요?

바르다 영화로서도 완성도가 있어요. 움직임, 카메라, 음악, 감정, 배우들의 연기, 배우들의 아름다움, 이 모든 것을 드미만의 방식으로 훌륭하게 조합했어요. 스무 살의 카트린 드뇌브는 정말 굉장했죠!

앨런 드뇌브는 30년이 지난 지금도 그리 변한 것 같지 않아 보이더군요. 감독님 근황 이야기를 좀 더 듣고 싶습니다.

바르다 이런 고통스런 복원 작업 와중에 저는 또 〈행복〉을 복원하고 있어요. 이미 복원 작업을 하는 과정이기 때문에 제 영화도 겸사겸사 같이하는 거죠. 마침 제작자도 동일 인물이고요. 바로 맥 보다르죠. 드미가 이전에 보다르에게 〈로슈포르의 숙녀들〉의 복원을 권유했지만, 아쉽게도 작업을 진행시키지 않았어요. 그래서 결국 제가 지금 하고 있는 거죠. 아주 까다로워요. 정말 복잡해요.

앨런 지금 〈로슈포르의 숙녀들〉하고 〈행복〉을 동시에 복원하고 계신다는 말씀인 거죠?

바르다 네, 이제 거의 다 끝나가요. 올해가 가기 전에 마무리 지으려 해요. 저는 매일 현상소에 가요. 거의 매일이죠. 파리 북부에 현상소가 있는데 왕복 한 시간 반이 걸려요. 차에서 음악도

많이 듣고, 전화까지 갖다 놨죠. 1997년엔 원래 내 모습으로
돌아가야지, 하고 마음먹고 있어요.

저는 개척자였고,
개척자는 언제나 모험을 추구하죠.
저 역시 많은 영화적 모험을 감행했고요.

앨런   앞서 감독님께서 자신이 누벨바그의 대모라 알려져 있다고
언급하신 바 있습니다. 이런 세간의 평가를 칭찬으로 여기시
나요? 아니면 좀 거슬려 하는 편이신가요?

바르다   칭찬으로요! 마지막보다는 최초가 낫잖아요. 저는 개척자였
고, 개척자는 언제나 모험을 추구하죠. 저 역시 많은 영화적
모험을 감행했고요. 할리우드로 가서 〈라이온의 사랑〉이란
영화를 만들고, 그 밖에 다양한 영화도 만들었는데, 그리 많
은 사람들이 접하지는 못했어요. 여전히 평범치 않은 영화들
을 만들고 있고, 저 스스로를 '탐색자'라고 여기면서 작업을
이어가고 있어요. 같은 걸 반복하지 않기 위해선 "이걸 해보
면 어떨까?" 하는 자세를 가져야 한다고 생각하고요. 아무튼
오래전 그 당시 제가 품었던 아이디어들이 누벨바그라 불리
는 운동의 아이디어가 되면서 제게 그런 별칭이 붙게 된 거
죠. 그 운동의 주역은 적은 돈으로 영화를 만드는 젊은 친구
들이었어요. 영화의 대부분이 누군가 끊임없이 길을 걷는 장
면들로 이루어져 있죠. 누벨바그의 표식이라 할 수 있어요.

제 영화들이 잊히지 않고 있다는 건 제겐 참 행운이에요. 사람들은 끊임없이 〈클레오〉에 대해 이야기하죠. 1962년에 나오고 34년이 지났는데도요.

앨런　영화 제작비를 마련하는 일이 쉽지만은 않으셨죠?

바르다　늘 어렵죠. 지금도 마찬가지고요. 최근작인 〈시몽 시네마의 101일 밤〉은 베를린영화제에 초대받았어요. 반응도 괜찮았고요. 곧 일본에서도 개봉해요. 홍보차 일본에 다녀오기도 했어요. 하지만 프랑스 영화는 영국에서 개봉하는 경우가 상당히 드물죠.

앨런　그래도 좀 있어요. 〈행복〉하고 〈클레오〉도 개봉했고요.

바르다　30년 전 일이죠. 당시엔 프랑스 영화들이 괜찮았어요. 〈방랑자〉도 선전했지만, 이것도 이미 10년 전 영화죠. 지난 5년간 배급된 프랑스 영화는 그리 많지 않아요.

앨런　만들어진 영화 수에 비하면 확실히 많지 않죠.

바르다　영국 TV조차 프랑스 영화를 구매하기 꺼려하죠. 경제적 상황에 많은 변화가 있었어요. 그래서 더욱 프랑스 정부 기관에 감사하는 마음이에요. 영화 전담 부서에서 제 영화 가운데 여섯 편을 선정해 새로운 프린트를 만들어줬어요. 각각 여섯 개씩.

에든버러를 시작으로 이곳에 왔고, 인도와 멕시코에도 가고, 여러 나라에서 상영될 예정이에요. 할리우드에 있는 시네마테크, 그리고 뉴욕현대미술관에서도 준비 중이죠.

앨런　그러니까 여섯 편의 영화를 여섯 개의 새 프린트로…….

바르다　총 서른여섯 개의 프린트죠. 한 영화당 여섯 개씩. 잘 만든 프린트를 가지고 잘 준비한 프로그램과 함께 전 세계를 도는 거예요. 다시금 관객들을 만날 수 있는 기회라 참 기분 좋은 일인 것 같아요. 함께 영화도 보고, 토론도 하고요.

앨런　그러니까 외무부 산하 영화 전담 부서에서 기획한 프로그램이고, 감독님의 영화들 가운데 여섯 편을 선정해 새 프린트를 만들었고, 전 세계를 돌면서 회고전을 하고 계신다는 말씀인 거죠?

바르다　네, 정확히요. 저는 할 수 있는 한 함께 투어에 참여할 예정이에요. 초청도 많이 받았어요. 인도, 에스토니아, 코펜하겐도 가게 될 것 같아요. 여기에 온 이유는 에든버러, 글래스고 그리고 이곳까지 세 도시가 결합된 게 흥미로웠기 때문이에요. 관객들의 호응도 좋았고요. 어떤 부부는 제 영화가 마음에 들어 글래스고에서 영화 전체를 다 보고, 에든버러에 가서도 영화 전체를 다 봤다는 거예요. 차로 한 시간 정도 거리라 그리 멀지 않았다 하더라고요. 두 도시를 왔다 갔다 하면서 영화를 두 번씩 본 거죠.

앨런　이렇게 잘 만든 새 프린트도 있고 하니, 누군가 상업적으로 다시금 배급할 가능성도 있다고 보세요?

바르다　그런 바람이 있죠. 그런 요구도 있고요. 지금 시대와 맞는 부분이 있는 듯해요. 〈클레오〉를 리메이크하고 싶다는 제안도 들어온 상태고요. 이번이 두 번째예요. 처음엔 마돈나가 리메이크하고 싶어 했어요. 저는 워낙 마돈나 팬이어서 기대했는데, 결국 성사는 안 됐죠. 10년 전이었고, 그때 역할을 맡았다면 적격이었을 텐데 아쉬워요. 어머니가 암으로 돌아가시는 바람에 무산됐어요. 이번 역시 미국이긴 한데 다른 쪽에서 리메이크 판권 제안이 들어왔어요. 아무튼 제 영화들을 재개봉할 가능성이 있긴 해요. 〈클레오〉는 이미 프랑스에서 8년 전에 재개봉한 바 있고요. 성적도 괜찮았죠. 〈행복〉의 복원 작업을 마치면 글쎄요, 모르겠어요. 지금이 〈행복〉을 다시 내놓기에 적절한 시기인지는 확신이 잘 안 서요. 관객들의 관심사가 무엇인지 곰곰이 살펴볼 필요가 있어요. 적절한 시기가 아닐 수도 있으니까요.

앨런　〈방랑자〉도 떠오르네요. 꽤 성공적이었죠.

바르다　성공적이었죠. 관객들이 의미 있게 받아들였어요. 이 점이 성공 요인이었죠. 그리고 베니스영화제에서 황금사자상을 탄

것도 조금은 도움이 됐어요. 보네르의 연기 또한 대단했고요.

앨런   다큐멘터리 기법을 픽션 영화에서 사용한 것도요.

바르다   다큐멘터리적인 질감이 영화에 사실성을 부여해줬죠.

앨런   영화는 그 이전 작품 이후 9년이 지나서야 만들어졌죠. 〈낭트의 자코〉는 한 5, 6년 기다려야 했던 건가요?

바르다   못 보셨겠지만, 그사이에도 다른 영화들을 만들긴 했어요. 〈아네스 V에 의한 제인 B〉 〈아무도 모르게〉를 만들고 이어서 〈낭트의 자코〉를 만들었죠. 이후 〈로슈포르, 25년 후〉와 〈시몽 시네마〉를 찍었고요. 〈시몽 시네마〉는 출연진이 굉장했죠. 드니로, 들롱, 드뇌브. 전부 '드'로 시작하네요. 그리고 드파르디외까지요.

앨런   영화 100년 역사를 축하하는 영화인 거죠?

바르다   그렇긴 하지만, 전체적으론 픽션 영화예요. 제가 요즘 다큐멘터리 작업을 하다 보니, 다들 제가 다큐만 만든다고 생각하시더군요. 환상적인 배우들과 함께한 픽션 영화예요. 주인공으로 시네마 씨가 등장하는데, 100살이나 된 노인이죠. 미셸 피콜리가 역할을 맡았어요. 기억이 엉망진창된 그는 젊은 여성 한 명을 고용해 영화에 대한 자신의 기억들을 되살려보려 노력해요. 그리고 방문객들을 맞이해요. 드파르디외도 볼 수 있고, 알랭 들롱도 잠시 모습을 보여요. 영화는 일종의 기억에 관한 코미디라고 보시면 될 거예요. 그런데 이 영화, 영국에선 개봉이 안 됐죠. 런던영화제에도 초청을 못 받았고요.

앨런 　또 다른 영화 계획이 있으신가요?

바르다 　아뇨, 아직. 하지만 1997년에는 원래 제 모습으로 다시 돌아갈 거예요. 영감도 새로이 피어날 거고, 다른 영화를 또 만들게 될 거예요.

앨런 　제러미 토머스와 점심 식사를 하셨다고 들었습니다.

바르다 　그는 〈시몽 시네마〉의 공동 제작자였어요. 베르톨루치 영화를 하느라 결국 하차했지만, 초반에 공동 제작자로 참여했었고 이후론 친구 사이로 지내고 있죠. 혹시 제가 무슨 비즈니스 때문에 그를 만난 걸로 생각하신 거면 그건 아니에요. 계약서에 사인이나 뭐 그런 걸 하려고 만난 게 아니에요. 저는 늘 제 마음이 향하는 곳, 저의 욕망, 저의 에너지가 가리키는 곳을 주시해요. 저는 영감을 받아서 작업해요. 거래를 하지 않아요. 비즈니스를 하지 않아요. 경력을 쌓아나간다는 생각조차 하지 않아요. 그저 영화를 만들 뿐이에요.

앨런 　『아녜스가 말하는 바르다』라는 자서전이 막 출간됐습니다.

바르다 영화감독으로서의 제 삶을 담은 책이에요. 여성으로서 살아
가는 방식과 관련한 이야기도 좀 들어 있고요. 하지만 주된
내용은 어떻게 영화 작업은 시작되는가에 관한 거예요. 이건
제게도 미스터리거든요. '왜 이 영화인가, 다른 영화가 아니
고.' 이 물음에 답해보려 하죠. 그리고 촬영이나 이미지와 관
련한 내용들도 담겨 있고요. 아주 부피가 큰 책이에요. 처음
장편영화를 만들기 시작한 1954년부터 1994년까지, 40년의
영화 인생을 다루고 있죠.

앨런 영어로도 번역돼 나올까요?

바르다 그러면 좋겠네요. 뉴욕에서 살짝 얘기가 있었던 것 같은데,
아직까진 모르겠어요. 누군가 앞장서주면 좋을 텐데, 글쎄요.
번역서가 나올 수 있을까요? 돈이 늘 문제죠. 문제들 가운데
하나죠. 가장 큰 문제라고까진 말하지 않더라도요.

2019 베를린영화제에서 © Martin Kraft

줍는 자의 소박한 몸짓

종종 프랑스 누벨바그의 대모라 불리는 아녜스 바르다는 거의 50년간 영화를 만들어왔다. 바르다의 최신작 〈이삭 줍는 사람들과 나〉는 프랑스평론가협회가 2000년 최우수 프랑스 영화에 주는 조르주 멜리에스상을 받았다. 영화는 프랑스 시골이나 도시 지역에서 생존하기 위해 쓰레기 더미를 뒤지며 살아가는 사람들의 모습을 기록한다. 바르다는 몇 개월에 걸쳐 프랑스 전역을 여행하며 오늘날의 이삭 줍는 사람들을 만나고 디지털카메라를 사용해 그들의 모습을 포착한다. 영화 내내 들을 수 있는 바르다의 따뜻하면서도 풍자적인 내레이션은 영화 제목의 '나'를 분명하게 드러낸다. 바르다는 자신의 희끗한 머리칼이나 손등의 검버섯 같은 노화의 흔적을 영상에 담기도 한다. 때론 의도치 않게 담긴다. 그리고 이미지와 아이디어를 주워 담는, 영화 만드는 사람으로서의 자신의 역할에 대해서도 이야기를 풀어낸다. 자신이 바라보고 있는 대상들이 주워 담는 문제에 한해서는 스스로에게도 많은 걸 일깨워준다는 사실을 충분히 인

이 인터뷰는 2001년 가을 발행된 〈시네아스트Cineaste〉 4호에 수록되었다. 인터뷰어는 영화 평론가 멜리사 앤더슨Melissa Anderson이다.

지하는 바르다는 자신의 인터뷰 대상들을 결코 무시하거나 동정의 시선으로 보지 않는다. 영화 속 '줍는 이들'은 자신들의 삶과 경제적 상황에 대해 솔직하게 털어놓는다. 특히 쓰레기 더미에서 찾아낸 것들로 생계를 꾸려가는 청년 프랑수아는 상당히 인상적이다. 영화 속 바르다의 행로는 정해져 있지 않다. 파리 시내 어느 시장의 폐기물 더미를 뒤지던 한 청년을 영상에 담은 바르다는 얼마 뒤, 그 사내가 글을 읽고 쓰는 기초 문자 수업을 지난 6년간 진행해왔다는 사실을 발견하게 된다. 그리고 교실에서 그를 인터뷰한다.

바르다 스스로 '길 위의 다큐멘터리'라 부르는 〈이삭 줍는 사람들과 나〉는 프랑스 내의 계급 격차를 드러낸다. 재활용 물품들을 활용해 예술 실습을 하는 어린 학생들을 촬영하며 바르다는 궁금해한다. "이 아이들 중에 과연 쓰레기 수거인과 악수를 해본 사람이 몇 명이나 될까?"

바르다는 〈이삭 줍는 사람들과 나〉와 함께 다시금 다큐멘터리 형식으로 복귀했다. 1995년 작 〈시몽 시네마의 101일 밤〉은 지난 100년간의 영화 역사 속 다양한 장면들을 다채롭게 배열한 작품으로, 스타 배우들이 카메오로 특별 출연했고, 미셸 피콜리와 바르다의 아들 마티외 드미가 영화를 이끈다. 영화 100년을 축하하기에 앞서, 바르다는 1990년 작고한 남편, 자크 드미의 삶과 작품을 기념하는 영화 두 편을 만들었다. 〈낭트의 자코〉는 드미의 유년 시절을 그린 극영화이지만, 드미의 영화 장면들과 그와 나눈 인터뷰 영상들이 틈틈이 배치된다.

1993년에 만든 다큐멘터리 〈자크 드미의 세계〉에선 드미 감독 그리고 그와 함께 작업한 제작진들의 인터뷰 영상을 접할 수 있다. 같은 해에 개봉한 〈로슈포르, 25년 후〉에서는 자크 드미가 1967년에 만든 뮤지컬 〈로슈포르의 숙녀들〉의 촬영 장소인 프랑스 항구도시 로슈포르를 다시 찾는

다. 〈이삭 줍는 사람들과 나〉와 마찬가지로 〈로슈포르, 25년 후〉는 잃어버린 기억들과 장소의 의미에 대한 바르다의 고찰이 담겨 있다.

지난 10월 멜리사 앤더슨이 아녜스 바르다와 마주 앉았다. 그리고 〈이삭 줍는 사람들과 나〉와 더불어 다큐멘터리 영화 작업, 그의 1990년대 영화들에 대해 이야기를 나눴다.

앤더슨 〈이삭 줍는 사람들과 나〉를 만들게 된 배경이 궁금합니다.

바르다 세 가지가 있어요. 첫째는 장터에서 허리를 구부리고 뭔가를 줍고 있던 사람들, 그들의 그 동작이었고요. 둘째는 우연히 보게 된 한 TV 프로그램. 셋째는 디지털카메라의 발견이에요. 디지털카메라는 영화를 시작하게 하고 계속 나아가게 해준 동력이기도 하죠. 저는 아마추어급 모델 중에서 상급 기종을 택했어요(소니 DVCAM DSR-300). 마치 이 카메라를 쓰면 1957년, 1958년 무렵 초기 단편영화들을 만들던 때로 다시 돌아갈 수 있을 것 같은 기분이 들었어요. 당시 저는 자유로웠어요. 새로운 디지털카메라를 사용하면 저 자신을 촬영하는 것도 용이하고, 그러면 영화감독으로서 영화에 좀 더 관여할 수 있을 것 같았어요. 결국 영화는 제 바람대로 완성됐어요. 저를 좀 더 영화에 담아낼 수 있었고, 그러면서 자연스레 영화에 참여할 수 있게 됐고요. 작업을 해나가면서 저는 제가 이 사람들에게 너무 많은 요구를 하고 있다는 느낌을 받았어요. 그들 자신을 좀 더 드러내주고, 좀 더 얘기해주고, 좀 더 솔직해지기를 바랐죠. 그래서 저 역시 제 자신을 좀 드러내야 하지 않을까 하는 생각을 하게 됐어요. 제가 비록 줍는 사람은 아니지만—가난하지도 않고, 먹을 것도 충분하지만—세상에는 또 다른 종류의 줍기가 있어요. 말하자면 예술적 줍기죠. 아이디어를 집어 올리고, 이미지를 집어 올리고, 감정들을 집어 올리죠. 그것들을 활용해 영화를 만들어요. 또한 당시 저는 일종의 삶의 전환기를 맞고 있었기 때문에(바르다는 1998년에 70세가 되었다) 영화에 그 부분을 언급해야 할 것 같았어요. 머리에 변화를 주고, 주름진 제 손을 보여주고 한 건 그런 이유에서였죠. 이 역시 제가 늘 말하는 객관과 주관 개념과 연결돼요. 제가 〈5시부터 7시까지의 클레오〉에서 시간을 다룬 방식과 같은 얘기인데, 우리가 마음속에서 느끼는 시간은 아주 주관적인 방식으로 작동해요. 이 영화에서도 같은 생각이었어요. 제 손을 보여주고, 머리칼을 보여주지만, 제 노화에 대한 저의 인식은 주관적일 수밖에 없어요. 제겐 즐거운 일이고, 영화에도 고스란히 드러나요. 지나가는 트럭들을 보면서 놀이를 하면 마치 아이로 돌아간 듯한 느낌이 들죠. 제 손을 이용해서 재미있게 놀 수 있어요. 역시나 늘 객관과 주관의 문제죠.

앤더슨   시골 지역이나 도시 지역의 폐품 수거인들과 우호적인 관계는 어떻게 형성하신 건가요? 사실 영화 속에서 감상주의를 거의 엿볼 수 없습니다. 이런 면모는 영화감독이 자신의 대상과 신뢰 관계를 형성했음을, 그러한 능력이 있음을 보여주는 하나의 징표라 할 수 있죠.

바르다 보통 이런 경우, 다음과 같은 탄식이 나오죠. "아, 참 살아가기 힘들겠구나." 처음에는 저도 감상적이었고, 그 감정이 영화를 시작하게 만들었어요. 그들의 모습을 보면서 마음이 안좋았죠. 한번은 힘겹게 허리를 굽히는 어느 할머니를 보게 됐어요. 그 이미지가 워낙 강렬해서 계속 기억에 남았죠. 어쩔 수 없이 하는 일 같았어요. 만일 그렇게 허리를 굽히지 않아도 먹을 걸 살 수 있다면 그 일을 안 하시겠죠. 그 모습을 보면서 뭐랄까, 감상적이라기보단…… 딱하고 측은한 느낌이 들었어요. 저는 천천히 그분들에게 다가갔어요. 몇몇 분은 저와 대화하길 원치 않았어요. 영상 찍는 것도 원치 않았고요. 한 분은 이렇게 말했죠. "당신이 우리 사업을 망쳐놓을 거요. 세상에 이 얘기를 하면 다들 달려들어서 우리 과일을 먼저 집어갈 테니까." 참 흥미로웠어요. 어떤 분들은 그렇게 공격적이지 않았고, 이 주제에 대해 저와 이야기를 나누기도 했죠. 저는 그분들을 존중했어요. 촬영을 원치 않으면 절대 몰래 찍거나 하지 않았어요. 장터에서 찍은 장면이 유일한 예외라 할 수 있는데, 딱 한 번이었고. 아주 멀리서, 그것도 뒷모습을 찍었죠. 그 몸짓을 꼭 보여주고 싶었어요. 그 소박한 몸짓, 땅 위에 떨어진 무언가를 집어 올리는 그 모습을요. 프랑스 격언 중에 이런 게 있어요. '씨 뿌리는 자의 장엄한 몸짓.' 영화에서 제가 한 말은 여기서 가져온 거였죠. '줍는 자의 소박한 몸짓.'

저에게 다큐멘터리는 '진짜'를 의미해요.
거리에 나가 진짜 사람들을 만나야 하고,
주제에 대해 그들이 느끼는 바를
표현할 수 있도록 해줘야 하죠.

앤더슨   영화 속 카페 주인의 말이 인상적이었어요. "허리를 굽혀야 살
         아갈 수 있는 사람들이 아직 우리 사회에서 사라지지 않았죠."

바르다   네, 하지만 그 또한 완전히 바뀌었어요. 사람들이 줍는 것, 그
         대상 자체도 완전히 다르지만 요즘은 곡식이 여기저기 떨어
         져 있는 시대가 아니죠. 이제는 운이 좋아야만 뭔가를 주울
         수 있어요. 그리고 그 '소박한 몸짓'이 결코 여성들만의 전유
         물이 아니게 됐죠. 남자들 또한 줍는 일에 나서요. 사회적 환
         경이나 행동이 완전히 변했어요. 밀레의 그림에 나오는 그 뭔
         가를 줍는 이미지가 변화한 걸 발견하면서 저는 상당한 흥미
         를 느꼈어요. 거리에서 그들을 봤을 때, 밀레의 그림 속 몸짓
         과 크게 다를 바 없다는 생각도 들었어요. 하지만 밀레가 묘
         사한 그 시대의 이삭줍기는 집단적인 행위였죠. 여성들은 한
         데 모여 일했고, 나름 즐기면서 할 수도 있었을 거예요. 하지
         만 오늘날의 줍기는 완전히 다르다는 느낌을 받아요. 남성들
         이 홀로 움직이고, 사회는 대량으로 음식을 생산하고, 대량
         으로 쓰레기를 만들어내죠. 이전과 비교할 수 없어요. 저에게
         다큐멘터리는 '진짜'를 의미해요. 거리에 나가 진짜 사람들을
         만나야 하고, 주제에 대해 그들이 느끼는 바를 표현할 수 있

도록 해줘야 하죠. 그들을 만나면 만날수록 저의 발언은 점차 줄어들고, 발언은 그들의 몫이 되어갔어요. 그 주제에 대해서 만큼은 누구보다도 그들이 잘 설명할 수 있으니까요.

이 작업은 어떤 주제를 정해놓고, "자, 이제 잘 묘사해보자" 하는 식이 아니었어요. 실제 사람들을 만나고, 그들이 이 주제에 대해 어떤 생각을 하고 있는지, 무엇을 말하고 싶은지를 함께 발견해나가는 과정이었다고 할 수 있죠. 다큐멘터리 영화이긴 하지만, 저는 오리지널 스코어나 편집 같은 부가적인 작업들을 통해 어떤 형태를 만들어나갔고, 결국 제겐 이 작품이 하나의 극영화처럼 느껴졌어요. 그렇다고 다큐멘터리 영화는 '안 좋고' 극영화는 '좋다'는 얘기가 아니에요. 그저 제가 영화감독으로서 이 주제에 어떤 구체적인 형태를 부여했다는 사실을 말하고 싶은 거예요. 아무튼 작업이 잘 마무리된 것 같아요. 영화 애호가들뿐만 아니라 일반 대중들도 영화를 좋아해요. 영화에서 만나는 사람들도 좋아하고요.

앤더슨　프랑수아는 어떻게 만나신 건가요? 그는 지난 10년간 오직 쓰레기 더미에서 나온 것들로만 살아왔다고 아주 자랑스럽게 밝혔죠.

바르다　그는 〈시몽 시네마의 101일 밤〉에 조감독으로 일한 친구를 통해서 알게 됐어요. 그 친구는 〈이삭 줍는 사람들과 나〉에서도 저를 도왔죠. 이 작품을 시작하면서 우리의 전략은 우리가 아는 모든 사람에게 연락해서 주변 사람 모두에게 우리 영화를 알려달라고 부탁하는 거였어요. 조감독에게도 아는 사람 모두에게 전화하라고 했죠. 그의 가족은 엑상프로방스 근처 어느 시골 마을에 살고 있어요. 마을 사람 가운데 한 사람이 연락을 해왔죠. 우리가 관심을 가질 만한 사람이 자기 마을에 있다면서요. 우리는 그를 찾아 나섰지만 결국 찾지 못했어요. 얼마 지나지 않아, 그가 어느 피자 가게 주방에서 일하고 있다는 이야기를 듣게 됐는데, 어느 가게인지는 정확히 알 수 없었어요. 조감독이 거의 모든 피자 가게를 돌며 수소문했고, 결국 그를 찾아냈죠.

그를 만나서 우리가 이러이러한 이유로 당신을 찾았다. 혹시 이 주제에 대해 이야기를 좀 해줄 수 있느냐 물었더니, 그는 이렇게 답했어요. "물론이죠. 그런데 제겐 나름의 이론이 있어요. 그 이야기를 들을 준비가 돼 있으시다면 그렇게 할게요." 그러고는 설명을 이어갔어요. "폐기물 문제는 사람들이 이 폐기물을 두고 어떻게 해야 할지 갈피를 못 잡고 있다는 거예요. 물론 제대로 다루지 못하고 있죠. 에리카호 기름 유출 사건만 해도 대참사예요." 아마 들어보지 못하셨을 수도 있는데, 이 사건은 프랑스 전체 해안의 절반가량을 엉망으로 만들었어요. 우리는 그 친구를 카페에서 만나 좀 더 이야기를 듣기로 했어요. 우리는 먼저 가 기다렸고, 곧이어 장화를 신은 프랑수아가 모습을 보였죠. 일어나는 상황 그대로를 필름에 담았어요. "저는 커피 마실게요." 그는 이렇게 말하고 이야기를 시작했어요. 그런데 문득 이 친구하고는 거리를 걸으면서 인터뷰를 해야만 할 것 같은 느낌이 들었어요. 이런 유의 상황 판단은 단번에 행해져야 해요. 그의 몸동작은 어떤지, 어떻게 반응하는지 그리고 어떤 환경에서 자신을 가장 잘 표현할 것 같은지를 바로 알아차려야 하죠. 프랑수아는 걷는 유형에 속해요. 그렇게 생각 안 하세요?

앤더슨 맞습니다. 그의 걸음걸이는 아주 반항적이죠.

바르다 반항적이고, 또 무척 활기차죠. 저는 카메라맨에게 말했어요. "저 친구를 그냥 쭉 따라가봅시다." 그 장면은 카메라맨과 음향 기사 그리고 저, 이렇게 세 사람이 만들었어요. 저는 부지런히 따라가며 그에게 질문을 던졌죠. 프랑수아는 실제로 쓰레기 속에서 음식을 찾아 먹어요. 어떤 것도 사지 않는다고 말하죠. 그가 찾는 건 옷을 포함해서 모두 거리 위에 있어요. 폐기물을 생각하면 어떤 것도 사고 싶지 않다고 말하죠. 듣기로는 엑상프로방스에 있는 한 대학에서 경제학을 공부했다고 해요. 우린 오후 내내 그를 필름에 담았어요. 프랑수아는 자기주장이 강한 친구예요. 그는 우리가 '검은 물결'이라 부르는 그 기름 유출 사건에 대해서 이야기했어요. 두 달 전에 일어난 사건이죠. 저는 이 유출 사건을 이미 필름에 기록하고 있었어요. 너무 충격적이어서 그냥 두고 볼 수만은 없었죠. 저는 이 사건이 저의 주제인 줍기와 연결될 줄은 생각지도 못했어요. 해안가로 가서 직접 봤는데, 정말 끔찍했죠. 해변이 온통 검게 변해 있었어요. 그가 이 사건에 대해 이야기할 때, 편집 과정에서 제가 해변에 가서 촬영한 영상을 넣을 수 있었죠. 관객들이 많이들 놀라 하는 모습을 목격할 수 있었어요.
이 사내는 아무것도 소유하지 않아요. 촬영을 마치고 하루를
마무리 지을 즈음 조감독이 그에게 말했어요. "출연료를 좀
드릴까 하는데요." 그러자 그가 대답했죠. "아뇨, 돈은 됐어
요." 그는 꽤 언짢은 듯 보였어요. 대신 책으로 받으면 좋겠다
고 했죠. 그래서 정리를 마치고 같이 대형 서점으로 갔어요.
프랑수아는 화집이 있는 쪽으로 가서 책들을 둘러보기 시작
했어요. 저는 그가 어떤 그림을 좋아하는지 궁금해하면서 이
렇게 말했죠. "어떤 책이든 원하는 대로 골라요." 그런데 이
친구가 어떤 책을 골랐는지 아세요? 부유한 사람들의 모습이
담긴 아주 고상하고 세련된 18세기 소묘화집이었어요. 그가
제게 말했죠. "저는 이 시기를 참 좋아해요." 그래서 저는 대
저택에 살면서 연회를 즐기던 부자들의 모습이 담긴 커다랗
고 값비싼 책을 그에게 사줬죠. 영화가 개봉되면 연락하겠다
하고 헤어졌어요. 이후 영화를 완성했고, 개봉했고, 엑상프로
방스에서도 영화를 상영하게 됐어요. 그래서 프랑수아에게
편지를 보내, 영화 상영 뒤에 관객과 만나는 시간을 갖는데
함께 관객들과 만나 이야기를 나누면 어떻겠느냐고 의향을
물었죠. 영화가 끝난 뒤, 일단 제가 먼저 관객들을 만났어요.
관객 가운데 한 사람이 제게 이 영화 속 사람들을 어떻게 찾
아냈는지 물었죠. 저는 프랑수아를 만나게 된 사연을 이야기
해주었고, 이어서 "자, 프랑수아가 여기 와 있습니다" 하면서
그를 소개했어요. 그는 장화를 신은 채 앞으로 걸어 나왔죠.
아주 즐거워 보였어요. 재미있는 얘기도 들려줬어요. 자신에

게 최고의 시기는 6월이라고 하면서요. 왜냐하면 '멍청한' 엑상프로방스대학교 학생들이 방학을 맞아 집으로 돌아가면서 냉장고 안에 있는 것들을 전부 내다 버린다는 거예요. 그는 이렇게 말했죠. "좋은 음식들이 넘쳐나요. 제 냉장고로 가져와 채우면 3개월 동안 잘 먹을 수 있죠." 그의 표현대로 '성수기' 이야기였어요. 아주 재미있었죠.

프랑수아의 관심사 가운데 하나인 유통기한에 대한 이야기도 했어요. 그가 말했죠. "규정을 따를 필요가 없어요. 여러분의 코를 사용하세요. 제가 증거를 보여드릴게요. 자, 제가 쓰레기 버리는 곳에서 발견한 선물용 케이크를 가져왔어요." 객석에서 웃음이 터져 나왔죠. "이 케이크는 이틀 전까지만 먹게 돼 있는 녀석이에요. 제가 미리 맛을 봤어요. 완벽해요." 그러고는 관객들에게 시식을 권했죠. "말해보세요. 어때요, 괜찮죠? 거봐요, 내가 그랬잖아요. 괜찮다고." 누군가 그에게 질문했어요. "영화에서 그려진 자신의 모습에 만족하세요?" 그가 대답했어요. "네, 괜찮아요. 하지만 너무 짧아요." 이 대답은 그와 우리의 관계가 아주 긴밀하다는 걸 말해주죠. 자신이 영화의 참여자라는 걸 자연스럽게 인정한 거예요. 제가 그를 그저 영화에 사용한 게 아니란 거죠. 프랑수아가 관객들에게 반응하는 방식이 참 근사했고, 흥미로웠어요. 그는 자신의 생각이 정당하고 영화가 의미 있는 내용을 담고 있다는 걸 입증하고 싶어 했어요. 거대한 낭비에 대해 함께 토론해보고 싶어 했고요. 이러한 유의 영화는 제겐 아주 각별해요. 제가 영화 작업을 통해서 구현하고 싶은 것들을 가능하게 해주죠. 그건 바로 사람들을 만나고, 촬영을 하고, 편집을 하고, 영화에 형태를 부여하는 거죠. 그 구체적인 형태 안에는 객관과 주관이 공존하고요. 객관적인 것들은 사실 사회적 사실들이고, 주관적이라 하면 제가 어떻게 느끼는지 또는 영화를 유쾌하게 혹은 슬프게, 어떤 톤으로 만들 것인가와 관련이 있겠죠. 이러한 유의 영화를 만드는 건 하나의 살아가는 방식이에요. 이건 그저 상품 하나를 만들어내고 끝나는 게 아니에요. 처음부터 준비하고, 완성하고, 전달해야 하죠. 사람들을 만나면서 영화를 준비하고, 촬영하고, 후반 작업을 해요. 그리고 이제 영화를 들고 영화제에 참석하거나, 여러 도시들을 찾아다니며 관객들을 만나죠. 도시뿐만 아니라 시골 지역도 가고, 어디든 찾아가죠.

앤더슨   관객들 반응은 어떤가요?

바르다   다들 좋아하세요. 그렇게 공감하는 이유는 모두들 아는 친숙한 주제를 다루기 때문인 것 같아요. 그런데 이번 작업이 상당히 까다로웠던 게, 현장에서 늘 정신을 바짝 차리고 있어야 했어요. 지금 카메라가 향하고 있는 곳이 적절한 장소인지, 어떻게 움직이는 게 최적의 방식인지 늘 바로바로 판단을 내려야 했으니까요.

앤더슨   디지털카메라를 사용해서 좀 달라진 점이 있을까요? 좀 더 자유로워졌다든가.

바르다	영화적 결정은 카메라와는 아무 관련이 없어요. 어차피 카메라가 바라보는 대상은 동일하니까요. 그리고 어떤 일이 똑같이 한 번 더 일어나지는 않으니까요. 사람들에게 동작을 한 번 더 반복해달라고 부탁할 수는 없죠. 바로 그 순간 그 느낌을 손에 움켜쥐어야 해요. 그리고 결정해야 하죠. 아주 느리게 갈 건지, 정지할 건지 또는 그 사람들과 함께 뛰어갈 건지의 여부를요. 어쩌면 한 사람에게 여러 가지를 다 시도해야 할 수도 있어요. 프랑수아의 경우는, 저 친구와는 걸어야 한다는 걸 직감했죠. 그래서 그의 에너지 넘치고 상당히 공격적인 걸음걸이, 그 움직임을 카메라에 담아낼 수 있었고요. 프랑수아에게는 동정심 같은 감정이 들지 않았어요. 그는 당당했죠. 그를 동정할 이유가 없었어요.

이런 경우도 있었어요. 이동 주택 주차 구역에서 또 다른 사내를 만난 이야기인데, 저는 차를 몰고 이곳저곳을 다니다가 트레일러, 그러니까 이동 주택 차량이 많이 모여 있는 곳을 우연히 발견하게 됐어요. 그래서 차를 세운 다음 누군가 찾는 시늉을 했죠. 그냥 아무 이름이나 대면서요. 예를 들어, '필리프 가니에'란 이름의 사람을 찾는 거죠. 저는 이렇게 물어요. "저기, 필리프 가니에란 사람이 여기 산다고 들었는데요." "필리프 가니에요? 글쎄요. 옆 트레일러에 가서 한번 물어보세요." 그럼 저는 그러죠. "이런 곳이 주변에 또 있나요?" 이런 식으로 대화를 시작하는 거예요. 일종의 거짓말로 시작하긴 하는데, 그래도 그들과 대화를 나눌 수 있는 하나의 괜찮은 방법이죠. 이제 누군가 이렇게 말을 건네요. "좀 앉으시겠어

요?" 그럼 전 그러죠. "아, 좀 그럴까요?" 그러면서 슬쩍 둘러봐요. 그곳엔 난방 기구도 없고, 전등도 없어요. 이제 제 소개를 해요. 다큐멘터리 영화를 만드는 사람이고 선생님과 대화를 좀 나누고 싶다, 이렇게 의사를 전하죠. 그들은 이렇게 답해요. "그러죠, 뭐." 그럼 저는 얼마 뒤에 다시 찾아오고, 촬영을 시작하는 거예요. 장소를 물색할 때는 혼자 다니는 게 딱히 유리할 게 없지만, 사람을 물색할 때는 혼자 다니는 게 확실히 도움이 돼요. 카메라를 지참할 때도 있고, 그렇지 않을 때도 있어요. 카메라가 있다면 이렇게 묻죠. "촬영을 좀 해도 괜찮을까요?" 그러면 무엇에 쓰려고 그러느냐고 되물어와요. 그럼 저는 일부는 TV 방송용으로 사용하고, 일부는 제 작품을 위해 쓸 예정이라고 답해요. 사실대로 말하는 거죠. 때로는 삼각대를 가져가기도 해요. 그리고 이렇게 말하죠. "다음 번에는 스태프들과 함께 올 수도 있어요." 사람들은 잘 협조해줬어요. 제가 그들을 배신하지 않으리라 확신하는 것 같았어요. 자신들이 들려주는 얘기에 제가 귀를 기울인다는 걸 그들도 즉각적으로 느낄 수 있는 거죠.

앤더슨   이른바, 예술적 줍기로서의 영화 만들기에 대해서 이야기를 좀 더 해주시겠어요? 영화 역사 100년을 기념하는 영화 〈시몽 시네마〉에서 꽤 많은 '줍기' 작업을 하셨죠.

바르다   제가 그 영화를 통해서 구상했던 건 파편화된 기억이 만들어내는 정리되지 않은 '줍기'였어요. 시몽 시네마는 그의 머릿속 이런저런 기억들을 떠올려보지만, 잘 정리하지 못해요. 기억들을 제대로 저장하지 못하는 상황이죠. 그래서 마구 뒤섞여요. 저는 그가 자신의 기억 속에서 늘 실수를 한다는 아이디어가 마음에 들었어요. 이런 전제가 제게 자유를 부여해주었죠. 영화 역사를 되짚어가며 아주 자유롭게 선택할 수 있었어요. 글을 쓰는 어느 영화 관계자 한 사람이 제게 이렇게 말한 적이 있어요. "그렇게 하면 공정하지 않죠. 러시아 영화가 빠졌잖아요!" 그래서 제가 그랬죠. "그런가요? 그럼 영화 역사의 모든 걸 하나도 빠짐없이 다 보여줘야 한단 말인가요?"

앤더슨　영화 발췌 부분을 고르는 작업이 즐거우셨나요?

바르다　아주 즐거웠어요. 저는 이 영화를 두 가지 이유에서 좋아해요. 당시는 모두 영화에 대해 진지한 발언들을 하면서 아주 거창하게 기념하려는 계획들을 세울 무렵이었어요. 부뉴엘은 기념식을 아주 싫어했죠. 기념이란 건 뭔가를 기억하려 노력하는 거잖아요. 저는 기억력이 좋지 않아요. 그래서 이런 아이디어를 떠올리게 됐어요. 아주 나이 많은 누군가가 있다. 그는 영화를 무척 좋아한다. 그런데 기억이 흐릿해서 머릿속에 떠다니는 이런저런 이미지를 마구 가져와 배우 이름도, 영화 제목들도 온통 뒤섞어버린다. 저는 이 아이디어가 기억을 향한 갈망을 다루는 흥미로운 이야기 틀이 될 거라고 생각했어요. 가끔 아주 좋아하는 영화인데도 스토리가 정확히 기억나지 않는 경우가 있어요. 때론 무슨 일이 일어났는지 시간순으로 말하지 못하기도 하고요. 그럼에도 몇몇 장면들은 언뜻 언뜻 기억나죠. 때로는 마치 정지 화면처럼 기억에 남아 있기도 하고요. 제가 아는 건, 그리고 제가 확실히 기억하는 건 제가 느꼈던 감정과 느낌이에요. 불완전한 기억과 주관적인 감정은 아주 긴밀히 연결되어 있죠. 이 영화에선 스타 시스템을 활용했어요. 제가 평생토록 피해왔던 거죠. 저도 맘만 먹으면 스타들을 영화에 출연시킬 수 있다는 걸 보여준 셈이기도 해요. 물론 잠깐씩만 얼굴을 비추죠. 아무튼 들롱이나 벨몽도, 드파르디외 같은 유명 배우들과 함께 할 수 있어서 즐거웠어요. 하지만 아무도 영화를 좋아하지 않았죠. 모든 곳에서 흥행 참패였어요. 프랑스에서조차도요.

저는 '지금'에 무척 관심이 많아요.
지금의 사회, 지금의 내 삶, 내가 바라보는 상황들,
사방에서 목격되는 썩은 정치 현실까지도요.

앤더슨   기억과 노화에 대한 기록은 감독님의 최근 영화들의 주요 테마처럼 보입니다. 〈낭트의 자코〉도 그렇고 〈로슈포르, 그 후 25년〉도 마찬가지고요.

바르다   맞아요, 하지만 이러한 경향은 드미의 죽음에서 비롯된 거죠. 그 이후의 현상이에요. 저는 늘 현재에 집중해왔어요. 다시 그 모드로 돌아온 상태고요. 저는 기억에 그리 관심이 많지 않았어요. 1982년에 만든 〈율리시스〉부터 시작됐죠. 이어서 〈아무

도 모르게〉와 〈아녜스 V에 의한 제인 B〉를 1987년에 만들었고
요. 그리고 드미가 죽었어요. 〈낭트의 자코〉는 그의 기억에 의
존해 만든 영화예요. 아주 도전적인 실험이었죠. 누군가의 기
억 속으로 들어갈 수 있을까? 그는 기억력이 아주 좋았어요.
거의 모든 걸 기억해냈죠. 그의 기억 속에서 하는 여행은 정말
환상적이었어요.

앤더슨　　〈로슈포르, 그 후 25년〉을 만들 때는 감독님의 기억과 드미의
　　　　　기억 모두를 두루 여행하신 건가요?

바르다　　그렇죠. 드미의 죽음은 많은 기억을 불러왔어요. 우리가 함께
　　　　　했던 기억들을 소환했죠. 〈로슈포르, 그 후 25년〉과 〈낭트의
　　　　　자코〉는 그의 기억에 기초해 만들었고, 〈자크 드미의 세계〉는
　　　　　〈낭트의 자코〉에 대한 '대답'이죠. 영화감독을 꿈꾸는 아이. 그
　　　　　아이는 자라서 영화감독이 돼요. 〈로슈포르, 그 후 25년〉은 로
　　　　　슈포르시가 드미의 뮤지컬 영화 〈로슈포르의 숙녀들〉 25주년
　　　　　을 기념하는 차원에서 제작을 지원했어요. 그래서 로슈포르를
　　　　　방문했고, 영화를 만들었죠. 그런데 이젠 정말 과거에서 벗어
　　　　　나고자 해요. 〈이삭 줍는 사람들과 나〉도 기억에 관한 영화가
　　　　　아니에요. 저는 '지금'에 무척 관심이 많아요. 지금의 사회, 지
　　　　　금의 내 삶, 내가 바라보는 상황들, 사방에서 목격되는 썩은 정
　　　　　치 현실까지도요.

앤더슨　　극영화에 다큐멘터리 미학을 결합하는 방식이 현재 활동하는

브뤼노 뒤몽(〈예수의 삶La vie de Jésus〉 〈휴머니티L'humanite〉)이나 다르덴 형제(〈로제타〉) 같은 프랑스 영화감독들에게 영감을 줬다고 생각하세요?

바르다　사실 그들 중 일부는 다큐멘터리 쪽에서 넘어왔죠. 다르덴 형제가 대표적이고요. 〈약속La promesse〉이나 〈로제타〉를 보면 다큐멘터리 테크닉을 적절히 사용했음을 알 수 있어요. 참 아름다운 영화들을 만드는 형제 감독이에요. 저는 다큐멘터리와 픽션이라는 두 장르 사이에 다리를 놓으려 늘 노력해왔어요. 저의 첫 픽션 영화인 〈라 푸앵트 쿠르트로의 여행〉은 실제 마을 주민들을 출연시켰지만, 배우들과도 같이 작업했죠. 〈클레오〉에서는 클레오가 거리로 나서 사람들을 관찰하기 시작하는데, 실제 거리를 바라보고 있다는 느낌을 관객들에게 주기 위해서 다큐멘터리의 질감을 살리려 했어요. 픽션 영화에 다큐멘터리 질감을 넣으려 하는 작업은 영화를 시작한 이래 한 번도 멈춘 적이 없어요. 〈방랑자〉의 경우, 상드린 보네르와 일부 배우들을 제외하면 모든 극중 인물이 실제 노동자들이고, 그곳에서 살아가는 사람들이에요. 그럼에도 그들은 제가 써준 대사로 연기했어요. 전혀 즉흥적으로 한 게 아니에요. 제가 요구한 대로 연기했고, 리허설도 했죠. 하지만 자신의 터전에서 자신이 늘 사용하는 것들과 함께 연기했기 때문에 마치 다큐멘터리에 등장하는 사람들처럼 자연스럽게 행동할 수 있었던 거죠.

　다큐멘터리 영화를 만들다 보면 정말 감탄스러운 실제 인물들을 만나곤 해요. 〈벽, 벽들〉에서도 그런 인물이 등장하는 데, 워낙 강렬한 인상을 주기 때문에 마치 픽션 캐릭터 같은 기분이 들기까지 하죠. 〈이삭 줍는 사람들과 나〉에서 만나 볼 수 있는 프랑수아가 그런 예에 해당해요. 학생들을 가르 치는 또 다른 사내 역시 그렇고요. 결코 잊을 수 없는 캐릭터 들이죠. 다큐멘터리를 만들 땐 영리해야 해요. 뭔가를 제시 해야 하고 프랑수아의 그 인상적인 걸음걸이를 볼 수 있었던 것처럼 적절한 상황을 만들어줘야 하죠. 그러면 그 대상들은 시나리오 작가가 결코 쓸 수 없는 무언가를 말하게 돼요. 거 의 픽션 캐릭터가 되는 거죠. 그래서 저는 늘 경계에서 작업 해왔어요. 하지만 언제 픽션은 픽션이어야 하고, 다큐멘터리 는 다큐멘터리여야 하는지 알고 있죠. 아주 정확히 알고 있 어요. 〈이삭 줍는 사람들과 나〉를 만들면서 누구에게도 구체 적인 걸 말해달라고 한 적이 없어요. 속임수를 절대 쓰지 않 아요. 그렇게 하면 인위적인 티가 나게 마련이죠. 비록 영화 속에 저의 내레이션이 들어가고 제 모습이 첨가되긴 하지만, 그럼에도 영화는 있는 그대로의 현실이죠.

앤더슨   현재 진행 중인 프로젝트가 있으신가요?

바르다   이 영화로부터 천천히, 조금씩 벗어나고 있는 중이에요. 이렇 게 말할 수 있는 사람들을 존경해요. "저는 2001년에는 이걸 하고, 2002년에는 이걸 하고, 2003년에는 이걸 할 계획입니다." 저는 계획을 세우지 못해요. 영화를 만들고자 하는 욕구가 있어야만 해요. 그래야 즐겁게 작업할 수 있어요. 자신이 믿는 무언가를 선택해야 해요. 그게 가치 있는 작업이란 걸 확신해야 그 작업을 하는 합당한 이유가 생기는 거예요. 충분한 열정이 만들어지지 않으면 작업에 나서지 않아요. 저는 〈이삭 줍는 사람들과 나〉가 아주 소박한 영화가 될 것이고, 그래서 아무도 보려 하지 않을 거라고 생각했어요. 그런데 운 좋게도 칸영화제 관계자가 제작 중이던 영화를 보러 와주었고, 영화제에서 상영하기로 결정했어요. 그래서 부지런히 마무리해야 했죠. 영화제가 아니었다면 아마도 좀 더 작업했을 거예요. 거리의 사람들을 좀 더 만나보려 했을 것 같아요. 저는 이 영화를 통해 관객들에게 다양한 사람들을 소개하고, 주제에 대해 생각해볼 수 있는 기회를 제공하고, 여러 다른 측면들도 제시해주고 싶었어요. 운 좋게도 다양한 사람을 많이 만나고 필름에 담을 수 있었죠. 저는 관객들 생각을 꽤 많이 해요. 관객들을 지루하게 해선 안 된다고 생각해요.

영화를 만들 때마다 뭔가를 배워요. 누군가에게 다가가고, 누군가의 일터도 들여다보죠. 때론 이전까지 한 번도 눈치채지 못했던 풍경과 마주하기도 하고요. 눈앞에 새로운 삶이 펼쳐져요. 그 안의 아름다움을 포착하는 건 당신 몫이죠.

새로운 친구를 소개하듯이

〈이삭 줍는 사람들과 나〉는 아녜스 바르다가 만든 단호하게 개인적인 비디오 다큐멘터리다. 표면적으로는 '쓰레기'에 집착하는 듯한 영화이기도 하다. 우리는 아녜스 바르다를 따라 여행에 나서고, 그곳에서 다양한 사람들을 만난다. 쓰레기 더미에서 먹을 것을 찾는 사람, 수확이 끝난 시골 들판에서 곡식을 줍는 사람, 버려진 가구들로 예술 활동을 하는 사람, 만남은 계속 이어진다. 〈이삭 줍는 사람들과 나〉는 탁월하고 유쾌한 영화다. 아녜스 바르다와 인터뷰를 진행한 줄리 리그 역시 이 영화와 사랑에 빠졌다고 당당히 고백한다.

리그　이 영화는 감독님 자신에 관한 영화로서 시작되었나요, 아니면 줍는 이들에 관한 영화로서 시작되었나요?

바르다　분명히 줍는 이들의 영화죠. 그게 유일한 의도는 아니었고요. 하지만 의도가 어떠했는지 누가 신경 쓰나요. 중요한 건 관객이

이 인터뷰는 2002년 오스트레일리아 공영 방송국 ABC의 한 프로그램에서 방영되었으며 인터뷰어는 저널리스트 줄리 리그Julie Rigg다.

보고 있는 바로 그 영화죠. 이 영화는 아주 중요한 주제를 다루고 있어요. 사회적 사안이죠. 바로 "남은 음식을 먹는 그들은 과연 누구인가?" 자신이 남긴 음식을 누가 먹는지 아는 사람이 있을까요? 저는 이 사안에 크게 관심이 갔어요. 그래서 그들을 찾아 그들의 이야기를 듣고 싶었어요. 그들을 어떻게 만날 수 있을까 곰곰이 생각도 해봤어요. 그들 자신의 삶을 통해 이야기를 들을 수 있다면 제가 굳이 그들에 대해 설명하고, 내레이션할 필요가 없는 거죠. 그들을 만나는 데는 시간이 좀 걸렸어요. 때로는 운이 따라줘야 하기도 했고요. 지인의 지인을 통해 만나기도 하고, 시골 마을을 찾아가야 할 때도 있었죠. 혼자서 이동 주택 주차 구역에 찾아가기도 하고요. 아무튼 이러한 주제를 다루는 프로젝트였어요. 당시는 대망의 2000년도였어요. 2000년도의 화두는 새로운 밀레니엄엔 세상이 어떤 모습일까, 하는 거였어요. 영화는 어떤 모습일까부터 해서 2000년을 강조하며 이런저런 예상들을 했죠. 저 역시 하루는 2000년엔 아녜스의 영화가 어떤 모습일까, 생각해봤어요. 물론 그 당시 이 영화를 작업 중이었죠.

제가 나이를 먹고 있다는 느낌도 크게 다가왔어요. 저는 생각했죠. "세상에, 내 나이가 벌써…… 그래도 나는 여전히 줍는 사람이네, 여전히 영화를 만들고 있어. 여전히 내 일을 즐기고 있고." 영화 작업을 위한 여행도 여전히 즐기지만, 그럼에도 나이가 들어가는 건 사실이죠. 제게 영화를 만드는 일은 아이디어를 줍고 이미지를 줍고 감정들을 줍는 작업이에요. 저는 영화 속에서 살아가고 있어요. 그 속으로 '들어가' 살아가죠. 제가 하는 방식으로 영화를 만들면 나를 영화로부터 분리하기 힘들어요. 그러고 싶지도 않고요. 그 세계에선 사람들이 솔직하고 분명하게 자신들의 이야기를 하고, 부끄럽게 생각하거나 숨기고 싶을 법한 자신의 상황에 대해서도 거리낌 없이 드러내요. 저 역시 그 세계를 벗어나 다른 세계에서 살아가고 싶은 마음은 없죠.

저는 제 자신이 그 일부가 돼야 한다고, 뒤로 물러서면 안 된다고 생각했어요. 영화의 일부가 되어야 한다는 생각은 그렇게 자연스럽게 다가왔어요.

리그 감독님이 대상들로부터 따로 떨어져 있지 않은 모습이 저도 좋았습니다. 대상들 역시 섬세한 면모도 보여주고, 지적이고, 때론 유머도 있고, 스스로에 대한 자긍심도 있음을 보여주죠. 솔직함 역시 빼놓을 수 없고, 줍는 이미지들로 이루어진 이 프로젝트에서 어떤 시적인 느낌도 받을 수 있었고요.

바르다 사실 모든 예술가들은 뭔가를 읽고, 스토리에 귀 기울이고, 카페에 가서 이야기도 나누고, 이런 식으로 이런저런 것들을 줍거나 수집하면서 살아가요. 마음에 드는 것들을 골라 사용하는 거죠. 인용도 하고 응용도 하고요. 영화감독의 경우, 픽션 영화를 만들면 좀 다른 방식의 과정을 거치지만, 그럼에도 이곳저곳에서 재료들을 줍는 건 마찬가지죠. 그런데 이건 상당히 심도 있는 줍기예요. 팩트, 사실들을 줍는 거죠. 한편 거리의 줍는 이들은 감자를 줍고, 식료품을 줍고, 가구들을 수

거하죠. 이들을 만나 이야기를 듣는 과정에서 놀라운 우연도 있었고, 운도 따라줬어요. 참 특별한 사람들을 많이 만났고, 그 가운데 서너 명은 결코 잊을 수 없는 인물들이에요.

다큐멘터리 작업을 하다 보면 때로 인물들이 너무 인상적이어서 마치 훌륭한 픽션 영화 속 캐릭터 같은 느낌이 들기도 해요. 특히 두 사람은 정말 돋보이죠. 제가 운이 좋았어요. 그들이 영화를 풍성하게 만들어줬어요.

리그   다큐멘터리가 그렇게 성공적이려면 훌륭한 다큐멘터리 감독이 그런 인물들을 알아볼 수 있어야 하겠죠. 그 인물들은 자신들의 삶으로부터 드라마를 이끌어내는 능력을 지니고 있고요. 그럼 이 지점에서 다큐멘터리 감독의 책임은 무엇이라 할 수 있을까요?

바르다 글쎄요, 전반적으로…… 그런데 책임이라고 하시면 다큐멘터리 감독으로서 영화상에서의 책임을 말씀하시는 건가요? 아니면 실제 삶에서의?

리그   저는 영화상에서의 책임을 말씀드렸던 건데, 사실 두 가지 다 궁금하긴 합니다.

바르다 일단 영화에서는 선택이죠. 다큐멘터리는 주관적인 작업이에요. 인터뷰 내용을 어떻게 편집하느냐에 따라 사람이 달라 보일 수 있어요. 때론 누군가와 세 시간 동안 이야기를 나누지만, 영화에는 5분 정도만 나오기도 하죠. 편집이란 게 있기 때문이에요. 누군가가 들려준 이야기의 일부를 잘라내야 할 때 거기에 선택이 개입하는 거죠. 같은 말들, 같은 이미지들을 가지고도 누가 편집하느냐에 따라 다른 결과물이 나올 수 있어요.

저는 그들이 들려주는 말들 가운데 가장 명확하게 요점이 드러나는 부분들을 선택해요. 자신의 삶을 잘 설명하고, 세상에 대한 판단이나 의견을 잘 전달한 부분들이죠. 관객들은 이러한 그들의 모습을 보면서 호감을 보여요. 흥미로운 건, 편집을 달리하면 관객들의 호응이 좀 덜해질 수도 있다는 거예요. 저는 그들의 가장 나은 모습을 보여주고 싶었어요. 누군가를 좋아하게 되면 그 사람의 그냥 그런 모습을 보여주고 싶지는 않잖아요. 당연히 최고의 모습을 선택하게 되는 거죠. 가급적 좋은 모습을 보여주고 싶은 거예요.

〈이삭 줍는 사람들과 나〉에서 저는 그런 식으로 선택했어요. 가난한 사람들은 말도 형편없게 하고 행동도 형편없게 하고, 불평불만만 늘어놓는다는 식의 이야기는 이제 지긋지긋해요. 그들은 자기 연민 따위 없이 발언하고, 각자의 개성과 성향을 자신 있게 드러내죠. 물론 그런 면이 돋보이는 부분을 제가 선택한 것도 사실이고요. 저는 그들을 존중하고, 또한 애정 어린 눈길로 그들을 바라봤어요. 그들이 스크린에 근사하게 나오길 바랐고, 바람대로 근사하게 나왔죠. 그들은 사람들의 관심과 인정을 필요로 해요. 저는 마치 새롭게 알게 된 친구들을 또 다른 친구들에게 소개하는 역할을 맡은 듯한 기분이에요. 관객들에게 이렇게 말하는 거죠. "여러분, 제가 이번에 알게 된 친구들입니다. 아주 멋진 친구들이에요. 여러분들도 인사를 좀 나눠보시죠."

리그   다큐멘터리를 만들다 보면 대상을 친구로서 받아들이는 그런 경향이 있다고 보면 될까요?

바르다   물론 그들은 대상이죠. 저는 그들 앞에서 말을 건네고, 얘기를 듣고, 촬영을 하는 사람이고요. 늘 정중하고 예의 바르게 행동하는 것도 아니죠. 그런데 관객들이 이 영화를 편하고 재미있게 볼 수 있는 이유는 제가 그들을 좋아한다는 사실, 그 진솔한 감정이 영화에 묻어나기 때문이라고 생각해요.

저는 사물들의 형태를 감상하는 걸 좋아해요.
제 자신의 형태도 포함해서요.
주름, 힘줄, 정맥, 아름다운 모습들이죠.

리그   여쭤보고 싶은 게 많습니다. 영화를 보면 손을 가지고 유쾌한 놀이도 하시지만, 그런 쾌활함과 더불어 '2000년의 아네스'도 함께 담겨 있습니다. 또한 아주 용감해 보이는 장면들도 눈에 띄죠. 세월의 흔적을 보여주는 그 숏들⋯⋯.

바르다   용감하다는 게 어떤 의미죠? 저는 영화감독으로서의 태도를 지니고 있어요. 이렇게 말하는 여성을 떠올리시면 안 돼요.

"누가 로션 좀 주실래요? 손에 좀 바르게요. 저는 평생 장갑을 껴본 적이 없어요. 정원 손질을 할 때도 그냥 맨손으로 흙을 만지거든요. 평생을 그래왔어요. 이제 저의 이 딱한 두 손에 뭔가를 좀 해줘야 할 것 같아서요." 영화에서 저는 영화감독으로서 제 자신을 촬영했을 뿐이에요. 그 피부에서 일종의 아름다움도 보았고요. 제 손은 하나의 형태를 가지고 있고, 주름들도 가지고 있어요. 마치 굵은 밧줄 같죠.

저는 칭찬에 목마르지 않아요. 개의치 않아요. 그래도 칭찬을 해주시죠. 영화가 끝나고 관객과의 대화 시간에 제 손에 입을 맞추는 분들도 계세요. 그리고 몇몇 여성분은 제게 "참 용감하세요"라고 칭찬을 해주죠. 그럼 저는 그렇지 않다고 답을 해요. 사실이에요. 저는 사물들의 형태를 감상하는 걸 좋아해요. 제 자신의 형태도 포함해서요. 주름, 힘줄, 정맥, 아름다운 모습들이죠. 나무를 바라보는 것과 같아요. 오래된 나무를 보면 그 모양새가, 형태가 대단하잖아요. 그리고 나무를 바라보면서 이렇게 말하죠. "정말 근사한 올리브 나무네." 그럼 이렇게 말할 수도 있는 거 아닌가요? "정말 근사한 손이네." 무슨 말인지 아시겠죠?

리그   네, 이해합니다. 오래된 것들에 대한, 그리고 나이 든 사람들에 대한 존중으로 여겨지네요.

바르다   삶에 대한 존중이죠, 세상 이치에 대한. 늙는다는 건 그저 삶의 일부일 뿐이에요. 이 문명사회에서 우리는 아름다워야 하고, 젊어야 하고, 남들에게 잘 보여야 하고, 부자여야 하고, 소비를 많이 해야 해요. 이런저런 것들에 너무 길들여져 있고, 매몰되어 있어요. 이 영화는 완전히 반대편에 자리하죠. 소비를 하고 난 뒤 남겨진 모습들을 묘사해요. 그리고 그 남은 것들로 살아가는 사람들을 따뜻하고 평온하게 바라봐요. 어떤 이들은 길가에서 그들을 마주치면 고개를 돌려요. 그들이 창피해할지도 모른다고 생각하는 거죠. 하지만 정작 창피해해야 할 사람은 고개를 돌리는 바로 그 사람들이에요. 왜냐하면 길가의 그들은 쓰레기통을 열고 이렇게 말하거든요. "멍청한 사람들. 그냥 뭐든 갖다 버리는군."

리그   우리는 'scrounging'이란 단어를 써요. 아마도 호주에서만 쓰는 단어일 거예요. 원래는 동사죠. 'scrounge'.

바르다   'scrounge'. 참 근사한 단어네요. 미국에서는 보통 뒤적이기, 줍기 정도로 말하죠.

리그   그래도 영화에서 줍기의 전통을 짚어주신 건 인상적이었습니다.

바르다   저도 언어 얘기를 잠깐 해볼게요. 프랑스어에는 남성형, 여성형이 있어요. 그래서 영화 제목인 'Les glaneurs et la glaneuse'를 영어로 번역할 수가 없어요. 영어 단어엔 여성형이 따로 있지 않으니까요. 결국 〈이삭 줍는 사람들과 나〉로 번역했고, 자연스레 '나'가 강조되었죠. 프랑스어에서 'glaneuse'는 그저 익명의 이삭 줍는 여성이죠. 뉘앙스에서 좀 차이가 있어요. '나'보다는 그런 익명의 여성 느낌이 더 적절한데 말이죠.

그건 그렇고, 이 영화의 반응이 정말 놀라워요. 편지도 많이 받고, 지금까지 살면서 영화감독으로서 이렇게 많은 사랑을 받은 적이 없었던 것 같아요. 믿어지지가 않아요.

리그 왜일까요? 이유가 뭐라고 생각하세요?

바르다 조금씩 파악해가는 중인데요. 아무래도 이 영화가 다루고 있는 주제가 모든 사람과 관련이 있기 때문이라고 생각해요. 각기 다른 이유로요. 누군가는 할머니나 어머니의 모습이 떠오르기도 하고, 시골 마을이 떠오르기도 하죠. 많은 사람이 시골을 떠나 도시로 오잖아요. 또 이 영화는 과거가 아니라 지금, 오늘 이야기를 하고 있어요. 영화에 등장하는 사람들은 거리에서 쉽게 볼 수 있는 사람들이죠. 다들 한 번쯤은 무심코 생각해봤던 문제들인 거예요. 거기에 영화는 형태와 의미를 부여한 거고요. 누군가는 앞으로도 여전히 '들어 올릴' 거예요. 그들은 거대한 극장의 침공에 저항할 거예요. 대규모 사운드 시스템도요. 그리고…….

리그 ……낭비의 사회에 대해서도요.

바르다 그리고 브랜드라든가 온갖 것들에 대해서요. 사람들은 그것들의 일부지만, 사실 좋아하지 않아요. 대부분의 사람들이 좋아하지 않아요.

리그 영화를 보면 커다란 장화를 신은 한 사내가 등장해 거리를 활보하죠. 그 고무장화 자체가 뭔가를 발언하고 있는 듯합니다.

바르다 그는 상당히 총명한 친구예요.

리그 네, 우리가 생각해봐야 할 것들에 대해서 많은 얘기를 해주죠.

바르다 모든 걸 내다 버리는 사람들이 참 멍청해 보인다고 일갈하죠. 걷는 모습이나 몸짓이 공격적이고 세상에 화가 난 듯해 보이지만, 동시에 유쾌하기도 하죠. 참 재미있는 친구예요. "나는 이 도시의 왕"이라고 말하기도 하고요. 꼭 도박사처럼요. 제대로 번역을 하기가 좀 어려운데, 그는 마치 도박장에서 테이블 위에 놓인 모든 걸 가져가는 그런 느낌이에요. 두 팔을 뻗어 칩을 다 쓸어 담아가는.
아무튼 저는 이 자그마한 다큐멘터리가 길어야 2주 정도 극장에 걸리고, 바로 다큐 전문 TV 채널로 갈 거라고 봤어요. 시도할 만한 영화라고는 생각했지만, 아무도 관심을 보이지 않을 거라 예상했죠.
그런데 갑자기 칸영화제 프랑스 영화 부문에 올라가 있는 거예요. 이 영화의 수상 리스트를 혹시 보셨나요? 믿기지가 않아요. 정말 많은 상을 받았어요. 70개 영화제에 출품됐고, 파리에서는 아직도 상영 중이죠! 극장에 걸린 지 48주에서 50주 정도 된 것 같아요.

저는 철학적이지도, 형이상학적이지도 않아요.
그럼에도 제 마음은 계속 활동하고,
제 작업은 마음속으로 흘러들죠.

리그 이 영화에서 제가 가장 좋아하는 장면들 가운데 하나에 대해 좀 여쭤볼게요. 길가 쓰레기 더미에서 바늘 없는 탁상시계를 하나 집으로 가져오셨잖아요. 그리고 그 시계를 장식장 위에 올려놓으셨죠. 같이 올려놓으셨던 게…….

바르다 고양이 인형 두 개.

리그 그렇죠, 고양이 인형. 그리고 그 뒤로 뭔가가 움직여요. 감독님의 얼굴이 움직이죠. 아주 매력적인 장면이에요. 어떻게 하신 거예요?

바르다 아주 간단해요. 길가에 버려져 있던 시계를 제 친구가 집어들었다 다시 내려놓길래 옆에 있던 제가 대신 집어 든 거죠. 집으로 가져와서 창가의 중국식 장식장에 올려놨어요. 그냥 대충 놓아두었는데도 아주 보기 좋았죠. 그래서 촬영을 좀 했어요. 그런데 말이 아이디어를 부르고, 아이디어가 말을 부르듯이 제가 이런 말을 했어요. "음, 흐르지 않네. 시간이 흐르

〈이삭 줍는 사람들과 나〉의 한 장면(2000)

지 않아. 그런데 나는 흐르잖아. 나는 멈춰 있지 않지." 이 말의 여파로 저는 진짜 물리적인 아이디어를 떠올렸어요. 시계가 움직이지 않는다. 시간도 흐르지 않는다. 그러나 나는 그 뒤로 흘러간다. 내가 시계 뒤로 지나간다. 그래서 제가 직접 뒤로 갔죠. 시계는 여전히 그대로 창문 앞에 있었고, 저는 창문 밖 테라스로 나간 거예요. 그리고 손자의 스케이트보드를 가져와서 올라탔어요. 스태프들 가운데 한 명이 천천히 보드를 밀었고요. 카메라는 집 안에서 스스로 작동 중이었죠. 이 경우는 단순한 말 몇 마디가 자연스레 아이디어를 불러온 좋은 예라 할 수 있어요. 말은 우리 마음에서 아주 중요한 역할을 한다고 생각해요.

마음속에선 늘 생각이 움트죠. 하지만 가벼운 생각들이에요. 저는 철학적이지도, 형이상학적이지도 않아요. 그럼에도 제 마음은 계속 활동하고, 제 작업은 마음속으로 흘러들죠. 이게 제가 생각하는 방식이에요. 시간이 지나가지 않는다. 하지만 나는 지나간다. 아주 간단하죠. 말도 되고요. 그렇죠?

리그   네, 동의해요. 감독님은 지금까지 오랜 기간 영향력 있는 영화들을 만들어오셨어요. 이제 이 영화로 2002년을 맞이하고 계시고요.

바르다   생각해보면 제가 만든 영화가 그리 많진 않아요. 너무 적죠. 어떤 사람들은 일 년에 한 편씩 만들기도 하니까요. 제가 그렇게 했다면 지금쯤 50편 정도는 만들었겠죠.

리그   그랬다면 지금처럼 감독님의 작품들이 흥미롭지는 않았을 것
       같기도 합니다. 어떠세요, 디지털 비디오카메라가 감독님을
       좀 자유롭게 해주었나요?

바르다   네, 이번 작업에 아주 적절했어요. 물론 다음 영화도 꼭 디지
       털로 하겠다고 말하는 건 아니에요. 하지만 그 자유로움 때문
       에 이번 영화가 성공적이었던 건 사실이에요. 사람들을 놀라
       게 하는 일 없이 다가설 필요가 있었거든요. 작은 카메라가
       도움이 됐죠. 저는 사람들 만나는 걸 좋아하기 때문에 직접
       나서요. 우리 사회의 모습을 제 눈으로 직접 목격하고픈 마
       음도 있고요. 그렇게 사람들에게 다가간 다음, 그들이 촬영에
       동의하면 스태프들과 함께 다시 찾아가요. 물론 영화에 나오
       는 걸 꺼리면 무리하게 시도하지 않아요. 그것만으로 충분한
       거죠.
       그리고 제가 제 모습을 스스로 찍은 숏들이 있어요. 촬영감독
       한테 부탁하지 않고 저 혼자서 찍은 거죠. 그러면서 저에게
       말해요. 마치 메모를 하듯이 혼잣말을 하죠. 제 자신을 촬영
       하면서 동시에 작은 카메라에 대고 말하는 거예요. 한 손으로
       카메라를 들고 제 다른 손을 찍을 때 하는 내레이션은 모두
       즉흥적인 거예요. 촬영하는 사람이면서 동시에 촬영 대상이
       되는 기분이 그리 나쁘지 않았어요. 재밌었어요. 글쎄, 뭐라
       고 설명해야 할까요. 한 손으로 다른 손을 찍는 기분을. 그런
       데 세상을 살아가다 보면 우린 주체가 되고 싶을 때도 있고,
       객체가 되고 싶을 때도 있어요. 우린 모든 걸 원하죠. 저는 그

두 가지 즐거움을 다 느꼈어요. 어쨌든 이 비디오카메라라는 자그마하지만 아주 좋은 도구였어요. 영상도 근사하게 나오고요. 그 숏들을 보셨나요?

리그   네, 봤어요.

바르다   제 고양이도 찍고, 책도 찍었죠. 커다란 스크린에 아주 근사하게 나왔어요. 화질도 좋고요.
기술적인 부분에 크게 의지하지 않아도 된다는 어떤 가능성을 보여주는 것 같아요. 물론 기술 스태프들도 함께하면 즐거운 사람들이긴 하지만요, 〈시몽 시네마의 101일 밤〉을 촬영할 때가 생각나는데, 현장에 50명의 사람들이 있었어요. 물론 50명의 사람들이 어우러져 함께 작업을 하는 것도 즐거운 일이죠. 그런데 어떻게 보면 한 사람의 예술가로서 개인적인 감정들, 그러니까 미세한 불안감, 어떤 미세한 떨림 같은 게 있거든요. 그렇게 많은 사람이 있는 공간에서 그런 세밀한 감정들을 조율한다는 게 결코 만만치 않은 일이긴 해요.

리그   다음 프로젝트는 무엇인가요?

바르다   꽤 긴 시간 이 영화와 동행해왔어요. 관객들과 만나 이야기도 나누고, 디지털 영상 작업에 대한 의견도 나누고요. 즐거운 시간이었죠. 하지만 모르겠어요, 정확히 모르겠어요. 더 이어가고 싶은지. 〈이삭 줍는 사람 2〉를 만들고 싶진 않아요. 〈이삭 줍는 자의 귀환〉이라든가…….

리그   50명의 기술 스태프가 있는 현장으로 돌아가고 싶으세요?

바르다   아뇨, 돌아가고 싶지 않아요.

리그   아주 화려하고 큰 규모의…….

바르다   저는 화려한 걸 원치 않아요. 화려한 것에 관심도 없고요. 저
는 제가 하는 작업을 좋아해요. 들판을 몇 시간 동안 걷고, 피
곤해하기도 하고, 이야기하고, 이런 것들을 좋아해요. 하지만
곧바로 다큐멘터리를 한 편 더 만들 것 같지는 않아요. 일이
어떻게 진행될지, 마음이 어디로 향할지는 지켜봐야 할 것 같
아요. 왜냐하면 저는 누군가의 제안을 받아서 영화를 만들지
않아요. 누군가 괜찮은 책을 한 권 들고 와서, 괜찮은 배우도
두어 명 섭외해놓았다며 패키지 제안을 내놓고, 그걸 검토해
보고…… 이런 식으로 영화를 만들지 않아요. 저는 영화란 어
딘가 알 수 없는 곳으로부터 와서 만들어져야 한다고 생각해
요. 제가 영화를 조금밖에 만들지 못한 이유도 이 때문이죠.

하나의 세계를 만드는 작업

누벨바그 계열의 베테랑 감독으로 명성이 높은 아녜스 바르다가 〈아녜스 바르다의 해변〉으로 다시금 영국 극장가를 찾는다. 자전적 다큐멘터리이자 영화적 에세이기도 한 바르다의 최신작은 그의 영화적 삶을 반추하는 서정적이면서 자유분방한 영화다.

파리에서 역사와 사진을 공부한 바르다는 1954년 첫 장편영화 〈라 푸엥트 쿠르트로의 여행〉을 세상에 내놓았다. 몇 년 뒤, 친구인 장 뤽 고다르의 도움으로 〈5시부터 7시까지의 클레오〉를 만들었다. 1962년부터 1990년까지 바르다는 동료 감독이자 뮤지컬 영화의 대가인 자크 드미와 부부로 연을 맺었고, 함께 몇 년간 프랑스와 할리우드를 오가며 영화들을 만들었다. 최근에는 다시금 자신의 시각 예술 본향으로 돌아가 카르티에현대미술재단이나 베네치아비엔날레 등에서 설치 작품들을 전시하기도 했다.

다채롭고 화려한 이력을 지닌 이 '작고 통통한 노숙녀'와의 인터뷰가 어

이 인터뷰는 2009년 10월 2일 발행된 〈일렉트릭 쉽Electric Sheep〉에 수록되었다. 인터뷰어 데이비드 워릭David Warwick은 배우로 TV 시리즈 〈닥터 후Doctor Who〉와 〈덴마크 왕자The Prince of Denmark〉 등에 출연했다.

떻게 진행될지 감이 잘 잡히지 않았지만, 어쨌든 나는 런던 홀본에 있는 작은 사무실에서 바르다를 만나 그의 최신작에 관해 이야기를 나눴다. 미국에서 배운 영어로 인터뷰를 진행한 바르다는 우아한 옷차림에 투톤으로 된 펑크스타일의 머리 모양을 하고 있었다. 범상치 않은 조합이었다. 그는 친근하면서도 동시에 존경을 표하고 싶은, 그런 대상이었다.

워릭   〈아녜스 바르다의 해변〉은 어디서 영감을 받으셨나요?

바르다   여든이 되면서 뭐랄까, 방점을 한 번 찍고 싶었어요. 뭔가 해야 한다고 생각했죠. 지나간 시간을 떠올리면 그냥 획 하고 지나간 것 같잖아요. 어릴 적엔 내가 여든이 되리라고는 상상도 못 했죠.

워릭   나이 든다는 게 마음에 들지 않았군요.

바르다   그랬죠. 기억나는 게, 어릴 땐 마흔쯤 된 사람만 봐도 꽤 나이가 많다고 생각했어요. 쉰은 그냥 끝인 것 같았죠! 생생히 기억해요. 나이 든 사람들은 관심의 대상이 아니었어요. 그리고 이렇게 생각했죠. "마흔다섯 살 넘어서까지 살고 싶진 않은데." 젊어서 죽는 게 뭔가 시적이라고 생각했어요.

워릭   영화에서 이렇게 말씀하시죠. 나이 든 모습의 자신을 떠올리면 기분이 좀 이상하다고요.

바르다 하하, 그래요. 근데 제 손주들이 저를 '마미타 펑크'라고 부르는 거 아세요? 꼭 무슨 스트리퍼 이름 같죠! 아주 마음에 들어요. 저는 제 자신이 여전히 농담을 즐기고 펑크적인 행동을 한다는 게 기뻐요. 대부분의 지면에선 영화의 첫 문장인 "나는 작고 통통한 노숙녀다"를 즐겨 인용하는데, 그다음 문장이 더 중요해요. "내가 좋아하는 건 타인들이다. 타인들이 나의 흥미를 끈다. 그들은 강한 호기심을 불러일으킨다." 이 부분이 영화가 말하고자 하는 핵심이에요. 영화 말미에 사람들이 제 생일 선물로 빗자루를 한 아름 안겨주죠. 저는 다음 날 의자에 앉아 그 많은 빗자루들을 바라보며 이런 생각을 해요. "어느새 어제 일어난 일이 됐어. 이미 지나간 일이지. 이미 필름으로 옮겨져 있고." 이어서 "내가 살아가는 이유를 난 잊지 않고 있어." 영화 만들기는 제게 하나의 살아가는 방법, 기억하는 방법이에요.

워릭 〈아네스 바르다의 해변〉은 어느 정도나 미리 시나리오로 쓰인 건가요? 즉흥적인 부분이 어느 정도인지 궁금합니다.

바르다 많은 부분이 미리 쓰였고, 계획돼 있었어요. 세트를 세운 것도 그렇고, 제 안뜰을 공개하기로 한 것도 미리 준비한 거죠. 센강에 보트를 띄운 것도 그렇고, 해변의 고래 역시 미리 준비하지 않으면 안 되죠. 그럼에도 늘 정해진 대로만 한 건 아니에요. 예를 들어 어릴 적 살던 집을 찾아갔을 때, 그 집에 살고 있는 주인 남자와 그의 아내를 만났죠. 남자는 기차 모형 수집가였어요. 그때 제 다큐멘터리스트 기질이 발동했죠. 멈출 수가 없었어요. 어디서 구했는지, 얼마나 주고 샀는지, 가치는 어느 정도 되는지, 질문을 이어갔죠. 이런 식으로 즉흥적으로 벌인 일들도 많아요. 기본적으로 준비는 되어 있었지만, 어떤 식으로 전개될지는 그냥 흐름에 맡겨두었죠.

워릭 내레이션도 궁금합니다.

바르다 내레이션은 대부분 촬영 전에 써놓았어요. 그래서 영화가 어떻게 진행될지는 대충 인지하고 있었죠. 하지만 때로 촬영 도중에 아이디어가 떠오르면, 바로 카메라에 대고 말하곤 했어요. 내레이션의 많은 부분이 촬영을 하면서 완성되거나 변경되곤 했죠. 왜냐하면, 촬영 당시 상황에 적절히 맞아야 했으니까요. 저는 언어유희도 좋아해요. 언어유희는 자연스레 이미지 유희로 이어지기도 하고요.

워릭 편집이 쉽지 않은 영화였을 것 같습니다.

바르다 맞아요. 시간도 오래 걸렸죠. 9개월 동안 편집했어요. 편집을 하면서 신경 썼던 건 영화가 자유로운 분위기를 견지했으면 하는 거였어요. 완성해놓고 보니, 자유분방한 느낌이 들었죠. 만족스러웠어요. 예를 들면, 안마당에 벌거벗은 커플이 등장하는 장면 같은 거요. 영화 중간에 갑자기 이 장면이 나오고, 그러다 바로 다른 이야기로 넘어가죠. 그런데 이 장면 때문에 영화 상영이 금지된 곳도 있다는 얘길 들었어요. 남자가 발기가 되어 있다는 이유로요. 영화 초반부 다른 장면에선 가짜로 발기 상태를 연출했었는데, 이 장면에선 진짜였죠. 아무튼 이것 때문에 금지가 됐어요. 이럴 줄 알았으면 둘 다 진짜로 갈걸 그랬어요. 물론 당시엔 생각도 못 했죠. 이미 늦은 거죠.

워릭   영화를 보면 새로운 디지털 기술에 찬사를 보내시는 것 같습니다.

바르다   찬사까지는 아니고, 그저 사용했을 뿐이죠.

워릭   그래도 상당히 인상적으로 느끼신 것 같습니다. 만족하시는 듯하고요.

바르다   네. 35밀리로 찍고 디지털카메라는 보조로 사용할 수도 있었지만, 편집 과정에서 많은 테크닉을 사용하리라는 걸 알고 있었기 때문에 그러지 않았어요. 35밀리로 찍었다면 상당히 애로사항이 많았을 거예요. 35밀리선 어떤 편집 테크닉이든 사용하려면 필름과 디지털을 여러 차례 오가야만 해요. 디지털을 사용하면 혹시나 미처 못 찍은 장면이 있다 하더라도, 카메라를 가지고 거리나 집 안뜰로 가서 필요한 걸 촬영하고 다시 돌아와 5분 정도면 영화에 넣을 수 있어요. 그렇기 때문에 아주 복잡한 영화나 콜라주에 크게 의지하는 영화 같은 경우엔 디지털이 유용한 도구라고 생각해요.

워릭 영화의 형식이 상당히 흥미롭습니다. 다양한 재료들과 스타일을 결합하셨죠.

바르다 네, 콜라주 기법이에요. 많은 예술가가 사용해온 기법인데, 라우션버그 같은 화가를 예로 들 수 있겠죠. 콜라주는 하나의 퍼즐이 되곤 해요. 거기서 진짜 인물이나 진짜 풍경을 발견해내야 하죠. 때론 아무것도 찾아낼 수 없는 콜라주를 구현하는 경우도 있어요. 그저 콜라주를 위한 콜라주인 거죠.

워릭 감독님은 〈아녜스 바르다의 해변〉을 그저 콜라주로서의 콜라주라고 정의하시나요?

바르다 아뇨. 정의 내리기가 어려워요. 저는 이 영화를 미확인 비행물체 정도로 간주해요. 비록 실제 인물들에 대해 이야기하고 있지만, 딱히 다큐멘터리에 속한다고 보기는 어렵기 때문이에요. 저의 삶을 이야기하니까 픽션 영화도 아니고요. 그렇다고 액션 영화도, 판타지 영화도, 스릴러 영화도 아니죠. 이 작품은 그저 저로부터 나온 영화예요. 하나의 영화적 사물. 저는 이렇게 봐요.

워릭 이 영화는 참 유용한 역사 수업이기도 합니다. 급진적인 인물들, 급진적인 사상들로 가득하죠.

바르다 많은 인물을 등장시키죠. 곰처럼 춤을 주는 해변의 알렉산더

콜더. 직접 찍은 피델 카스트로의 이미지들 그리고 중국에서 찍은 사진들. 제 삶의 일부와 20세기 후반부의 역사적 격변기가 서로 만나 뒤섞여요. 비록 저는 정당에 가입한 적도 없고 어디에 서명을 한 적도 없지만, 역사와 함께했고 이해하려 노력하죠.

워릭   영화에서 감독님은 1970년대에 자신이 성난 페미니스트가 된 과정을 설명해주셨습니다. 페미니즘을 위한 싸움이 현시점에서도 감독님께 중요한 부분인가요?

바르다   네. 여전히 중요하죠. 신문을 한번 보세요. 세계의 많은 지역에서 싸움은 이제 시작됐을 뿐이에요. 프랑스나 영국 그리고 교육이 잘 이루어진 일부 나라들에서는 변화가 있었죠. 물론 여전히 충분하진 않지만, 적어도 산아 제한 같은 개념은 공감을 얻고 적용되고 있죠. 다른 많은 나라들의 경우, 아직 갈 길이 멀긴 하지만요.
여성의 자유, 이 부분은 상당히 고무적이에요. 점점 더 많은 여성들이 영화를 만들고 있죠. 아주 뛰어난 감독들도 나오고 있고요. 예를 들면, 클레르 드니 같은 감독, 그의 작품은 환상적인 무언가를 다루면서도 삶에 기반하고 있어요. 영화들이 강하고, 힘이 있죠. 혹시 그 영화 보셨어요? 피로 가득한 그…….

워릭   〈트러블 에브리데이Trouble Everyday〉요?

바르다 네, 굉장하죠. 아주 힘이 있어요. 아주 파워풀한 감독이에요.

워릭 최근작 〈35 럼 샷35 Rhums〉은 어떠셨어요?

바르다 그 영화는 좀 특이했어요. 이해하기가 어렵죠. 그래도 흥미로 웠어요. 드니는 늘 사람들에게 관심을 기울이는 것 같아요. 특히 흑인들에게.

영화는 하나의 세계를 만드는 작업이에요.
그건 하나의 혼합된 세계죠.

워릭 영화에서 감독님은 처음 영화를 시작하셨을 당시를 회상하셨 죠. 그때는 그저 이미지와 언어를 함께 놓아두면 영화를 만들 수 있을 거라 생각하셨다고요.

바르다 네, 그땐 뭘 몰랐죠. 당연히 그것만으론 충분치 않아요. 영화 는 움직임도 중요하고, 편집이나 음악도 큰 부분을 차지하죠. 영화는 하나의 세계를 만드는 작업이에요. 그건 하나의 혼합 된 세계죠. 이 영화처럼, 이 영화의 첫 시퀀스처럼요. 거울들 을 배치한 해변 장면이었죠. 이 시퀀스에서 핵심은 바람이에 요. 제 스카프도 휘날리고, 제 몸도 휘청거리죠. 바람이 이 장 면을 보다 더 생생하게 만들어줬어요.

워릭 〈아녜스 바르다의 해변〉을 보면서 고다르의 〈영화의 역사

(들)Histoire(s) du cinéma〉를 잠시 떠올리기도 했는데요. 두 영화 모두 콜라주 기법을 쓰기 때문이 아닌가 싶습니다. 그리고 두 영화 모두 이 오래된 질문을 던지고 있죠. '영화란 무엇인가.'

바르다   네, 말씀하신 대로 '영화란 무엇인가'란 질문을 다루고 있어요. 그 이야기를 제가 발견한 구체적인 영화적 어법으로 들려주죠. 사실 영화 속에 담긴 것과 똑같은 내용을 여섯 시간 동안 말로 해줄 수도 있어요. 그 대신 저는 형태들을 발견해낸 거예요. 다섯 명의 남성들에게 그들 아버지의 모습을 보여주는 장면을 예로 들 수 있어요. 그들은 자신의 아버지를 한 번도 만난 적이 없어요. 저는 일종의 전시 형태로 16밀리 프로젝터와 스크린을 설치했어요. 그들은 각자 아버지의 이미지를 밤의 심연 속으로 밀어 보내야 하죠. 저는 그들에게 그저 사진을 보여줬을 수도 있어요. 하지만 사람들이 함께 나누고 느낄 수 있는 무언가를 발견한 거죠. 이건 하나의 장례 의식이라 할 수 있어요. 영화 곳곳에서 이런 식으로 무언가를 발견했어요. 때론 제 자신을 우스꽝스럽게 만들기도 했죠. 가짜 자동차를 만들어서 직접 주차를 시도하기도 했고요. 나이 여든에 이런 걸 하는 게 나름 재미있어요. 하는 저 자신도 즐겁고, 사람들과 제 손주들에게 보여주는 일도 즐겁고요.

워릭   영화 만들기를 중단하실 수도 있을까요?

바르다   포르투갈 영화감독, 마누엘 드 올리베이라는 지금 100세인데,

여전히 영화를 만들고 있어요. 물론 너무 나이가 드는 건 원치 않아요. 너무 고령은 끔찍해요. 몇몇 예외의 경우는 있겠지만요. 저는 끝까지 설치 예술을 해나갈 거예요. 그 안엔 영화도 포함되고요. 공간을 마련해 그 안에 뭔가를 짓고, 뭔가를 창조하는 거죠. 하지만 픽션 영화는, 글쎄요. 더는 힘들 것 같아요. 〈아녜스 바르다의 해변〉은 이미 하이브리드죠.

영화 만들기와
직관을 향한 애정

아녜스 바르다의 영화들에서 우리는 늘 아녜스 바르다를 만난다. 그의 현실, 그의 생각, 그의 목소리 그리고 그의 열정을 만난다. 〈라 푸앵트 쿠르트로의 여행〉〈5시부터 7시까지의 클레오〉〈행복〉〈방랑자〉 같은 바르다의 픽션 영화들은 훌륭한 페미니스트 작품들이면서 주제와 형식을 실험적 방식으로 다루는 프랑스 누벨바그 대표작의 전형을 보여준다. 그는 트뤼포와 고다르가 이끈 영화 운동의 선구자로 평가받고 있으며, 분위기나 스타일 측면에서 그의 영향은 명백해 보인다. 그럼에도 바르다는 탁월한 다큐멘터리 작가로서 가장 잘 알려져 있다. 이 방면의 재능은 논픽션 영화뿐만 아니라 픽션 영화에서도 적절히 발휘된다. 〈노래하는 여자, 노래하지 않는 여자〉 같은 극영화들에서도 당대의 모습을 다큐적 기법으로 담아낸다. 이 작품에선 1960년대와 1970년대 페미니스트 운동의 일면을 엿볼 수 있다. 또한 바르다의 남편이었던 고故 자크 드미의 생애를 그린 〈낭트의 자코〉와 배회하는 젊음을 그린 〈방랑자〉, 그리고 젊은 시절

이 인터뷰는 2009년 12월 5일 발행된 〈인디와이어Indiewire〉에 수록되었다. 인터뷰어 안드레아 마이어Andrea Meyer는 미국의 영화평론가이자 작가로 〈뉴욕포스트〉와 〈데일리뉴스〉 등 다양한 정기 간행물에 영화 칼럼을 싣고 있으며 여러 편의 소설을 발표하기도 했다.

사진가로서 연마한 테크닉을 활용한 〈오페라 무프 거리〉와 〈안녕, 쿠바인들〉 같은 놀라운 단편영화들에서 바르다의 재능은 더더욱 빛을 발한다.

가장 최근에 만든 다큐멘터리 영화 〈이삭 줍는 사람들과 나〉에서는 수확이 끝난 후 밀 이삭을 줍는 오래된 관행을 모티프 삼아 현대의 '줍는 이들'의 모습을 미니 DV 카메라로 포착한다. 이들은 우리가 버린 것들에 의지해 살아가는 굶주린 사람들이다. 바르다는 여기서 멈추지 않고, 그 자신처럼 이곳저곳에서 주운 이미지와 재료들을 가지고 무언가를 만들어내는 예술가들에게도 조명을 비춘다. 안드레아 마이어가 이 전설적인 감독을 만나 영화쓰기, 편집, 직관 그리고 관객들에 대해 이야기를 나눈다.

마이어   '(이삭)줍기'는 참 특이한 주제입니다. 어떤 연유로 다큐멘터리를 만들게 되셨는지 궁금합니다.

바르다   'gleaning(이삭줍기)'이란 말 자체가 잘 알려져 있지 않고, 거의 잊힌 상태죠. 과거의 단어예요. 그런데 거리에서 음식물을 줍는, 집어 드는 사람들을 보고 상당히 흥미를 느꼈어요. 그러다 떠오른 게 밀밭이었죠. 그곳 상황이 궁금했어요. 가보았더니 남아 있는 게 아무것도 없었죠. 그래서 감자밭으로 갔어요. 거기서 심장 모양의 하트 감자를 발견했죠. 기분이 꽤 좋았어요. 뭔가 제대로 작업을 진행하고 있다는 느낌을 받았죠.

마이어   감독님은 자기 자신을 영화 속에 드러내고, 자신의 감정들을 아낌없이 표현합니다. 이러한 접근 방식이 관객들에게 영향을 미쳐 관객들 스스로도 영화 속으로 감정이입을 하게 되는 것 같고요.

바르다 맞습니다. 그게 바로 제가 원하는 바예요. 사람들을 각각의 존재로서 참여시키기. 관객은 단지 한 무리가 아니에요. 제게 그들은 그저 '관객'이 아니라 100명, 300명, 500명의 사람들이에요. 누군가를 만나는 하나의 방법이죠. 저는 그들에게 저를 충분히 보여줘요. 그러면 그들도 제게 다가오죠. 제가 영화를 통해 소개해주는 사람들을 기꺼이 만나고요. 영화 속 그들은 기억에 남을 만한 사람들이에요. 독특하고 관대한 사람들이죠. 사회에 대해서도 많이 알고 있고요. 그렇게 날카롭지도 않고 인색하지도 않아요. 그럼에도 회색빛의 이름 없는 존재들이죠. 사회적으로 눈총을 받는 존재들이고요. 그런데 어떤 면에선, 그들이 우리 스스로를 부끄럽게 만들기도 해요. 부끄러워해야 할 사람은 그들이 아니라 우리들인 거죠. 저는 그들의 의견을 최대한 분명히 전달하려 노력했고, 이런저런 고통이나 먹고 사는 문제와 관련한 어려움들도 간과하지 않았어요. 외적인 모습도 최대한 근사하게 보이게끔 신경 썼고요. 사실 우리는 늘 과하게 먹어요. 모든 사람들이 다 마찬가지죠. 세계의 절반은 굶주리고 있음에도요.

마이어 영화 작업을 즐기면서 하시는 듯합니다.

바르다 그렇죠. 하지만 때로는 울컥해서 눈물을 흘리기도 해요. 이동 주택 구역에서 만난 한 사내의 상황은 참 마음이 아팠어요.

그는 직업도 잃고, 아내도 잃었죠. 아이들도 아내가 데리고 떠났고요. 저는 트레일러 안에서 그저 조용히, 상대방의 말에 귀 기울이며 제 자신을 최대한 작게, 제 존재감을 최소한으로 유지하고자 했어요. 마침 카메라도 아주 작은 녀석이었죠. 그가 들려주는 이야기의 흐름을 방해하지 않으려 노력했어요. 장터에서도 뭉클한 적이 있었죠. 한 할머니의 모습을 봤는데 고통스러웠어요. 허리를 굽히는 것조차 무척 힘겨워 보였죠. 힘겹게 음식 한 조각을 집어 올리고는, 또 다른 곳으로 가 다시 허리를 굽히는 거예요. 그런 곳에 그런 고령의 여성이 있다는 게 믿어지세요? 그는 계란을 찾는 듯했어요. 하지만 대부분 깨진 상태였죠. 결국 상자 하나를 발견했고, 깨지지 않은 달걀을 몇 알 손에 넣을 수 있었죠. 계란 하나 살 돈이 없는 거예요. 돈이 있었다면 계란 여섯 알을 얻으려고 반 시간 동안 그렇게 고생을 하지 않았겠죠. 마음이 너무 아팠어요.

마이어   어느 정도나 계획한 대로 촬영하신 건가요?

바르다   계획은 최소한이라고 봐야죠. 계획된 건 누군가를 만나야 한다는 사실이었죠. 일단 만남부터 이루어져야 하고, 이 작업만도 상당한 시간이 필요했죠. 줍는 사람 리스트를 가지고 있던 것도 아니었고요. 직접 찾아내야만 했죠.

마이어   줍기는 다른 여러 가지 것들의 메타포가 됩니다. 영화 만들기까지도요.

바르다   네. 영화 작업이 일종의 줍기인 건 사실이에요. 특히 다큐멘
터리는 더욱 그렇죠. 왜냐하면 발견을 하면 집어 올리니까요.
허리를 숙이고 호기심 가득한 눈으로 탐색을 하며 무언가를
발견하려 노력하죠. 하지만 비유는 거기까지예요. 남겨진 것
들을 그저 필름에 담는 건 아니니까요. 물론 사회가 이들을
주변부로 밀어놓는다는 점은 어느 정도 유사점이 있긴 한데,
좀 과한 비유죠.

직관에 따라 본능적으로 작업하는 게
예술가의 숙명이란 걸 이해했어요.
자기만의 느낌으로 최적의 장소에서
최적의 방식으로 최적의 이미지를 발견하는 거죠.

마이어   영화가 매력적인 또 다른 이유중 하나는 감독님의 다른 작품
들과 마찬가지로 등장인물들뿐만 아니라 감독님 자신에 관해
서도 많은 걸 엿볼 수 있다는 점입니다. 스스로를 직접 촬영
하셨죠. 손이라든가 얼굴 그리고 자택 천장의 곰팡이 핀 부분
까지도요.

바르다   손이 두 개니까 하나는 카메라를 들고, 다른 하나는 연기를
하는 거죠. 손으로 카메라를 들고 찍을 수 있다는 게 너무 마
음에 들어요. 굉장히 가볍고, 접사 촬영도 가능하죠. 사물에
아주 가까이 접근할 수 있어요. 그래서 한 손으로 다른 손을
찍는 게 가능했죠. 저는 손이라는 것 자체에도 매력을 느껴

요. 손은 줍는 이들의 도구일 뿐만 아니라 화가, 예술가의 도구이기도 하죠.

마이어 〈낭트의 자코〉에서도 거의 동일한 숏들을 발견할 수 있어요. 그 대상이 드미의 머리칼과 손이라는 차이밖에 없죠. 너무 아름다운 숏들이죠. 감정이 가득 스며든.

바르다 저는 제 영화를 만들 때, 어느 정도는 저의 자화상을 그린다는 생각으로 임해요. 한 관객이 제게 다가와 이렇게 말했죠. "무척 감동적이었어요. 드미의 모습을 담았던 오래전 그 숏들과 꼭 닮았죠. 그의 머리칼, 눈 그리고 팔. 이어서 그의 손. 작은 반지를 하나 끼고 있었죠."

그리고 이렇게 말을 이었어요. "오랜 세월이 흘렀지만, 마치 그의 손을 만져보는 그런 느낌이 들었어요." 이 얘기를 듣고 저는 눈물이 핑 돌았어요. 제가 미처 깨닫지 못한 부분이었거든요. 편집실에서 저는 최대한 영리하게 작업하려 해요. 하지만 촬영을 할 때는 최대한 본능적이 되려 하죠. 저의 직관을 따르려 해요. 생각들과 이미지들의 연상 작용, 연결 고리를 자연스레 따라가는 거죠. 하지만 편집을 할 땐 엄격하고, 체계적으로 작업하려 해요. 그래서 관객이 그 얘기를 해줬을 때 놀랐던 거예요. 그 생각을 한 번도 해본 적이 없었거든요. 그는 말했죠 "똑같은 숏을 찍으신 거예요."

저는 감정이 복받쳐서 울고 말았어요. 제 모습을 보고 그가 이렇게 말했죠. "마음을 아프게 할 생각은 없었어요." 저는 대답했어요. "아니에요, 아프지 않아요. 오히려 덕분에 기분이 좋아졌어요." 울긴 했지만, 드미와 어떤 식으로든 연결이 되었다는 느낌에 기분이 고양됐죠. 제가 직관적으로 작업한다는 사실이 다행스러웠어요. 왜냐하면 미리 계획하고 작업하는 식이었다면, 그리 마음에 들지 않았을 테니까요. 직관에 따라 본능적으로 작업하는 게 예술가의 숙명이란 걸 이해했어요. 자기만의 느낌으로 최적의 장소에서 최적의 방식으로 최적의 이미지를 발견하는 거죠.

마이어　영화에서 만날 수 있는 그 모든 흥미로운 여담들도 다 직관을 따르신 덕분이라고 볼 수 있겠죠.

바르다　재즈 공연 같은 거죠. 연주자들은 주제를 하나 택해요. 유명한 주제로요. 그리고 다 함께 연주를 하며 시작해요. 일종의 후렴구죠. 이어서 트럼펫 연주자가 나서서 솔로 연주를 시작해요. 처음엔 주제를 가지고 시작하지만, 즉흥적으로 다양한 멜로디를 들려주죠. 솔로를 마칠 즈음 다시 주제로 돌아와요. 그리고 다시 후렴구를 함께 연주하죠. 피아노가 주제를 가지고 솔로를 시작해요. 이어서 다른 연주자가 나서서 현란하게 솔로 연주를 하다가 다시 또 주제로 돌아오고, 이어서 후렴으로 가고요……. 제 여담도 이런 식이 아닌가 하는 느낌이 들어요. 자그마한 공상들, 제가 느끼는 것들, 제가 사랑하는 것들을 자유롭게 연주해보는 거죠. 그러다 다시 주제로 돌아오고요. 그곳엔 우리가 남긴 것들로 먹고 사는 사람들, 우리가 버린 것들로 연명하는 사람들이 있죠. 제가 '우리'라고 말한 이유는 바로 여러분. 그리고 저의 문제이기 때문이에요. 우리 모두의 문제죠.

마이어   이렇게 회고전을 갖는 게 감독님께는 어떤 의미로 다가오나요?

바르다   글쎄요, 모마the Museum of Modern Art. 뉴욕현대미술관에서도 회고전이 있었고, 미국 시네마테크에서도 있었고, 미니애폴리스의 워커아트센터에서도 한 차례 했었죠. 프랑스 시네마테크에서도 회고전이 있었고요. 글쎄요. 나이가 들다 보니 사람들이 제 영화들을 모아서 상영하기 시작하네요.

마이어   감독님의 영화들이 이 시대 사람들에게 무엇을 제공한다고 생각하세요?

바르다   글쎄요. 제 앞에 계신 분께서 알려주시죠.

마이어   그건 반칙이죠. 어떻게 생각하세요?

바르다   에너지라고 말하고 싶어요. 영화 만들기와 직관을 향한 애정. 한 여성으로서 직관에 따라 작업하고 보다 명민해지려 노력해요. 느낌과 직관의 흐름 속에서 무언가를 찾아내 기뻐하고, 의외의 장소에서 아름다움을 발견하고 바라보죠. 그리고 다른 한편으론, 구조적이고 체계적으로 작업에 임하려 하죠. 현

2010 과달라하라 영화 페스티벌에서 ©Oscar Delgado

명하게 대처하면서요. 또한 제가 믿는 '영화쓰기'에 기반을 두고 작업하고요. 단지 시나리오를 말하는 게 아니에요. 내레이션의 말들을 지칭하는 것도 아니고요. 이건 주제의 선택을 의미해요. 장소를 선택하고, 계절을 선택하는 일이죠. 스태프들을 선택하고, 숏들, 렌즈들 그리고 빛을 선택해요. 사람들, 배우들을 향한 태도를 선택해요. 그리고 편집과 음악, 음악가도 선택하고 음악의 질감도 선택하죠. 홍보 자료도 선택해요. 홍보 책자, 포스터도 선택하고요. 이렇게 손으로 직접, 핸드메이드로 영화를 만드는 것. 이게 제가 믿는 영화 만들기 작업이고, 저는 이걸 영화쓰기라고 불러요.

저에게 영화가 잘 만들어졌다는 건 잘 쓰였다는 걸 의미해요. 물론 훌륭한 시나리오를 누군가가 쓰고, 여기에 감독이 참여하고, 또 편집자도 참여하고 하면서 영화를 만들어가기도 해요. 그런 방식으로 만들어진 영화들 가운데 훌륭한 작품들도 많죠. 하지만 제가 영화를 만드는 방식은 달라요. 저는 모든 것에 책임지는 걸 선호해요. 결코 다른 누군가의 프로젝트를 맡아서 하지 않아요. 다른 누군가의 시나리오를 받아서 하지 않아요. 대단하진 않지만, 저는 제 작품을 해요. 믿음이 가는 영화, 감동을 주는 영화를 만들려 노력해요. 명민해지려 노력하고, 관객 역시 영화를 통해 지혜로워지기를 바라죠. 실제로 관객들을 만나면 그들이 지적인 사람들이라는 걸 알 수 있어요. 제게 멋진 질문들도 던지고, 영화 상영 후에 이런저런 이야기도 들려주는데, 개인적인 이야기도 거리낌 없이 하곤 해요. 영화에 참여하고자 하는 마음이 느껴져요.

감동을 받았다는 이야기도 하죠. 마음이 움직인다는 건 멋진 일이에요. 이건 흥행과는 아무 상관이 없어요. 물론 잘 되면 좋죠. 하지만 두 가지는 완전히 다른 사안이에요. 저는 영화가 일정한 역할을 하면 그걸로 충분히 흡족해요. 〈시몽 시네마의 101일 밤〉의 경우, 완전한 흥행 참패였죠. 하지만 사람들이 그 영화에 대해 이야기하고 좋아하는 모습을 보면 괜찮다 싶어요. 제 에너지를 감소시키지 않아요. 제 자신을 실패자로 여기게끔 만들지 않아요. 돌아보면 실패작도 있었고, 성공작도 있었죠.

마이어   이번 작품은 참 아름답습니다. 다들 좋아할 것 같습니다.

바르다   저는 다시금 길 위에 섰어요. 네, 길 위에 다시 두 발을 디딘 거죠. 자유…… 자유로워지려 해요. 다른 사람들이 추구하는 것들로부터. 성공으로부터. 뭐랄까요, 사소한 것들로부터 자유로워지고자 해요. 길 위에 서 있다는 게 아주 강렬하게 느껴져요. 비록 도시에 살고 있고 제겐 지붕도 있지만요.

마이어   '아름다운 지붕'이라고 첨언하겠습니다.

바르다   '썩은 지붕'이라고 저는 덧붙이겠어요. 하지만 수리를 하면 되죠. 생각해보니까 제가 천장을 보고 하나의 회화 작품이 될 수도 있겠다, 말한 장면이 있잖아요. 참 재미있지 않나요? 미술관에 가져다 놓으면 그게 감상할 대상이 된다는 거잖아요. 맞아요, 어떤 것도 예술이 될 수 있어요. 어떤 것도 아름다움이 될 수 있죠. 그러니 우리 이러지는 말아요. "이건 썩은 천장. 그리고 이건 미술관 작품." 물론 썩은 천장은 미간을 찌푸리게 하고, 물도 새죠. 톡, 톡, 톡 하고 바닥으로 물방울도 떨어져요. 하지만 왜 미술관에 가서 "타피에스 작품은 참 아름답네. 우리 집 천장을 생각하면 참……" 이래야 하는 거죠? 영화에서 저는 "우리 집 천장은 하나의 예술 작품이야"라고 말하죠. 이런 식으로 삶은—아름다움뿐만 아니라—즐거움, 재미, 놀이로 변모할 수 있어요. 그저 따분하기만 할 뿐인 곳에서 즐거움을 찾는 거예요. 부담이 되는 상황 속에서도 재미를 찾아내고요. 언제든 무언가를 다르게 보이도록 만들 수 있어요. 이건 나 자신을 우울하게 만들지 않으려는 일종의 보호장치예요. 살아가다 보면 큰 불행, 큰 고통이 찾아와요. 하지만 저는 보호를 받아요. 심지어 제 곁을 영영 떠난 이들조차 저를 보호해주는 것 같아요. 그러니 제겐 불평할 자격이 조금도 없죠.

다들 평화롭게
지내면 좋겠어요

보고 나면 모르는 사람이라도 꼭 안아주고픈 마음이 들게 하는 영화. 지하철에서 누군가에게 말을 걸고 대화를 나누고 싶게 하는 영화. 이런 영화를 마지막으로 본 게 언제였던가. 그의 최신작, 어쩌면 마지막일지도 모를 다큐멘터리 〈바르다가 사랑한 얼굴들〉(원제: 〈얼굴들, 마을들 Visages, Villages〉)을 만들기 위해 89세의 전설적인 프랑스 누벨바그 감독 아녜스 바르다는 34세의 거리 예술가 JR과 팀을 이뤄 그의 트레이드 마크인 즉석 사진 트럭을 타고 프랑스의 여러 마을을 방문한다. 사람들이 트럭 안으로 들어가 포즈를 취하면 잠시 뒤 트럭은 거대한 흑백 인물 사진을 출력한다. 그러면 JR과 그의 동료들은 사진을 건물 외벽에 붙인다. (JR은 이미 뉴욕에서 여러 프로젝트를 진행한 바 있다. 한편, 바르다와 함께 찍은 그의 인스타그램 사진들은 정말 귀엽다.)

모험에 나선 두 사람이 처음 만나는 인물은 어느 광산 마을의 허름한 주택에 사는 독신 여성이다. 작업이 완료된 후, 집 전면에 붙은 자신의 얼

이 인터뷰는 2017년 10월 발행된 〈벌처vulture〉에 수록되었다. 인터뷰어는 저널리스트 제이더 유안Jada Yuan이다.

굴을 마주한 이 여인은 감격에 겨워 눈물을 터트린다. 두 사람은 어느 부두 노동자 아내들의 모습도 사진에 담는다. 그리고 여러 층으로 쌓아 올린 커다란 운송용 철제 상자들에 세 사람의 전신사진을 나란히 붙인다. 이어서 부인들에게 자신의 대형 사진이 붙어 있는 상자들 중에서 심장이 위치할 법한 곳에 각자 들어가 앉게 한다. 그리고 새가 날갯짓을 하듯 팔을 펄럭여 달라고 청한다. 영화가 끝날 무렵 특이한 일이 생기기도 한다. 자신의 옛 친구 장 뤽 고다르의 집을 찾아갔을 때 친구는 유리창 위에 검은색 펜으로 짧은 메모만 남긴 채, 두 사람과의 만남을 거부한다. 일단은 여기까지만.

영화는 칸영화제 다큐멘터리 부문 최고상을 받았고, 토론토영화제에서는 다큐멘터리 관객상을 받았다. 올해는 아카데미 공로상(바르다의 표현대로라면 '위로상', '곁다리 오스카' 또는 '빈자의 오스카')을 수상할 예정이다. 그리고 어쩌면 이 영화로 아카데미상 후보에도 오를 수 있지 않을까 싶다. 요즘 같은 시대, 성희롱이나 핵전쟁이 임박했다는 식의 뉴스를 접하지 않고 휴대폰을 보기가 어려워진 이런 시대에 이 영화는 하나의 반가운 항생제다. 평범한 사람들의 사랑과 선의로 가득한. 바로 가서 보라. 보고 또 보라.

〈벌처〉가 바르다와 JR을 만났다. 그들의 여행, 고다르와는 무슨 일이 있었던 건지, 그리고 나이가 든다는 게 기억으로 가득 찬 백팩을 매고 다니는 것과 얼마나 유사한지에 대해 두 사람과 이야기를 나눴다.

유안 　　　Bonjour!(안녕!) 영화가 너무 마음에 들어요.

바르다 　　시작이 좋네요.

JR   고맙습니다.

바르다   실례지만, 성함이?

유안   제이더Jada.

JR   (프랑스어로 문자들을 하나하나 말하며) J, a, d, a.

바르다   (손가락으로 허공에 문자들을 써보며. 참고로 바르다는 안질환을
        앓고 있어 시력이 크게 저하된 상태다.) 꼭 영화 속 인물 이름 같
        네요. 제이더, 어디서 오신 거죠?

유안   〈뉴욕매거진〉이요.

바르다   아니요, 어디 출신이신지.

유안   아, 아버지가 중국인이세요. 이걸 물어보신 거겠죠?

바르다   오, 거긴 새로운 세계죠. 세계 곳곳에서 사람들이 오고, 새로
        운 부류의 사람들을 만들어내고, 전 이런 게 너무 좋아요. 제
        아버지는 그리스인이에요. 전쟁 중에 프랑스로 오셨죠. 어머
        니는 프랑스 사람이고요. 그래서 저는 프랑스인이긴 하지만,
        그리스인의 피도 흐르죠.

유안 저도 프랑스계 그리스인 지인들이 좀 있는데, 그 조합이 인기가 꽤 있는 것 같은데요? (JR에게) 어머! 선글라스를 벗으셨네요! 절대 안 벗는 줄 알았는데. 영화에서도 감독님이 위장막을 걷으라고 계속 놀려대시죠.

JR 가끔씩 감독님을 위해서 이렇게 해요. 비록 잘 볼 수는 없으시지만.

바르다 기자분께서 지금 카메라를 안 갖고 있어서 JR의 눈을 볼 수 있는 거예요. JR을 처음 만났을 때 우린 곧바로 친구가 됐어요. 제게 자기 눈을 거리낌 없이 보여줬죠. 카메라가 있으면 꽤 의식을 해요. 깜빡하는 일이 절대 없어요. 안경이 있었나 싶은데, 어느새 눈앞에 올라가 있죠.

유안 정말 그런가요, JR? 그렇게 의식을 하세요?

JR 한 번도 안경 안 쓴 모습을 외부에 보인 적이 없기 때문에 신경을 좀 쓰는 편이죠.

바르다 그래서 눈을 보여준다는 건 JR에겐 일종의 친밀감의 표시예요.

JR 그렇죠. 그런데 아주 가끔이에요.

유안 영화를 보면 처음에 두 분이 버스 정류장이나 나이트클럽에서 서로 엇갈리는 장면이 나오는데요. 실제로는 어떻게 만나셨고, 지금처럼 이렇게 친구 사이가 되신 건가요?

JR   일단, 감독님의 따님인 로잘리가 자리를 마련해줬어요. (로잘리는 이 영화의 제작도 담당했다.) 우린 서로 만난 적은 없지만, 서로의 작품을 알고는 있었어요. 로잘리 생각엔 두 사람이 한번 만나보면 좋겠다 싶었던 거죠. 그래서 감독님이 저를 자택으로 초대했고, 그 다음 날엔 제가 감독님을 제 스튜디오로 초대했죠. 지금 떠올려보면 일이 뭔가 정신없이 진행된 거 같은데, 아무튼 그 이후로 작업을 같이하기 시작했어요. 영화는 아니었고, 소규모 비디오 작업을 구상했어요. 그저 함께 뭔가를 하고 싶었어요. 그러다 결국은 영화를 만들어보자, 하는 아이디어로 이어졌고요.

바르다   작업을 구상하면서 서로 공유하는 부분이 있었어요. 다른 사람들을 향한 관심이었죠. 알려지지 않은, 유명하지 않은 사람들. 그래서 우린 평범한 사람들, 권력을 쥐고 있지 않은 사람들을 만나기로 했어요. 어느 마을에서나 어렵지 않게 만나볼 수 있는 사람들이죠. JR은 도시 예술가잖아요. 그래서 제가 이렇게 얘기했어요. "내가 자네 삶의 뭔가를 바꿔주겠어. 같이 시골로 가자고." JR은 그때까지 한 번도 상하이나 홍콩 같은 대도시를 벗어나 작업한 적이 없었어요.

JR   정말 제 삶을 바꿔놓으셨어요. 그저 길을 따라가다가 작은 마을에 불쑥 들르는 게 참 흥미로웠어요. 평소 같으면 그냥 지나칠 곳들이죠. 외국에서는 여러 곳을 다녔지만, 제 모국인 프랑스에선 한 번도 그래본 적이 없었거든요.

유안 　두 분의 나이 차가 관심의 대상이기도 한데요. 공통분모가 뭐라고 생각하세요? 좋은 친구가 된 특별한 이유가 있을까요?

바르다 　제 눈에 띄었던 건 JR이 저보다 빨리 걷는다는 것. 그리고 비계에 올라갈 수 있다는 것 정도예요. 제가 더 이상 할 수 없는 신체적 활동을 JR은 할 수 있죠. 나이가 뭐 그리 중요한지 모르겠어요. 나이는 JR을 불편하게 하지도 않고, 저를 불편하게 하지도 않죠. 저는 JR 나이의 손주들도 있어요. 아주 잘 지내죠.

JR 　우린 서로 나이 차가 난다는 사실조차 느끼지 못했어요.

바르다 　JR이 노화에 대해서 궁금해하는 게 느껴질 때는 있었죠. 그래서 안과에서 치료를 받을 때 촬영하는 걸 허락했어요. 내가 글자를 잘 읽지 못할 때도 JR이 관심을 보이곤 했고요.

(JR이 바르다의 취향에 딱 맞게 티백을 1, 2초만 담근 뒤 차를 따른다. 그리고 잔을 바르다 앞으로 가져간다. 그는 잔을 또렷이 볼 수 없다.)

JR   차 드세요.

바르다   Pour elle ou pour moi?(기자분? 아니면 나?)

JR   감독님이요.

바르다   아, 쿠키도 있네! 안 쳐다봐야지. (그럼에도 하나를 집어 든다.)

JR   (슬픈 표정을 지으며) 그건 내가 제일 좋아하는 쿠키잖아요. (바르다는 장난스러운 미소를 지으며 쿠키를 먹는다.)

유안   두 분은 참 사이가 좋아 보이는데요. 함께 다니시면서 서로에게 좀 거슬리는 부분은 없으셨어요?

JR   재미있는 게, 우리 같은 경우는 서로에 대해 알아가기 전에 바로 협업에 들어갔죠.

바르다   나는 JR의 트럭이 너무 마음에 들었어요. 정말 대단하죠. 사람들이 들어가서 사진을 찍으면 곧바로 트럭 측면부에서 커다란 사진이 나와요. 거의 마술 같죠.

JR   사실 감독님은 이전까지 한 번도 공동 연출을 해보신 적이 없어요. 그래서 우리 모두에게 아주 새로운 경험이었죠. 하지만 우린 개의치 않았어요. 영화를 만든다는 부담도 느끼지 않았고요. 우린 그저 "자, 가서 촬영해보죠!"라고 말했어요. "영화를 만들어보죠"라고 하는 대신요.

바르다   마을을 찾아가서 무작위로 사람들을 만났어요. 마을의 중심은 사람들이라고 판단했죠. 시간을 들여 그들의 이야기를 들었어요. 불편한 마음이 들지 않게 배려했고요. 그런 후에 이제 우리가 하려는 게임에 동참해주기를 부탁했죠. 이렇게 말하면서요. "이게 우리가 하고자 하는 거예요. 아이디어가 마음에 드세요? 본인 사진을 붙여도 괜찮으시겠어요?" 우리의 아이디어에 호응해주기를 바랐죠. 큰 항구에서 했던 작업이 생각나네요.

JR   화물 선착장이었죠. 감독님이 '남자들의 마을'이라고 부른 그곳에서 노동자의 아내들을 섭외해 사진을 찍었고, 5층 높이로 쌓아 올린 화물 컨테이너에 그들의 사진을 붙였죠.

바르다   정말 남성들의 공간이었어요. 그래서 저는 페미니스트로서 이렇게 말했어요. "저기요, 난 여러분 아내분들을 좀 만나보고 싶은데 말이죠." 작업의 방향을 이렇게 잡으면서 그들도 이제 우리를 돕는 상황이 된 거죠. 결국 거대한 아내들, 거대한 여성들이 마치 토템처럼 선착장에 등장하게 됐고요. JR 역시 이런 사내들, 아주 정력적이고 강인한 사내들을 어떻게 대해야 작업에 도움이 되는지 알고 있었어요. 그래서 JR은 자신의 방식으로, 저는 또 저만의 페미니스트적인 방식으로 접근을 한 거죠.

유안   여행은 총 얼마나 걸렸나요?

JR   꽤 오래 걸렸죠. 처음엔 짧은 여행이 될 거라 생각했지만, 아
        니었어요. 총 18개월이 걸렸어요. 그래서 제작비 조달이 여의
        치 않았죠. 영화가 될 거라고 생각하면서 시작한 작업이 아니
        었거든요. 우린 그저 "여행을 하려면 돈이 좀 필요한데." 이런
        식으로 생각했죠.

유안   지금 조달은 전혀 안 됐나요?

JR   되긴 했는데, 아주 적었죠.

바르다   내레이션 같은 경우는, 차 안에서 아이폰으로 녹음을 했어요.
        (접시에서 쿠키 하나를 집어 든다.)

JR   안 돼요! 벌써 두 개째예요.

바르다   뭐가?

JR   Le Gateau.(케이크.)

바르다   먹으면 안 되겠지? 그럼 우리 반 나눠 먹을까?

JR   그래요. 저도 먹고 싶어요.

유안   두 분 함께 여행하실 때, 늘 이런 분위기인 건가요?

JR   감독님 드시는 건 제가 체크를 좀 하죠.

바르다   내가 설탕을 먹으면 안 되거든요. 그래서 이 친구가 깐깐하게 구는 거예요.

JR   그리고 감독님은 티백도 딱 1초 정도만 넣었다 빼서 드시죠. 아주 정확해요.

바르다   몇 달을 같이 지내다 보니, 나에 대해서 이런저런 것들을 좀 알게 됐죠.

JR   그보다는 좀 더 많이 알죠.

저는 시간 가는 걸 즐기는 편이에요.
시간과 친구 사이가 되는 건 특권이라고 생각해요.

유안   아무래도 중간중간 쉬는 시간, 기다리는 시간이 많았을 것 같아요. 예를 들어 선착장의 경우, 화물 상자들을 쌓아 올리길 기다리는 데만도 한나절이 걸린 것처럼 보이던데요.

바르다   저는 시간 가는 걸 즐기는 편이에요. 시간과 친구 사이가 되는 건 특권이라고 생각해요. 그래서 이런저런 이유로 기다려야 했어도 한 번도 길게 느껴지지 않았어요.

JR   우린 낮잠 자는 것도 좋아해요.

바르다   선착장에 그 상자들을 쌓는 걸 보고 있는데, 마치 누군가 거대한 레고 블록을 가지고 노는 모습을 구경하는 아이가 된 기분이었어요.

유안   JR이 이런 얘기를 했더군요. 감독님이 한밤중에 화상 전화를 걸어오신다고요. 사실인가요?

JR   네.

바르다   그게 그러니까, 이따금씩 잠에서 깨고 다시 잠이 들지 못할 때, 내레이션 편집을 어떻게 할까 하는 생각을 한 거예요. 그리고 그 아이디어를 잊어버릴까 봐 메모해놓기도 하고, 가끔은 JR한테 보내기도 한 거죠. 아무튼 그걸 갖고 자기를 깨웠다고 하는데, 사실 JR은 잠을 거의 안 자요. 그러니 깨운 것도 아니지.

유안   화상 전화도 거셨다고 하는데요.

바르다 몇 번 안 했어요. 그건 이 친구가 자주 하지.

JR 아니죠! 화상 전화 엄청 하시잖아요. 사진도 찍어놨어요. 물론 머리 끝부분만 보이긴 하지만.

바르다 나는 화상 전화 어떻게 하는지도 몰라.

JR 나는 알죠. 바로 그게 이유예요.

바르다 JR, 네가 늘 화상 전화로 걸어오잖아.

JR 아뇨. 감독님이 제게 자주 걸어오죠.

바르다 아니, tu te tromp.(그렇지 않아.)

JR 아니, 정말 농담이 아니고, 감독님이 마지막 통화를 다시 눌러서 그런 거예요. 그래서 늘 화상 통화가 되는 거죠.

바르다 이 친구는 인터넷 세대죠. 난 아니고.

JR 잘하시잖아요. 스카이프도 쓰실 줄 알면서.

바르다 그렇긴 하지. 다른 할머니들보다는 잘하는 거겠지.

저는 누군가를 사랑하면
제 삶에서 단번에 내치지 못해요.
사랑은 쉽게 열고 닫을 수 있는 게 아니잖아요.

유안   영화 말미에 보면, 두 분이 장 뤽 고다르를 찾아가는 장면이
나옵니다. 현관 벨을 누르지만 아무 반응이 없고, 대신 유리
창에 써놓은 메모만 눈에 띌 뿐이죠. 결국 방문을 허락하지
않겠다는 의미였는데요. 감독님은 그 메모를 보시고 상당히
감정에 복받치셨어요. 그 메모는, 제가 이해하기론 남편이셨
던 자크 드미와 관련이 있는 내용이었죠. 어떤 일이 있었던
건지 얘기를 좀 해주시겠어요?

바르다   JR이 일전에 고다르를 만나보고 싶다는 얘기를 한 적이 있어요.
절 부러워하면서요. 친구를 또 다른 친구에게 소개해주고 싶은
건 자연스러운 일이잖아요. 그래서 JR과 함께 고다르를 찾아가
보는 것도 괜찮을 것 같았어요. 저도 최근엔 못 봤으니까요. 우
린 4, 5년에 한 번 정도 만나는 편이에요. 로잘리가 연락을 취했
고, 고다르가 날짜를 알려줬어요. 언제 오라고.

JR   고다르는 집에 있었죠.

바르다   원래는 열한 시 반 약속이었어요. 아침에 기차를 타고 가면
되겠구나, 생각했죠. 그런데 로잘리에게 전화를 해서 아홉 시
반이 좋겠다고 했다는 거예요. 약속 시간을 변경한 거죠. 그

래서 우리는 전날 밤에 미리 가서 호텔에서 하룻밤을 묵었어요. 그리고 아홉 시 이십오 분에 집 앞에 도착했죠. 그리고 예상치 못한 일이 벌어진 거예요. 너무 뜻밖의 일이었고, 그대로 영화의 일부가 되었죠. 저는 눈물까지 흘렸어요. 우린 이 상황을 다 영화에 담기로 했어요. 그때까지 영화는 모든 게 아주 순조로웠고, 아주 사랑스러웠어요. 그러다 벽에 부딪힌 거죠. 모든 걸 그대로 진솔하게 보여주는 게 좋을 것 같았어요. 살다 보면 이런 일을 한두 번쯤은 겪잖아요. 더 많이 겪을 수도 있고…… JR은 한 번쯤 겪어봤어요? 아닌가?

JR 음…… 그렇죠.

바르다 워낙 행복한 친구라…….

JR (웃으며) 아니에요. 당연히 누구나 겪을 수 있는 일이죠. 하지만 그날은 정말 예상치 못한 상황이었어요.

바르다 제가 마음이 아팠던 건 자크 드미와 관련이 있어서였어요. 드미는 제가 지금도 그리워하고 여전히 사랑하는 사람이에요. 고다르가 드미와 관련이 있는 언급을 했기 때문에 아주 크게 상처를 받았던 거죠. 하지만 계속 그 상태로 있을 순 없었어요. 진정할 필요가 있었죠. 우린 호숫가로 가서 마음을 다스렸어요. 그리고 JR이 제게 뭔가를 설명해줬어요. 얘기를 듣고 나서 저도 동의하게 됐고요. 그걸 이해한 걸 보면 이 친구는 참 영리해요. 고다르는 나름의 방식으로 시나리오를 쓴 거예요. 영화에 뭔가를 추가한 거죠. 어쩌면 만난 것보다 더 나은지도 몰라요.

유안   그 이후로 고다르와 이야기를 나눠보셨나요? 이 영화를 봤을까요?

바르다   DVD를 보냈는데, 답이 없네요. 고다르는 워낙 독특한 사람이에요. 우린 아주 친하게 지냈죠. 젊은 시절에요. 그러다 서른이 되고, 마흔이 되고 하면서 그는 변했어요. 정치적인 영화들을 만들기 시작했어요. 드미와 나는 미국으로 갔고요. 그렇게 연락이 끊긴 거죠. 그래도 여기저기서 마주치긴 했어요. 파리에서 영화를 상영하면 저도 가서 보고, 잠깐 만나기도 했죠. 제 영화 〈이삭 줍는 사람들과 나〉를 마음에 들어 한다는 얘기도 전해 들었고요. 아무튼 그날은 전혀 예상치 못한 일이 일어났지만, 영화적으로는 뭔가 역할을 한 듯해요. 혹시 그 장면이 마음에 드셨나요?

유안   저는 감독님이 워낙 감정이 복받치셔서 고다르에 대해 상당히 격노하실 걸로 생각했는데, 뭐랄까요. '그럼에도 그에 대한 애정은 변함없다' 이런 느낌이었어요. 상당히 관대한 모습을 보이셨죠.

바르다   글쎄요, 저는 누군가를 사랑하면 제 삶에서 단번에 내치지 못해요. 사랑은 쉽게 열고 닫을 수 있는 게 아니잖아요. 드미와 다 같이 어울리던 시절을 기억해요. 휴가도 같이 가고, 함께 즐거운 시간을 보냈어요. 그걸 지워낼 순 없어요. 그리고 저는 작가로서의 그를 존경해요. 영화를 재창조한 대단한 인물이죠. 구도자이기도 하고요. 철학적인 영화감독이고, 세계적으로도 아주 드문 존재죠. 유일무이해요. 그의 영화사적 위치를 존중해요. 하지만 이런 사실들이 그를 정감 있는 사람으로 만들어주진 못해요. 아무 상관이 없죠. 영화감독으로서는 여전히 존경의 마음을 갖고 있지만, 사람으로서, 친구로서는, 글쎄요. 이제 다 연소됐다고 봐야겠죠.

유안   이 작품이 마지막 영화가 될 수도 있다는 얘기가 있던데요.

바르다   극장에서 볼 수 있는 제 마지막 영화인 건 확실해요. 지난 10년 간 해온 미술관이나 갤러리에서의 비디오 설치·전시 작업이 지금 상황에서는 제 능력치에 부합해요. TV 방송용으로 뭔가를 만들면 먼저 10분 동안 광고를 내보내고 방영, 그리고 사라지죠. 극장용 영화의 경우는, 적어도 프랑스에서는 매주 수요일마다 스무 편의 신작 영화가 나와요. 홍보를 엄청나게 해야 하죠. 결코 지루한 일은 아니지만, 삶에서 반년의 시간을 내줘야 하죠.

유안   영화 만들 시간까지 빼앗아가기도 하죠.

바르다   골치 아픈 일이죠. 그럼에도 우린 해요. 즐기기까지 하죠. 왜
냐하면 우린 언제든 즐길 능력이 있으니까요. 적어도 그건 좋
은 점이에요. 우린 서로에게 결코 지루해하지 않아요. 지금까
지는 그래요. 나쁘지 않아요. 그럼에도 제가 말하고자 하는
건 관객들을 극장으로 오게 하기 위해 우리가 해야 할 일들,
꼭 필요한 그 일, 6개월이나 걸리는 그 일을 저는 이제 더 이
상 하고 싶지 않다는 거예요.

만일 영화를 만든다면 실험적인 작품을 하거나 아니면 TV에
서 방영이 될 거예요. 박스 오피스 쪽으로 가고 싶진 않아요.
파리에서 수요일에 영화를 개봉하면 아침 열 시부터 시작이
에요. 아침 열 시에 사람들이 몇 명이나 오는지 세기 시작하
죠. 그리고 첫날 몇 명이 오는지 세고, 첫 주에 몇 명이 들어
오는지 계산하죠. 배급업자들부터 해서 모두들 숫자에 집중
해요. 세상은 여기에 동의하는 것 같아요. 괜찮다고 생각하는
것 같아요. 다 잘 돌아가는 것 같아요. 하지만 제 삶은 숫자들
에 의해 좌지우지될 수 없어요. 관객의 사랑은 원하지만, 박
스 오피스는 원치 않아요.

유안   궁금한 게 하나 있는데, 혹시 옷에 맞춰서 머리색을 바꾸신
건가요? 영화에서보다 좀 더 붉어진 것 같아서요.

바르다   비행기에서 누군가 제게 물어본 적이 있어요. "옷 색깔이 바
뀔 때마다 머리색을 바꾸시는 건가요?" 그래서 그랬죠. "네,
맞아요. 보라색 옷을 입으면 머리도 보라색으로 하죠." 그분

이 웃더군요. 아뇨. 사실 그렇진 않고요. 저는 어두운 빨강, 옅은 빨강, 자주색 조합을 좋아해요. 색깔 자체를 참 좋아해요. 아주 관찰자적인 삶이죠. 색채도 관찰하고, 사람들의 몸짓도 관찰하고요. 다큐멘터리를 만드는 방법이기도 해요. 관찰하고, 주의를 기울이고.

유안   그 기발한 장면은 어떻게 탄생한 건가요? 사람들이 계단에 서서 커다란 글자 모형을 들고 있는. 시력검사하는 장면요.

바르다   저는 자주 시력검사를 해야 해요. 항상 그렇게 문자표로 시작하죠.

JR   감독님이 어떻게 보시는지 이해하고 싶었어요. 머릿속 진행 상황이 궁금했죠.

바르다   JR이 글자를 아주 크게 만들었어요. 재밌었어요. 두 달에 한 번씩 검사를 받는데, 따분하기 이를 데 없는 일이죠. 그런데 그걸 게임처럼 만들었어요. 우린 계단 위 사람들에게 말했죠. "움직여주세요." 왜냐하면 저한텐 글자들이 흐릿하기도 하고 좀 흔들려 보이거든요. 아주 즐거웠어요.

JR   그 사람들은 우리 친구들이고 지인들이었어요. 즐거운 놀이이기도 했지만, 감독님이 수년간 알고 지내던 가까운 사람들에게 내가 보는 세상은 이렇다 하는 걸 설명해주는 시간이기도 했죠.

바르다   JR 덕분에 저의 질환을 한걸음 옆으로 물러서서 대할 수 있었어요. 우리는 언제든 모든 것에서 아이디어, 즐거움 그리고 유머를 찾을 수 있어요. 물론, 내 눈에는 문제가 있어요. 그럼에도 그 놀이는 즐겁게 할 수 있는 거죠. 저는 두세 달에 한 번씩 병원에 가서 눈에 주사를 맞는데, 병원에 가는 날 JR이 그 모습을 촬영하고 싶어 했어요. 그래서 이렇게 말했죠. "안 될 게 뭐 있어, 촬영해." 우린 부뉴엘 영화를 떠올렸어요. 〈안달루시아의 개Un chien Andalou〉. 부뉴엘의 그 불쾌한 장면과 비교하면 저의 가벼운 주사는 아무것도 아니죠. 관점의 변화를 가져다준 셈이죠.

유안   그렇죠.

바르다   질병을 앓고 있는 모든 사람이 관점을 바꾼다면 그로부터 파생되는 것들을 즐길 수 있어요. 삶을 즐길 수 있죠. 아니면 웃거나, 아니면 미소라도 지을 수 있어요. JR은 자신의 방식으로 저를 도왔고, 그 덕분에 저는 제가 겪는 이 자잘한 일들을 미소와 함께 대할 수 있게 된 거죠. 나이가 든다는 건 흥미로운 일이에요. 전 정말 좋아해요. 어떻게 생각하실지 모르겠지만, 정말 좋아요.

유안   저는 나이 드는 거 별로 안 좋아해요.

바르다   많은 사람이 나이 드는 걸 두려워하죠. 청년이든 중년이든 다
        들 두려워해요. "아, 이제 끝이다" 하면서요. 저는 제가 살아
        온 삶, 제가 사랑한 모든 것을 떠올리면 참 흥미로워요. 마치
        기억들, 그리고 내가 만난 사람들의 추억들로 가득한 백팩 같
        아요. 물론 일부는 잊었겠지만, 뭐 그것도 괜찮죠.

사실 세상은 엉망이에요.
하지만 외면할 수 없죠.
엉망인 상태를 직시해야 해요.

유안   이제 마무리하라고 계속 신호를 보내네요. 마지막으로 하나
        만 더 여쭤볼게요. 혹시 자신의 사진을 벽에 붙이는 것에 대
        해서 부정적으로 반응한 사람도 있었나요?

JR   커피숍 그 여성분······.

바르다   아니, 그렇지 않아. 그분은 좋다고 동의했어요. 단지 그렇게
        큰 사진일 줄은 몰랐었고, 그래서 좀 부끄러워한 거죠. 그런
        데 사람들도 보기 좋다고 칭찬의 말을 해주고, 아들딸도 좋아
        하니까 그분도 만족해했죠. 혹시 〈이삭 줍는 사람들과 나〉라
        고 들어보셨나요?

유안   네.

바르다 그 영화를 보고 누군가 제게 이렇게 말했어요. "주제가 무겁네요. 우리가 버리는 것들을 먹고 사는 사람들의 이야기…… 삶의 고달픔으로 가득한 영화더군요." 그래서 제가 그랬죠. "사실 세상은 엉망이에요. 하지만 외면할 수 없죠. 엉망인 상태를 직시해야 해요." 그리고 이번엔 엉망인 상황 대신, 평범한 사람들의 소박한 모습을 바라보죠. 이 영화엔 드라마가 없어요. 물론 화학 공장에서 일하는 건 힘든 일이에요. 그래서 우린 그들과 어울리며 즐거운 시간을 보내고, 희망의 사진을 찍어 선물해주고 싶었어요. 그들이 함께하는 모습이 보기 좋았어요. 우리 역시 그들과 함께한다는 걸 말해주고 싶었고요. 그들도 흡족해하는 것 같았죠. 글쎄요. 이번 일들이 그들의 삶을 변화시켰는지는 모르겠어요. 여전히 공장엔 매일 갈 테니까요.

유안 그래도 그들을 미소 짓게 해주셨죠.

바르다 하지만 이렇게 얘기했어요. "그래도 일주일간 즐거웠네요." 한 여성은 이렇게 말했죠. "제 삶에서 그나마 나은 3일간이었어요."

유안 다음 인터뷰 팀이 밖에서 들어올 준비를 하고 있어서 전 이만 물러나야 할 것 같아요.

바르다 하나만 물어볼게요. 처음 시작할 때 영화가 마음에 든다고 하셨는데, 어떤 점이 좋으셨어요?

유안   음…… 마음이 충만해지는 느낌이었어요. 웃기도 하고 울기도 하고요. 인간적인 아름다움을 만끽할 수 있는 영화였어요. 미국에서는 도시와 시골 지역 사이에 관점의 차이가 아주 크거든요.

바르다   그 차이에 늘 그렇게 초점을 맞출 필요가 있을까요? 다들 평화롭게 지내면 좋겠어요. 이 영화의 테마는 '함께하기'예요. 그 느낌이 관객들에게 잘 전달되기를 바라는 마음이에요. 가끔은 이런 영화를 보는 것도 괜찮죠. 드라마도 없고, 사건도 없고, 범죄도 없고, 총도 없고, 정치도 없는 영화. 이런 영화를 만들고 싶었어요. (내게 키스를 보내는 몸짓을 하며) 남은 하루 잘 마무리하세요.

〈아무도 모르게〉 촬영 현장에서 제인 버킨과 아녜스 바르다(1988)

아네스 바르다, 아티스트

오세인

왠지 아네스 바르다에겐 영화감독이라는 호칭은 조금 부족해 보인다. 26세에 첫 영화를 만들기 전까지 바르다는 이름난 사진가였다. 이후 60년이 넘는 기간 동안 다양한 형식과 내용의 영화들을 만들었다. 그리고 2019년 삶을 마무리하기 전까지 설치/전시 작가로서도 왕성하게 활동했다. 90세의 나이에 세상을 떠났음에도 우리는 그의 죽음을 갑작스럽게 느꼈고 많이 아쉬워했다. 왜일까. 그건 아마도 바르다가 늘 현재진행형이었고, 늘 자기표현을 멈추지 않았기 때문이리라. 아티스트. 아네스 바르다에게 가장 잘 어울리는 호칭이 아닐까 싶다.

문학과 심리학을 공부하고, 이어서 미술사와 사진을 공부한 바르다는 전혀 경험해보지 않았던 영화에 문득 도전한다. 사진가로서 확고하게 자리를 잡은 상황이었다. 더구나 그 무렵까지 그가 본 영화는 고작 열 편 남짓이었다. 픽션과 다큐를 바르다만의 방식으로 결합한 첫 영화 〈라 푸앵트 쿠르트로의 여행〉은 1954년 그렇게 세상에 나왔고, 그로부터 몇 년 뒤 시작되는 '누벨바그' 영화 운동의 신호탄이 된다. 이후 바르다를 평생 따라다니게 되는 '누벨바그의 대모'라는 수식어 역시 이즈음 만들어진다.

두 번째 장편을 만들기까지 7년의 시간이 필요했다. 물론 그사이 몇몇 단편영화들을 만들긴 했지만, 그리 순탄치 않은 여정이었다. 〈5시부터 7시까지의 클레오〉는 바르다의 핵심 테마들이 담긴 대표작 가운데 하나다. 삶에서 발견하는 여러 모순들, 주체적 여성으로서의 자각, 그리고 다큐적 어법이 담긴 픽션까지 앞으로 펼쳐질 바르다 영화 세계의 진정한 출발이라 할 수 있다. 3년 뒤 매혹적 문제작 〈행복〉을 만들고, 1960년대 후반 미국으로 건너가 〈라이온의 사랑〉을 만들기까지 바르다는 정치적 성향의 영화들을 포함해 여러 상이한 스타일의 장편과 단편 작품들을 꾸준히 발표한다.

바르다는 평생에 걸쳐 자기 마음이 가리키는 곳을 향해 나아가는 아티스트였다. 지금 내가 관심이 가는 대상을 내가 하고 싶은 방식으로 표현한다. 그럼에도 바르다는 자신의 영화를 보는 관객들을 도외시하지 않았다. 최대한 많은 관객과 만날 수 있기를 바라는 마음이었다. 그래서 〈노래하는 여자, 노래하지 않는 여자〉의 성공에는 무척 흡족한 모습을 보이기도 하고 〈이삭 줍는 사람들과 나〉의 예상치 못한 관심에는 자못 놀라기도 한다.

〈이삭 줍는 사람들과 나〉는 거리에서 무언가를 주워 생활해나가는 사람들의 이야기를 들려준다. 〈방랑자〉는 집도 없이 떠도는 무일푼 소녀, 모나의 이야기다. 소외된 사람들의 이야기. 그러나 바르다는 그들을 결코 동정의 시선으로 바라보지 않는다. 섣불리 판단을 내리지 않는다. 그들의 존재를 있는 그대로 받아들이며, 사회의 여러 다양한 모습들을 환기시킬 뿐이다. 그러면서도 바르다는 형식미 또한 놓치지 않는다.

내용이나 내러티브를 떠나서 그의 영화는 보기에 창의적이고 흥미롭다. 상업 영화의 익숙한 형식적 틀에서 자유롭게 벗어나 심미적 즐거움을 선사한다.

〈아녜스 바르다의 해변〉〈바르다가 사랑한 얼굴들〉에서 우리는 이제 원숙한 바르다를 만난다. 그의 즉흥적인 몸짓 하나, 말 한마디는 이제 그대로 예술이 되고 작품이 된다. 영화를 하고 있거나 다른 예술에 몸담고 있는 이들에게는 커다란 영감을 주는 존재가 되고, 스스로를 평범하다고 여기는 이들에게는 따스한 위로와 에너지 재충전의 기회를 제공한다. 이제 공식적으로는 이 세상에 존재하지 않지만, 바르다는 언제나 해변에서 그리고 시골 마을에서 우리를 기다린다. 그리고 반갑게 맞아준다.

이 책에는 1962년부터 2017년까지 55년간 바르다가 행한 20편의 인터뷰가 실려 있다. 바르다의 영화를 좋아하거나, 그의 영화로 인해 바르다란 인물에 관심을 갖게 된 이들에게 이 책은 아주 중요하고 값진 텍스트가 되리라 생각한다. 한 독창적인 영화감독의 인터뷰 모음집일 뿐만 아니라 바르다란 아티스트 또는 매력적인 한 인간의 진술한 자서전으로서도 충분히 기능할 수 있으리란 확신이 들기 때문이다.

바르다는 늘 경계에 서 있었다. 스스로 자신을 주변인으로 여겼다. 기존의 방식에 안주하지 않고 늘 새로운 실험을 시도했다. 사진에서 영화로, 영화에서 설치 예술로 자연스럽게 새 영토를 개척했다. 변화를 두려워하지 않고, 바로 지금 자신에게 적합한 표현 수단을 찾았다. 그의 삶이 그의 작품 목록만큼이나 풍성해 보이는 이유는 끊임없이 세상과 교감하며 자신을 둘러싼 세상을 스스로의 눈으로 보고 느끼고 표현했기 때문이 아닐까 싶다. 바르다에게 주된 표현 도구는 영화였고, 그는 그

도구를 마음껏 활용했다. 더할 나위 없이.

　　낙관주의, 유연함, 유머, 삶의 예술화, 창의적 생각, 자신감, 직관을 향한 믿음, 그리고 너그러움. 이 책을 읽는 독자들이 얻어갔으면 하는 것들이다. Merci, Agnès!

1928   5월 30일 벨기에 브뤼셀에서 프랑스인 어머니와 그리스인 아버지 사이의 5남매(엘렌, 루시앙, 아녜스, 장, 실비아) 중 셋째로 태어난다. 어머니가 바르다를 아를 지역에서 임신했기에 원래 이름은 아를레트였으나, 열여덟 살이 되자 직접 이름을 아녜스로 바꾼다. 오로르 거리에서 계속 살던 바르다 가족은 오스트리아 병합 시기에 프랑스 남부 지방의 세트로 급작스레 이사한다.

1939   이사 후, 세트의 사립학교인 콜레주 세비녜Collège Sévigné에 입학한다. 바르다는 슈베르트의 〈미완성 교향곡〉을 어린 시절 들어본 유일한 고전음악으로 기억하는데, 어머니가 집에 있던 수동 전축으로 레코드판을 틀어주었다고 한다.

1940   걸스카우트 합창단에 들어가 여름방학 기간에 합창단원들과 알프스 여행을 다녀온다. 이어 세트의 푸앵트 쿠르트 마을을 찾아 시간을 보내는데 추후 이곳에서 영화를 촬영하게 된다. 친하게 지내던 슐레겔 가족이 여행을 떠날 때 바르다를 초대해 함께 간다. 슐레겔의 딸 앙드레는 훗날 국립민중극장의 장 뷔야르와 결혼한다.

1943   가족이 파리로 이사한다. 바르다는 에콜 드 보자르École de Vaugirard에 입학하고, 이어서 앵발리드 대로에 위치한 리세 빅토르 뒤리Lycée Victor Duruy에서 공부한다.

1945   10월 1일 대학 입학 자격시험에 1차 합격한다.

1946   어머니에게 중고 롤라이플렉스 카메라를 선물 받는다. 2차 자격시험을 준비하는 한편으로 에콜 뒤 루브르에 들어가 사진을 공부한다. 1946년 여름, 집을 떠나 3개월간 고기잡이배에서 일한다.

1948   파리의 소르본대학교에서 문학과 심리학을 공부하며 가스통 바슐라르의 강의를 듣는다. 그의 사상은 훗날 바르다의 작품에 영향을 미치게 된다. 그러나 바르다는 바슐라르의 강의에 심취했음에도 그와 대화를 나눌 엄두조차 내지 못한다. 에콜 뒤 루브르에서 미술사를 공부하고 야간 강의에서 사진도 공부한다. 같은 해, 라파예트갤러리에서 크리스마스를 맞아 산타와 포즈를 취하는 아이들의 사진을 찍어주는 일을 하기도 했다. 어린 시절 친구 앙드레의 남편인 장 뷔야르가 바르다에게 아비뇽으로 와서 자기 극단 배우들의 사진을 찍어달라고 부탁한다.

1951   뷔야르가 대표로 있던 국립민중극장의 공식 사진가가 된다. 이후 10년간 롤라이플렉스 카메라로 제라르 필리프 같은 배우들의 인물 사진을 찍으며 활동한다. 이 시기에 바르다는 다게로 거리로 이사하고, 평생의 터전으로 삼는다. 알랭 레네를 만난 것도 이 무렵이다.

1954   영화제작사 타마리스필름스를 설립한다. 레네의 소개로 〈카이에 뒤 시네마〉 구성원들을 만난다. 장 뤽 고다르부터 클로드 샤브롤, 프랑수아 트뤼포, 자크 도니올 발크로제, 에리크 로메르까지. 이들 모두는 누벨바그의 주역이 된다. 〈라 푸앵트 쿠르트로의 여행〉을 쓰고 연출한다. 이 영화는 5년 뒤 시작되는 누벨바그의 때 이른 신호탄이 된다.

1955 다시 한번 레네의 소개로 메신 거리에 있는 시네마테크의 존재를 알게 되고, 그곳에서 칼 테오도르 드레이어의 〈뱀파이어〉를 본다. (바르다는 첫 영화를 찍기 전까지 고작 네다섯 편의 영화를 본 게 전부라고 고백한 바 있다.) 레네는 이어 영화감독 크리스 마커를 소개해준다.

1957 피에르 브롱베르제가 소개해준 관광청 의뢰 영화 〈오 계절들이여, 오 성들이여〉를 만든다. 영화는 칸영화제에 출품되고 투르단편영화제에서도 상영된다. 바르다는 크리스 마커와 중국 여행에 나서고, 그곳에서 저우언라이의 초대를 받기도 한다. 배를 타고 간 그들의 여행에는 두 달이 소요된다. 바르다가 중국에서 찍은 사진들은 대중에 공개되지 않았는데, 두 달 앞서 앙리 카르티에 브레송이 중국을 방문했기 때문이다. 파리의 신문들은 이미 중국을 '충분히 다뤘다'고 여겼다. 바르다가 사진들을 보여줬을 땐 한발 늦은 상황이었다.

1958 바르다는 배우 앙투안과의 사이에서 첫 아이 로잘리를 임신하지만, 앙투안은 바르다의 임신 사실을 알게 되자 종적을 감춘다. 같은 해 투르단편영화제에서 처음 만나 훗날 연인에서 부부 사이로 발전하는 자크 드미가 아이의 양육을 돕는다. 몇 개월 뒤, 접이식 의자 하나와 카메라를 들고 무프타르 거리로 향한다. 거기서 의뢰받지 않고 만든 첫 다큐멘터리 영화 〈오페라무프 거리〉를 촬영한다. 영화는 브뤼셀과 빈에서 여러 상을 받는다. 이어 관광청의 의뢰를 한 번 더 받아들여 8월 한 달간 리비에라에서 보내며 〈코트다쥐르를 따라서〉를 만든다. 고다르가 '감탄할 만한'이란 표현을 쓴 영화의 리뷰 기사가 이듬해 〈카이에 뒤 시네마〉에 실린다.

1961   드미가 고다르의 〈네 멋대로 해라〉 제작자인 조르주 드 보르가르를 바르
        다에게 소개한다. 보르가르의 지원으로 5월에 〈5시부터 7시까지의 클레
        오〉를 파리 거리에서 촬영한다. 이 영화 안에 삽입된 또 하나의 단편영화
        〈맥도날드 다리 위의 약혼자들Les Fiancés du pont MacDonald〉에는 장 뤽 고다르
        와 안나 카리나가 출연해 즐거움을 선사한다. 영화는 칸영화제 공식 프랑
        스 영화 부문에 선정된다. 바르다의 영화 여정은 이때 돛을 올렸고, 사방에
        서 초청장이 쇄도한다. 훗날 LA에서 마돈나와 잭 니컬슨을 만났을 때, 마돈
        나는 영화를 리메이크하고 싶다는 의사를 전하지만 결국 무산된다.

1962   바르다와 드미는 결혼하고 브르타뉴 해안의 누아르무티에섬에 있는 오래
        된 풍차를 매입한다. 바르다는 베니스영화제에서 만난 베르나르도 베르톨
        루치와 빠르게 친구 사이가 된다. (1972년 바르다는 〈파리에서의 마지막 탱
        고〉의 각색을 돕는다.) 한편, 쿠바영화협회의 초청으로 라이카 카메라와 삼
        각대를 들고 쿠바를 방문한다. 피델 카스트로의 승낙으로 몇 시간에 걸쳐
        대화를 나눈다.

1963   4000장의 사진을 갖고 쿠바에서 돌아온 바르다는 6개월 동안 편집실에서
        〈안녕, 쿠바인들〉을 만든다. 영화는 라이프치히영화제에서 은비둘기상을
        받았고, 이듬해 베네치아다큐멘터리영화제에서 동메달을 수상한다.

1964   첫 컬러 장편영화 〈행복〉을 쓰고 연출한다. 2월 〈르 몽드〉와의 인터뷰에
        서 이본 베이비에게 "인상주의 화가들 작품을 떠올렸어요. 그들의 그림을
        보면 빛이나 색조가 제겐 행복의 정서, 어떤 행복감 같은 걸 구현하는 듯

했어요."라고 말한다. 영화는 베를린영화제에서 은곰상을 수상한다. TV 방송용으로 7분짜리 단편 다큐멘터리 〈박물관의 아이들〉을 만든다.

1965   루이 아라공과 엘사 트리올레를 만나 그들에 관한 20분짜리 다큐멘터리 〈엘사 라 로즈〉를 만든다. 여름에는 누아르무티에섬으로 가서 〈창조물들〉을 쓰고 연출한다. 영화는 섬에 살고 있는 한 커플의 삶과 남편의 소설 속 인물들로 변신하는 섬마을 주민들의 이야기를 그린다. 이듬해 베니스영화제에 초청받는다.

1966   드미를 따라 LA로 향한다. 바르다는 그곳에서 짐 모리슨을 만나고 둘은 친교를 맺게 되는데, 모리슨은 두 사람을 만나러 프랑스를 방문하기도 한다. 모리슨이 죽기 전까지 둘의 우정은 이어진다. 바르다는 모리슨이 페르 라셰즈 묘지에 묻히던 날 참석한 다섯 명의 조문객 중 한 명이다.

1967   옴니버스 영화 〈머나먼 베트남〉 제작에 참여해 고다르, 레네, 요리스 이벤스, 윌리엄 클라인, 클로드 를루슈와 함께 작업하지만 바르다의 영상은 영화에 포함되지 않는다. 이후 캘리포니아에서 삼촌에 관한 단편영화 〈안코 삼촌〉을 만든다.

1968   뉴욕에서 앤디 워홀을 만나 비바를 소개받고, 비바는 이듬해 〈라이온의 사랑〉에 출연한다. 버클리의 일부 급진주의자들이 바르다를 초청해 영화 제작을 제안한다. 바르다는 휴이 뉴턴과 엘드리지 클리버를 만나고 그 결과물로 다큐멘터리 〈블랙 팬서〉가 나온다. 프랑스방송협회가 영화를 내보

내려 했지만, 막판에 검열을 통과하지 못해 방영이 무산된다.

1969   시내 한 카페에서 맥스 라브를 만난다. 라브는 그 자리에서 영화제작 지원을 약속한다. 바르다는 비바, 제임스 라도, 제롬 래그니를 규합해 LA의 한 임대주택에서 〈라이온의 사랑〉을 만든다. 영화에는 립 톤이 연출한 마이클 매클루어의 연극 〈수염〉의 한 장면도 등장한다.

1970   프렌치TV에서 방영할 예정으로 그리스에 관한 장편 다큐멘터리를 한 편 만든다. 그리스 대령들이 세운 '파시스트' 정부를 바르다의 표현대로 '결산'해보는 이 영화는 역시 검열을 통과하지 못해 방영되지 못한다.

1972   아들 마티외 드미가 태어난다.

1975   아이를 키우는 어머니로서의 제약들과 씨름하던 바르다는 창고에서 80미터 길이의 전선을 꺼내 한쪽 끝을 집 안 콘센트에 연결한 뒤, 집을 나선다. 이 '탯줄'을 가지고 다게로 거리로 나가 이웃들과 가게 주인들을 인터뷰해서 〈다게레오타입〉을 완성한다. 이 영화를 제작하기에 앞서 타마리스필름스를 시네타마리스로 변경한다. 영화는 아카데미상 장편 다큐멘터리 부문 후보에 오른다. 바르다는 안텐2의 한 프로그램에서 제시한 주제 '여성이 된다는 건 무엇을 의미하는가'에 대한 답으로 8분 분량의 다큐멘터리 〈여성의 대답: 우리의 몸, 우리의 섹스〉를 만든다. '여성의 몸을 갖는다는 건 무엇을 의미하는가'에 대한 답이기도 한 이 작품을 방송국 측에선 그리 마음에 들어 하지 않았다.

1976 이란으로 건너가 〈노래하는 여자, 노래하지 않는 여자〉를 위한 몇 개의 장면들을 촬영한다. 이 짧은 여행은 단편 〈이란에서의 사랑의 즐거움Plaisir d'amour en Iran〉의 기초가 된다. 이어서 〈노래하는 여자, 노래하지 않는 여자〉를 쓰고 연출한다. 영화는 이탈리아 타오르미나영화제에서 그랑프리를 수상한다. 바르다는 이 영화를 통해 "보비니는 68혁명보다 중요하다"라는 의견을 피력한 셈이다.

1977 〈노래하는 여자, 노래하지 않는 여자〉의 '후기'로 〈여성들Quelques Femmes Bulles〉이란 제목의 55분짜리 단편 영상을 쓰고 연출한다. 안텐2에서 방영된 이 작품에 바르다는 로잘리를 임신한 상태로 모습을 보인다.

1980 다시 LA로 건너가 다큐멘터리 〈벽, 벽들〉을 만든다. 영화는 도시 전역에 만연한 벽화 이야기를 하는데, 그중에서도 멕시코 출신들이 모여 사는 동네에 초점을 맞춘다. 이듬해 독일 만하임에서 요제프 폰 스턴버그상을 받는다.

1981 LA를 배경으로 한 두 번째 작품인 장편영화 〈도퀴망퇴르〉를 쓰고 연출한다. '스모그가 알레고리'가 된 도시에서 자신과 여덟 살 난 아들(마티외 드미)이 거주할 아파트를 구하는 젊은 엄마의 이야기를 그리고 있다.

1982 파리로 돌아와 두 편의 단편영화에 집중한다. 한 남자, 한 소년, 염소 한 마리의 모습이 담긴 1954년 사진을 놓고 기억을 더듬어가는 〈율리시스〉, 사진에 대한 또 다른 명상인 〈한 이미지에 1분씩〉. 이 작품은 파리에 있는

국립사진센터의 지원으로 만들어졌다.

1984   단편영화 두 편을 쓰고 제작한다. 프렌치TV의 지원으로 1월 파리 거리
        에서 촬영한 〈여인상 기둥 이야기〉와 조금은 초현실주의적인 〈일곱 개의
        방, 부엌, 욕실〉. 이 영화는 아비뇽의 생 루이 호스피스에서 루이 베크의 희
        극 〈생기와 인공Le vivant et L'artificiel〉이 공연되는 동안 촬영했다. 〈율리시
        스〉로 세자르영화제에서 최우수 단편영화상을 받았다.

1985   〈방랑자〉를 쓰고 연출한다. 영화는 베니스영화제에서 황금사자상을 받고,
        국제평론가상과 조르주 멜리에스상도 수상한다.

1986   상대적으로 조용한 해였다. 유일한 완성작으로 프랑스 시네마테크 50주
        년을 축하하며 만든 3분짜리 다큐멘터리 〈시네마테크의 계단T'as de Beaux
        Escaliers, Tu Sais〉이 있다.

1987   다시 페이스를 끌어 올려 두 편의 장편영화를 만든다. 첫 영화는 벨기에에
        서 찍은 〈아녜스 V에 의한 제인 B〉. 제인 버킨의 다양한 모습을 유쾌하게
        그린 영화에는 잔 다르크, 칼라마티 제인, 타잔의 제인 등 다른 제인들도
        등장한다. 두 번째 영화 〈아무도 모르게〉는 러브 스토리로 40세의 제인 버
        킨이 15세 소년(마티외 드미)과 사랑에 빠진다.

1989   홍콩의 한 영화제에서 〈아녜스 V에 의한 제인 B〉로 바르다를 초청해 남
        편 자크 드미, 아들 마티외 드미와 함께 홍콩을 방문해 영화제에 참석한

다. 자크 드미의 영화 〈추억의 마르세유-Trois Places pour le 26〉와 마티외 드미가 출연한 〈아무도 모르게〉 역시 영화제에서 상영된다.

1990   12월에 자크 드미가 세상을 떠나기 전까지 그를 간호했던 바르다는 드미를 추모하는 영화 〈낭트의 자코〉를 준비한다.

1992   드미의 영화 〈로슈포르의 숙녀들〉이 25주년을 맞은 해여서 로슈포르시는 성대하게 축하 행사를 치렀다. 바르다는 작고한 남편을 사랑하는 이 도시의 모습을 담은 다큐멘터리 〈로슈포르, 25년 후〉를 촬영한다.

1993   사랑하는 남편을 향한 추모를 이어가 드미에 관한 장편 다큐멘터리 〈자크 드미의 세계〉를 쓰고 연출한다.

1995   남편을 향한 오마주에 이어 영화를 향한 오마주 〈시몽 시네마의 101일 밤〉을 쓰고 연출한다.

2000   프랑스 전역을 돌며 재료를 주운 뒤, 아마도 바르다의 가장 영향력 있는 영화라 할 수 있을 〈이삭 줍는 사람들과 나〉를 세상에 내놓는다. 사회의 과다한 낭비의 부산물로 생계를 이어가는 이들과 바르다처럼 그 모습들을 '수확'해 영화로 만드는 사람들의 이야기를 들려준다.

2001   〈이삭 줍는 사람들과 나〉로 유럽영화상을, 세자르영화제에서 공로상을 수상한다.

2002   〈이삭 줍는 사람들과 나 2년 후〉를 만들며 〈이삭 줍는 사람들과 나〉를 회
        상한다. 아카데미프랑세즈 르네 클레르상을 수상한다.

2003   조금 더 유쾌한 톤으로 자신의 고양이에 관한 다큐멘터리 〈날개 달
        린 사자Le lion volatil〉를 만든다. 베네치아비엔날레에서 〈감자 유토피아
        Patatutopia〉라는 작품을 발표하며 사진가와 영화감독에 이어 시각예술가
        로서의 행보를 시작한다.

2004   고양이에서 테디 베어로 넘어가 이데사의 동물 인형 사진들을 소재로 한
        다큐멘터리 〈이데사, 곰 그리고 기타 등등Ydessa, les ours et etc.〉을 만든다.
        이어서 베네치아에 관한 단편 다큐멘터리 〈비엔날레Der Viennale〉를 쓰고
        연출한다.

2006   바르다가 아끼는 누아르무티에섬에 체류하면서 〈누아르무티에의 미망인
        들Quelques veuves de Noirmoutier〉을 쓰고 연출한다. 카르티에현대미술재
        단의 의뢰를 받아 〈섬과 그녀〉라는 전시회를 연다.

2008   〈아녜스 바르다의 해변〉에서 사진, 영화, 우정으로 이루어진 자신의 삶을
        찬찬히 돌아본다.

2011   TV 미니시리즈로 다큐멘터리 〈여기저기의 아녜스 바르다Agnès de ci de là
        Varda〉를 만든다. 이 다큐멘터리는 상트페테르부르크와 LA 등지에서 바르
        다가 만난 사람들의 이야기를 담았다.

2014   유럽영화상 평생공로상을 수상한다.

2015   5월 칸영화제 역사상 여성 감독으로서 처음으로 명예 황금종려상을 수상
        한다. 패션 브랜드 미우미우의 '여성의 이야기Women's Tale'란 캠페인의 일
        환으로 여성의 청소년기를 다룬 〈세 개의 단추Les 3 Boutons〉를 만든다.

2017   젊은 사진작가 JR과 함께 사진 트럭을 타고 프랑스 전역을 돌며 소시민들
        의 얼굴을 카메라에 담는다. 그렇게 제작된 〈바르다가 사랑한 얼굴들〉은
        그해 아카데미상 장편 다큐멘터리 부문 후보에 오른다. 바르다에게는 아
        카데미 첫 노미네이션이었다. 11월에는 미국 아카데미위원회가 주관하는
        거버너스어워즈에서 여성 감독 최초로 명예 오스카상을 수상한다.

2018   마라케쉬영화제에서 명예상을 수상한다.

2019   2월 베를린영화제에서 60년에 이르는 영화 창작 인생을 회고한 영화 〈아
        녜스가 말하는 바르다〉를 발표한다. 3월 29일, 파리 자택에서 암 합병증으
        로 90세를 일기로 생을 마감한다.

Anthony, E. M. "From Fauna to Flora in Agnès Varda's *Cléo de 5 à 7*." *Literature Film Quarterly* 26.2 (1998): 88 – 96.

Aquin, Stéphane, et al. *Global Village: The 1960s*. Montreal: Montreal Museum of Fine Arts, in Association with Snoeck Publishers, 2003.

Austin, Guy, *Contemporary French Cinema: An Introduction*. Manchester and NY: Manchester University Press, 1996.

Backe, Lone. *Agnès Varda's Den Ene Synger: Og Begrebet Kvindefilm*. S.L.S.N., 1978.

Barnet, M.-C., and S. Jordan. "Interviews with Agnès Varda and Valérie Mréjen." *Esprit Créateur* 51.1 (2011): 184 – 200.

Barnet, M.-C. "'Elles-Ils Islands': Cartography of Lives and Deaths by Agnès Varda." *Esprit Créateur* 51.1 (2011): 97 – 111.

Bastide, Bernard, and Agnès Varda. *Les Cent et Une Nuits*: Les cent et une nuits *d' Agnès Varda: Chronique d'Un Tournage*. Paris: P. Bordas, 1995.

Betancourt, Jeanne. *Women in Focus*. Dayton: Pflaum Publishing, 1974.

Biro, Yvette, and Catherine Portuges. "Caryatids of Time: Temporality in the Cinema of Agnès Varda." *Performing Arts Journal* 19.3 (1997): 1 – 10.

Boisleve, Jacques. *Agnès Varda*. Nantes: Trois Cent Trois, 2006.

Bonner, Virginia. "The Gleaners and 'Us': The Radical Modesty of Agnès Varda's *Les Glaneurs et la Glaneuse*." *There She Goes: Feminist Filmmaking and Beyond*. Eds. Corinn Columpar and Sophie Mayer. Detroit, Michigan: Wayne State University Press, 2009. 119 – 31.

Bozak, Nadia. "Digital Neutrality: Agnès Varda, Kristan Horton and the Ecology of the Cinematic Imagination." *Quarterly Review of Film and Video* 28.3 (2011): 218 – 29.

Breillat, Catherine, et al. "French Cinema Now—Unbelievable but Real: The Legacy of '68." *Sight and Sound* 18.5 (2008): 28.

Bunney, Andrew. "The Gleaners and I," *DB Magazine*, no. 286 (August 28, 2002), 32.

Butler, Cornelia H., and Alexandra Schwartz. *Modern Women: Women Artists at the Museum of Modern Art*. New York: Museum of Modern Art, 2010.

Calatayud, A. "*Les Glaneurs et la Glaneuse*: Agnès Varda's Self-Portrait." *Dalhousie French Studies* 61 (2002): 113–23.

Callenbach, Ernest. "Review of *The Gleaners and I* (*Les Glaneurs et la glaneuse*)." *Film Quarterly* 56.2 (2003): 46–49.

Caughie, John. *Theories of Authorship: A Reader*. London; Boston: Routledge & Kegan Paul in association with the British Film Institute, 1981.

Chapman, Jane. *Issues in Contemporary Documentary*. Cambridge: Polity, 2009.

Cheu, Hoi F. *Cinematic Howling: Women's Films, Women's Film Theories*. Vancouver, Toronto: UBC Press, 2007.

Chrostowska, S. D. "Vis-à-Vis the Glaneuse." *Angelaki* 12.2 (2007): 119–33.

Clouzot, Claire. *Le cinéma français depuis La Nouvelle vague*. Paris: F. Nathan, 1972.

Cooper, Sarah. *Selfless Cinema?: Ethics and the French Documentary*. London: Legenda, 2006.

Crain, Mary Beth. "Agnès Varda: The Mother of the New Wave." *L.A. Weekly*, August 1–7, 1986, 33.

Crittenden, Roger. *Fine Cuts: The Art of European Film Editing*. Amsterdam; Boston: Focal Press, 2006.

Cruickshank, Ruth. "The Work of Art in the Age of Global Consumption: Agnès

Varda's *Les Glaneurs et la glaneuse*." *Esprit Créateur* 47.3 (2007): 119 – 32.

Darke, Chris. "Refuseniks (Agnès Varda's DV Documentary, the 'Gleaners and I')." *Sight and Sound* 11.1 (2001): 30 – 33.

Darke, Chris. "Agnès Varda: A Narrative Filmmaker Moonlighting as a Short-Film Essayist, Or Vice Versa?" *Film Comment* 44.1 (2008): 22 – 23.

de Béchade, Chantal. "Entretien avec Agnès Varda." *Image et son: revue du cinéma*, February 1982.

Dechery, Laurent. "Autour de Mona dans *Sans Toit Ni Loi* d'Agnès Varda." *French Review* 79.1 (2005): 138.

Decock, Jean, and Agnès Varda. "Entretien avec Agnès Varda sur *Jacquot de Nantes*." *French Review* 66.6 (1993): 947 – 58.

DeRoo, Rebecca. "Confronting Contradictions: Genre Subversion and Feminist Politics in Agnès Varda's *L'Une chante, l'autre pas*." *Modern and Contemporary France* 17.3 (2009): 249 – 65.

Devaux, Claudine. Agnès Varda. Bruxelles: Association des Professeurs pour la Promotion de l'Éducation cinémathographique, 1987.

Dieuzaide, Jean. *Agnès Varda*: Catalogue d'exposition, Galerie municipale du Château d'eau, Toulouse, Novembre 1987. Toulouse: Galerie municipale du Château d'eau, 1987.

Domenach, Elise, and Philippe Rouyer. "Entretien avec Agnès Varda—Passer sous le Pont des Arts à la voile." *Positif*, no. 574 (2008): 17.

Durgnat, Raymond. *Nouvelle Vague: The First Decade*. Loughton, Essex: Motion Publications, 1963.

Erens, Patricia, ed. Sexual Stratagems: *The World of Women in Film*. New York: Horizon Press, 1979.

Estève, Michel, and Bernard Bastide. *Agnès Varda*. Paris: Lettres modernes: Minard, 1991.

Falcinella, Nicola. *Agnès Varda: Cinema Senza Tetto Né Legge*. Recco: Le Mani, 2010.

Fiant, Antony, Roxane Hamery, and Éric Thouvenel. *Agnès Varda: Le Cinéma et audelà*. Rennes, France: Presses Universitaires de Rennes, 2009.

Flitterman-Lewis, Sandy. *To Desire Differently: Feminism and the French Cinema*. Urbana: University of Illinois Press, 1990.

Flitterman-Lewis, Sandy. "Magic and Wisdom in two portraits by Agnès Varda: *Kung Fu Master* and *Jane B. by Agnès V.*" *Screen* 34.4 (1993): 302 – 20.

Forbes, Jill. "Agnès Varda: The Gaze of the Medusa." *Sight and Sound*, Spring 1989, 22 – 24.

Forbes, Jill. *The Cinema in France after the New Wave*. Macmillan, 1992.

Ford, Charles. *Femmes Cinéastes*. Paris: Denoël, 1972.

Gorbman, Claudia. "*Cléo from Five to Seven*: Music as Mirror." *Wide Angle* 4.4 (1981): 38 – 49.

Grant, Barry Keith. *Auteurs and Authorship: A Film Reader*. Malden, MA: Blackwell, 2008.

Grant, Barry Keith, and Jim Hillier. *100 Documentary Films*. London: British Film Institute, 2009.

Grob, Norbert, et al. *Nouvelle Vague*. Mainz: Bender, 2006.

Guest, Haden. "Emotion Picture: Agnès Varda's Self-Reflexive *The Beaches of Agnès* and the Cinema of Generosity." *Film Comment* 45.4 (2009): 44.

Handyside, Fiona. "The Feminist Beachscape: Catherine Breillat, Diane Kurys and Agnès Varda." *Esprit Créateur* 51.1 (2011): 83 – 96.

Harkness, John. "Agnès Varda: Improvised Inspiration." *Now*, June 19 – 25, 1986.

Harvey, Stephen. "Agnès Varda in Her Own Good Time." *The Village Voice*, May 20, 1986, 64.

Hayward, Susan. "Beyond the gaze and into femme-filmcriture: Agnès Varda's *Sans toit ni loi* (1985)." *French Film: texts and contexts*. New York: Routledge, 1990.

Hayward, Susan. *French National Cinema*. New York: Routledge, 1993.

Heck-Rabi, Louise. *Women Filmmakers: A Critical Reception*. Metuchen, NJ: Scarecrow Press, 1984.

Hillier, Jim. *Cahiers Du Cinéma: Volume II: 1960 – 1968. New Wave, New Cinema, ReEvaluating Hollywood*. 6th ed. London: Routledge, 2001.

Holiday, Billie. *Femmes et Arts: Sarah Bernhardt, Edith Piaf, Simone Signoret, Agnès Varda: Suivi De Lady Sings the Blues*. Romorantin, France: Martinsart, 1980.

Hottell, Ruth. "Including Ourselves: the role of female spectators in Agnès Varda's *Le Bonheur* and *L'Une chante, l'autre pas*." *Cinema Journal* 38.2 (1999): 52 – 72.

Hurd, Mary G. *Women Directors and Their Films*. Westport, CT: Praeger, 2007.

Insdorf, Annette. "Filmmaker Agnès Varda: Stimulating Discomfort." *International Herald Tribune*, June 11, 1986.

Jackson, Emma. "The Eyes of Agnès Varda: Portraiture, cinécriture and the Filmic Ethnographic Eye." *Feminist Review* 96.1 (2010): 122 – 26.

Johnston, Claire. "Women's Cinema as Counter-Cinema." *Movies and Methods: An Anthology*. Ed. Bill Nichols. 1 Vol. Berkeley: University of California Press, 1976, 208 – 17.

Jordan, Shirley. "Spatial and Emotional Limits in Installation Art: Agnès Varda's *L'Ile et Elle*." *Contemporary French and Francophone Studies* 13.5 (2009): 581 – 88.

Kausch, F. "Agnès Varda—*Les Plages d'Agnès*—La mer, éternellement recommencée." *Positif*, no. 574 (2008): 15.

Kozloff, Max. "Review of *Le Bonheur*." *Film Quarterly* 20.2 (1967): 35–37.

Kuhlken, Pam Fox. "Clarissa and Cléo (En)durée: Suicidal Time in Virginia Woolf's *Mrs. Dalloway* and Agnès Varda's *Cléo de 5 à 7*." *Comparative Literature Studies* 45.3 (2008): 341–69.

Lanzoni, Rémi Fournier. *French Cinema: From Its Beginnings to the Present*. New York: Continuum International, 2002.

Lee, Nam. *Rethinking Feminist Cinema: Agnès Varda and Filmmaking in the Feminine*. Ann Arbor: UMI, 2008.

Lubelski, Tadeusz. *Agnès Varda: Kinopisarka*. Krakow: Wydawnictwo Rabid, 2006.

Lucas, Tim. "Tim Lucas Celebrates Agnès Varda." *Sight and Sound* 18.4 (2008): 88.

McKim, Kristi Irene. *The Astounded Soul: Cinematic Time and Photogenic Love (Wim Wenders, Agnès Varda, Hirokazu Kore-Eda)*. Ann Arbor: UMI, 2005.

McNeill, Isabelle. "Agnès Varda's Moving Museums." *Modern French Identities* 83 (2009): 283–94.

Miller, Nancy K. "Review of *L'Une chante, l'autre pas*." *French Review* 52.3 (1979): 499–500.

Monaco, James. *The New Wave: Truffaut, Godard, Chabrol, Rohmer and Rivette*. New York: Oxford University Press, 1976.

Mouton, Janice. "From Feminine Masquerade to Flaneuse: Agnès Varda's Cléo in the City." *Cinema Journal* 40.2 (2001): 3–16.

Neroni, Hilary. "Documenting the Gaze: Psychoanalysis and Judith Helfand's *Blue Vinyl* and Agnès Varda's *The Gleaners and I*." *Quarterly Review of Film and*

Video 27.3 (2010): 178 – 92.

Neupert, Richard John. *A Histor y of the French New Wave Cinema*. 2nd ed. Madison, WI: University of Wisconsin Press, 2007.

Nicodemus, Katja. "Mitarbeiter Der Woche—Die Filmemacherin Agnès Varda." *Die Zeit* 64.37 (2009): 60.

Ofner, Astrid, et al. Jacques Demy / Agneès Varda: Eine Retrospektive Der Viennale Und Des O sterreichischen Filmmuseums 2. Bis 31.Oktober 2006. Wien: Viennale, 2006.

Orpen, Valerie. *Cléo de 5 à 7: (Agnès Varda, 1961)*. Urbana: University of Illinois Press, 2007.

Pallister, Janis L. *French-Speaking Women Film Directors: A Guide*. Cranbury, NJ: Associated University Press, 1997.

Patterson, Katherine J. "Deflecting Desire: Destabilizing Narrative Univocality and the Regime of Looking in Agnès Varda's French Film *Vagabond*." *Film Studies: Women in Contemporary World Cinema*. Ed. Alexandra Heidi Karriker. New York: P. Lang, 2002.

Piguet, P. "Paris: Agnès Varda: Les Plages artistiques de la Réalisatrice de cinema." *L' Oeil: Revue d'art mensuelle* 610 (2009): 78 – 83.

Portuges, Catherine. "Review of *The Gleaners and I (Les Glaneurs et la glaneuse)*." *American Historical Review* 106.1 (2001): 305.

Powrie, Phil. "Heterotopic Spaces and Nomadic Gazes in Varda: From *Cléo de 5 à 7* to *Les Glaneurs et la glaneuse*." *L'Esprit Créateur* 51.1 (2011): 68 – 82.

Prédal, René. Sans toit ni loi *d'Agnès Varda*. Neuilly-sur-Seine (Hauts-de-Seine): Atlande, 2003.

Ramanathan, Geetha. *Feminist Auteurs: Reading Women's Film*. London: Wallflower, 2006.

Rich, B. Ruby. "Gleaners Over Gladiators." *The Nation* 272.14 (2001): 33.

Romney, Jonathan. "Film: The Scavengers—Agnès Varda's Documentary *The Gleaners and I.*" *New Statesman*, 2001, 47.

Rosello, Mireille. "Agnès Varda's *Les Glaneurs et la glaneuse*: Portrait of the Artist as an Old Lady." *Studies in French Cinema* 1.1 (2000).

Rouyer, Philippe. "Exposition—Actualité d'Agnès Varda." *Positif*, no. 548 (2006): 72.

Shivas, Mark. "*Cléo de 5 à 7* and Agnès Varda." *Movie*, October 3, 1962: 33 – 35.

Signorelli, A. "*Les Plages d' Agnès di Agnès* Varda: Nel ventre della balena." *Cineforum* 50.10 (2010): 75 – 77.

Singerman, Alan J. French Cinema: The Student's Book. Newburyport, MA: Focus Pub./R. Pullins Co., 2006.

St James Women Filmmakers Encyclopaedia. Visible Ink Press USA, 1999.

Smith, Alison. *Agnès Varda*. Manchester University Press, 1998.

Smith, Alison, and Susan Gasster-Carrierre. "Reviews—Film—Agnès Varda." *French Review* 73.2 (1999): 363.

Sabine, Jennifer. "Agnès Varda" (interview). *Cinema Papers*, no. 42 (March 1983).

Udris, Raynalle. "Countryscape/Cityscape and Homelessness in Agnès Varda's Sans toit ni loi and Leos Carax's *Les Amants Du Pont-Neuf.*" *Spaces in European Cinema*. Ed. Myrto Konstantarakos. Portland, OR: Intellect Books, 2000, 42 – 51.

Ungar, Steven,. *Cléo De 5 à 7*. Basingstoke; New York: British Film Institute, 2008.

Valence, G. "Agnès Varda, l'Hommage juste." *Positif*, no. 553 (2007): 66.

Varda, Agnès. *Varda par Agnès*. Tamaris/Cahiers du Cinéma, 1994.

Vincendeau, Ginette. "How Agnès Varda 'Invented' the New Wave." *Four by Agnès Varda*. Criterion, 2008.

Wagstaff, Peter. "Traces of Places: Agnès Varda's Mobile Space in *The Gleaners and I.*" *New Studies in European Cinema 2: Revisiting Space: Space and Place in European Cinema* (2005): 273 – 90.

Wallimann, Susanne. Aufzeichnungen Einer Schwangeren Frau: Gedreht Von Agnès Varda (Carnet De Notes d'Une Femme Enceinte: Tourné Par Agnès Varda). Luzern: Hochschule fu r Gestaltung und Kunst, 1998.

Wise, Naomi. "Surface Tensions: Agnès Varda." *Berkeley Monthly*, June 1986, 16 – 17.